中经"精品课程"系列

中经新文科·低空经济专业系列规划教材

低空经济概论

主 编：曹佛宝
副主编：肖永平 王 珏 陈世伟

中国经济出版社　中国石化出版社

·北京·

图书在版编目（CIP）数据

低空经济概论 / 曹佛宝主编. -- 北京：中国经济出版社：中国石化出版社, 2024.12. -- ISBN 978-7-5136-8036-3

Ⅰ.F561.9

中国国家版本馆CIP数据核字第2025LH9250号

选题策划	雷　生
责任编辑	彭　欣
责任印制	李　伟
封面设计	任燕飞

出版发行	中国经济出版社
印 刷 者	宝蕾元仁浩（天津）印刷有限公司
经 销 者	各地新华书店
开　　本	889mm×1194mm　1/16
印　　张	18
字　　数	450千字
版　　次	2024年12月第1版
印　　次	2024年12月第1次
定　　价	56.00元

广告经营许可证　京西工商广字第8179号

中国经济出版社 网址 http://epc.sinopec.com/epc/ 社址 北京市东城区安定门外大街58号 邮编 100011
本版图书如存在印装质量问题，请与本社销售中心联系调换（联系电话：010-57512564）

版权所有　盗版必究（举报电话：010-57512600）
国家版权局反盗版举报中心（举报电话：12390）　　服务热线：010-57512564

编委会

主　编　曹佛宝

副主编　肖永平　王　珏　陈世伟

成　员　（按姓氏拼音）

何　翔　何凤琴　贺雨昕　胡　颖　胡凤娇
黄淑贞　黄小平　李好好　李晓华　李泽宇
刘京锋　卢　意　肖芳文　许家雄　张东军
周　南

CONTENTS 目录

第一章　低空空域与低空经济　001

第一节　空域资源与低空空域资源开发……………………………… 003
第二节　低空经济及其发展背景……………………………………… 009
第三节　低空经济的地位与作用……………………………………… 013
第四节　低空经济学的研究对象和研究内容………………………… 017
本章小结……………………………………………………………… 010
思考题………………………………………………………………… 018

第二章　低空经济的构成　019

第一节　低空制造产业………………………………………………… 020
第二节　低空飞行的应用……………………………………………… 024
第三节　低空保障……………………………………………………… 033
第四节　综合服务……………………………………………………… 042
本章小结……………………………………………………………… 045
思考题………………………………………………………………… 045

第三章　低空经济发展的宏观环境　046

第一节　政治因素……………………………………………………… 047
第二节　经济因素……………………………………………………… 050
第三节　社会因素……………………………………………………… 054
第四节　技术因素……………………………………………………… 057
本章小结……………………………………………………………… 063
思考题………………………………………………………………… 063

第四章　低空经济的需求分析　064

第一节　低空经济的需求及其特征……065
第二节　低空经济需求的影响因素……075
第三节　低空经济的需求函数……081
第四节　低空经济的需求弹性……082
第五节　低空经济的收入弹性与交叉弹性……089
本章小结……091
思考题……091

第五章　低空经济的供给分析　093

第一节　低空经济的供给及其特征……094
第二节　低空经济市场供给的影响因素……099
第三节　低空经济的供给函数……101
第四节　低空经济的供给弹性……101
本章小结……104
思考题……105

第六章　低空经济供需平衡分析　107

第一节　市场均衡理论与模型……108
第二节　低空经济产品的供需均衡分析……110
第三节　低空经济供需均衡的影响因素分析……113
第四节　低空经济的市场失衡与调整策略……117
本章小结……118
思考题……119

第七章　低空经济的外部性　120

第一节　外部性理论……121
第二节　低空经济的外部性……124
第三节　低空经济外部性的矫正……131

本章小结 …… 137
思考题 …… 137

第八章　低空经济的产业组织形态　138

第一节　低空经济的产业组织形态 …… 140
第二节　低空经济中的竞争关系 …… 143
第三节　低空经济中的合作关系 …… 155
本章小结 …… 161
思考题 …… 161

第九章　低空经济的产业属性与投融资　162

第一节　产业属性及其特征 …… 163
第二节　低空经济的产业属性 …… 164
第三节　低空经济的投融资 …… 169
本章小结 …… 176
思考题 …… 177

第十章　低空飞行企业的运营与管理　178

第一节　低空飞行企业的分类 …… 179
第二节　低空飞行企业的发展现状 …… 181
第三节　低空飞行企业的运营与管理 …… 186
本章小结 …… 200
思考题 …… 200

第十一章　低空飞行的管制与放松管制改革　201

第一节　管制的分类与趋势 …… 203
第二节　低空飞行的管制及原因 …… 209
第三节　低空飞行的放松管制改革 …… 216

本章小结 228
思考题 229

第十二章　低空航线网络规划　230

第一节　低空航线网络规划的概念、特征、分类与意义 231
第二节　低空航线网络规划的原则 235
第三节　低空航线网络规划的内容 236
第四节　低空航线网络规划的方法 237
第五节　低空航线网络规划的经济分析 244
本章小结 251
思考题 252

第十三章　低空经济发展的探索实践　253

第一节　国外低空经济的探索实践 255
第二节　中国试点省份低空经济的探索实践 263
第三节　国内外低空经济发展的比较分析 269
本章小结 276
思考题 276

后　记 277

第一章
低空空域与低空经济

案例导入

悉看大势：低空经济飞得起来吗？

在科幻电影中，各种飞行物体在低空穿梭的场景或许看起来有些不真实，但无人机和空中的士正在悄然改变人们的生活景观。无人机的用途日益广泛且复杂，中国民用航空局2024年4月颁发了世界首张无人驾驶电动垂直起降载人航空器的生产许可证，这意味着空中的士服务商业化已近在眼前。

在低空经济领域，中美处领先地位

电动飞机厂商垂直航空（Vertical Aerospace）公司亚太区负责人郑馨杰说，预计到2050年，未来空中交通（Advanced Air Mobility，AAM）的全球市场价值将高达1.2万亿美元，而亚太地区在AAM方面拥有巨大的市场潜力。

由于低空经济的巨大潜能，包括中国在内的不少国家，都把低空经济视为战略性新兴产业，并制定了相关发展政策。有业者认为，中国在这方面走在世界前端。

咨询机构安永旗下安永－博智隆的合伙人乌塔玛指出，在全球范围内，美国在低空经济方面处于领先地位，这得益于美国领先全球的通用航空业。它以行业及监管标准和稳健的基础设施发展，引领全球发展步伐。除此之外，英国、德国也在积极支持和制定各自的政策，以推动低空经济的发展。

她说，在亚太地区，中国正以巨大的行业规模和增长速度，成为低空经济的领先者。中国庞大的无人机行业已占据了全球约70%的市场份额，进一步凸显了中国在这一新兴行业中的潜力。亚太地区的其他城市，特别是东京和首尔，也一直在开展合作活动，并计划2025年启动城市空中交通（Urban Air Mobility，UAM）计划。

南洋理工大学机械与宇航工程学院王明教授指出，低空经济的初始收入在这10年可能增长缓慢，但在下个10年将呈指数级增长。然而，一个重要的启示是，如果现在不参与和投资这场全球竞赛，下个10年的进入门槛就会非常高，之后将变得很难或不可能加入。

航务公司用无人机运送现金到船上

太平洋航运有限公司（Pacific Carriers Limited）企业发展主管潘静林说，公司已改用无人机把现金送到船上，大幅简化了整个过程并提高了安全性，有密码保护和闭路电视监控，比用船更具成本效益。公司如今也用无人机将密封、防篡改的信封直接运送到船上，并期待能使用无人机清洁船舱、在危险场所进行检查工作。

专家、业者看好低空经济腾飞

受访专家和业者基本上都看好低空经济腾飞，并期待可以"松开安全带"的时候。

乌塔玛指出，低空经济腾飞取决于几个关键推动因素，即技术准备情况、强有力的政府支持、有明确的标准来简化认证流程、基础设施完备，以及社会积极接纳。有了这些推动因素，这个行业将能够降低成本，而这是实现大规模采用的必要条件。

新电信企业常务董事梁家辉认为，若要低空经济全面起飞，监管机构、无人机供应商、企业客户和5G移动运营商之间就要进行更密切的合作，就如何更有效地监管这一问题达成共识，使它成为一项可行的商业投资。他说，5G网络和功能，有助于提高无人机性能。

天际无人机服务公司（Skyports Drone Services）亚太区总经理苏雷什说，无人机服务行业已拥有安全扩展业务的运营和技术能力，但还没有相匹配的法规。一旦新的适当法规出台解锁天空，电动无人机的深远优势就可以在无数用例中发挥出来。例如，让飞行员同时监控多个高度自动化的无人机飞行。

苏雷什非常肯定无人机服务的起飞。他说："我们正见证着这个行业的腾飞。我们在新加坡和其他市场取得越来越多的商业项目，证明了这个行业的准备情况以及客户和最终用户的兴趣。"

王明认为，低空经济肯定会在2030年前起飞，如果一些公司的飞机获得适航证，载人电动垂直起降飞行器（electric Vertical Tale-off and Landing，eVTOL）业务（空中的士服务）的初步商业营运，最快可在2026年开始。

尽管低空经济在一些领域已经起飞，但在巨大的潜能面前，只是个起步。低空经济在发展过程中一定会碰到很多新问题，需要用新技术解决、新机制协同、新政策支持、新规则规范。从"新"出发，充分激发低空经济潜能，让低空经济飞得更好更远。

资料来源：悉看大势：低空经济飞得起来吗？[EB/OL].（2024-04-22）. https://www.zaobao.com/finance/singapore/story20240421-3451984.

阅读上述案例并思考：我国发展低空经济的优势是什么？低空经济飞起来需要哪些条件？

"低空经济"于2021年1月被首次写入国家规划——《国家综合立体交通网规划纲要》，2024年3月被首次写入全国两会《政府工作报告》。国际上普遍使用通用航空（General Aviation）概念，我国从国家层面上提出大力发展低空经济，具有鲜明的中国特色和时代特征。低空经济的提出，是对我国传统通用航空发展模式面临困境进行反思的结果，是对正在进行的新一轮低空空域管理改革的响应。当前，我国无人机制造与应用领域蓬勃发展，与美国等少数国家并驾齐驱，取得领跑的地位，也为低空经济发展提供了条件。低空经济已经成为我国新质生产力的典型代表，是经济增长的新引擎，在促进区域协调发展、完善国家立体交通体系、落实"双碳"战略、建设国家应急救援体系、夯实国防后备保障等方面发挥着重要作用。因此，研究低空空域资源有效配置和由此牵动的低空经济产业运行规律具有重要意义。

第一节　空域资源与低空空域资源开发

一、空域的概念及属性特征

（一）空域的概念

空域，是指地球表面以上具有一定边界的可航行空间区域。空域是航空活动中不可替代的资源，因此也被称为"空域资源"。

（二）空域的属性特征

空域的属性特征主要体现在以下几个方面。

1. 自然属性

空域是航空活动赖以生存的自然资源，具有不可替代性。空域范围可以无限延伸，总量具有不确定性，但由于人类的空间使用能力相对有限，使用量是相对确定的，一般具有明确的空间使用范围。空域资源具有不可储存和可重复使用的特征，在使用时，还要考虑大气环流、磁场气候和环境因素。

2. 主权属性

与国家的领空一样，空域的主权归属具有不容侵犯的特性。《国际民用航空公约》规定，每个国家对其领土上空不同空间位置的空域拥有主权。国家对空域享有的主权包括所有权、管理权、管辖权和自保权，即国家对本国空域享有占有、使用、收益、支配，对空域活动实施统一监管，对空域内航空器依照本国法律依法进行空中管制，对入侵航空器采取警告、拦截、驱逐、迫降等措施的权利。

3. 经济属性

空域是一种经济资源，具有巨大的经济价值。通过发展航空运输、航空作业、低空休闲、低空文旅，打造航空研发、航空制造、航空保障和综合服务相关产业链，带动"航空＋"相关领域产业的融合发展。

4. 技术属性

空域不是简单的物理实体，空域资源利用目的是提高空域安全保障和高效配置的水平。因此，空域划设、地面各类保障设施设备建设、飞行法规制度和飞行程序的制定、人员培训等方面都要遵循一定的技术标准，确保实现空域安全和高效利用。

5. 公共属性

空域属于国家资源，是经济社会发展的重要公共资源。空域为社会全体公民所有，不属于任何个人或团体、组织、部门，因此，具有公共属性。近年来，无人航空器和低空飞行的快速发展，对空域的公共管理提出了新要求，空域管理的协同化和一体化水平亟待提高。

6. 安全属性

安全是航空器飞行的生命线，因此必须对空域进行必要的管理，提供公共空中交通服务，设立必要的空域分类，实施对应空域管制，提高通信导航监视能力。

二、空域的分类及低空空域的界定

（一）空域的分类

1. 空域分类的依据

对空域进行分类非常重要，可以为飞行安全、科学研究、发展航空经济提供政策保障，是确保安全、高效、有序管理与配置空域资源的前提。空域分类依据有多个，每种分类方式都有特定的应用背景和目的，旨在确保飞行活动的安全、有序和高效。以下是一些常见的分类方法。

（1）按照使用目的分类。

按照使用目的，可以将空域分为民用航空空域、通用航空空域、军事航空空域、体育航空空域、科研航空空域、航空管制空域、紧急救援空域、禁飞空域。空域的分类与使用目的见表1-1。

表1-1 空域的分类与使用目的

分类	使用目的
民用航空空域	运输旅客和货物
通用航空空域	涵盖私人飞机、直升机、无人机等小型飞行器的活动区域，用于空中观光、摄影、农业喷洒等
军事航空空域	侦察、监测、作战等军事目的
体育航空空域	飞行表演、跳伞、滑翔等航空体育活动
科研航空空域	气象观测、地球观测、科学实验等科研活动
航空管制空域	由ATC中心进行管理和监控
紧急救援空域	应对自然灾害、事故等紧急救援
禁飞空域	基于安全、军事等原因被禁止飞行的区域

（2）按照管理限制分类。

按照管理限制，可以将空域分为控制区、禁飞区、限制区、警戒区、协调区、通用航路区。空域的分类与管理限制见表1-2。

表 1-2　空域的分类与管理限制

分类	管理限制
控制区	飞机必须遵守管制员的指示
禁飞区	严格禁止航空器进入的区域，通常设立在重要军事目标、国家重点设施设备等区域
限制区	空中通行时受到一定限制，通常设立在军事活动区域、高空气象探测区等
警戒区	在空中通行时需特别注意，通常设立在海岸、边境线等战略要地
协调区	需与地面控制单位协调，通常设立在未设 ATC 设施的地区
通用航路区	供普通飞行器通行，通常设立在非控制区域内

（3）按照高度分类。

按照高度划分空域是一种常见的分类方法，这种方法基于航空器在飞行过程中的不同高度需求以及空中交通管理的需求进行分类。以下是按照高度划分的空域：

①低空空域。低空空域通常是指真高 1000 米（含）以下的空间范围。在实际操作中，低空空域可能从地面开始，一直延伸到某个特定的高度，如 3000 米。这个空域主要用于通用航空作业、转场飞行以及某些特定类型的飞行活动，如观光飞行、农业喷洒等。

②中空空域。中空空域位于低空空域之上，通常指 3000 米（或某些定义中的 1000 米）至 6000 米之间的空间。在这个空域，可以进行一些中程航班的巡航，以及某些特定类型的军事飞行活动。

③高空空域。高空空域是指从中空空域之上延伸至更高的高度，如 6000 米至 18000 米。在这个空域，主要进行远程航班巡航，以及执行某些需要更高飞行高度的特殊飞行任务。

除上述按照高度分类的空域外，还有超高空空域，是指超过 18000 米的高度范围。在这个空域主要执行一些特殊任务，如科学研究、军事侦察等。

需要注意的是，不同国家或地区对于空域的划分标准可能存在差异，这取决于其空中交通管理需求、航空技术发展以及空域使用策略。同时，随着航空技术的不断进步和空中交通流量的增加，空域的划分和管理策略也可能进行调整与优化。在实际应用中，空域的划分和管理需要综合考虑多方面因素，包括飞行安全、空中交通流量、飞行效率以及环境保护等。通过合理的空域划分和管理策略，可以确保航空器在空中安全、有序运行，同时促进航空事业持续发展。

2. 国际组织与部分国家的空域划设分类

（1）按照国际民航组织空域划设分类。

国际民航组织将空域划设为 A、B、C、D、E、F、G 7 类，其中，A、B、C、D 类为管制区域；F 类和 G 类为非管制区域；E 类在仪表飞行（Instrument Flight Rules，IFR）规则下为管制区域，在目视飞行（Visual Flight Rules，VFR）规则下为非管制区域。

①A 类：只允许 IFR，所有航空器之间配备间隔，提供空中交通管制（Air Traffic Control，ATC）服务，要求实现地空双向通信，进入空域要取得 ATC 许可。

②B 类：允许 IFR 和 VFR，其他规定与 A 类相同。

③C 类：要求 IFR 之间、IFR 和 VFR 之间配备间隔，并对它们提供相应的 ATC 服务，其他规定与 B 类相同。

④D 类：仅要求 IFR 之间配备间隔，对它们提供 ATC 服务，对 VFR 提供飞行情报服务，其他规定与 C 类相同。

⑤E 类：仅要求 IFR 实现地空双向通信，VFR 进入空域不需要 ATC 许可，其他规定与 D 类相同。

⑥F 类与 G 类：这两类空域对飞行提供飞行情报服务，对进入空域的要求有所不同。

(2) 按照美国空域划设分类。

基于国际民航组织的分类标准，美国将空域划设为 A、B、C、D、E、G 6 类，其中，A、B、C、D、E 类为管制区域，G 类为非管制区域。G 类空域高度范围为地面至真高 1200 英尺及以下空域。在美国西部地区，当空域不包含航路区域时，高度范围可以为地表至平均海平面高度 14500 英尺之间。在该空域可以同时存在 IFR 和 VFR，航空器可以自由进入 G 类空域，飞行安全由飞行员自己负责。同时，美国还有一些特殊用途空域，包括禁飞区、限制区、告警区、军航活动空域、警惕区。"9·11"事件后，美国还设立了临时飞行限制区和军事行动区。

(3) 按照欧控空域划设分类。

1995 年，欧洲采取自愿原则成立欧空非官方组织，对成员国民航相关事务进行统一管理。2000 年，欧洲提出空域战略，将空域划设为 N、K、U 3 类。2015 年欧洲取消了 K 类空域，完成 N、U 两类空域的划设，最终统一了欧控空域的分类。N 类空域为已知空中交通环境空域，等同于国际民航组织分类标准中的 A、B、C、D 类空域，对所有航空器提供 ATC 服务，对 IFR 之间、IFR 与 VFR 之间提供间隔服务。U 类空域为未知空中交通环境空域，属于非管制空域，不提供间隔服务和 ATC 服务。

(4) 按照中国空域划设分类。

2023 年 12 月 21 日，中国民用航空局发布《国家空域基础分类方法》。依据航空器飞行规则和性能要求、空域环境、空管服务内容等要素，将空域划分为 A、B、C、D、E、G、W 7 类，其中，A、B、C、D、E 类为管制空域，G、W 类为非管制空域；可见低空飞行主要集中在 G、W 类空域，C 类空域为低空飞行提供起降管制服务。国家空域基础分类见表 1-3。

表 1-3 国家空域基础分类

类别	划设地域及范围	管制服务内容	是否管制
A	通常为标准气压高度 6000 米（含）至标准气压高度 20000 米（含）	为所有飞行提供 ATC 服务，并配备间隔	管制空域
B	划设在民用运输机场上空：①民用三跑道（含）以上机场，通常划设半径 20 千米、40 千米、60 千米的 3 环阶梯结构，高度分别为跑道道面至机场标高 900 米（含）、机场标高 900 米至 1800 米（含）、机场标高 1800 米至 6000 米；②民用双跑道机场，通常划设半径 15 千米、30 千米的 2 环阶梯结构，高度分别为跑道道面至机场标高 600 米（含）、机场标高 600 米至 3600 米（含），顶层最高至 A 类空域下限；③民用单跑道机场，通常划设半径 12 千米、跑道道面至机场标高 600 米（含）的单环结构	为所有飞行提供 ATC 服务，并配备间隔	管制空域
C	划设在建有塔台的通用航空机场上空，通常为半径 5000 米、跑道道面至机场标高 600 米（含）的单环结构	为所有飞行提供 ATC 服务	管制空域
D	①标准气压高度高于 20000 米为 D 类空域；②A、B、C、G 类空域以外，可根据运行需求和安全要求选择划设为 D 类或 E 类空域	为所有飞行提供 ATC 服务	管制空域
E		仅为仪表飞行提供 ATC 服务	管制空域

续表

类别	划设地域及范围	管制服务内容	是否管制
G	①B、C类空域以外真高300米以下空域（W类空域除外）；②平均海平面高度低于6000米、对民航公共运输飞行无影响的空域	仅提供飞行信息服务，不提供ATC服务	非管制空域
W	空域内真高120米以下的部分空域	不提供飞行信息服务	非管制空域

（二）低空空域的界定

对于低空空域范围，国际上并没有统一界定。各国根据通用航空发展水平、地形地貌、气候条件和相应的空域划设等级因地制宜界定低空空域范围。部分国家低空空域划分及其等级如表1-4所示。

表1-4 部分国家低空空域划分及其等级

国家	低空空域上限（相对平均海平面高度）/米	空域等级
加拿大	3810	E或G
澳大利亚	3810/5486	E
美国	5486	E
英国	5944	G
法国	3962	G
意大利	5944	F或G
瑞典	2896	G
德国	3048/3062	E
西班牙	7468	E

资料来源：谢春生，郭莉，张洪. 低空空域管理与通用航空规划 [M]. 北京：航空工业出版社，2016：77.

2010年，国务院、中央军委发布《关于深化我国低空空域管理改革的意见》，按照管制空域、监视空域和报告空域划设低空空域。各类低空空域垂直范围原则为真高1000米以下，可根据不同地区特点和实际需要，具体划设低空空域高度范围，报批后严格掌握执行。我国经过反复研究，在确保空防安全与稳定的前提下，原则上将低空空域划定为真高1000米以下，最高不高于3000米的空域范围。这个范围的界定具有鲜明的中国特色和时代特征。[①] 主要考虑两个因素：一是我国低空空域改革主要解决通用航空发展与低空空域管制存在的突出矛盾，而通用航空飞行活动主要集中在1000米以下；二是我国幅员辽阔，地形地貌差异较大，在平原、海面、山区、高原、沙漠等不同地理条件下，对安全飞行高度要求不一。此外，低空大气频繁活动也是影响低空空域使用、低空飞行高度和飞行安全的因素。随着低空领域应用的不断深化，管理部门和业内普遍认为有必要将低空空域的高度进一步提升。

三、低空空域资源开发

空域是航空器的空间载体，应合理充分地利用空域资源。空域资源的价值主要在于空域的划设使用和有效开发。随着人们对稳定的主权安防、体验式的低空休闲、高效便捷的空中运输与作业、

---

① 朱永文，陈志杰，唐治理. 空域管理概论[M]. 北京：科学出版社，2018：440.

安全高效的机场空域资源管理等的需求不断扩大，低空空域资源开发越来越受到重视。

（一）低空空域资源开发的需求

低空空域开发，是指通过划设空域分类，尽可能避免空域闲置、减少空域使用限制，实行空域共用等手段与方法，充分利用低空空域资源，满足领空主权防卫、航空器拥有者、空中交通服务提供者、机场当局对空域的使用需求。

1. 领空主权防卫的使用需求

领空主权防卫是国家为了维护自身领土领空安全和主权完整而采取的一系列措施。领空主权防卫对低空空域的使用需求主要包括：①低空军事预警与监控。建立防空识别区，对进入该区域的航空器进行识别、监视和管制，以便及时做出反应，保卫国家空防安全。②飞行安全管制。领空主权防卫要求确保所有飞行活动安全有序，包括在低空空域内的民用、警用和军用飞行，避免飞行冲突和事故。③技术与设施建设。加强低空空域的通信、导航、监视等技术设施建设，提高对低空空域的管理能力和服务水平。④军队参与的应急救援。低空空域在应急救援中发挥着重要作用，如军事救援、医疗救护、灾害救援等，需要保障这些飞行活动的顺利进行。⑤国际合作。在领空主权防卫框架下，与其他国家进行航空领域的合作，包括联合演习、国际救援等，需要合理规划和使用低空空域。⑥军事飞行训练。为了提升领空主权防卫能力，需要在低空空域内进行飞行人员的培训和演练，提高其专业技能和应对各种情况的能力。

2. 航空器拥有者的使用需求

航空器拥有者对低空空域的使用需求主要包括低空运输、低空飞行、航空体育运动、低空文旅、航模飞行、高空作业、航空气象、科研活动等。

3. 空中交通服务提供者的使用需求

空中交通服务范围很广，包括低空载人运输、货物运输、无人机配送等。其中，无人机与 UAM 成为低空经济的主赛道，起降点和航线设置对低空空域资源需求日益扩大。

4. 机场当局对低空空域的使用需求

机场当局对低空空域的使用需求主要包括信号发射与接收、空中指挥、安全监测、气象监测等。

（二）低空空域资源开发的影响因素

低空空域资源开发是一个复杂且多层面的过程，涉及政策制定、技术创新、安全管理等多个方面。低空空域资源开发的关键要素如下。

1. 政策与法规建设

需要建立完善适合低空空域和通用航空特点的法规体系，包括制定和调整低空空域使用和管理政策，明确空域分类、使用权限、飞行规则等。同时，要确保这些法规与国际标准接轨，促进国际航空交流与合作。

2. 空域规划与划分

合理划分空域是低空空域资源开发的基础。在空域规划中，应综合考虑飞行安全、国家需要、通信雷达建设、飞行管制、环境保护以及机场分布等因素。通过科学划分空域结构，提高空域使用效率，满足各类飞行活动的需求。

3. 航空网络管理系统建设

利用现代卫星通信技术，建立完善的航空网络管理系统。这一系统应能够及时、全面地记录飞行动态，为通用航空飞行组织实施提供可靠依据。同时，通过航空网络管理系统，可以进一步完善我国的通用航空管理体系，为低空空域的开放提供更多支持。

4. 技术创新与研发

低空空域资源的开发离不开技术创新。应加大对航空器、导航设备、通信技术等关键技术的研发力度，提高低空飞行的安全性和效率；同时，鼓励和支持企业参与低空空域资源开发和技术创新，推动产业发展和升级。

5. 安全管理体系建设

安全是低空空域资源开发的首要任务。应建立健全低空飞行安全管理体系，包括飞行安全制度、飞行安全监管、飞行事故应急处理等。通过加强安全监管，确保低空飞行的安全和有序。

6. 市场培育与拓展

低空空域资源的开发需要市场的支持和推动。应通过多种渠道宣传和推广低空飞行活动，提高公众对低空飞行的认知度和接受度；同时，积极培育和发展低空飞行服务市场，为低空空域资源的开发提供更大的空间。

综上所述，低空空域资源的开发是一个系统工程，需要政府、企业、社会各方的共同努力和配合。通过政策引导、技术创新、安全管理和市场培育等多方面的措施，可以推动低空空域资源的有效开发和利用，为我国航空事业的发展注入新的动力。

第二节 低空经济及其发展背景

一、低空经济的概述

（一）低空经济的提出

2009 年，在"十二五"规划前期研究的一次"中国通用航空发展研究"课题研讨会上，与会专家首次提出了"低空经济"这一概念。该概念的提出不仅是对中国通用航空发展路径和模式的反思，也是对当时低空空域管理改革的积极响应。该概念旨在构建一个符合中国国情的航空产业发展框架，综合考虑了竞争性技术、产业影响、科技进步以及时代发展等多重因素。起初，"低空经济"只是作为学术课题在中国高等教育机构的学术讨论中使用。随着时间的推移，该概念逐渐被相关专家学者引入国家发展改革委、中央空管委等机关内部讨论会议中，获得了越来越广泛的认可。

2021 年 2 月，中共中央、国务院印发《国家综合立体交通网规划纲要》（以下简称《规划纲要》），提出要发展交通运输平台经济、枢纽经济、通道经济、低空经济，"低空经济"被首次写入国家规划。《规划纲要》从国家层面加强了对低空经济建设的顶层设计，低空经济在全国范围掀起热潮，各地政府陆续出台对低空经济的支持政策，研究机构、社会资本和企业加大低空经济相关资本投入、技术研究和应用开发。

2023年12月，中央经济工作会议强调，要打造低空经济等若干战略性新兴产业，开辟未来产业新赛道，加强应用基础研究和前沿研究，强化企业科技创新主体地位。2024年3月，"低空经济"被首次写入全国两会《政府工作报告》。

（二）低空经济的概念

低空经济是以各种有人驾驶和无人驾驶航空器的各类低空域飞行活动为牵引，形成低空制造、低空飞行、低空保障和综合服务产业链，带动"低空+"相关领域融合发展的综合性经济形态。其具有产业链条长、辐射面广、成长性和带动性强等特点。要理解低空经济的内涵，关键要理解以下几点：

（1）低空经济是一种综合性经济形态，这是理解低空经济内涵的关键。

（2）低空经济的立体性。低空经济是由低空飞行牵引带动的，其立体性主要体现为"活动空间上的立体性"。在我国，低空飞行以1000米以下，最高不超过3000米的低空空域为活动空间，将经济活动由地面向空中延伸、由"平面经济"向"立体经济"转变，表现为一种三维空间的立体经济形态。

（3）低空经济的区域性。低空经济的区域性主要体现为"作用范围上的区域性"。与航空运输经济、高铁经济等具有大规模、大范围、一体化特征的经济形式不同，基于小飞机、小航线、小企业的低空经济具有小规模、小范围、分散性特点，且具有明显的地域性和区域性特征，在对地区经济发展产生带动效应的同时，也受当地环境条件的影响和制约。

在概念的外延方面，低空经济与通用航空既有重合，又有区别。根据《中华人民共和国民用航空法》（以下简称《民用航空法》）规定，通用航空是指使用民用航空器从事公共航空运输以外的民用航空活动，包括从事工业、农业、林业、渔业和建筑业的作业飞行以及医疗卫生、抢险救灾、气象探测、海洋监测、科学试验、教育训练、文化体育等方面的飞行活动。在实践中，80%以上的低空经济将是新通用航空的内容，除警用、军用和海关稽查航空外，低空经济与通用航空主体内容基本一致。新通用航空的内容主要是无人机、飞行汽车、eVTOL等，也是低空经济的主赛道。通用航空与低空经济的关系如图1-1所示。

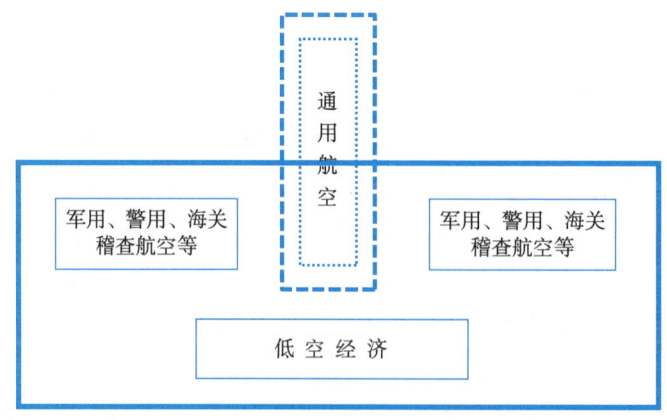

图1-1 通用航空与低空经济的关系

二、低空经济的发展背景

在国际上,普遍使用通用航空概念。我国提出大力发展低空经济具有中国特色和鲜明的时代特征,是对传统通用航空发展模式和路径进行反思的结果,是响应低空空域管理改革的结果,也是新能源航空动力技术与数字技术深度融合并取得前所未有竞争优势的结果。

(一) 提出大力发展低空经济是对传统通用航空发展模式和路径进行反思的结果

1. 我国传统通用航空产业发展不及预期

人们普遍认为,我国航空技术发展水平和经济发展条件已经具备发展通用航空的条件,但传统通用航空产业发展并未达到期望水平,具体表现如下:

(1) 航空器数量少。

美国通用航空制造商协会发布的《2019年通用航空统计手册及产业展望》数据显示,2019年,全世界共有通用飞机约44.6万架。全球通用飞机市场主要集中在美国、加拿大、法国、巴西、德国、英国、澳大利亚等国家,其通用航空器存量合计约为35万架,约占全球的80%,其中,美国占近一半比重。截至2019年底,中国航空器共2707架,仅占全球的0.61%,在数量上优势不足。

(2) 通用机场少。

截至2019年底,中国颁证通用机场数量为246个;美国拥有机场19750个,其中,私人民用机场数量达到14120个,包括直升机场5425个,水上机场290个,普通机场8405个等;欧洲有通用机场3924个。由此可见,我国通用航空机场规模有待扩大。

(3) 通用航空业务以局地空域作业与飞行为主,业务面窄。

通用航空业的服务涉及众多领域,包括工业、农业、商业、公共服务、培训、旅游等。全球通用航空主要从事的业务是私人飞行和公务飞行(占比56%),其次是飞行培训(占比21%),最后是作业飞行(占比15%)。2019年,我国的通用航空飞行市场主要集中在飞行培训、工业和农业,这三类市场合计占总额的50%。2019年,全国飞行培训(不含民航飞院)达37.57万小时;农业共计完成飞行5.23万小时,其中,航空喷洒占农业作业小时数的89%,是农业作业的主要服务类型。很显然,我国通用航空业务面窄,以局地空域作业和局地空域飞行为主。

2. 我国通用航空产业发展存在的问题

学界、实务界和政府都在反思我国通用航空产业发展滞后的问题,说明现在的通用航空发展模式已经难以适应航空产业发展的需要,主要原因如下:

(1) 传统通用航空的产业布局受限。

传统通用航空忽视了以低空空域为作业环境的警察、海关等国家公共事务领域的蓬勃发展,也未能全面反映电动-无人驾驶航空技术应用创新的新近发展,尤其是对以无人机物流和UAM等为代表的低空运输飞行、山区与河道等复杂场景下的无人机低空巡查作业飞行、以室外摄影与灯光秀为代表的低空休闲娱乐飞行等体现不够。①

---

① 覃睿. 再论低空经济:概念定义与构成解析[J]. 中国民航大学学报,2023,41(6):59-64.

(2）通用航空产业发展缺乏统筹规划。

缺乏统筹规划是制约我国通用航空产业发展的瓶颈问题。相关规章和通用航空法规体系不完善，建立进程较慢，通用航空改革进程难以在"一盘棋"下推进，各部门难以形成合力，表现为整个行业发展的混乱和低效，盲目跟风现象严重。

（3）空域资源开发不充分，使用的审批管理过于严格。

一方面，我国低空空域资源分类开发不充分，总体供给不足，制约通用航空产业发展。另一方面，我国低空飞行活动审批程序烦琐，以及低空空域飞行服务保障能力不高，都限制了通用航空产业的快速发展。

（4）通用航空监管与服务不能适应产业发展。

通用航空领域在监管与服务方面存在的问题主要包括：监管过严、监管模式单一限制企业的灵活性和创新能力，审批效率偏低增加企业的运营成本和时间成本，行政执法行为不规范影响通用航空企业的合法权益，信用管理制度和安全风险准备金制度建设不到位。

（5）通用航空产业支持政策不合理。

通用航空各作业项目补贴额度差距过大，不同机型执行相同的通用航空作业项目享受的通用航空补贴额度占每小时实际耗用变动成本的比例差别较大，民营通用航空机场等基础设施建设获得补贴难度大等限制了通用航空产业的健康发展。

（二）提出大力发展低空经济是响应低空空域管理改革的结果

1. 空域改革历程

2000 年，军航管理部门将全国航路航线指挥权移交民航部门后，我国先后经历了三轮低空空域改革。第一轮低空空域改革为 2010—2014 年，改革任务是地区试点首次实施空域分类化管理，将原来的全部为管制空域改为管制、监视、报告三类空域，按照审批和报备两种方式实行分类管理。这轮低空空域改革在一定程度上为低空飞行和低空经济发展提供了基础条件，但面临着"审批难"和"起飞难"等情况。第二轮低空空域改革为 2015—2017 年，改革任务是通过优化审批程序、建立低空服务保障示范等措施实施空域精细化管理。这轮空域改革在一定程度上提高了低空飞行和低空经济的效率，但低空企业运营效率仍然受制于军地民多部门管理区隔的影响。第三轮低空空域改革为 2018—2023 年，重点是突出空域协同化管理。2018 年至 2023 年 2 月，国家空管委办公室先后批准四川开展低空空域协同管理改革试点，以及湖南、江西、安徽的低空空域协同管理改革试点拓展。从目前情况来看，这些试点取得了较好的成效，有力地促进了低空经济的发展，但仍存在一些不足：一是试点范围仅局限于军航管理的低空空域，尚未涉及民航航路内低空空域，低空飞行仍然受限；二是试点中空域管理的立法工作尚未推进，低空经济发展无法可依；三是各试点省份分别建设的飞行服务保障系统缺乏全国统一的技术规范和标准。

2. 新一轮空域改革已经开始，低空经济将迎来爆发

《国家空域基础分类方法》的发布，拉开了新一轮空域改革的序幕。依据航空器飞行规则和性能要求、空域环境、空管服务内容等要素，进一步深化了空域分类，将空域划分为 A、B、C、D、E、G、W 7 类，其中，A、B、C、D、E 类为管制空域，G、W 类为非管制空域。第四轮空域改革重点任务是推进空域协同化、统一化管理。一方面，继续推进空域细分管理，落实协同化管理的试

点经验；另一方面，积极推进空域立法工作和空域一体化管理。只有这样，低空飞行才能"飞得起、飞得稳"，带动低空研发、低空制造、低空保障、综合服务等产业的发展，形成"低空+"不同的应用场景。

（三）提出大力发展低空经济是新能源航空动力技术与数字技术深度融合并取得前所未有竞争优势的结果

1. 我国低空制造技术取得突破性进展

在传统的航空装备制造产业链中，我国扮演了跟跑者的角色，产业价值链的关键环节仍由欧美国家掌控。因此，我国在民航和传统通用航空制造方面仍有待提高。

近年来，我国新能源技术取得了领先优势。电池、电机、电控、机载航电、材料技术先后实现突破，推动了新能源航空动力技术的发展。同时，我国大力推动新能源动力技术与数字飞控系统技术、无人驾驶航空技术以及5G、卫星通信导航等新一代信息技术的深度融合，形成了较为完整的由无人机主导的新一代低空载运与作业装备技术产业价值链体系，并基本与欧美发达国家处于同一领跑线上。①

2. 我国无人机产业化蓬勃发展，竞争优势显著

以无人机、eVTOL、UAM等为代表的低空经济赛道实现了破局发展。据统计，截至2023年底，我国无人机设计制造单位有2000家左右，生产了全球70%的消费级无人机，50%以上的工业无人机，成为无人机最大生产国和出口国。国内注册无人机126.7万架，无人机运营企业接近2万家，飞行2311万小时。国内eVTOL整机制造企业40余家，开发了100多款产品。其中，部分产品已经取得适航证，拉开了UAM大发展的序幕。

在场景应用方面，我国发挥超大规模市场的优势。无人机技术已经被广泛应用于农林植保、低空文旅、文教娱乐、应急救援、低空运输等产业。同时，无人机也被广泛应用于公安追捕、巡逻监视、缉毒禁毒、反恐防暴、交通管理、大型活动安保、海关稽查及社会救援救助等公共管理领域。

无人机与UAM成为低空经济发展的主赛道。我国新能源航空动力技术与数字技术深度融合并取得了前所未有的产业竞争优势，为发展低空经济创造了条件。

综上所述，我国提出大力发展低空经济，是传统通用航空产业发展和空域管理改革不及预期，并对通用航空产业发展模式和发展路径进行反思，响应新一轮低空空域管理改革的结果；也是我国新能源航空动力技术与数字技术深度融合并取得前所未有的产业竞争优势的结果。当然，我国大力发展低空产业是在推进经济高质量发展，推动新质生产力发展，实施"双碳"战略的大背景下提出来的。

第三节 低空经济的地位与作用

一、低空经济是新质生产力的典型代表

低空经济是新质生产力的典型代表，更是培育发展新动能的重要方向，具有创新引领、绿色低

---

① 覃睿. 再论低空经济：概念定义与构成解析[J]. 中国民航大学学报, 2023, 41(6): 59-64.

碳、数实融合的特点。低空经济的发展要求技术革命性突破、生产要素创新性配置、产业深度转型升级，催生新质的经济增长方式；要求集聚高素质的劳动者、高技术的劳动资料和广泛的劳动对象，推动劳动主体、劳动客体和劳动方式的优化组合，形成新质生产力发展的合力；要求重构生产关系和产业关系，推动制度与机制创新，形成新质生产力发展的保障。

（一）低空经济的发展催生新质经济增长方式

新质生产力是由技术革命性突破、生产要素创新性配置、产业深度转型升级催生的，低空经济的发展正是沿袭着这样一条摆脱传统经济增长方式的生产力发展路径。

1. 低空经济不断提出技术革命性突破的要求

无人机和eVTOL是低空制造的主赛道。电池、电机、电控、机载航电、材料技术不断突破，推动新能源航空动力技术不断升级；同时，航空产业与日新月异的数字技术、5G和卫星导航通信技术深度融合，促进了数字化飞控技术、无人驾驶航空技术和数字化低空保障技术的突破性发展。低空产业技术迭代升级不断加速，而这也是新质生产力不断跃升的过程。

2. 低空经济发展进程是一次产业深度转型升级

低空经济是一种涵盖全产业链、跨场景应用和多领域融合的综合经济形态。低空经济体现了航空技术与新能源技术、新材料技术、工程技术、数字化技术、通信技术等先进技术的深度融合，推进了产业一体化升级，推动了产业深度转型升级，形成了发展新质生产力的新路径。

（二）低空经济的发展推动劳动者、劳动资料、劳动对象及其优化组合的跃升

1. 低空经济的发展要求集聚高素质人才

高素质劳动者是新质生产力的第一要素。不同于传统产业，低空经济快速成长需要专家型研发人才、工匠型制造人才、技能型飞行人才、复合型低空保障与综合服务人才。各类人才都要立足科技创新前沿，具备较强的知识迭代能力，能够熟练掌握新型生产资料。

2. 低空经济的发展要求更高技术含量的劳动资料

新质生产力的生产工具具有极强的科技属性。低空经济的发展要求更高技术含量的劳动资料，不断增强低空经济发展的供给驱动力。低空经济的发展需要将数字技术、智能技术、数字孪生技术、通信技术、定位技术与航空制造、航空飞行、飞行保障、服务运营管理和各种应用场景深度融合，推动生产工具技术升级，从而形成新质生产力的强大驱动力。

3. 低空经济拓展了劳动对象的范围

低空经济全产业链技术进步和数字化融合，扩大了人类经济活动的空间，拓展了劳动对象的范围，为打造更多经济业态、发展商业新模式提供了可能，开辟了新质生产力发展的新路径。

新质生产力以劳动者、劳动资料、劳动对象及其优化组合的质变为基本内涵，低空经济的发展要求集聚高素质的劳动者、高技术含量的劳动资料和广泛的劳动对象，推动劳动主体、劳动客体和劳动方式的优化组合，形成新质生产力发展合力。

（三）低空经济的发展重构生产关系，推动制度与机制创新

低空经济是战略性新兴产业，凭借高科技主导、高效能运营及高质量发展的特点，成为新质生产力的典型代表。低空经济的发展不仅需要技术创新，也需要不断调整与之相适应的生产关系，推

出新型制度体系，建立和完善顶层设计，法律法规，市场准入、监管制度，运营管理体制机制，形成新质生产力发展的保障。截至2024年5月底，全国推出与低空经济相关的制度已经超过200项，在低空物流、低空交通、低空基础设施设备建设、企业引培、产业链培育、标准规范、交流推广、鼓励技术创新、人才保障、资质取证和其他方面提供了专项支持。在立法方面，深圳率先为低空经济立法，于2023年12月29日推出了《深圳经济特区低空经济产业促进条例》，其他地方立法工作亦正在推进。

（四）低空经济的发展要求提升全要素生产率

全要素生产率是衡量一个经济体生产效率的重要指标，反映了在所有生产要素投入量保持不变的情况下产出的增长量。低空经济作为新兴的经济形态，依托于低空空域，辐射带动相关领域的融合发展，对提升全要素生产率具有显著的推动作用。

低空经济对生产要素提出创新性配置要求。新质生产力发展改变了生产函数，以全要素生产率的大幅提升为核心标志。低空制造、低空飞行、低空保障和综合服务产业与数字化深度融合，充分实现了低空经济对全要素生产率增长的作用机制。一方面，技术和数据作为新型生产要素改变生产方式，对全要素生产率提升产生直接作用；另一方面，新型生产要素对传统生产要素赋能，促进全要素生产率提升，实现生产要素创新性配置对新质生产力的促进效应。

二、低空经济是战略性新兴产业，是经济增长的新引擎

我国经济要从高速增长转向中高速增长，发展方式从粗放发展转向高质量发展，经济结构从以增量扩能为主转向调整存量、做优增量并举的深度调整，发展动力从要素投入驱动转向创新驱动，需要培育新动能。

2023年底召开的中央经济工作会议提出，要打造低空经济等若干战略性新兴产业。低空经济立足于航空动力、航空飞行、通信、导航、大数据等新一代科技革命的最前沿，产业链条长，服务领域广，带动作用强，具有战略性新兴产业创新驱动、交叉融合、产业先导的典型特征，是经济增长的新引擎。

2024年4月，工业和信息化部下属智库机构赛迪顾问发布《中国低空经济发展研究报告（2024）》。报告显示，2023年，中国低空经济规模达到5059.5亿元，增速高达33.8%。据预测，2030年，中国低空经济规模有望达到2万亿元，对国民经济的综合贡献值将达到5万亿元以上。

三、低空经济促进区域协同发展

发展低空经济可以促进区域间的交通连接和人员流动，加强区域间的经济联系和合作，进而提升区域整体竞争力、促进区域经济协同发展。低空经济在推动区域经济协同发展方面有几个关键作用：一是通用机场、飞行服务站（Flight Service Station，FSS）等低空经济配套基础设施建设有助于提升区域交通连接性，促进区域经济一体化；二是低空经济推动区域经济从传统的"平面"发展模式向"立体"模式转变，有助于优化区域经济布局，促进区域间的协调发展；三是低空经济的产业链条长，有助于不同地区根据自身优势参与到价值链中，实现产业互补和协同发展；四是低空经济广泛的应用场景，促进了航空技术与地方产业融合，推动了当地相关产业的升级和经济增长；五是低空经济在旅游、服务业等领域的应用，促进了边缘区域与发达地区之间的互动交流，推动了区域

经济的协同发展。

四、低空经济的发展有助于国家综合立体交通体系建设

低空飞行是综合交通体系的重要组成部分，发展低空经济对国家综合立体交通体系建设具有重要作用：一是通用航空以其灵活性和能够到达偏远地区的特点，补充了传统交通网络，特别是为地形复杂或交通不便的偏远地区提供了重要的交通连接；二是"低空飞行+"紧急救援、医疗救护、森林防火、气象探测、高空巡查、自然灾害等场景应用越来越广泛，是综合交通体系中应对突发事件的重要力量；三是低空经济的发展提高了交通运输效率，如无人机配送、通用航空物流、eVTOL、UAM 提升了物流的通达性和时效性。

综上所述，低空飞行提升了交通网络的通达度和服务能力，在经济、应急救援、国防等方面发挥了重要作用，是国家综合立体交通体系的重要组成部分。随着低空经济的发展，其在综合立体交通体系建设中的地位和作用将愈加凸显。

五、低空经济的发展有助于实现"双碳"战略

2023 年 10 月 1 日，工业和信息化部、科学技术部、财政部、中国民用航空局等四部门联合印发《绿色航空制造业发展纲要（2023—2035）》，提出到 2025 年，国产民用飞机节能、减排、降噪性能进一步提高，航空绿色制造水平全面提升，绿色航空产业发展取得阶段性成果，安全有效的保障体系基本建成。到 2035 年，中国将建成完整、先进、安全的绿色航空制造体系。

低空经济不仅是经济增长的新引擎，而且与绿色发展战略紧密相关：首先，科技创新是推动低空经济绿色发展的关键，低空经济立足科技创新前沿，通过关键核心技术的突破和创新链与产业链的结合，拓展应用场景与市场空间，实现可持续、高质量发展；其次，低空经济的发展带动无人机、eVTOL 等低空航空器的广泛应用，新能源航空动力探索与应用将有助于减少对化石燃料的依赖，降低环境污染；再次，低空经济将利用数字化、网联化和人工智能技术，提高低空飞行的效率和安全性，同时减少资源消耗；最后，低空经济应用场景广泛，为行业赋能提供了高效、低成本的解决方案，有助于提高投入产出效率，减少对环境的影响。

综上所述，低空经济的发展与绿色发展战略紧密相连，通过科技创新、新能源动力探索、数字化智能系统运用、为行业赋能等方式，推动绿色发展，成为落实"双碳"战略的重要力量。

六、低空经济的发展有助于完善国家应急救援体系

通用航空飞机，特别是无人机、eVTOL 等低空航空器，在国家应急救援体系中扮演着关键角色：首先，在灾害应急救援中，低空航空器能有效侦察灾情，精准高效地进行人员和物资快速投送；其次，低空航空器具有多样化的机型，凭借较低要求的起降条件和高度机动性，能高效完成高空应急作业；再次，低空航空器可以参与市政应急管理、警务应急处置、应急追捕、海关稽查、军用应急处置、卫生应急救治，提升公共事务应急管理能力；最后，低空经济的发展能够培养一大批应急救援和应急管理人才。

综上所述，低空飞行器因具有灵活性和快速响应能力，在国家应急救援体系中发挥着不可或缺的作用，因此，低空经济的发展有助于完善国家应急救援体系。

七、发展低空经济有助于夯实国防后备力量

无人机和通用航空是低空经济发展的重要支撑，也是国防后备力量的保障，具有重要的战略意义。首先，无人机和通用航空器等低空航空器是国防有力的战略储备和支撑，是实施军民融合发展战略的重要组成部分。在和平时期，低空航空器服务于民用领域；在战争或紧急状态时，低空航空器可以迅速转换为国防力量。俄乌冲突显示，无人机凭借飞行灵活性、操纵便利性重新塑造了现代战争，在情报侦察、精准攻击、低空干扰、物料运输、战争掩护等方面表现出巨大的优势。其次，在军民融合背景下，低空制造、低空飞行、低空保障和低空服务产业链的协同创新能够提升国防自主创新能力，解决基础研发、生产能力不强的问题，提升运用无人机和通用航空器参战的协同管理水平。再次，低空经济带动通用航空机场和FSS等基础设施建设和通用航空产业的发展，为国防提供了重要的基础设施支持，完善了军事战略机场网络体系。最后，低空经济的发展，培养了一大批航空研发、制造、飞行、保障和运营方面的复合型人才，有助于提升国防后备力量的专业技能和应对能力。

综上所述，在军民融合背景下，低空经济可以成为国防后备力量的重要保障，也可以带动国防和军事工业的发展，提升现代战争的协同管理能力，以及国家的综合国力和安全保障能力。

第四节 低空经济学的研究对象和研究内容

低空经济学是一门建立在微观经济学、宏观经济学、产业经济学、管理科学和工学基础上的交叉学科。低空经济学的主要研究对象是低空经济的运行规律，即研究以低空空域资源充分开发与科学配置为基础产生的低空研发、低空航空器制造、低空飞行、低空保障和综合服务等全产业链的运行规律，包括产品和服务的供需规律、产业组织属性与产业组织形态、产业投融资模式、企业运营管理、政策、规划和实践等相关内容。

本书具体内容章节安排：第一章为低空空域与低空经济，以空域资源与低空空域资源开发为出发点，介绍低空经济及其发展背景、低空经济的地位与作用、低空经济学的研究对象和研究内容。第二章为低空经济的构成，围绕低空经济产业链，介绍低空制造、低空飞行应用、低空保障、综合服务的含义，产业赛道、发展现状、未来发展趋势。第三章为低空经济发展的宏观环境，介绍政治、经济、社会和技术因素对低空经济发展的影响。第四章为低空经济的需求分析，介绍低空经济需求的概念、特征、影响因素、需求函数、需求弹性。第五章为低空经济的供给分析，介绍低空经济供给的概念、特征、影响因素、供给函数、供给弹性。第六章为低空经济供需平衡分析，介绍低空经济的供需均衡及其差异性，低空经济供需的影响因素。第七章为低空经济的外部性，介绍低空经济正负外部性产生的原因及其矫正工具。第八章为低空经济的产业组织形态，介绍低空经济中的竞争与合作关系、产业组织形态的创新与优化。第九章为低空经济的产业属性与投融资，介绍产业属性及其特征，低空经济的产业属性、投融资模式及其典型案例。第十章为低空飞行企业的运营与管理，介绍低空飞行企业分类、发展现状、运营与管理、运营程序。第十一章为低空飞行的管制与放松管制改革，介绍管制的分类与趋势、低空飞行的管制及原因、低空飞行的放松管制改革。第十

二章为低空航线网络规划，介绍低空航线网络规划的概念、特征、分类与意义，原则，内容，方法及经济分析。第十三章为低空经济发展的探索实践，重点介绍国外低空经济的探索实践、中国试点省份低空经济的探索实践、国内外低空经济发展的比较分析。

本章小结

本章介绍了空域资源的属性及其分类，低空空域的界定和低空资源开发的需求；分析了我国从国家层面提出大力发展低空经济的背景和重大意义；探讨了低空经济学的研究对象及其研究内容。

思考题

1. 第四轮低空空域改革的重点任务是什么？
2. 简述低空经济提出的背景。
3. 低空经济为什么是新质生产力的典型代表？
4. 低空经济学的研究对象是什么？

第二章
低空经济的构成

案例导入

探访亿航智能：5G+AI赋能，在这里看到空中交通未来

亿航智能是全球领先的具备物联网化能力的无人驾驶航空器企业。2016年，亿航智能发布了全球首款无人驾驶载人航空器，引领全球UAM新行业。2019年12月12日，亿航智能登陆纳斯达克，成为全球首家上市的UAM企业。

亿航智能的无人驾驶载人航空器已经在全球完成多次飞行演示，飞行足迹遍布亚洲、欧洲和北美洲三大洲14个国家，包括中国、美国、荷兰、日本、韩国、卡塔尔、奥地利、加拿大、西班牙、阿拉伯联合酋长国、爱沙尼亚、印度尼西亚和比利时等国，领跑全球UAM发展。借助5G的力量，亿航智能将更好地建设UAM生态，推动各个业务领域更上一层楼。亿航智能的无人机，包括集群飞行表演、物流无人机、eVTOL等，均基于运营商专网及多卡冗余保障飞控、图传信息的可靠性。在深圳，亿航智能已经与宝安、罗湖达成战略合作，将共同推动低空经济的高质量发展。目前，位于深圳宝安欢乐港湾的UAM运营示范中心已经正式启动，为未来eVTOL在低空领域的运营奠定了坚实基础。

资料来源：探访亿航智能：5G+AI赋能，在这里看到空中交通未来［EB/OL］.（2024-03-19）. https：//k.sina.com.cn/article_1259228935_4bocrf070010/q367.html.

如今，发展低空经济恰逢其时，既有科技进步的驱动，也有无人机产业的支撑，更有政府一系列政策的推动。抢抓低空发展机遇，将带来一个包括低空制造、低空飞行、低空保障和综合服务的超万亿级产业集群。同时，技术、政策、机制的突破，分阶段的规划实施，低空空域的有序开放，产业生态的建设打造，产业投资的激励引导，将有助于形成较为成熟的低空商业运营模式，推动低空经济发展。

低空经济主要由低空制造产业、低空飞行产业、低空保障产业和综合服务产业构成。

低空制造产业，是指面向通用、警用、海关和部分军用航空器的研发制造类产业，主要包括各种有人驾驶和无人驾驶航空器及其零部件和机载设备的研发、制造、销售、进出口等。

低空飞行产业，是指利用各种有人驾驶和无人驾驶航空器进行货物运输、旅游观光、空中拍摄、气象探测等低空飞行活动。

低空保障产业，是指为低空飞行活动提供各种地面保障和ATC服务的产业，包括机场运营、航行情报、空中交通管理等。

综合服务产业，是指为低空经济提供综合性支持的产业，包括金融服务、保险服务、法律服务等。

第一节　低空制造产业

一、低空制造产业发展历程

低空制造产业作为低空经济的重要组成部分，近年来在全球范围内取得显著进展。低空制造产业的发展历程如下。

（一）早期萌芽阶段（18世纪至20世纪初）

低空经济的起源可以追溯到18世纪末的热气球技术。热气球技术在法国巴黎成功试验后，迅速被用于观光活动，这可以视为低空经济的早期萌芽。这一时期的低空制造主要集中在简单的航空器制造上，如热气球、飞艇等，主要用于观光和简单的运输。

（二）应用探索阶段（20世纪初至2010年）

20世纪，随着技术的进步，低空经济开始扩展到更广泛的领域。例如，1980年，日本在农业领域使用遥控直升机进行作业；2006年，英国石油公司使用无人机进行海上油田平台监测等。2009年，"低空经济"术语被首次提出，在随后的十余年间，研究者从不同视角对低空经济进行了探索。无人机技术在这一阶段取得显著突破，商业化的无人机开始进入市场，航拍、农业植保、环境监测等领域的无人机应用逐渐兴起。

（三）规范化发展阶段（2010年至2020年）

随着技术的成熟和应用场景的多元化，规范化监管成为关键。2010年后，美国和欧洲等地区开始重视低空经济的规范化发展，如美国推进无人机交通管理系统的建设，并发布商业用途小型无人机的运营规则；欧洲提出U-Space概念并修订法规。这一时期，通过制定和修订法规，低空经济在规范化监管下稳步发展。

(四) 普及应用阶段 (2020年至今)

21世纪20年代,全球低空经济进入应用普及阶段。例如,多国开始试行空中出租车,亚马逊在美国部分地区使用Prime Air无人机送货,标志着低空经济应用的广泛化和日常化。这一阶段的特点是,低空经济技术和应用日益成熟,以及从政策、社会接受度等方面对低空经济提供全面支持。

在中国,低空经济的发展尤为迅速。2023年,中国低空经济规模达到5059.5亿元,增速达33.8%。低空飞行器制造和低空运营服务是低空经济规模贡献最大的部分,接近55%。中国民用无人机产业规模在2023年达到1174.3亿元,同比增长32%。此外,中国低空经济领域企业数量超过5.7万家,其中,近五年新成立的企业数量达到2.1万家。

低空制造产业作为低空经济的关键部分,正在经历从技术探索到规范化发展,再到广泛应用的转变,中国在这一领域的发展尤为迅速,展现出巨大的市场潜力和增长势头。

二、低空制造产业涉及内容

低空制造产业涉及研发制造、产品服务、市场需求、产业布局、多产业融合等多个方面。[①]

(一) 研发制造

低空制造产业的研发和制造是低空经济的重要组成部分,涵盖了航空器研发和技术研发等多个方面。

(1) 航空器研发。低空制造产业涉及为低空飞行活动提供航空器等产品和服务,包括有人驾驶和无人驾驶航空器及其零部件与机载设备的研发及制造。这些研发活动是确保航空器性能、安全和可靠性的关键。

(2) 技术研发。技术进步是推动低空制造产业发展的重要因素。随着新技术如eVTOL技术的不断涌现,低空制造产业的研发正在向更高技术水平迈进。

低空制造产业的研发和制造是一个涉及多个方面的复杂过程,不仅需要技术的进步和市场的驱动,还需要政策的支持和基础设施的完善。随着技术的不断发展和市场的逐渐成熟,低空制造产业有望在未来发挥更加重要的作用。

(二) 产品服务

低空制造产业的产品服务是低空经济的重要组成部分,主要涉及以下方面:

(1) 销售。低空制造产业的产品服务包括各种航空器及其零部件的销售。涉及市场需求分析、销售渠道建设、售后服务体系建立等多个环节,确保客户能够获得满意的购买体验和服务支持。

(2) 进出口。随着全球化的发展,低空制造产业的产品服务开始涉及国际市场,包括航空器的出口和进口业务。这要求企业既要了解国内市场的需求,又要熟悉国际贸易规则和标准,还要清楚不同国家的市场特点。

(3) 基础设施。低空基础设施的建设和维护也是产品服务的一部分,包括通用机场、起降平台、监管设施等。这些基础设施不仅为低空飞行活动提供了必要的保障,也是低空制造产业发展的基础。

---

① 前瞻产业研究院.2024年中国低空经济报告:蓄势待飞,展翅万亿新赛道[EB/OL].(2023-12-26). https://bg.qianzhan.com/report/detail/2312261407040532.html.

（4）运营服务。低空制造产业的产品服务涉及低空运营服务，这对整个低空经济的发展起着牵引和带动作用。低空运营服务包括航空器的运营维护、飞行培训、飞行规划等，这些都是确保低空飞行安全和高效的重要环节。

（三）市场需求

低空制造产业市场需求是一个多元化的概念，其增长主要受到以下因素推动：

（1）不断扩大市场规模带动低空制造产业的发展。根据中国民用航空局的数据，预计到2025年，中国低空经济的市场规模将达到1.5万亿元；到2035年，有望达到3.5万亿元。这一预测显示了低空制造产业市场巨大的增长潜力。[①]

（2）不断丰富的应用场景催生新型低空航空器制造产业的发展。低空经济的应用场景非常广泛，包括城市空中出行、农业监测、物流配送、旅游观光等，还包括有线旋翼跳伞塔、空中绘画、野外CS空战、航拍景观直播、空中飞天戏剧等新型低空消费活动。这些应用的发展都需要相应的低空制造产品和服务支持。

除此之外，低空制造产业市场需求增长也是多个因素共同作用的结果。随着技术不断进步、政策持续支持、多产业融合发展以及市场空间扩大，低空制造产业市场需求将持续增长。

（四）产业布局

低空制造产业是低空经济产业链中的重要一环。当前，随着低空经济的快速发展，低空制造产业正在逐步壮大和完善。

在产业布局方面，低空制造产业已经在国内多个地区形成了一定的集聚效应。例如，四川、重庆、上海、广东、河北、辽宁、陕西等地均有无人机产业集群，其中，四川还设立了自贡航空产业园和中国科技城（北川）通用航空产业园两个无人机产业集群。这些产业集群的形成，不仅有利于企业之间的合作与交流，也推动了低空制造技术的创新和应用。其中，"航空运动产业"是重要新兴体育项目产业之一，是以航空运动项目为载体，提供相关系列产品、服务和产业链的经济活动的总称，涵盖目前我国正式开展的运动飞机、热气球、滑翔、飞机跳伞、轻小型无人驾驶航空器、航空模型等六大类26个运动项目，具有科技含量高、消费时尚性强、带动相关产业作用明显等特点。

低空制造产业布局正在逐步完善和优化，未来有望成为推动低空经济发展的重要力量。低空制造产业是低空经济的一部分，而低空经济还包括低空飞行、低空保障和综合服务等其他产业。低空制造产业的发展往往与地区的产业政策和市场需求紧密相关，目前，我国在多个省份都有布局，显示出低空经济的蓬勃发展趋势。

（五）多产业融合

低空制造产业与多产业融合是当今经济发展的一个重要趋势。这种融合不仅有助于推动低空制造产业的创新和发展，还有助于促进相关产业的升级和转型。

（1）低空制造产业与航空产业相互促进，深度融合发展。低空制造产业提供各类航空器的研发、制造和销售，为航空产业提供坚实的物质基础；同时，航空产业的需求和发展为低空制造产业提供了广阔的市场空间。

---

① 中研普华产业研究院.2024—2029年中国低空经济行业市场现状调查及未来发展趋势预测报告［R］.2024-04.

（2）低空制造产业与新一代信息技术的融合正在加速推进。通过应用物联网、大数据、人工智能等先进技术，低空制造产业可以实现智能化生产、精准化管理和高效化运营。这种融合不仅提高了低空制造产业的生产效率和产品质量，还为其带来了更多的商业模式和更大的创新空间。

（3）低空制造产业与新材料、新能源等产业有着紧密的联系。新材料的应用可以提高低空飞行器的性能和安全性，而新能源的利用可以推动低空制造产业向更加环保、节能的方向发展。

（4）低空制造产业与服务业的融合在不断深入。例如，通过提供低空旅游、航空物流等服务，低空制造产业可以进一步拓展市场应用和服务领域，实现产业链延伸和价值提升。

（5）产业关联效应。低空制造产业的发展需要上下游产业链的协同合作。在低空经济领域，不同企业、组织和政府部门之间通过合作与协调，共同推动产业链的高效运作和发展。这种协同作用对于整个低空经济的健康发展至关重要，因为它涉及多个环节和参与者，前向关联包括原材料供应、核心零部件制造、航空器研发与生产、运营服务、基础设施建设以及相关政策和法规的制定；后向关联除了服务提供商、销售商等，还可以拉动经济增长，带动就业和技术提升。据统计，通用航空产业的投资效益巨大，投入产出比高达1∶10，远高于汽车等传统装备制造业。在就业带动方面，通用航空产业的就业带动比为1∶12，显示出其在创造就业机会方面的显著能力。[①]

综上所述，低空制造产业与多产业融合是一个复杂而多元的过程，涉及技术、市场、政策等多个方面。未来，随着技术的不断进步和市场的不断扩大，低空制造与多产业的融合将会更加紧密和深入，为经济发展注入新的活力和动力。

（六）未来展望

作为低空经济产业链的重要组成部分，低空制造产业的未来充满了无限可能与机遇。

（1）随着低空经济被确立为战略性新兴产业和新的经济增长点，低空制造产业将吸引更多关注和投入。在政策层面，将持续推动低空制造产业的发展，为其提供更加宽松的发展环境和更多的优惠政策。

（2）技术的不断创新和进步将推动低空制造产业的快速发展。无人机、轻型飞机等低空飞行器的研发制造将不断取得突破，性能将不断提升，应用领域将不断拓展；同时，新材料、新能源等技术的应用将为低空制造产业带来新的发展机遇。

（3）市场需求的增长将为低空制造产业提供广阔的发展空间。随着人们对低空飞行器的认识和接受度不断提高，以及低空经济在农业、工业、服务业等各行业的广泛应用，低空制造产业的市场需求将持续增长。

在政策、技术和市场的共同推动下，低空制造产业将迎来更加广阔的发展前景，成为推动低空经济持续发展的重要力量。

作为低空经济的重要组成部分，低空制造产业的发展不仅推动了航空器制造业的进步，也为相关产业提供了新的增长点和发展机遇。随着技术的不断进步和市场需求的增加，低空制造产业有望在未来的经济发展中扮演更加重要的角色。

---

① 中国民用航空局. 通用航空发展"十三五"规划[EB/OL]. (2016-12-21). https：www.caac.gov.cn/XXGK/XXGK/ZFGW/29905/t20190524_196333.html.

案 例

广州市力争成为国内首个载人飞行商业化运营城市

从 2023 年 12 月中央经济工作会议将低空经济定位为战略性新兴产业，到 2024 年 3 月"低空经济"被首次写入《政府工作报告》，该新兴产业迎来了前所未有的发展机遇。2024 年 5 月 31 日，广州市人民政府办公厅印发了《广州市低空经济发展实施方案》，正式抢滩低空经济这一万亿级赛道，力求在新一轮的经济发展中抢占先机。

此外，广州还将支持通用航空飞机和公务机的维修、翻新、改装及部件、整机制造业务，推动增材制造技术的广泛应用。同时，加大对无人机和智能航空器企业的扶持力度，与企业保持密切联系，及时掌握企业技术研发进展及适航证、运营许可证办理情况，并提供必要的协助和支持。

在发展目标上，广州明确提出要推动城市 AAM 商业运营的发展，力争成为国内首个载人飞行商业化运营城市。在低空经济的关键运营服务领域，如跨境飞行、商务定制、短途客运、文旅消费、物流运输、应急医疗、会展服务等领域，广州将力争实现市场规模达到 300 亿元的目标。

在基础设施建设方面，广州将建设第一个跑道型通用机场，并新建枢纽型垂直起降场 5 个以上和常态化使用起降点 100 个以上。预计低空基础设施的投资规模将超过 100 亿元，为低空经济的长远发展奠定坚实基础。

资料来源：广州市力争成为国内首个载人飞行商业化运营城市 [EB/OL]. (2024-05-31). https://finance.sina.cn/2024-05-31/detailinaxcqen9236394.d.html.

第二节 低空飞行的应用

低空飞行主要应用于低空消费、低空作业、低空公共服务和低空运输领域。目前，低空飞行应用仍处于初步开发阶段，各种应用市场规模还较小。《国联低空经济系列研究——应用场景篇》估计，当前，各低空应用领域市场规模普遍在 500 亿元以下，其中，农林植保、航拍、电力巡检市场规模排名前列，城市交通、旅游、地理测绘市场规模较小（见图 2-1）。中商产业研究院发布的《2022—2027 年中国航空航天产业发展趋势及投资风险研究报告》显示，在低空经济下游飞行量中，执照培训占比最多，达 63%；农林和工业航空等低空作业占比 22%；消费类和公务航空占比分别为 9% 和 6%。作业类低空飞行活动具有高度的专业性和针对性，能够为各行各业提供高效的空中作业支持，是现代生产和服务领域不可或缺的一部分。随着技术的不断发展和应用的逐渐深入，作业类低空飞行领域会更加宽广、形式会更加多样化。

一、低空消费

消费娱乐类低空飞行涵盖多种活动和应用，这些活动利用低空空域提供的三维空间，为消费者提供新颖、刺激的飞行体验。典型的消费娱乐类低空飞行活动包括低空旅游体验、航空运动、无人机赛事与表演、新型低空娱乐。

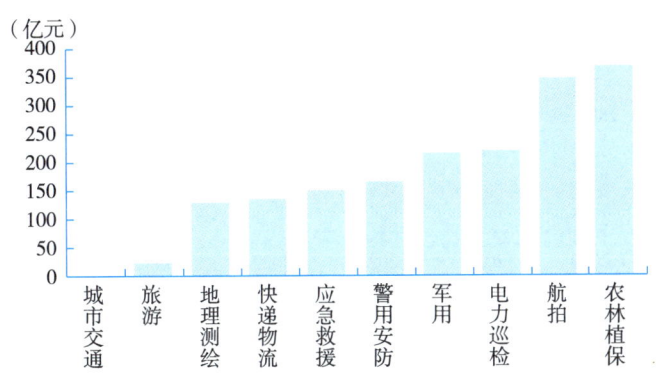

图 2 – 1　2024 年各低空应用领域市场规模

资料来源：深圳无人机协会，赛迪研究院，中国旅游研究院，Frost&Sullivan，前瞻产业研究院，国联军工团队报告《eVTOL 碳纤维专题》，国联证券研究所。

1. 低空旅游体验

低空旅游体验，是指消费者通过乘坐小型飞机或直升机俯瞰城市景观、江河湖海水面景观和自然景观，或进行低空拍摄的旅游和飞行体验。随着通用航空机场和起降点的建设，低空旅游专线将通过低空航线串联多个旅游景点，连接高铁、机场、酒店等交通、住宿节点，提供便捷的旅游交通方式，打造新型旅游产品。低空旅游专线具有高效、低成本的特点，是具有竞争力的旅游产品，未来发展空间巨大。

2. 航空运动

航空运动，是指利用飞行器或其他器械在空中进行的体育运动。航空运动既包括跳伞、滑翔伞、三角翼飞行等刺激的极限运动，也包括探索性的航空模型运动和享受缓慢升空与飘浮体验感的热气球旅行。近年来，又逐渐流行起了高空弹跳、高低空绳索、悬挂式滑翔机、滑翔翼等新型航空运动。

航空运动的发展取决于飞行营地的建设。2015 年 12 月，我国公布了第一批共 30 家飞行营地，标志着航空运动产业在组织化、规模化方面迈出了重要一步。随后几年，飞行营地的数量快速增长，第二批 87 家、第三批 56 家、第四批 69 家、第五批 120 家，显示出我国航空运动产业的迅猛发展态势。

航空运动在我国尚属一项新兴运动，产业发展处于初始阶段。2015 年，我国人均 GDP 突破 8000 美元，跨过航空大消费门槛；2016 年，九部委联合印发《航空运动产业发展规划》。随着低空空域管理改革持续推进，航空运动产业将向多维度推进。在航空运动产业领域，我国在需求、政策、供给等多方面都呈现强劲的动力，未来发展潜能和空间极大。2018 年，我国航空运动产业市场规模达 1655.29 亿元，2014 年以来年增长率在 13%～17% 高位运行。2019—2024 年中国航空运动行业市场容量预测及增长率见图 2 – 2。

2018 年，全球航空运动行业市场规模达 2054.59 亿美元。自 2014 年以来全球航空运动行业市场规模年增长率在 13%～16% 高位运行，行业蓬勃发展的态势稳定。其中，从发展格局来看，美国航空运动市场规模占比约为 21%，加拿大全球航空运动行业市场规模约占 6%，欧洲国家航空运动行业市场规模约占 25%，新西兰航空运动行业市场规模约占 8%，日本航空运动行业市场规模约占 11%，其他市场航空运动行业规模约占 28%。与此同时，我国航空运动产业，正在进入快速发展的上升通道。

航空运动发展的一个重要趋势就是与生态旅游相融合，通过在景观区进行滑翔伞、跳伞等航空

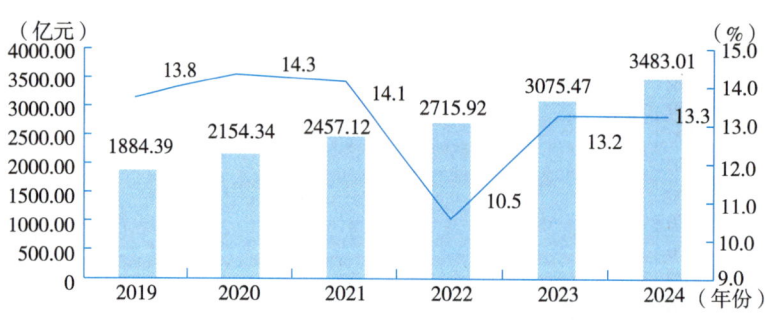

图 2-2　2019—2024 年中国航空运动行业市场容量预测及增长率

资料来源：北京博研智尚信息咨询有限公司.2019—2025 年中国航空运动行业研究分析及市场前景预测报告［R］.2019-10.

飞行体验，为消费者提供新型旅游方式。

3. 无人机赛事与表演

无人机赛事，是指通过举办无人机竞速比赛或无人机摄影比赛，吸引爱好者参与和观看。无人机表演，是指利用无人机进行编队飞行表演，结合灯光和音乐，为观众提供视觉盛宴。近年来，无人机赛事和无人机表演已经成为文旅产业发展的重要工具，大量应用到节庆和景区，成为打造城市和景区 IP 形象的手段。根据 QYResearch 研究整理，2021 年，全球无人机灯光秀市场规模达到了 1.7 亿美元，预计到 2028 年将达到 7.19 亿美元，年复合增长率（CAGR）为 21.46%。从地区层面来看，全球无人机灯光表演市场分为北美洲、欧洲、亚太和世界其他地区。中国市场在过去几年变化较快，其中，2021 年市场规模为 1.04 亿美元，约占全球的 60.82%。

4. 新型低空娱乐

新型低空娱乐，是指利用航空器和低空空间进行的娱乐活动。新型低空娱乐活动主要包括有线旋翼跳伞塔、空中绘画、野外 CS 空战、航拍景观直播、空中飞天戏剧等。

除了以上四种，低空消费还包括其他消费方式，如低空婚礼，通过举办空中婚礼仪式或空中婚纱摄影，提供独特的婚礼体验；空中餐饮和空中酒吧，在航空器内为消费者提供就餐体验。同时，低空消费延伸出了飞行俱乐部活动——飞行爱好者加入的俱乐部，定期组织飞行活动和社交聚会。这些活动不仅为消费者带来新鲜的娱乐体验，也推动了低空经济的发展，促进了相关产业的创新和成长。随着技术的进步和政策的支持，消费娱乐类低空飞行活动有望变得更加多样化和普及。

二、低空作业

低空作业主要是利用无人机搭载相机、雷达、光电设备，对相关作业场景进行监视、探测，完成特定的生产和作业任务。这些活动通常涉及工农业生产、资源勘查、环境监测等多个领域，具体细分应用领域包括农林植保、物探作业、电力巡检、石油巡检、天然气生产设施巡检、铁路桥梁巡检运维等。

1. 农林植保领域

农林植保领域主要是使用无人机或有人驾驶飞机进行农作物病虫害防治、森林病虫害防治、播种、施肥等农业和林业作业。由于无人机操控灵活性高，有人驾驶飞机植保作业将逐步被无人机所取代。

在政策方面，对无人机植保逐步放开管控，并转化为积极支持。欧洲出台专门政策对农用无人机逐步开放，2022年6月，修改《禁止航空喷洒令》；2023年，简化农业无人机的使用申请方式。德国开放50千克以下的农业无人机进行作业。我国也出台了农机购置补贴政策，对植保无人机购置进行补贴试点支持。

在市场规模方面，无人机植保渗透率逐步提高。大疆于2023年发布的《大疆农业无人机市场白皮书》显示，截至2022年底，大疆农业无人机全球累计保有量突破20万台，同步增长超过50%，累计作业面积突破30亿亩次，累计培训植保飞手15万名、教员2500名，覆盖国家和地区超过100个。当前，我国农作物耕种收综合机械化率超过72%，然而占据总体生产劳动主要工作量的植后管理机械化率不足10%，无人农业装备在植后管理环节具备广阔的渗透空间。随着植保无人机的广泛应用，农林植保市场规模将稳步增长。

2. 物探作业领域

我国使用无人机执行物探作业始于2009年，中国地质调查局物化探所在多宝山铜矿区进行了彩虹-3试验；2014年，开始换装彩虹-4无人机进行作业。一般来说，物探设备体积越大，单次作业时间越长（8~12小时，甚至更多），飞行高度有较严格限制（如需要100~200米巡航），限制无人机物探应用的主要因素是高可靠性的大型无人机如何大幅削减使用成本、提高易用性等。小规模的物化探勘查院，在特定矿产资源寻找项目中，可以使用小型无人机，如西安爱生在2016年推出的ASN-209F平台，可搭载50千克任务载荷飞行10小时；山东省物化探勘查院2022年的海岛无人机超低空仿地航磁测量项目。此前，也有个别项目使用了中大型无人直升机，但续航力、载重、测量精度等性能没有太强竞争力。近年来，这类科研项目少了很多。目前，关注这一市场的主要有中航无人机、腾盾、航天九院、航天十一院等，因为业务量不大，往往是试用试验性质，制造商可以直接参与飞行作业。

因能源和矿产资源开采的快速增长，中国企业成为物探作业市场的主要需求方，而且国内无人机企业也是物探作业的供给方。无人机物探的主要应用单位有中石油、中石化、中核、中国地质调查局，各省份地质矿产勘查开发局所属的物化探勘查院，以及相关高校和科研院所等。目前，无人机物探应用还处于初级阶段，更多的航空物探作业由传统通用航空公司完成。

3. 电力巡检领域

电力是一个很封闭的市场，它的巡检目标对激光雷达、紫外等载荷的成像精度要求很高，所以，多旋翼无人机是这类作业的主力。近年来，我国开始逐步在配电网系统推广无人机巡检。2022年，国家电网公司评选了50个配网无人机自主巡检区县示范单位，后续将在此经验基础上扩大推广。电网系统无人机配备量非常大。以江苏电网为例，配备输电线路巡检无人机近2000架，平均每百千米配置2.5架，已实现重要输电线路无人机自动巡检全覆盖；含骨干网运维无人机，总数超过3000架。

4. 石油巡检领域

无人机在石油巡检领域主要应用于抽油井、自喷井等设备，如获取盘根、皮带、"驴头"等的信息，识别盘根刺漏、机械故障等缺陷，及时告警并提供决策支持。油田通常使用电动多旋翼无人机，配合无人机机场实现全自动化部署和巡检作业，单个机场可以覆盖7~10千米的油井设施。油田夜间安防巡检，一般使用"可见光+红外吊舱"在高空隐蔽巡护，与地面监控网络协同使用。其他应用还有油气管线巡检等。油气管线巡检普遍采用人工巡检、光纤或电子感应巡检、无人机巡检相结合的办法。要对由自然环境变化造成的管线损坏、人为管道破坏、设备老化情况、附属设备运行情况等进行巡查。无人机的一大优势是野外作业效率高，我国多数油气管线建设途经高原、山地、丘陵等复杂地区及灾害性地质地貌段，施工、勘查环境复杂，使用人工巡检存在安全风险，效率也不高。国家石油天然气管网集团有限公司在役天然气管道4.9万千米，形成了"四大战略通道"和"三纵三横"管网布局，连接液化天然气（Liquefied Natural Gas，LNG）接收站14座和地下储气库14座，这是无人机油气管线巡检需求的基础来源。中石油西南油气田分公司在四川盆地有集输和燃气管道近7万千米，配备了巡检无人机10台，日最大巡检能力2000千米。

5. 天然气生产设施巡检领域

天然气生产设施主要包括压缩机站、地下储气设施、天然气处理厂、LNG设施等重要生产和储运场所。无人机通常携带高光谱气体检测、激光雷达、气体嗅探仪、红外光谱分析等特殊载荷对气体泄漏进行巡检。对于面积很小的固定场站，一般采用固定式气体检测设备和巡检机器人（AGV），无人机作为补盲和大型设备环绕检测使用。天然气场站巡检以电动多旋翼无人机应用为主。

6. 铁路桥梁巡检运维领域

无人机在铁路设施运维中的应用已经系统化，一般由各铁路公司统一部署智慧运维系统，把大数据、"地理信息系统（GIS）+建筑信息模型（BIM）"、北斗导航、卫星遥感、无人机智能巡检和传统检测、信息化技术集成应用结合。主要应用于：铁路设施状态巡检，故障诊断与辅助决策，比如，国铁青藏集团有限公司有很多管辖路段位于山区，通信等保障手段不足，会更多地使用无人机巡检；铁路沿线附属通信、供电基础设施的巡检，比如，中铁六局电务公司维管分公司对临策铁路使用无人机巡检电力设施，减少人工使用率40%；地质自然灾害防控，主要是对山区潜在的发生山体滑坡、泥石流、山洪及次生灾害的路段进行巡检，寻找和确定危险源，比如，中国铁道科学研究院集团有限公司等单位提出了利用无人机判定铁路沿线病害的工作流程与方法，同时实现了对山体滑坡、崩塌、泥石流等地质灾害的监测与评估，目前正在铁路系统推广。

桥梁巡检是无人机应用相对较多的领域。截至2020年底，我国公路桥梁已达91.28万座，其中特大桥6444座。中国已成为世界第一桥梁大国，公路路网中在役桥梁40%服役超20年，技术等级为三、四类的带病桥梁达30%，危桥占桥梁的15%（约为10万座），存在严重安全隐患。对于这些桥梁中的较大型且常规巡检车或人工手段难以发挥作用的桥梁，会采取无人机巡检。

三、低空公共服务

低空公共服务，是指利用低空空域进行的、主要面向政府和社会提供的各种服务性飞行活动。这些低空公共服务活动，不仅提高了政府服务的效率和质量，增强了社会服务能力，提升了应急响应速度，也为社会带来了更加安全、便捷的生活环境。随着技术的进步和政策的支持，低空公共服务的应用范围和深度将会进一步扩展。低空公共服务主要包括以下几个方面。

1. 应急救援

在自然灾害、事故灾难等紧急情况下，使用无人机或有人驾驶航空器进行快速救援、物资投放、伤员转运等。

党中央、国务院高度重视无人机应急救援应用。早在2014年，国务院办公厅就印发了《关于加快应急产业发展的意见》，明确提出要"发展一批具备应急救援和公共安全保障能力的无人机和机器人"，为无人机在应急领域的应用提供了政策支持。2019年，应急管理部下发《应急救援航空体系建设方案》并提出八大任务，使航空应急救援成为通用航空和无人机的重要业态。2020年，中国民用航空局发布《民用无人驾驶航空器系统应急起飞和空中交通管理暂行办法》，为无人机在应急救援领域的应用提供了更加明确的政策依据和指导。在《"十四五"国家应急体系规划》《"十四五"应急救援力量建设规划》《"十四五"通用航空发展专项规划》《"十四五"综合防灾减灾规划》等规划中，"航空应急救援"成为重要内容，要求重点加强无人机等智能化装备应用，加快构建大型固定翼灭火飞机、灭火直升机与无人机高低搭配、布局合理、功能互补的应急救援航空器体系。

我国每年因灾害和事故造成的人员与财产损失巨大。我国自然灾害以洪涝、地质灾害、风雹、台风为主，地震、干旱、低温冷冻、雪灾、森林草原火灾等灾害也有不同程度发生。2020年，我国各种自然灾害共造成1.38亿人次受灾，591人因灾死亡失踪，589.1万人次紧急转移安置，直接经济损失3701.5亿元。航空应急救援可以执行侦察、勘测、指挥调度、消防灭火、紧急输送、搜寻救援、特殊吊载装卸等任务，具备其他方式难以比拟的优势，在很多情况下，甚至是唯一救援方式。其中，无人机成为主要方式。2020年我国突发事件航空应急救援需求情况见表2-1。

表2-1 2020年我国突发事件航空应急救援需求情况

突发事件	事件数量/次	需要航空救援参与的比例/%
森林火灾	10000	20
水灾、旱灾	30	10
台风	7	100
暴雪	5	100
地质灾害	10000	2
应急测绘	40	100
水上事故	2000	50
道路交通事故	300000	1
工矿商贸事故	4100	10
医疗急救	13000	100
社会安全	2000	80

（1）消防灭火。

航空应急救援在消防灭火领域的应用主要包括森林防火和高层消防灭火等方面。在森林防火方面，随着消费者环境保护意识的不断增强，政府和企业对于森林防火的投入力度也在不断加大，这为森林防火巡逻无人机的市场发展带来了巨大的增长动力。

在高层消防灭火方面，随着高层建筑越来越多，高层、超高层消防灭火成了亟待关切的问题。根据国家消防救援局的数据，截至2022年，中国150米以上超高层建筑1400多幢，100米以上超高层建筑超6000幢。根据国家消防救援局发布的《2022年全国消防救援队伍接处警与火灾情况》，2022年，接报高层建筑火灾1.7万起，亡260人，伤252人，与2021年相比，起数上升27.6%，亡人上升44.4%，伤人上升53.7%。应对100米的超高层建筑火灾，无人机将成为有效手段。

(2)应急搜救。

根据《应急管理蓝皮书：中国应急管理发展报告（2022）》，我国社会应急救援力量在2021年底达62万余人；应急管理部建成地震、矿山、危化品、隧道施工等国家级应急救援队伍近100支，总人数超过2万人；地方政府建有专业力量约3.4万支134万人，亦即总作业力量人数达到198万人。在应急搜救中，主要使用侦察无人机、抛投无人机。其中，侦察无人机的价值已经得到普遍认可。

(3)应急物资投送。

目前，应急物资投送无人机普遍存在载重量小的问题。以2023年8月北京地区水灾为例，北京市应急管理局向灾区空运投送物资14类84万余件，调配直升机64架次、无人机68架次，累计投送食品、水、药品等各类物资26吨；无人机运输物资总计1.5吨。2022年，湖南省辰溪县暴雨，翔为通用航空使用1架小松鼠直升机12架次运输物资6吨。2020年，甘肃汛期水灾，4架直升机17架次投送物资10.8吨。

(4)航空医疗。

航空医疗主要是利用低空飞行器进行紧急医疗服务，如转送患者，快速运送急救物资、血浆或器官等，以及为偏远地区提供医疗救援。主要包括以下几个方面。

①航空救援服务。

根据贝哲斯咨询研究，随着偏远地区和农村地区对空中救护服务的需求不断增加，2023年，全球空中救护服务市场规模为197.18亿美元。据贝哲斯咨询统计，2023年，空中救护使用旋翼直升机占比58%。由于医疗紧急情况增多和人口老龄化加剧，北美市场占据最大份额。根据服务模式，空中救护服务市场可以划分为社区型和医院型。2023年，以医院为基础的服务模式市场份额最大，达70%（见图2-3）。这种模式能为危重患者提供持续护理，可使医护人员和医生工作合理协调并应用专科医疗设施和技术。危重患者如果需要外地专科医疗服务，则可通过医院的空中救护服务进行运送。

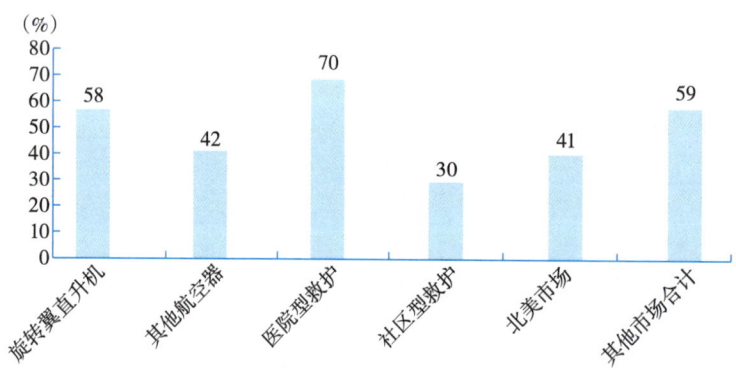

图2-3 2023年全球空中救护服务细分市场占比情况

资料来源：作者根据贝哲斯咨询数据整理。

②药物运输。

全球每年有数百万人因为不能及时获得救命所需的药物而死亡。这种情况的最大阻碍是道路基础设施落后，医疗救助往往受困于此而失去最佳医疗时机。用医药无人机为急需地区的人们运送药品或疫苗被视为一种完美的解决方案。目前，这类应用已经非常普遍，如2018年12月，瓦努阿图的一名女婴成功接种了由无人机运送的疫苗；美国新冠病毒流行期间，沃尔玛用无人机为美国内华达州拉斯维加斯北部私人住宅配送新冠检测试剂盒。

③血液/血浆/样品/标本运输。

近年来，中国上海、杭州等少数城市已经开通了无人机送血运输航线。胸痛心梗患者，在被送达医院前，利用无人机运送疾病待检标本，能提前准确诊断病情，有效缩短抢救时间，降低致残率。新冠疫情期间，中国、瑞士、美国等国家使用无人机运输病毒检测样本，实现了运输流程无人化，减少了污染和病毒传播风险。

④人体器官运输。

移植手术中的人体器官在体外存活时间很短，往往需要空中通道保障运输。在没有起降机场、大型民航或有人飞机无法到达的环境，高速度无人机运送特别适合。

⑤医疗器械运输。

很多突发疾病抢救的黄金时间非常短，若通过航空器应急投送自动体外除颤器（AED）等相关设备，会大大提升救治成功概率。

2. 无人机安防

以警用为代表的无人机安防应用受到政策的大力支持。2012年，《公安部关于加强警用航空建设的意见》下发，提出要高度重视警用航空建设，要求大多数省、自治区、直辖市建有警用航空力量，中心城市和社会治安环境复杂、自然地质灾害频发的地区优先建设警务航空队。在2015年的全国警用航空建设推进会上，公安部明确提出："将警用无人机纳入警用航空管理范畴，建立管理、运行和安全工作规章制度，统筹发展规划。"2016年，公安部发布《警用无人驾驶航空器管理暂行规定》。2017年，公安部有关部门制定了《警用无人驾驶航空器登记管理办法》，建立了无人驾驶航空器使用管理标准体系；公安部印发了《警用无人机系统》标准。从此，警用无人机产业进入快速发展阶段。2020年，新冠疫情暴发，警用无人机再次升温，成为特殊时期辅助加强警务工作的重要工具。目前，国内许多省份设立了无人机队伍，翻开了警用无人机商用新篇章，行业发展未来将呈现规模化。

3. 气象探测

低空飞行器被广泛应用于气象数据收集领域，为天气预报和研究提供支持。在全球气候变暖背景下，极端天气气候事件广发、频发、重发、并发，统筹发展和安全对防范气象灾害风险的要求越来越高。目前，我国已建成世界先进的地、空、天综合立体气象观测系统，并建成了覆盖领域广泛的气象服务体系，形成了世界上规模最大、体系最全、效果最好的人工影响天气作业力量，有效服务几十个部门上百个行业和亿万群众。无人机在气象领域的主要应用是气象观测和人工影响天气，其中，气象观测包括海洋台风探测，边界层（气溶胶、大气垂直廓线）探测，气象灾害监测、调查及生态监测等方面。随着无人机技术的发展，无人机气象应用面临着全新的发展机遇。

四、低空运输

低空运输主要是指利用低空空域进行人员和货物运输的飞行活动，提供便捷的交通服务。低空运输的发展与所在区域综合立体交通运输体系密切相关，必须总体规划交通节点网络，发挥各类运输方式的优势，协调互补，融合发展，以提高所在区域交通竞争力。运输类低空飞行活动能够提供快速、灵活的交通解决方案，尤其适合地面交通受限或时间敏感的运输需求。随着技术的进步和相关法规的完善，低空运输有望在未来得到更广泛的应用和发展。低空客货运优点是连通性好、可建设的交通节点多、运输时间短、设施投资小，缺点是运输价格高、运输量小。低空运输主要包括UAM、干支线物流和无人机配送。各种运输方式的特点如表2-2所示。

表 2-2 各种运输方式的特点

运输方式	运输工具	连通性	节点数量	时间距离	设施投资	运输量	运输价格
低空运输	航空器	好	多	快	小	小	高
公路运输	汽车	较好	较多	较慢	较大	较小	较高
铁路运输	轨道列车	较差	较少	较快	大	较大	较低
水路运输	船舶	差	少	慢	较小	大	低
原始运输	人或牲畜	最差	最少	最慢	无	最小	最高

1. UAM

2022年6月，中国民用航空局发布《"十四五"通用航空发展专项规划》，支持无人机物流配送，扩大交通不便地区无人机干-支-末配送网络，鼓励载人、无人驾驶等新型航空器的发展，带动UAM快速发展。目前，关于UAM暂无官方定义。学术界和产业界普遍认为，UAM是通过无人机和载客空中出租车等新型航空器，在人口稠密的城市及周边地区建立的安全高效的空中运输系统。UAM发展经历了三个阶段：第一个阶段为1941—1979年，城市空中运输服务主要依托直升机展开。如纽约航空（New York Airways）公司，于1949—1979年在纽约提供直升机运输人员与邮件服务，主要为曼哈顿和纽约地区的拉瓜迪亚机场、纽瓦克机场等提供运输服务。纽约航空公司运营量在1967年曾达到120万人次。第二个阶段为1980—2016年，行业发展进入低潮期，但学术界和产业界对UAM运行、航空器性能特性等方面的探索和研究更全面、更细致，提出了新的商业模型、运行概念，最终随着信息技术、自动化控制技术、电动航空技术的成熟，催生了现代UAM。第三个阶段为2016年至今，无人机特别是eVTOL的应用，使UAM成为低空运输的热点。

根据2020年10月Roland Berger的预测，到2025年，全球UAM中投入使用的载客无人机数量有望达到3000架；到2050年，这一数值有望增至16万架。在运营方面，2030年，市场规模将达到10亿美元；2050年，将达到900亿美元，总飞行里程达到188亿千米，其中，机场接驳和城市出租收入占大部分。

2. 干支线物流

因2020—2022年的新冠疫情，民航货运市场发展受到一定的负面影响。2022年，国内民航货运市场规模1983.62亿元。2013—2022年，民航货物运输行业产值增速5.79%，略低于同期GDP增速（6.2%）。国内民航货运市场规模在2035年前预期增速保持在5.5%。而大型物流无人机可以在2025年实现商业化运营，占整个市场份额的0.1%。

3. 无人机配送

无人机配送，是指利用无线电遥控设备和自备的程序控制装置操纵无人驾驶的低空飞行器运载包裹，自动送达目的地。无人机配送的优点主要在于提高配送效率，减少人力成本。目前，自动化无人机快递系统已经开始广泛应用。利用无人机替代人工投送快递，实现快递投送的自动化、无人化、信息化，缓解了快递需求与快递服务能力之间的矛盾，特别是消除了购物节带来的快递"爆仓"的危险，降低了快件的延误率、损毁率、丢失率，以及客户投诉率，同时降低了运营成本、仓库成本、人力成本等，提升了行业竞争力，使快递的投送更加安全、可靠、快捷。此外，无人机配送也解决了偏远地区、岛屿、海上钻井平台的配送问题。但无人机配送也存在缺点：一是在恶劣天气下，无人机送货无力；在飞行过程中，无法避免人为破坏等问题。二是在技术上，无人机快递还处于试验阶段，载重量、续航性能、防电磁干扰、可靠性与飞行安全性都有待提高。三是使用规范和监管实施问题。四是噪声污染和民众反感问题。以上问题都会影响无人机配送产业的发展。无人机配送主要包括以下几种应用场景。

（1）无人机快递配送。

2022年，中国快递服务企业业务量增长至1105.8亿件，国内快递行业收入规模持续扩大，从2013年的1441.7亿元上升至2022年的10566.7亿元，日均业务量超过3亿件，中国快递包裹发运量超过全球快递包裹发运量的50%。但单件快递服务费逐年下跌，企业利润率也在逐步走低。

目前，相对于传统运送快递方式，无人机运送快递成本较高。但需要注意到，农村快递在2020年有300亿件，在2021年有370亿件，乡村网络零售增速相当高，而这些地区的传统物流配送成本很高。假定在偏远地区和乡村区域的快递有10%可以被无人机服务取代，将开启广阔的无人机市场，节省大量人力成本。

（2）餐饮外卖配送。

截至2023年10月，全国居民小区的感兴趣区域（AOI）数据为48.4万个；兴趣点（POI）数据为78.1万个；高德数据查询34万个，经分析包含一些不对外公开的小区。AOI数据排名前10的单位包括住宅区、公司企业、学校、政府机关、写字楼、宾馆酒店、加油站、风景区、工厂、医院等共计189.9万个，即需要无人机和快递柜189.9万套，才能覆盖中国大部分市民日常消费场景。因为市区飞行环境复杂，空域航线审批程序冗长，预计到2025年可以覆盖上述区域的0.5%，亦即9497套；后续每年增速为20%。

目前，无人机配送已经在快递企业得到应用，如顺丰快递、美团快递等。截至2023年12月底，美团无人机配送已在深圳、上海等城市11个商圈落地25条航线，配送服务覆盖办公、景区、市政公园、医疗、校园等多种场景，并累计完成用户订单超22万单。

（3）景区物资补给配送。

对于自然风光型或面积较大、客流量较大的人文景区，客货运需求量比较大，需要运送垃圾、AED等急救设备和医疗器材、景区商品和纪念品，所以需要部署物流无人机系统。目前，大疆在黄山景区部署了2套FC30用于试运营，每架每天最多飞47次，运输物品2.5吨。

第三节　低空保障

一、低空保障的含义

低空保障主要是指针对低空空域飞行活动提供一系列的安全和保障措施，旨在确保低空空域的飞行活动安全、有序进行，为各类航空器的飞行提供必要的支持和保障。

二、低空保障的构成

低空保障包括基础设施建设、飞行服务保障、信息系统三大部分。其中，基础设施建设包括通用机场、直升机起降点、航空飞行营地、新型基础设施，飞行服务保障包括维修服务、气象服务、航油服务、充电服务，信息系统包括低空空域管控系统、无人机飞行信息系统、无人机监管与反制系统以及通信导航系统（见图2-4）。

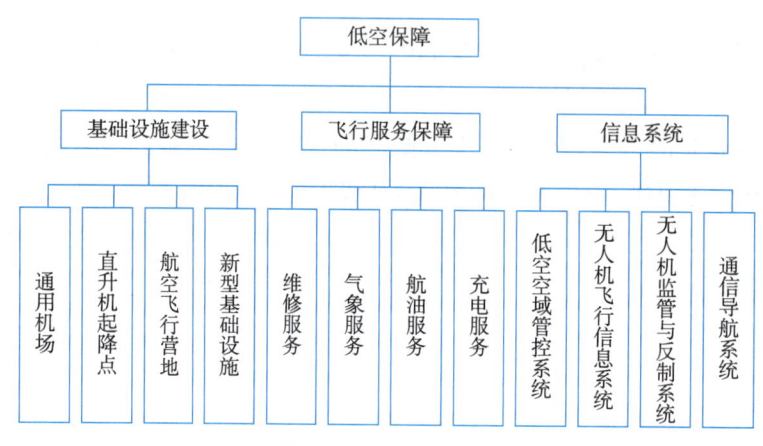

图2-4 低空保障的构成

（一）基础设施建设

低空基础设施是支撑低空飞行的基石，为低空飞行提供了必要的设施和设备支持（见图2-5）。

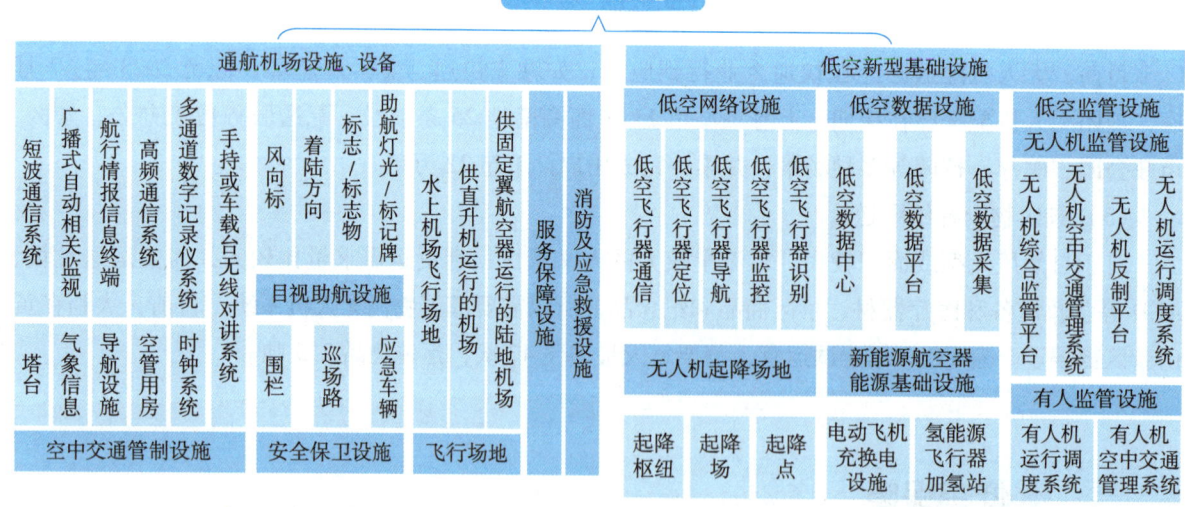

图2-5 低空基础设施

资料来源：赛迪顾问、东北证券。

结合当前政府规划及产业实践，通常来说，低空基础设施分为以下几个维度：

低空数字化管理服务系统：偏"软"性基建的系统平台，面向监管方、使用方和运行方，功能通常涵盖空域划设和精细化管理、航路航线规划、空中交通服务、空中交通流量管理、飞行计划申报、飞行情报、飞行告警、气象服务、冲突避让等。

低空信息网络设施：低空飞行器通信、导航、监视，气象监测等偏"硬件"设施。

低空物理基础设施：低空飞行起降、中转、货物装卸、乘客候乘、航空器充（换）电、电池存储、飞行测试场地等传统意义层面的基建设施。

案 例

深圳作为国内最先着力推进低空经济的城市，在全国率先建设低空智能融合基础设施，打造低空基础设施框架"四张网"（见图 2-6），包括"服务网"（数字化管服系统）、"航路网"（数字空域及操作系统）、"空联网"（低空感知及通信）、"设施网"（配套物理设施）。服务网：指组合数字化管理和服务能力构建的赋能各低空经济管理和业务主体（如政府方、空管方、管理方、运营方、业务方等）的应用，包括低空监管/管理系统（联通特种/民航监管和政府管理平台）、低空飞行服务系统（联通企业，提供飞行服务）、低空飞行管控系统（联通飞行器，提供预警/指令服务）等；航路网：指提供空域和飞行数字化管理和服务能力的核心平台，包括时空资源、3D 地图、城市 CIM、知识库、规则库等；空联网：指通信、导航和感知等信息基础设施，是将低空数字化成可计算空域的关键，包括通信设施、导航设施、监视设施、气象设施等；设施网：指支撑低空飞行业务的各种物理基础设施，包括起降站、接驳设施、能源站、紧急备降、停机设施、检修设施、保障站、移动设施等。

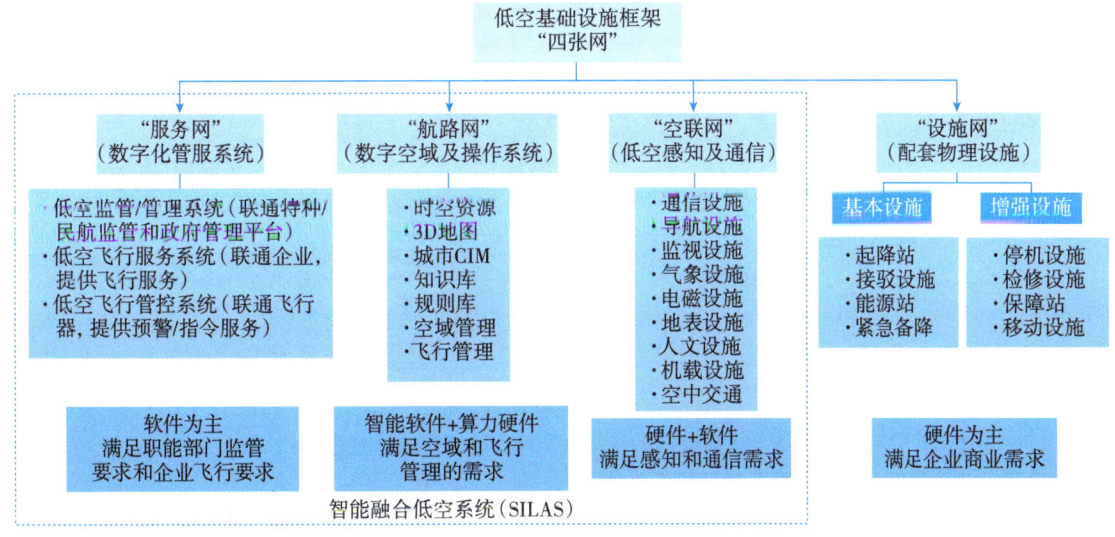

图 2-6 低空基础设施框架"四张网"

资料来源：粤港澳大湾区数字经济研究院. 低空经济发展白皮书（2.0）全数字化方案 [R]. 2023.

下面主要介绍低空基础设施中的通用机场、直升机起降点、航空飞行营地、新型基础设施。

1. 通用机场

根据国务院颁布的《民用机场管理条例》，民用机场作为交通类基础设施，分为运输机场和通用机场，并给出了通用机场的明确定义：通用机场是指为从事工业、农业、林业、渔业和建筑业的作业飞行，以及医疗卫生、抢险救灾、气象探测、海洋监测、科学实验、教育训练、文化体育等飞行活动的民用航空器提供起飞、降落等服务的机场。

根据《通用机场分类管理办法》及《通用机场管理规定（征求意见稿）》，可以按不同方式对通用机场进行分类。

（1）按是否对公众开放分类。

按是否对公众开放，通用机场可以分为 A、B 两类（见图 2-7）。

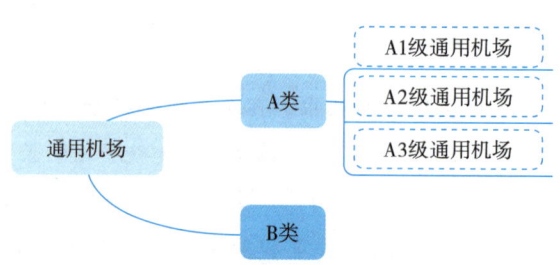

图 2-7　通用机场类型（按是否对公众开放分类）

资料来源：湛江市发展和改革局基础设施发展科。

①A 类通用机场：对公众开放的通用机场，指允许公众进入以获取飞行服务或自行开展飞行活动的通用机场。A 类通用机场可分为三级。A1 级通用机场：含有使用乘客座位数在 10 座以上的航空器开展商业载客飞行活动的 A 类通用机场。A2 级通用机场：含有使用乘客座位数为 5~9 座的航空器开展商业载客飞行活动的 A 类通用机场。A3 级通用机场：除 A1、A2 级外的 A 类通用机场。

②B 类通用机场：不对公众开放的通用机场，指除 A 类通用机场以外的通用机场。

（2）按飞行场地的物理特性分类。

按飞行场地的物理特性，通用机场可以分为跑道型机场、直升机场和水上机场（见图 2-8）。

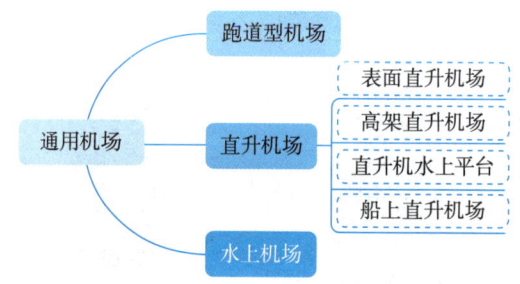

图 2-8　通用机场类型（按飞行场地的物理特性分类）

资料来源：湛江市发展和改革局基础设施发展科。

①跑道型机场：一般指在陆地上可供固定翼飞机起降的机场，对空域和地面条件要求较高，一般在建设完成后，用作区域内综合性通用机场，数量不宜过多。

②直升机场：跑道型通用机场的补充，占地面积小、使用灵活性高，主要服务于单一功能需求。依据《民用直升机场飞行场地技术标准》（MH 5013—2023），直升机场可以分为表面直升机场、高架直升机场、直升机水上平台和船上直升机场。表面直升机场，是指位于地面或水体表面构筑物上的直升机场。高架直升机场，是指位于陆地上高架构筑物或建筑物顶部的直升机场。直升机水上平台，是指位于浮动的或固定的水上设施（如开采油、气的勘探或作业平台）上的直升机场。船上直升机场，是指位于船舶上的直升机场。

③水上机场：一种较为小众的通用机场，适宜在滨海、滨河、滨湖城市建设，选址要求较高，一般服务于短途运输与低空旅游。

2. 直升机起降点

直升机起降点，是指在没有专门设立直升机场或直升机停机坪的情况下，临时确定的用于直升机起降的地点。通常适用于紧急情况或临时任务，对场地的要求相对较低，但需要满足直升机基本起降条件。按照特性和用途，可以将直升机起降点大致分为地面应急救援直升机起降点、楼顶应急救援直升机起降点、野外临时起降点。地面应急救援直升机起降点和楼顶应急救援起降点通常要求地面硬化且具备安保与后勤保障等相关功能。野外临时起降点需要具备直升机基本起降条件，以便在野外环境中快速部署和使用。

直升机起降点的建设需要根据不同的需求和场景进行选择和规划，确保其在各种情况下都能安全、有效地使用。如《应急救援直升机起降点建设规范》是由湖南省应急管理厅航空护林站牵头起草的地方标准，该标准对场地选择与建设规范等做了具体规定，确保起降点的安全性和功能性。《民用直升机场飞行场地技术标准》等文件，为直升机起降点的建设提供了更加详细的技术指导。

3. 航空飞行营地

航空飞行营地，是指为大众提供因地制宜的航空运动知识普及、航空运动培训、竞赛表演、休闲娱乐飞行服务和产品设立的综合场所。中国航空运动协会负责全国航空飞行营地的顶层设计，依据全国航空飞行营地发展需求制定航空飞行营地标准，考核评定航空飞行营地等级，开展航空飞行营地培训，对接航空运动产业资源落地。

我国的航空飞行营地项目处于发展初期。2020年5月，国家体育总局航空无线电模型运动管理中心、中国航空运动协会虽然发布《航空飞行营地设施及空域标准细则》，但是国内建设的飞行营地很少，距国内飞行营地的规范化、示范化和规模化建设仍有一定距离。

4. 新型基础设施

低空无人机运行新型基础设施体系包括空管系统、充电系统、雷达系统和数据网等（见图2-9）。

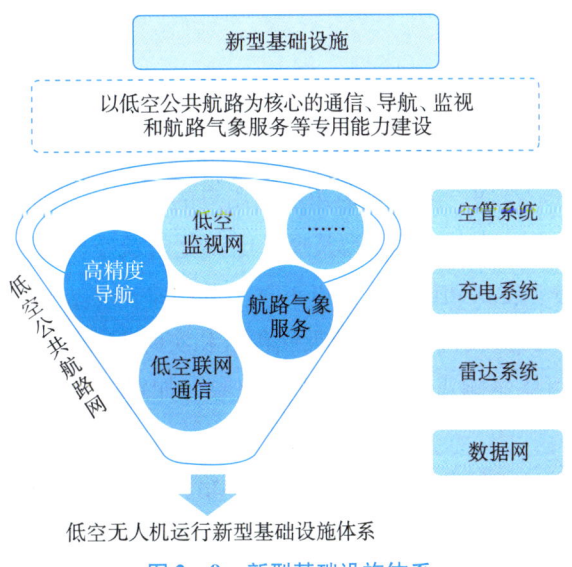

图2-9 新型基础设施体系

（1）空管系统：整合利用数据，管理多架低空飞行器起降和航行，以保障飞行秩序和安全。

（2）充电系统：提供飞行器充电等业务。

（3）雷达系统：针对低空安全管控需求，采用低空监视雷达系统，可以实现组网对广域范围低空空域进行连续监视。

（4）数据网：为飞行器提供高速、低延迟通信网络，支持实时数据传输和精准控制。

《通用航空装备创新应用实施方案（2024—2030年）》提出推动智能高效新型运行服务体系建设；加快5G、卫星互联网等融合应用，支持空天地设施互联、信息互通的低空智联网技术和标准探索；推进通用航空器北斗标配应用。深圳市政府在这方面的投入和布局尤为突出。

（二）飞行服务保障

飞行服务保障为飞行活动提供全方位支持和服务，包括飞行计划制订、气象服务、导航服务等。中国民用航空局制定《低空飞行服务保障体系建设总体方案》，规划建设国家、区域和飞行服务站（Flight Service Station，FSS）三级服务保障体系。随着一系列政策举措推进实施，我国低空飞行服务保障体系基本成形。

1. 维修保养

维修保养是对飞行器和相关设备进行定期检查、维护和修理，以保障其性能和安全。维修保养包括预防性维护保养和故障维修两部分。其中，预防性维护保养主要是对飞机及其技术装备定期进行全面检查，包括但不限于发动机、电气系统、润滑系统等。例如，发动机的涡轮叶片需要定期清洁，飞行控制系统需要进行飞行前的预检，电子设备需要定期检测。故障维修主要是在航空器出现故障时进行正确的诊断，找出故障原因并采取相应的措施进行修复，包括及时更换已经超过使用寿命或出现故障的零部件，并在故障维修后，进行相应的修复和测试工作，确保修复后的航空器能够正常运行。例如，对电力系统进行测试，检验电压、电流等参数是否符合标准，以及对机身进行检查，确保航空器的结构完整和稳定。

在维修保养过程中，准确记录和总结维护工作情况，对于航空器的安全运行至关重要。每次维修保养都需要填写维护记录，包括维护时间、维护内容、使用的零部件等信息，以便之后进行维修追踪和管理。

2. 气象服务

气象服务，主要为通用航空用户提供起降机场（或起降点）的天气报告、机场预报，飞行员报告的天气情况、航路的天气状况等，并根据通用航空用户的要求为其提供需要的其他天气信息。另外，根据通用航空用户的需要，FSS还可以为其提供定制化的航空气象产品和服务。气象服务是空中交通管理的重要组成部分，主要功能体现在以下三个方面：

（1）天气预报与监测：提供飞行区域内的天气预报和实时天气监测信息。

（2）气象预警：针对可能影响飞行安全的天气现象，如雷暴、强风、低能见度等，提供预警服务。

（3）气象信息共享：通过通信系统将气象信息共享给飞行员、辅助飞行员和空中交通管制员进行飞行决策。

在低空飞行活动中，气象信息服务需要达到米级、小时级/分钟级高精度，地面端气象站信息向低空端飞行器传输需要高效数据传输方法协同，如深圳市在统一数据共享平台的城市底图中接入气象数据。从产业链发展角度来看，深圳市气象局提出气象"三张网"，包括用于提升低空气象监测能力的"气象监测网"、用于提升低空气象服务保障能力的"气象数字网"和赋能相关技术服务业的"气象赋能网"。气象服务高精度的趋势有望带动气象雷达及气象数据服务的发展。

3. 航空油料供应

航空油料供应是保障飞行活动顺利进行的关键环节，需要确保油料的及时供应和质量安全，涉及航油的采购、运输、储存、检测、销售和加注等方面。在全球范围内，机场航油供应实行特许经营制度是主流，机场向航油供应公司有偿转让特许经营权。国际民航组织明确机场的航空器燃油通常通过特许经营供应，"燃油特许经营费"（fuel concession fees）是机场运营者的收入项目之一。国际民航组织《机场经济学手册》（2013年第3版）把"航空燃油供应商"列在了"国际机场最常见的特许经营"首位。航空油料质量直接影响航空器安全，我国对航空油料的管理采用行政许可的方式。2004年7月1日，《国务院对确需保留的行政审批项目设定行政许可的决定》设立"民用航空油料供应商适航批准、油料测试单位批准"制度，由中国民用航空总局负责实施。2005年，中国民用航空总局颁布《民用航空油料适航管理规定》。2006年，民航适航审定部门开始对航油供应企业和检测单位开展航油适航评审。

4. FSS

FSS的概念和实施起源于美国，主要任务是保证航空器安全、有序和高效地执行飞行任务。FSS提供的服务包括：飞行计划服务、航空气象服务、航空情报服务、协助救援服务、地空通信服务和监视服务等。

按照服务范围和功能，FSS可以分为A、B两类。对于服务功能较全、服务范围较大的A类FSS，每个省级行政区原则上设立1~3个；对于B类FSS的设立不设数量限制。FSS可以在飞行前、飞行中和飞行后，向服务范围内的通用航空飞行活动提供服务，定期向区域信息处理系统提供飞行计划及实施情况相关信息。其中，A类FSS还可以提供监视服务。

（三）信息系统

低空经济信息系统包括低空空域管控系统、无人机飞行信息系统、无人机反制系统以及通信导航等。

1. 低空空域管控系统

低空空域管控系统是低空保障产业的核心，负责对低空空域进行规划、管理和监控，由信息处理系统、外围设施、地面物埋基础设施构成，利用通信、导航和监控系统对航空器飞行活动进行监视和控制，保障民航空中交通安全。根据国际民用航空组织（International Civil Aviation Organization，ICAO）发布的 Global Air Navigation Plan 2016–2030，信息处理系统及通信、导航、监视与空中交通管理系统是保障空中交通有序运行的关键。其中，信息处理系统用于完成空中交通流量管理、管制与指挥等；通信、导航、监视与空中交通管理系统通过无线电设备、地面及卫星导航设备、雷达监视设备等完成态势感知与信息传输。空管地面物理基础设施包括机场、起降点、FSS等（见图2-10）。

低空智联网联通数据服务、空域管理、航空器运营等环节，依托4G/5G通信、卫星互联网、北斗系统、雷达等监视系统的天空基础设施，协调各级空管部门、安全应急部门和基建保障部门关系，建立数字化低空运行环境，实现智能化的空域设计和航路规划，是未来低空空管系统发展的必然路径（见图2-11）。

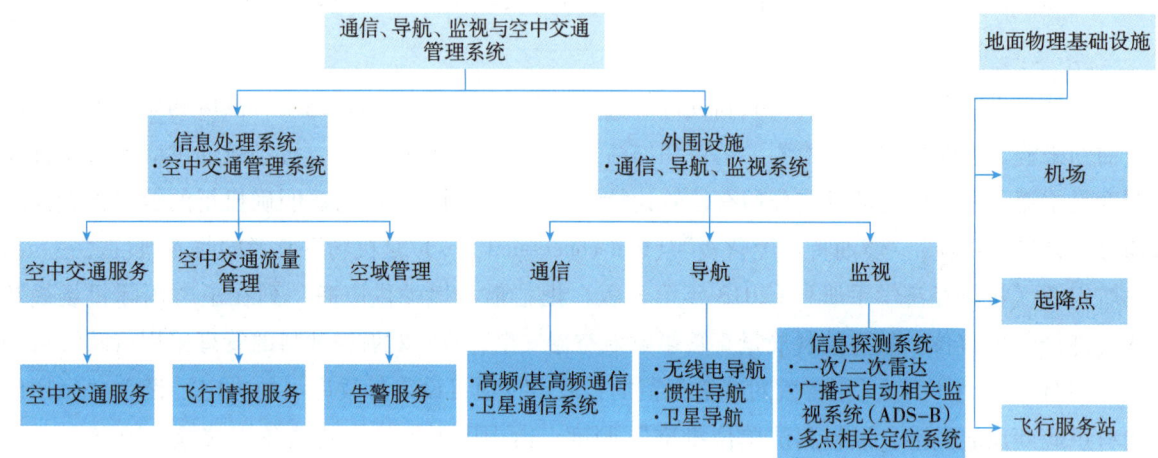

图2-10 空管系统的主要组成

资料来源：ICAO. Global Air Navigation Plan 2016-2030 [R]. 2016.

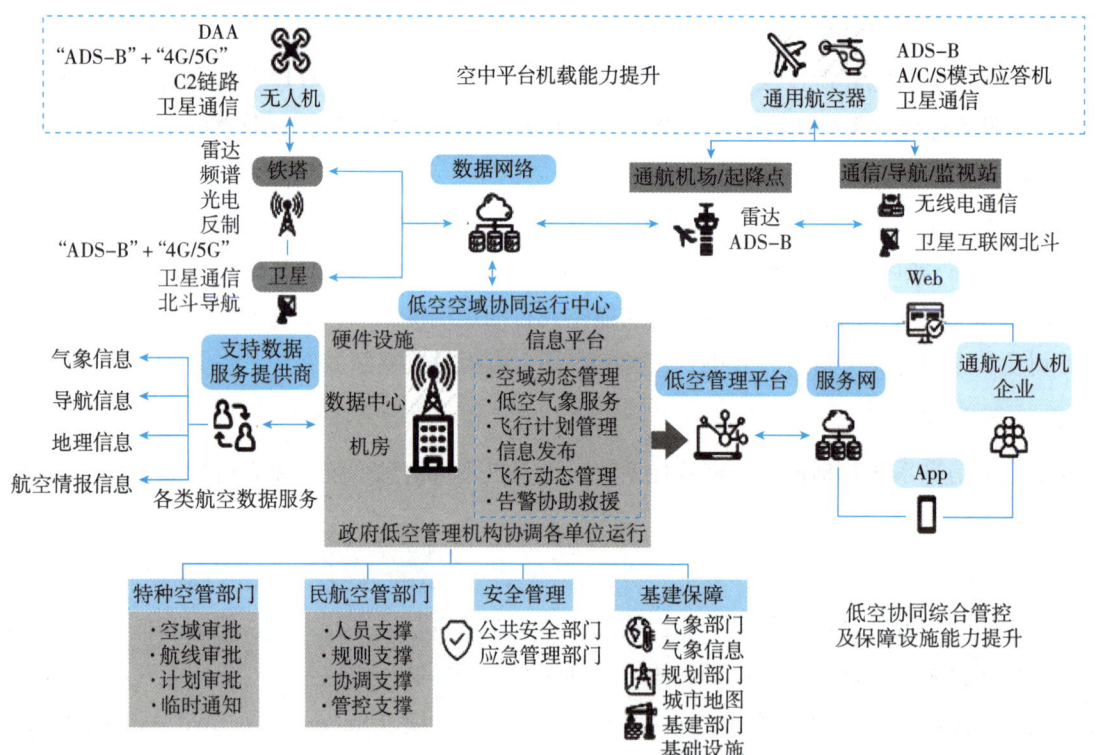

图2-11 低空智联网是低空空管系统发展的主要方向

资料来源：樊邦奎，李云，张瑞雨. 浅析低空智联网与无人机产业应用 [J]. 地理科学进展，2021（9）：1441-1450.

2. 无人机飞行信息系统

无人机飞行信息系统是一种实时监测和控制无人机飞行状态的技术，主要由无人机平台、飞行控制器、导航控制器、数据链系统、雷达、红外传感器、操作台、显示屏、通信设备等部分组成。无人机飞行信息系统能够实时收集无人机的位置、速度、高度等飞行数据,并通过数据分析,为无人机提供最佳飞行路径和避障建议。无人机飞行信息系统通过有效的综合安全体系架构、技术方法和系统设计等,对无人机系统各种潜在的物理威胁、信息危害及智能缺陷进行防范,确保无人机系统安全可靠稳定运行,使无人机飞行信息系统硬件设备、数据资源、算法模型、控制系统和产品应用等方面的功能最大化。无人机飞行信息系统综合安全体系架构如图2-12所示。

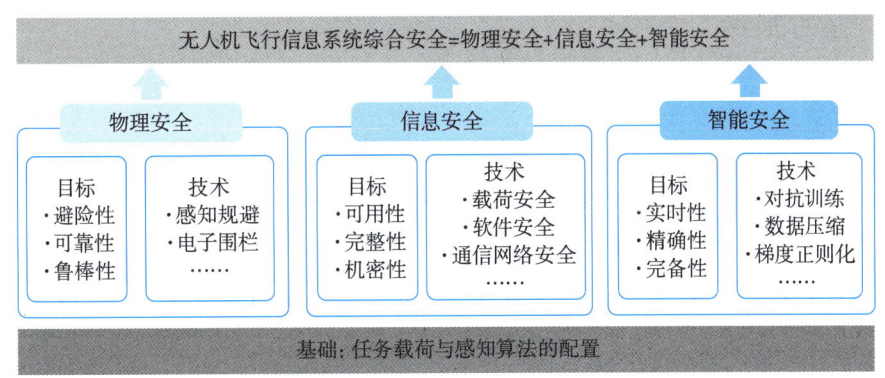

图2-12 无人机飞行信息系统综合安全体系架构

资料来源:王兆轩,李扬,吕洋,等.无人机系统信息安全前沿技术发展趋势[J].软件导刊,2021(10):7-12.

3. 无人机反制系统

无人机反制系统是一种针对非法或潜在威胁的无人机进行干扰、拦截和控制的系统。通过使用无线电信号干扰、激光武器、网枪等技术手段,无人机反制系统可以有效地阻止未经授权的无人机进入重要区域,从而保障低空飞行的安全。无人机反制系统通常由多个关键部分组成,包括侦测与识别系统、干扰与反制系统、控制系统、通信与数据传输系统、能源与保障系统等。

无人机反制系统的实现过程如下:

(1)探测与识别。首先需要对目标无人机进行探测和识别,确定其型号、位置、高度等信息。这通常依赖于高精度的雷达和光学传感器。

(2)分析与决策。在获取了目标无人机的信息后,无人机反制系统需要快速分析并选择最合适的反制手段。这要求无人机反制系统具备高度的智能化和自动化能力。

(3)执行反制。根据分析与决策的结果,无人机反制系统开始执行反制操作。无论无线电干扰、导航信号欺骗,还是物理摧毁,都需要在极短的时间内准确实施。

(4)监控与评估。反制操作完成后,无人机反制系统需要对反制效果进行监控和评估,确保目标无人机已经被成功反制,并防止可能发生的二次威胁。

4. 通信导航

低空经济通信导航,是指为满足低空飞行活动需求,通过先进的通信和导航技术,实现低空空域中飞行器与地面指挥系统之间的高效、精准信息传递和定位。这一领域涵盖了卫星导航、无线电通信、数据传输等多个方面,是低空经济发展的重要基石。

(1)卫星导航技术。卫星导航技术为低空飞行提供了全球范围的精准位置服务。目前,全球卫星导航系统(GNSS)已被广泛应用于低空飞行领域,包括GPS、GLONASS、Galileo和BDS等。

(2) 无线电通信技术。无线电通信技术是实现低空飞行中飞行器与地面指挥系统之间信息传输的关键。随着5G等新一代通信技术的发展，低空飞行通信的可靠性和实时性得到了显著提升。

(3) 数据传输技术。数据传输技术将低空飞行中产生的数据实时传输至地面指挥系统，以便进行监控、分析和处理。

第四节 综合服务

一、综合服务的含义

综合服务，是指支持和辅助低空经济发展的各类地面服务性产业，主要包括相关航空会展、教育、传媒、科普、信息、租赁、保险、中介代理等产业。这些地面服务性产业在低空经济的发展中扮演着至关重要的角色，不仅为低空经济提供了必要的支撑，还为其增添了活力和动力。

二、综合服务的构成

（一）航空会展

航空会展通常包括航空展览、飞行表演、技术交流会等，为低空经济的参与者提供了一个展示新技术、新产品和新服务的平台，同时也是企业间交流合作的重要场所。早期的航空会展主要展示新型航空器和航空技术，后来逐步发展成集各种航空器展示、航空技术交流、飞行表演、贸易洽谈和航空论坛等于一体的展览会，为行业内外提供交流、展示和合作的平台。中国国际航空航天博览会（以下简称"中国航展"），是我国唯一由国务院批准，带飞行表演和地面动态演示的综合性国际航空航天展览，与英国范堡罗航展、法国巴黎航展、俄罗斯航展、新加坡航展并称"世界五大航展"，成为国际航空航天界一张亮丽的"中国名片"。

结合1996—2022年历届中国航展相关数据统计（见表2-3），可清晰看到中国航展迅速发展，并日臻成熟，参展商数量越来越多，室内展览面积越来越大，成交额更是增长飞速。

表2-3 1996—2022年历届中国航展主要数据汇总

项目	1996年（第一届）	1998年（第二届）	2000年（第三届）	2002年（第四届）	2004年（第五届）	2006年（第六届）	2008年（第七届）	2010年（第八届）	2012年（第九届）	2014年（第十届）	2016年（第十一届）	2018年（第十二届）	2021年（第十三届）	2022年（第十四届）
参展国家和地区/个	25	22	27	28	32	33	35	35	39	41	42	43	42	43
参展商/个	400	500	400	370	500	550	600	600	650	700	700	770	700	740
室内展览面积/万平方千米	0.8	0.9	1.2	1.5	1.6	1.7	2.1	2.3	2.8	3.5	8.2	10	10	10
参展飞机/架	96	98	89	24	51	52	58	71	113	130	151	146	107	121
专业观众/万人	2	2.3	3	6	8	9	9	10	10.8	13	13.5	15	10	10
普通观众/万人	70	80	30	—	15	18	21	22	23	28	23	30	12	11.5

续表

项目	1996年（第一届）	1998年（第二届）	2000年（第三届）	2002年（第四届）	2004年（第五届）	2006年（第六届）	2008年（第七届）	2010年（第八届）	2012年（第九届）	2014年（第十届）	2016年（第十一届）	2018年（第十二届）	2021年（第十三届）	2022年（第十四届）
会议论坛/场	10	20	51	62	34	42	45	51	63	68	168	190	171	200
成交额/亿美元	20	26	8	37	45	30	40	93	118	234	400	212	123	398
新闻媒体/家	218	333	220	145	200	210	200	220	228	330	419	425	312	193

资料来源：中国会展、中国航展官网。

（二）航空教育

航空教育，是指与航空领域相关的教育体系和活动，通过各种方式和手段，向人们普及航空知识和技术，增强公众对航空领域的了解和兴趣，对于培养潜在的消费者和专业人才具有积极意义。航空教育包括：航空工程、航空管理、航空安全、航空科学、航空导航、航空法规、航空器构造，飞行员的飞行操作、飞行理论，空乘人员的客舱服务、紧急处理，飞行原理、气象学知识等，可以在博物馆、高校、飞行学校和专业培训机构等场所开展。人们可以选择不同的专业领域，体验飞行员、工程师、管理人员、航空安全专家等不同职业。

（三）航空培训

随着中国通用航空产业不断发展和深化，飞行员培训、维修人员培训、空管人员培训、派遣人员培训、地勤服务人员培训等专业化的航空培训将成为通用航空产业发展的重要助推器。根据中国民用航空局《民航业人才队伍建设中长期规划（2015—2025年）》，预计到2025年，民航从业人员总量将达到240万人。未来10年，我国航空运输行业人才缺口约为130万人，年均缺口约13万人。目前，我国每年培养民航类人才严重不足，尤其是既具有实际应用技能，又具有一定理论的航空服务人才更加缺乏。这些都为航空服务的发展创造了广阔空间。同样地，随着航空运动的兴起，特别是航空运动与生态旅游的融合发展，对滑翔伞、热气球、飞机跳伞和航模的培训需求巨大。

（四）航空文化传媒

航空文化传媒通过各类媒体平台，如报纸、杂志、电视、网络、广播、印刷品等多种媒介和形式，对航空领域进行信息传播、文化交流、品牌推广等，向公众传播航空知识，提升航空文化的普及度和影响力，同时为航空企业和组织提供宣传与市场推广的机会。航空文化传媒主要包括航空新闻报道、航空专题节目制作、航空出版物、航空展览与展示、航空文化活动、航空品牌推广、航空旅游服务、航空艺术创作、航空社交媒体运营、航空纪念品开发、航空知识竞赛、航空主题活动策划、航空文化传播等方面的活动。

（五）信息服务

航空信息服务主要提供与航空活动相关的各类信息支持。根据服务内容和性质，航空信息服务大致分为：航班信息服务，包括航班动态、航班延误、航班取消等信息的实时发布和查询，以及提供机场位置、设施、餐饮、购物等信息，帮助乘客更好地安排行程；航空客运服务，涉及航班预订、登机手续办理、机票退改签等旅客服务；航空货运服务，提供货物运输、货物跟踪、仓储配送等货运服务；航空支持服务，包括机场地勤服务、航空器维修服务、航空燃油供应服务等，为航空活动提供必要的支持。

航空信息服务包括两种服务形式：一是线上服务。通过综合信息服务平台、App、网站等线上渠道，提供信息查询、在线办理、互动交流等服务。用户可以随时随地获取所需信息，享受便捷的服务体验。二是线下服务。通过实体服务窗口、电话热线等线下渠道，提供面对面咨询、办理业务等服务。这种服务形式能够满足部分用户的特殊需求，为用户提供更加个性化的服务。

（六）航空租赁

航空租赁是一个涵盖广泛的领域，主要涉及低空飞行活动相关设备的租赁业务，是指通过租赁方式提供低空飞行活动所需的设备和服务，以满足低空经济领域的市场需求。这些设备包括但不限于无人机、直升机、eVTOL等。随着低空经济的不断发展，低空经济租赁市场呈现出快速增长的趋势。技术的进步，促使低空经济租赁市场不断推出新型、高效的飞行器和租赁服务。租赁服务将逐渐从单纯的设备提供向全面的解决方案转变，包括技术支持、培训、维修等"一站式"服务。除此之外，低空经济租赁的应用场景也更加广泛，涉及物流、航拍、农业、环保等多个领域，市场潜力巨大。

（七）低空经济保险

低空经济保险是针对低空经济领域相关活动的一种保险类型，不仅关注飞行器的物理损失，还涉及飞行活动可能带来的第三方责任、人员伤亡等风险，为相关参与者提供全面的保险保障。低空经济保险主要包括：①飞行器物理损失保险，保障飞行器在飞行或地面停放期间因意外事故、自然灾害等产生的物理损失；②第三方责任保险，保障因飞行活动导致第三方人身伤亡或财产损失时，被保险人需要承担的赔偿责任；③飞行人员意外伤害保险，保障飞行人员在执行飞行任务期间因意外事故导致的人身伤害或死亡。随着低空经济的发展，保险公司不断推出新的低空经济保险产品，以满足市场需求。例如，针对无人机的保险产品逐渐丰富。国家金融监督管理总局等政府部门鼓励保险公司开发低空商业应用险种，建立风险覆盖广泛的无人机保险服务体系。这为低空经济保险市场的发展提供了政策支持。低空经济保险将与相关产业进行跨界合作，共同推动低空经济的发展。例如，与无人机制造商、运营商等合作，共同制定行业标准和服务规范。

（八）中介代理

中介代理，是指专门从事低空经济领域内各类服务代理、经纪和咨询业务的机构或个人。中介代理在低空经济的各个参与者之间架起了桥梁，无论是飞机买卖、航线申请，还是其他专业服务，中介代理都能提供专业的咨询和帮助。这些服务包括但不限于飞机销售、租赁、维修、保险、飞行计划制订、飞行许可申请等。服务代理主要是代理销售通用航空飞行器，提供飞行器租赁、维修等服务的对接和安排。咨询服务是为客户提供通用航空领域内的专业咨询和建议，包括但不限于市场分析、政策法规解读、飞行计划制订、飞行许可申请等。随着市场竞争的加剧，通用航空中介代理机构将更加注重专业化发展，提高服务质量和效率，通过引进专业人才、加强内部培训等方式，提升服务团队的专业素养和综合能力。

本章小结

本章详细介绍了低空经济的构成,包括低空制造、低空飞行应用、低空保障和综合服务等产业及其细分;概述分析了各产业的市场规模、发展前景;探讨了部分产业之间的关联。

思考题

1. 简述低空经济的主要构成。
2. 低空制造产业涉及哪些方面?
3. 简述低空制造产业发展现状及未来展望。
4. 低空飞行应用主要有哪些场景?
5. 低空保障体系涉及哪些方面?
6. 低空综合服务包含哪些方面的内容?

第三章 低空经济发展的宏观环境

案例导入

政策产业共振，低空经济元年已至

在政策产业共振下，低空经济概念持续火热，2024年或将成为低空经济发展元年。

2021年，《国家综合立体交通网规划纲要》首次将"低空经济"概念写入国家规划；2024年全国两会，"低空经济"首次被写入《政府工作报告》，成为全国和地方两会热议的关键词，深圳、合肥、广州、成都等地密集出台政策支持低空经济发展和生态打造，抢抓低空经济发展的机遇期。

空管委划定合法低空G空域和W空域，各地低空空域有望陆续开放。湖南低空空域已全域放开，江西、四川、安徽、重庆低空空域明显增加。2024年3月13日，重庆军民融合办和四川军民融合办签署了川渝协作推进低空空域协同管理合作备忘录。在推动跨省低空飞行联盟方面，川渝两地将推动陕西、湖南、湖北、云南、贵州等周边地区共同加入，形成"六省一市"跨省低空飞行联盟，实现跨省低空飞行常态化。

无人机将成为最先落地的低空经济产业链。2024年1月，《民用无人驾驶航空器运行安全管理规则》（CCAR-92部）作为无人机运行第一份规章性文件发布，规定最大起飞重量小于25千克的微轻小型无人机，若不进入城市密集地区，则无须适航审定；中大型无人机适航的审核认定流程规定也有所简化。2024年，国内工业无人机市场空间有望达到1500亿元，快速物流等领域需求有望快速提升。目前，美团、京东、顺丰等公司均已发布物流无人机产品。

eVTOL产业处于0-1拐点，国内商业化运营进程加速。2023年10月，亿航自主研发的无人驾驶载人航空器获中国民用航空局颁发的型号合格证，为全球首个eVTOL航空器型号合格证；12月，获颁标准适航证，并在广州和合肥进行了全球商业首飞展示。除此之外，2023年，峰飞航空、沃兰特航空等国内多家公司也发布eVTOL产品，进入试飞测试和适航取证阶段。

当然，低空经济发展中也存在一些难题，如技术障碍、政策不完善、市场缺乏规范、研发投入不足、没有价格优势等方面阻碍着产业的发展。

资料来源：https://www.yicai.com/news/102046696.html。

阅读上述案例并思考：政策放松管制怎样推动低空经济发展？

低空经济以低空飞行活动为牵引，将传统二维的地面活动扩展到了三维的低空空间，带来经济发展新空间，可产生超万亿级的经济增量；同时，低空的空中优势，将催生更高维度的创新应用，打造工作生活新范式。低空经济广泛体现于各类产业形态中，在促进经济发展、加强社会保障、服务国防事业等方面发挥着日益重要的作用。

PEST分析是一种评估宏观环境变化对组织影响的重要工具，涵盖了政治、经济、社会、技术四大维度。这种分析框架帮助组织识别并应对外部环境中的机会与威胁，从而制订更有效的战略计划。本章将采用PEST分析法，从政治、经济、社会和技术等方面对我国低空经济发展的宏观环境进行分析。

第一节 政治因素

政治因素是影响低空经济发展的首要因素。政治因素主要包括战略规划与政策、政治安全、国防安全等。

一、战略规划与政策

由于低空飞行与空域管制、行政许可密切相关，战略规划与政策是低空经济发展的重中之重，关系到低空经济项目能不能发展、能多大程度发展的根本问题。战略规划与政策分为国家和地方两个层面，各国普遍从国家层面出台基础性战略定位、规划和重大政策，地方根据国家层面规划和重大政策出台地方规划与支持政策。

（一）国家层面的战略规划与政策

国家层面的战略规划与政策主要包括空域分类与管制、战略定位和支持政策。以国家为例，美国以高度开放市场著称，联邦政府层面主要出台空域规划与空域管理等方面的基础政策，较少出台具体的支持政策。早在20世纪60年代，美国就开放了3000米以下的空域，在开放和开发空域的基础上，大力推动空域运营管理一体化和数字化改革。2013年，美国联邦航空管理局（FAA）推动将无人机植入国家空域系统（NAS），空中交通管理、无人机系统交通管理、UAM等概念，最终归入AAM方案发展路线。2014年，美国航空航天局（NASA）正式提出城市低空空域无人机交通管理体系框架，基于风险防范维度确保大规模、高密度的无人机在城市低空空域内安全高效运行。2022年3月，《AAM协调及领导力法案》通过。2022年9月，NASA通过互联数字技术和自动化信息交换实现多项功能，对现有IFR规则和VFR规则实施数字化，建立数字化飞行规则（DFR），确保安全高效利用空域内的航路。2023年7月31日，FAA发布了无人机交通管理实施计划。

我国在"八五"计划（1991—1995年）中明确提出，要加强航行系统和空中管制系统的建设；进一步增强干线和支线的空运能力，合理规划航线网络，根据需要开辟新的航线；国际航线主要巩固现有航线，提高竞争能力；增强通用航空的作业能力。"十四五"规划提出，要推动内河高等级航道扩能升级，稳步建设支线机场、通用机场和货运机场，积极发展通用航空（见图3-1）。

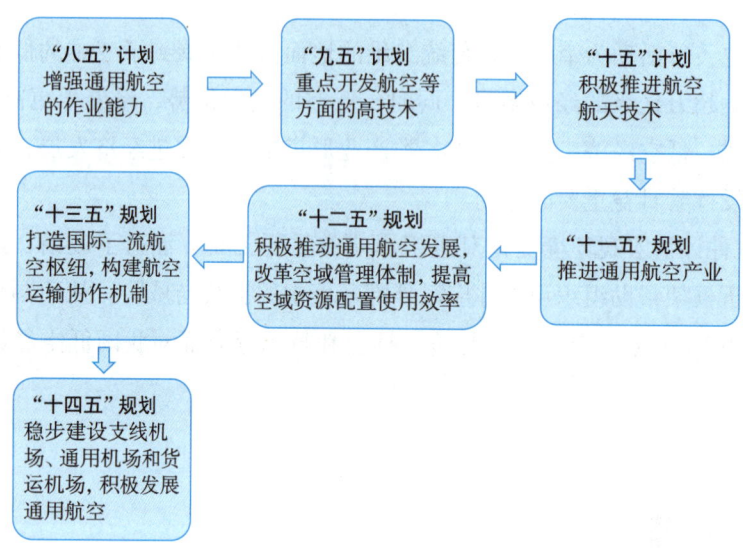

图3-1 国民经济和社会发展五年规划中有关低空经济政策的演变

近年来，我国大力支持低空经济发展，出台了一系列政策。无人机产业是我国"十四五"期间的战略性新兴产业，已成为低空经济发展的重要引擎。目前，我国已颁布多项政策支持与规范无人机产业，助力中国低空经济高质量发展（见表3-1）。

表3-1 我国低空经济行业重点政策汇总

发布时间	发布单位	政策/文件名称	主要内容
2021年2月	中共中央、国务院	《国家综合立体交通网规划纲要》	首次提出"发展低空经济"
2021年10月	民航局	《民用无人机驾驶航空器系统适航审定管理程序（征求意见稿）》	规范和指导中型与大型民用无人机系统在设计、生产和运营批准方面的活动
2022年1月	国家发展改革委、商务部	《关于深圳建设中国特色社会主义先行示范区放宽市场准入若干特别措施的意见》	深化粤港澳大湾区低空空域管理试点，加强粤港澳三地低空飞行管理协同，完善低空飞行服务保障体系
2022年3月	民航局	《城市场景物流电动多旋翼无人驾驶航空器（轻小型）系统技术要求》	行业标准正式发布，是国内首个针对城市内应用的物流无人机体系的技术行业标准
2022年11月	工业和信息化部	《民用无人驾驶航空器产品安全要求》	强制性规定了民用无人驾驶航空器的安全要求
2023年6月	国务院、中央军委	《无人驾驶航空器飞行管理暂行条例》	自2024年1月1日起施行，规范无人驾驶航空器飞行以及有关活动
2023年12月	中共中央	中央经济工作会议	将低空经济明确为国家战略性新兴产业
2024年3月	国务院	《政府工作报告》	"低空经济"首次被写入《政府工作报告》
	工业和信息化部、科技部、财政部、中国民航局	《通用航空装备创新应用实施方案（2024—2030年）》	到2030年，通用航空装备全面融入人民生产生活各领域，成为低空经济增长的强大推动力，形成万亿级市场规模

（二）地方层面的战略规划与政策

中央层面积极推动，地方层面快速响应。目前，全国已有20余个地区将"低空经济"写入

《政府工作报告》，广东、上海、海南、湖南等地均已出台相关政策文件，将低空经济作为新质生产力重点培育。我国部分地区低空经济相关政策如表3-2所示。

表3-2 我国部分地区低空经济相关政策汇总

发布时间	地区	政策名称	主要内容
2021年7月	浙江	《浙江省航空航天产业发展"十四五"规划》	提出推动低空空域管理改革的战略目标：推动低空空域管理改革，加快推进低空飞行保障体系试点省建设，推动简化低空目视航线飞行计划申报审批环节，深化民用无人驾驶航线建设
2021年11月	湖北	《湖北省制造业高质量发展"十四五"规划》	延伸发展通用航空运营服务，支持加快通用航空机场网络建设，完善各类配套设施，构建符合省内特点和需求的低空空域管理体系，促进通用航空与旅游观光、农林植保、电力巡护、医疗救援、航空运动等产业衔接，促进新一代信息技术与通用航空产业链深度融合
2022年1月	河南	《河南省人民政府关于印发河南省"十四五"航空经济发展规划的通知》	规划低空航线网络，支持通用机场开展短途运输业务，鼓励运输机场兼顾开展通用航空业务
2022年9月	江西	《省文化和旅游厅关于省政协十二届五次会议第0582号提案会办意见的函》	加大江西省低空旅游的宣传推广力度，鼓励和支持条件成熟的景区开展低空旅游，推进江西省低空经济发展
2023年1月	广东	《广东省第十四届人民代表大会政府工作报告》	支持住房改善、新能源汽车、绿色智能家电等大宗消费，加大餐饮、文旅、养老、育幼等服务消费促进力度，加快培育新型消费，发展免税经济、首店经济、共享经济、低空经济
2023年1月	上海	《关于加快推进本市气象高质量发展的意见（2023—2035年）》	发展警务航空、通用航空、低空飞行气象服务。加强自主可控的国产大飞机试飞保障能力，建立飞机制造、试飞及运营全链条的气象服务体系
2023年3月	重庆	《重庆市人民政府 四川省人民政府关于印发推动川渝万达开地区统筹发展总体方案的通知》	推动区域低空空域管理改革，充分发挥通用航空在应急救援、防灾减灾、生态文旅等方面的作用
2024年2月	广东深圳	《深圳经济特区低空经济产业促进条例》	在地方权限范围内明确低空经济产业发展协调机制和低空飞行协同管理机制，对低空飞行基础设施建设、低空空域协同管理、低空飞行服务、产业支持、技术创新、安全管理等方面予以规范，为低空经济产业健康有序发展提供法治保障明确了总体要求、重点任务、保障措施等，为各区低空经济产业的高质量发展指明了方向
2024年4月	安徽	《安徽省加快培育发展低空经济实施方案（2024—2027年）及若干措施》	鼓励有条件的城市探索发展eVTOL等新型飞行器短途商业运输模式。扩大城市低空飞行规模，鼓励有条件的运营企业开展UAM应用示范
2024年5月	北京	《北京市促进低空经济产业高质量发展行动方案（2024—2027年）》	力争通过3年时间，低空经济相关企业数量突破5000家，围绕应急救援、物流配送、空中摆渡、城际通勤、特色文旅等，新增10个以上应用场景，开通3条以上面向周边地区的低空航线

二、政治安全

政治安全对低空经济的发展具有重要影响。首先，政治安全是国家安全的根本，确保了国家政权和制度的稳定，为低空经济提供了一个稳定的发展环境。在低空经济领域，政治安全的影响体现在对低空飞行活动的监管和立法上。建立健全低空飞行安全管理体系，加强对低空飞行的日常监管，严厉打击无人机"黑飞"、乱飞等违法行为，是确保低空经济健康发展的关键。其次，政治安全涉及对低空经济相关技术的研发投入和政策支持。政府鼓励企业和科研机构加大对低空飞行安全技术的研发力度，提高航空器的安全性和可靠性，有助于提升低空经济的核心竞争力。此外，政治安全还体现在对低空经济的宣传教育和公众参与上。通过广泛宣传低空经济的安全知识和法律法规，提高公众的安全意识和法律意识，鼓励公众积极参与低空经济的安全监管，共同维护低空空域安全。

总的来说，政治安全为低空经济的发展提供了稳定的政治环境、政策支持和技术保障，是推动低空经济健康、可持续发展的重要因素。反之，动荡的政治环境会阻碍低空经济的发展。

三、国防安全

国防安全对低空经济的发展具有深远的影响。首先，国防安全的需要推动了低空经济中反无人机系统技术的发展。随着无人机技术在军事和民用领域的广泛应用，其形成的威胁日益严重。特别是在军事领域，无人机/反无人机作战已成为主要作战样式之一，直接影响战争进程和结局。因此，发展反无人机装备成为国防安全的必然要求，也是低空经济的重要组成部分。其次，国防安全的需求促进了低空经济相关政策的制定和实施。例如，地方政府出台行动方案，旨在推动低空经济成为新的经济增长点，其中包括航空器研发制造、低空飞行基础设施建设运营、飞行服务保障等重点领域。这些政策的实施，不仅保障了国防安全，也为低空经济的发展提供了政策支持和方向。再次，国防安全对低空经济的影响体现在对低空飞行活动的安全管理上。为了保障低空经济的蓬勃发展，需要发展反无人机能力，遏制无人航空器带来的潜在威胁，保护低空空域的安全。这要求建立和完善低空飞行安全监管体系，提升安全监管效率。最后，在军民融合背景下，国防安全还涉及低空经济的基础设施建设。随着低空领域的开放，对低空飞行基础设施的需求日益增加，包括通用机场、直升机起降点、低空新型基础设施等，这些都是低空经济发展的基础保障。

综上所述，国防安全对低空经济的发展起到了推动和规范的双重作用，既促进了相关技术和产业的发展，也对低空经济的安全运行提出了更高要求。

作为一种综合经济形态，低空经济的核心是飞行器和各种产业形态的融合，以各种有人驾驶和无人驾驶航空器的低空飞行活动为牵引，辐射带动相关领域融合发展，广泛体现于各类产业形态中。中国有关低空经济行业的相关法律法规正在持续修订完善，为我国低空经济行业技术研发和市场规范发展提供了强有力的法律支持。

第二节 经济因素

影响低空经济发展的经济因素主要有市场需求开发状况、收入水平、产业链完善程度、基础设施、投融资活跃度等。

一、市场需求开发状况

低空经济的市场需求是由低空飞行场景应用牵引的综合需求。这些场景包括低空消费、低空作业、低空运输、低空公共服务，并由此带动基础设施、飞行器、保障系统、综合服务相关需求的发展。市场需求开发对低空经济的影响是多方面的，它不仅能够拉动低空经济的发展，还能引导低空经济的发展方向，优化低空经济的结构布局。

（一）市场需求开发能够扩大低空经济规模

随着科技的进步和经济的发展，人们对低空领域的探索和利用需求日益增长，这为低空经济带来了巨大的发展机遇。例如，无人机、航空摄影、空中旅游等新兴行业的快速发展，都是由于市场对这些服务的需求不断增多。这些行业的发展不仅创造了新的就业机会，也带动了相关产业链的发展，从而扩大低空经济规模。

（二）市场需求开发能够引导低空经济的发展方向

市场需求的增长促进了低空经济技术创新和产业升级。随着5G、北斗卫星导航、低轨卫星互联网等技术的应用，低空物联网络的建设和发展将进一步推动低空经济的智能化和高效化。无人机、eVTOL等新型航空器的技术突破和应用领域扩大，为低空经济注入新的活力。市场需求的变化往往会引发低空经济结构调整。例如，随着无人机在农业、物流、救援等领域的应用越来越广泛，相关的研发、生产、服务等环节也在不断完善，推动形成完整的产业链。因此，政府在制定低空经济相关政策时，需要考虑市场需求的因素。为了促进无人机行业的发展，政府可能会出台一系列支持政策，如提供研发资金、优化审批流程、开发应用场景等。同时，政府需要根据市场需求的变化，及时调整和完善相关政策，以适应低空经济的发展。

（三）市场需求开发影响低空经济的地理布局

市场需求开发使得一些地区因为具有特定的资源优势或者技术优势而成为低空经济的重要基地。此外，市场需求开发还促进了区域融合与经济发展。低空经济将成为区域融合的关键，低空空域改革的不断深化将有利于提高区域的服务供给能力，促进城乡经济结合，提升交通运输效率。

二、收入水平

收入对低空经济发展的影响是一个多维度且复杂的过程。从需求侧角度来看，收入水平的提高增强了低空经济产品与服务的购买力；从供给侧角度来看，收入水平决定了低空经济的基础设施投资能力和产业投资能力。

（一）收入水平的提高增强了低空经济产品与服务的购买力

收入水平直接影响消费者的购买力。高收入群体更有可能投资私人飞机、直升机和其他低空飞行设备，从而推动相关市场的需求增长。与之相反，低收入群体可能无法负担这些高端产品，导致市场需求不足。随着收入增加，人们对高品质、个性化服务的需求也日益增长。低空经济中的低空旅游、航空运动等项目，因具有独特的体验性和观赏性，逐渐受到消费者的青睐。这种消费需求的增长，为低空经济的发展提供了广阔的市场空间，推动了相关产业的快速发展。

（二）收入水平决定了低空经济的基础设施投资能力

低空经济的发展需要大量的基础设施建设，如通用航空机场、起降点、FSS 等。这些基础设施的建设需要投入大量资金，而收入的增加为这些投资提供了可能。

（三）收入水平决定了低空经济的产业投资能力

较高的收入水平可以促进对低空经济领域的投资，包括研发新技术、改进现有产品和服务以及建立新的商业模式。这些投资有助于推动低空经济的发展和创新。随着低空经济市场规模不断扩大，越来越多的企业开始涉足这一领域，进行产业投资，推动了低空经济的规模化、产业化发展。

三、产业链完善程度

产业链的完善程度是低空经济竞争力的重要标志，不仅关系到低空经济自身的健康发展，还影响着相关产业的协同发展和整个经济体系的优化升级。

（一）完善的产业链能够降低低空经济的运营成本

一个完整的产业链涵盖了从原材料供应、生产制造、运营服务到售后维护的各个环节，各环节之间紧密衔接，形成高效协作。这不仅可以减少中间环节，降低交易成本，还可以实现资源的高效配置和循环利用，从而提高整个产业链的运营效率。

（二）完善的产业链有助于提升低空经济的技术水平和服务质量

随着产业链的不断完善，各环节的分工越来越细，专业化程度越来越高。这不仅可以促进技术创新和成果转化，还可以提高服务质量和客户满意度。例如，在无人机制造领域，完善的产业链可以推动无人机技术不断升级和智能化水平提升，从而为用户提供更加安全、高效、便捷的服务。

（三）完善的产业链能够推动低空经济与相关产业的协同发展

低空经济涉及多个领域，如航空制造、航空物流、低空旅游、航空医疗救援等。一个完善的产业链可以将这些领域紧密联系在一起，形成产业联动效应。这不仅可以促进相关产业的快速发展，还可以推动整个经济体系的优化升级。

（四）完善的产业链有助于提升低空经济的竞争力

一个完善的产业链可以形成规模经济效应和范围经济效应，提高整个产业链的经济效益和竞争力。同时，一个完善的产业链可以推动低空经济向绿色、低碳、环保方向发展，实现可持续发展。

综上所述，产业链完善程度对低空经济发展的影响是多方面、深层次的。为了推动低空经济健康发展，我们需要不断完善产业链，加强各环节之间的协作和联动，提高整个产业链的运营效率和服务质量；加强技术创新和成果转化，推动低空经济向更高水平、更高质量发展。

四、基础设施

低空经济的基础设施由机场、起降点、航线网络、保障系统等组成。基础设施水平特别是数字化水平对低空经济发展起着关键作用，它不仅决定了低空经济能否顺利起步，还直接关系到低空经济后续发展的速度、规模和质量。

（一）基础设施是低空经济运行的基石

低空经济依托低空空域进行各类飞行活动，这要求有完善的基础设施来支撑。例如，通用机场、直升机起降点、飞行营地等物理基础设施为低空飞行器提供了起降、停放、能源补给等功能，是低空经济活动的基础保障。此外，信息网络设施、数字化管理服务系统等也是低空经济不可或缺的基础设施，它们为低空飞行提供了通信、导航、监视等信息服务，确保了飞行的安全和效率。

（二）基础设施水平直接影响低空经济的运营效率

完善的基础设施可以大大缩短飞行器的起降时间，提高飞行效率，降低运营成本。同时，高效的信息网络设施可以实时传输飞行数据，为飞行器的安全运行提供有力保障。这些都有助于提高低空经济的整体运营效率，推动其快速发展。

（三）基础设施水平关系到低空经济的市场竞争力

一个地区如果拥有先进、完善的基础设施，就能吸引低空经济企业入驻，形成产业集聚效应。这不仅有助于提升该地区的低空经济规模，还有助于促进相关产业的协同发展，增强整个产业链的市场竞争力。

（四）基础设施水平的提升能够推动低空经济的创新发展

随着基础设施的不断完善，低空经济领域将涌现出更多新技术、新业态和新模式。这些创新将为低空经济带来新的增长点，推动其向更高层次、更广领域发展。

综上所述，基础设施水平对低空经济发展具有关键影响。为了推动低空经济健康发展，我们需要不断加强基础设施建设，提升基础设施水平，为低空经济提供坚实有力的支撑。

五、投融资活跃度

投融资活跃度决定了低空经济的活力，不仅为低空经济提供了必要的资金支持，还推动了技术创新、市场拓展以及产业链完善。

（一）投融资活跃度直接决定了低空经济项目的资金可获得性

低空经济是一个新兴领域，技术研发、基础设施建设、飞行器制造以及运营服务等环节都需要大量的资金投入。投融资活动活跃，意味着有更多资本愿意进入低空经济领域，为相关项目提供资金支持。这不仅有助于推动低空经济项目顺利实施，还能加速其商业化进程，为低空经济的快速发展提供有力保障。

（二）投融资活跃度促进了低空经济技术创新

在资本的推动下，低空经济领域的企业可以加大研发投入，引进先进技术，提升产品性能和服务质量。例如，在无人机、eVTOL等前沿领域，投融资活跃度推动了相关技术的快速发展，为低空经济的创新提供了源源不断的动力。

（三）投融资活跃度有助于低空经济市场拓展

随着资本的涌入，低空经济领域的企业可以更加积极地开拓新市场，拓展新业务。例如，在旅游、物流、医疗救援等领域，低空经济的应用场景越来越广泛，投融资活跃度为这些应用场景的拓展提供了资金支持，推动了低空经济市场不断扩大。

（四）投融资活跃度推动了低空经济产业链完善

在资本的推动下，低空经济领域的企业可以加强上下游合作，形成产业链协同发展的格局。这不仅有助于提升整个产业链的竞争力，还能推动低空经济向更高层次、更广领域发展。

综上所述，投融资活跃度对低空经济发展的影响是多方面的、深远的。为了推动低空经济健康发展，我们需要继续加强投融资活动，吸引更多资本进入低空经济领域，为低空经济的快速发展提供有力支持。

第三节　社会因素

在探讨低空经济发展的宏观环境时，社会因素占据了不容忽视的地位。社会因素不仅影响着人们的生活方式、价值观念和消费习惯，也在无形中塑造着经济活动的发展轨迹。对于低空经济来说，社会因素的影响同样至关重要。

社会因素是一个多层次、多维度的概念，包括社会风俗和习惯、信仰和价值观念、行为规范、生活方式、文化传统、人口结构和社会偏好等。这些因素共同塑造了一个社会的特色和风貌，对个体和群体行为产生了深远影响。例如，人口规模、社会人口年龄结构、家庭人口结构、社会风俗对消费者消费偏好的影响，是企业在确定投资方向、产品改进与革新等重大经营决策时必须考虑的因素。同时，社会因素也随着时间的推移不断变化，受到科技发展、经济变革、政治制度转型等多种因素的影响。如在以高科技、高风险为特征的航空运行系统中，安全文化已成为当今航空安全管理系统中最核心的要素。

在此，重点讨论人口、公众接受程度和航空文化普及度等社会因素对低空经济的影响。

一、人口

人口因素对低空经济发展的影响是持续和长远的。人口不仅是劳动力，而且在一定程度上决定了市场空间。除此以外，人口的结构也影响低空经济的发展。人口因素主要包括人口规模和人口结构。

（一）人口规模

人口规模从需求和供给两端对低空经济产生影响。

一方面，人口规模决定需求潜力。人口规模大的国家通常拥有更广阔的市场。低空经济的发展需要大量的消费者，而人口众多的国家可以提供庞大的消费市场，这为低空经济的产品和服务提供了广阔的市场空间。同时，这也意味着有更多的就业机会，可以吸引更多人才投身于低空经济领域。随着人口规模的扩大，特别是城市化推动人口向大城市和都市圈集中，人们对低空经济相关产品和服务的需求也会相应增加，人口集中产生市场需求。例如，利用无人机开展城市快递派送业务已在深圳、杭州等城市展开，其中，仅顺丰快递2023年的派送量就达400多万单，京东、美团等也都经中国民航局批准试点开展快递派送业务。利用小型、微型飞行器低空飞行是社会化参与度很高的活动，除商业运营外，航空运动、空中游览、飞行体验等都拥有广泛的社会需求。城市通勤、短途旅游、应急救援、物流配送等领域对低空飞行的需求也在显著提升。而且，随着低空产业社会化参与程度的日益提高，航空器维修、金融、租赁、保险等业务需求也会不断增加。

另一方面，人口规模影响低空经济的供给。人口规模直接影响劳动力的供给。一个国家的人口规模越大，理论上可以提供的劳动力资源就越多。对于低空经济来说，需要大量的技术人员、操作人员、维护人员以及管理人员等。这些人员需要具备一定的专业技能和知识，而人口大国往往能够提供更多的人才储备，满足低空经济快速发展的需求。除此之外，人口规模对低空经济的创新和研发也有积极影响。人口众多的国家往往拥有更多科研机构和研发中心，这些机构和研发中心可以为低空经济提供技术支持和创新动力。同时，大量的人口意味着有更多创新思维和创意，这对于推动低空经济的技术进步和产业升级至关重要。

案 例

中国民航局：探索航空观景，满足多样化、多层次航空需求

航空观景作为机场特有的体验形式，一直深受人民群众的关注和喜爱。2019年国庆期间，北京大兴国际机场刚刚投运就迎来51.8万人参观游览，最高日游客数量达到10.7万人次，是出行旅客的23倍。广西玉林福绵机场投运后，机场周边的小山坡由于具有良好视野，也迅速成为当地的网红打卡点。涌现出北京首都国际机场西湖园、成都双流国际机场空港花田等优秀实践案例（见图3-2）。

这些都表明，随着我国经济社会发展，机场除满足人民群众基本出行需求以外，还承载了提供多元化综合体验、满足多方面精神文化需求的使命。规划建设机场航空观景设施，将有利于丰富和提升机场旅客

图3-2　成都双流国际机场空港花田

的乘机体验以及社会公众的综合体验，有利于普及航空知识、弘扬航空文化，有利于为社会公众特别是社区居民提供富有特色的休闲场所，有利于提升机场整体服务水平和品牌文化形象。

资料来源：新浪财经网。

（二）人口结构

人口结构，是指将人口以不同的标准划分得到的一种结果，反映一定地区、一定时点人口总体内部各种不同质的规定性的数量比例关系。人口结构对低空经济的发展有多方面的影响，这种影响既体现在人口的基本特征上，也体现在人口的社会经济属性上。以下是对这种影响的详细分析。

一是人口年龄结构的影响。年轻劳动力在科技创新和新兴产业发展中起着重要作用。低空经济作为一个技术密集型产业，需要大量具有创新思维和专业技能的年轻人。因此，一个年轻且充满活力的劳动力人口结构，能够为低空经济提供源源不断的人才支持，推动技术持续创新和产业快速发展。

二是人口性别结构的影响。虽然性别差异在低空经济中的直接影响相对较小，但性别平衡对于

维持社会稳定和促进经济发展仍然具有重要意义。一个性别平衡的人口结构，有助于构建更加和谐的社会环境，为低空经济等新兴产业提供良好的发展氛围。

三是人口地域结构的影响。人口的地域分布对低空经济的发展具有重要影响。人口密集的地区往往拥有更多的消费市场和更便利的交通网络，这为低空经济的市场推广和物流配送提供了有利条件。同时，人口地域结构的变化也影响着低空经济的基础设施建设和运营策略。例如，在城市化进程加快的地区，低空经济的基础设施建设需要更加注重与城市规划的衔接和融合。

四是人口职业结构的影响。人口职业结构的变化反映了社会经济发展的方向和趋势。随着低空经济的兴起，相关职业领域的人才需求不断增加。例如，飞行员、航空器维修人员、低空飞行服务人员等职业将成为低空经济发展的重要支撑。一个多元化且具备专业技能的劳动力人口结构，能够更好地满足低空经济对人才的需求。

五是人口文化结构的影响。人口的文化结构影响着人们的消费观念、创新能力和对新兴事物的接受程度。一个具有较高文化素养和创新能力的人口结构，更容易形成对低空经济等新兴产业的认同和支持。同时，文化结构的多样性有助于促进不同领域之间的交流和合作，为低空经济等新兴产业提供更多的发展机遇。

综上所述，人口结构对低空经济的发展具有重要影响。为了推动低空经济的持续健康发展，需要关注人口结构的变化趋势，并采取相应的政策措施优化人口结构，为低空经济等新兴产业提供更有力的人才保障和市场支持。

二、公众接受程度

公众接受程度，是指公众对于某一事物或现象的接受和理解程度，包括公众对于新事物、新政策、新技术等的认知、态度以及行为反应。公众接受程度的高低直接影响着新事物或技术的推广和应用。

当前，低空经济作为一种新兴业态，公众对其概念、应用和益处缺乏足够的了解，甚至对商业化落地前景还存在疑惑，需要用实际措施提升社会对低空经济的认知度与认可度。例如，欧美的研究表明，公众对 eVTOL 的接受程度分为两类：安全、噪声。首先，安全始终是最优先考虑的问题。eVTOL 作为一项较新的技术，公众可能会对使用它们涉及的风险有所保留，但这些保留主要是基于不熟悉。其次，噪声是一个重要因素，尤其是在城市和郊区的社区。20 世纪 50 年代，直升机被认为是一种理想的城市短途运输方式，将彻底改变运输方式，但直升机的噪声限制了此方式的发展。

低空旅游作为一种新兴的旅游方式，具有独特的体验感和吸引力。然而，目前我国低空旅游市场尚处于起步阶段，市场需求并未得到充分释放。一方面，公众对低空旅游的认知度较低，缺乏了解和兴趣；另一方面，低空旅游项目在市场推广、品牌建设等方面存在不足，难以吸引更多消费者。如何提高社会接受度，让更多人理解和支持低空经济的发展，是企业需要考虑的问题。

三、航空文化普及度

早在 1992 年，位于美国威斯康星州奥什科什的实践飞行协会就发起了美国"雏鹰计划"（Young Eagles），专门安排 8~17 岁的学生学习航空知识，体验真实飞行。到了 2003 年，也就是莱特兄弟发明飞机100周年，该计划已吸引100万名青少年参与飞行体验，年满17岁的飞行体验者2%拿到了驾照，不仅为通用航空发展提供了人才智力支持，也为美国空军"招飞"培养储备了大量人才。该计划现在已经被推广到欧洲、澳大利亚等地区，培训人数达180多万人。不仅如此，美国的航空科普教育场所包含航空主题博物馆、航空小镇、飞机生产企业以及驻扎着各类飞行器的军事基地。除了飞机生产企业和军事基地每年定期向社会公众开放以外，其他所有场所均是常年对外开放。长此以往，航空企业也提高了自己的品牌影响力。在英国，国际航空学员组织有会员4.5万名，13～16岁的青少年每年有1次体验飞行的机会。

直到2015年，航空文化科普才开始在我国兴起，随着我国通用航空产业的推广与发展，航空科普成为连接百姓与产业的一座重要桥梁。然而，我国虽有悠久的航空文化史，但航空业发展较晚，且大都以军事保卫服务为目的，降低了民众的参与性。在大多数人眼里，使用私人飞行器是奢侈的，航空娱乐是遥远的。在大多数地区，"低空经济"是陌生的。

在我国，每年培养飞行员的数量远远跟不上国家航空航天事业的发展速度。截至2021年10月31日，我国有效驾驶员执照总数为74894本，其中，运动驾驶员执照1419本、私用驾驶员执照4709本、商用驾驶员执照41580本、多人制机组驾驶员执照190本、航线运输驾驶员执照26996本。由此可见航空文化科普对通用航空人才储备及产业高质量发展的重要性。

面对大众航空文化科普需求，我国传统的航空主题科普项目数量较少，且体验单一、互动性差、吸引力不足，难以满足游客日益多样化的体验需求。目前，我国积极发掘通用航空科普新模式，越来越多的特色航空主题科普馆诞生，如开设航空博物馆、举办航空知识讲座等，将航空元素通过娱乐性、创意性、科技性的产品融入人们生活，增加互动性、参与性、渗透性，培育航空粉丝市场、发掘航空后继人才。

第四节 技术因素

一、低空技术的发展历程

低空技术的发展可谓是波澜壮阔，经历了无数次的创新与突破，大致可以分为早期阶段、概念提出阶段、探索阶段、快速发展阶段等。

（一）早期阶段

早期阶段，低空技术的发展主要受技术和政策的限制。

在技术方面，飞行器材的设计和制造并不成熟，导致飞行表现相对较差，特别是在低空飞行时。然而，随着技术的不断进步，特别是飞机动力系统的强化、飞行控制技术和气动设计的提高，低空飞行的稳定性和操控性得到了显著提升。这为低空飞行在民航和军事领域的应用提供了更广阔的空间。

在政策方面，早期对低空飞行的限制较为严格，但随着对低空经济价值的认识逐渐深入，政策开始逐步放开。18世纪末，热气球技术的成功试验为低空经济的萌芽奠定了基础。当时，热气球被用于观光活动，可以说是低空经济的初步尝试。一些地方政府开始认识到低空经济的重要性，并初步探索出台了一些支持政策，为产业的后续发展奠定了基础。

尽管早期阶段的低空技术发展面临着诸多挑战，但是这些挑战推动了技术的不断进步和政策的逐步调整，为低空技术的后续发展奠定了坚实的基础。

（二）概念提出阶段

随着技术的不断进步，进入了"低空技术"的概念提出阶段。在这一阶段，随着无人机在航拍、环境监测、农业植保等领域的广泛应用，人们开始意识到低空飞行的巨大潜力和价值。与"低空技术"概念同时提出的还有"低空经济"概念，研究者开始从不同视角、采用不同方法对"低空经济"的概念定义和产业构成等进行阐述和探索，进一步推动了低空技术的发展和应用。

与此同时，低空通信、低空定位、低空探测等关键技术手段也得到了充分研究和完善，为低空飞行的安全和效率提供了有力保障。这些技术的突破和应用，使低空飞行在更多领域得到了拓展和应用，进一步推动了低空技术概念的深入发展。

可以说，"低空技术"概念的提出阶段是一个充满机遇和挑战的时期，标志着低空经济产业的正式起步，并为未来的快速发展奠定了坚实基础。

（三）探索阶段

低空技术的探索阶段是一个充满挑战与机遇的时期。在这一阶段，技术的突破与创新成为推动低空经济发展的关键动力。

首先，无人机技术取得了显著进步。随着无人机技术的不断改进和制造成本的降低，商业化的无人机逐渐进入市场。无人机在航拍、农业植保、环境监测等领域的应用逐渐兴起，为低空经济产业发展注入了新的活力。

其次，导航技术和通信技术的快速发展为低空飞行提供了更精确、高效的导航与通信服务。这使低空飞行的安全性和性能得到了进一步提升，为低空技术的广泛应用提供了有力支持。

再次，研究者进一步从不同视角对"低空经济"概念进行了定义和探讨，对产业构成等进行了深入探索。这些理论研究成果为低空经济的后续发展提供了重要的理论支撑和指导。

最后，国家和地方政府开始对低空经济进行政策探索。一些地方政府出台了无人机飞行管理办法等政策措施，规范无人机飞行活动，为低空经济产业的健康发展提供了政策保障。

总的来说，低空技术探索阶段是一个技术创新和政策探索并进的时期。通过不断的技术突破和政策创新，低空经济逐渐展现出巨大的发展潜力和市场前景。

（四）快速发展阶段

低空技术快速发展阶段始于近年来无人机技术的迅速提升与普及。在这一时期，无人机不仅在军事侦察和攻击等领域发挥了重要作用，更在民用领域实现了广泛应用，包括航拍、环境监测、农业植保、物流配送等多个方面。

随着技术的不断创新，无人机的性能和稳定性得到了显著提升，低空飞行更加安全可靠。同时，导航技术和通信技术的快速发展为低空飞行提供了更加精准、高效的解决方案。

在政策层面，各国政府纷纷出台支持低空技术发展的政策，推动低空经济产业快速发展。这些政策不仅为低空飞行提供了更加宽松的环境，还为相关产业提供了财政支持、税收优惠等保障措施，进一步加速了低空技术的商业化进程。

在市场方面，随着低空技术的普及和应用领域的拓展，低空经济产业的市场规模不断扩大。越来越多的企业和个人开始涉足这一领域，共同推动低空技术的快速发展。

目前，我们正处于低空技术发展的黄金时期。随着政策的逐步放开和技术的不断创新，低空经济迎来前所未有的发展机遇。

总的来说，低空技术的发展是一个不断创新和突破的过程，随着科技的进步和应用领域的拓展不断前进。我们有理由相信，在不久的将来，低空技术将为人们的生活带来更多美好的改变。未来，随着5G、人工智能等新一代信息技术的融合应用，低空技术将进一步实现智能化、自动化和网联化，为人们的生活带来更多便利和惊喜。

二、低空技术分类

低空技术是一个广泛且多样的领域，涵盖了多种不同类型的技术和应用。低空技术主要包括探测识别类技术、无人机技术、低空通信技术、低空导航与定位技术、低空监视与管理技术以及eVTOL技术等。

（一）探测识别类技术

探测识别类技术是一种使用各类传感器收集目标的光学特征、热学特征、声学特征、射频特征、电磁特征等信息的技术。该技术通过对目标信息进行归类分析，去除地面及水面杂波等背景元素以及鸟类等小型飞行生物引起的干扰元素，从而判断、识别出潜在的威胁目标。

探测识别类技术主要包括光电探测、音频探测、无线电探测以及雷达探测等多种技术手段。这些技术各自具有不同的特点和适用范围，可以互相补充，提高探测识别的准确性和可靠性。

探测识别类技术为各种应用场景提供了重要的信息获取和处理手段，有助于实现对目标快速、准确地识别和定位。随着技术的不断进步和创新，探测识别类技术将在更多领域发挥重要作用，为人们的生活带来更多便利和安全保障。

（二）无人机技术

无人机技术，也被称为"无人驾驶飞行器技术"，是指利用无线遥控设备或者自主计算机系统驾驶和控制飞行器的技术。与传统的有人驾驶飞行器不同，无人机可以通过预设的程序或者遥控设备实现自主飞行、完成各种任务，并且无须人员直接操纵。

无人机技术可以应用于多个领域，如地理测绘与勘探、农业、灾难救援与搜救、物流和运输、建筑与建筑检测、环境保护以及电力巡检等。通过搭载不同的设备，如摄像机、传感器等，无人机可以完成空中摄影、科学研究、军事侦察、货物投递等多种任务。

此外，无人机技术也面临着一些挑战，如飞行安全、隐私保护、法规制定等问题。为了确保无人机技术的健康发展，各国政府正在加强相关法规的制定和执行，以及推动无人机技术的研发和应用。

无人机技术具有广阔的应用前景和巨大的发展潜力，未来将在更多领域发挥重要作用。随着技术的不断进步和应用领域的不断拓展，无人机技术将为人们的生活带来更多便利和可能性。

案 例

中航无人机：稳步推进产能建设

2024年，中航无人机的重点工作之一是供应链建设。公司将建立匹配大批量交付需求的敏捷化批量生产能力，推进无人机产业基地能力布局；同时，加强供应链总体策划，构建流程驱动、体系支撑的集成供应链，优化供应链布局。

4月28日，中航无人机与自贡市贡井区人民政府签订合作框架协议。为支持中航无人机发展，自贡市贡井区人民政府将加快自贡基地总装区和试飞区建设，尽快完成竣工验收后交付中航无人机使用（见图3-3）。

成飞自贡无人机产业基地坐落在自贡航空产业园内。自贡航空产业园拥有高度2400米以下的低空空域以及面积1.1万平方千米、高度1.3万米的无人机试飞空域，可以满足各类通用飞机及无人机起降、试飞需求。

图3-3 中航无人机

成飞自贡无人机产业基地已引进配套企业15家，实现全产业链的基地内循环，公司产品交付周期能缩短30%以上。

中航无人机董事会秘书杨萍表示："未来，我们的无人机批量生产制造交付培训将主要在自贡基地完成。公司将积极配合自贡市政府继续引进配套企业，为公司产能拓展、试飞工作效能提升提供良好条件，进一步建圈强链。"

资料来源：根据网络资料整理。

（三）低空通信技术

低空通信技术是低空飞行的重要基础设施，对低空经济规模化发展起着决定性作用。低空通信技术涉及无人机与地面控制站之间，以及无人机之间的信息传输。为了确保低空飞行的安全和效率，低空通信技术需要满足实时性、可靠性和抗干扰性等多方面的要求。

随着5G、物联网等新一代信息技术的快速发展，低空通信技术也在不断创新和升级。例如，利用5G网络的高速率、低时延特性，可以实现无人机与地面控制站之间的高质量视频传输和实时控制。同时，物联网技术也可以应用于低空通信中，实现无人机与其他设备的互联互通，提升低空飞行的智能化水平。

低空通信技术是低空经济发展的重要支撑，技术的不断创新和升级，将为低空飞行提供更加安全、高效、智能的通信保障。低空通信技术包括各种无线通信技术，如卫星通信、地面无线通信等。这些技术对于确保低空飞行的安全和效率至关重要。

（四）低空导航与定位技术

低空导航与定位技术是一种专门用于低空飞行器和地面目标导航与定位的技术。这些技术结合了多种传感器、通信系统和算法，以确保低空飞行器在复杂环境中能够准确、可靠地进行导航和定位。

除此之外，低空导航与定位技术还需要考虑低空飞行环境的特殊性。例如，在城市峡谷、山区等复杂地形中，GPS信号可能会受到遮挡或干扰，导致定位精度下降。因此，低空导航与定位技术需要采用相应的算法和策略应对这些挑战，如使用差分GPS、增强型GPS等技术提高定位精度。

低空导航与定位技术是一个复杂而关键的技术领域，结合了多种技术和方法，为低空飞行器提供准确、可靠的导航和定位服务。随着科技的不断发展，低空导航与定位技术将持续进步和完善，为低空飞行器的安全、高效运行提供有力保障。

（五）低空监视与管理技术

低空监视与管理技术，是指针对低空空域进行监测、识别、跟踪和管理的技术集合。这些技术主要服务于低空飞行器的安全、有序运行，以及保障国家空域安全、维护公共飞行服务秩序等。

在低空监视方面，主要依赖各类传感器和监视系统。低空管理技术涉及对低空飞行器飞行计划、航线规划、飞行许可等方面的管理。这通常需要一个中央化的管理系统，能够接收和处理来自各监视系统的数据，对飞行器的飞行状态进行实时分析和评估，并根据需要采取相应的管理措施。

随着无人机等低空飞行器的普及和应用领域的扩大，低空监视与管理技术的重要性日益凸显。这些技术不仅有助于提高低空飞行的安全性和效率，还有助于推动低空经济的健康发展。未来，随着技术的不断创新和进步，低空监视与管理技术将更加智能化、自动化和高效化，为低空飞行提供更加全面、精准、可靠的服务。

（六）eVTOL技术

eVTOL的核心特点在于由纯电力驱动，具有垂直起降的能力，这使其在UAM、货运、个人飞行等多种场景中具有广泛的应用潜力。eVTOL的发展受到了全球关注，因为它被视为解决城市交通拥堵、提高交通效率的潜在解决方案。eVTOL的概念最早在2010年前后出现，随后全球多家企业开始研发相关技术。JOBY是全球第一家eVTOL企业，成立于2009年。eVTOL通常采用电动机作为动力源，通过旋翼或固定翼设计实现垂直起降。与传统直升机相比，eVTOL更加安静、环保，且维护成本更低。

eVTOL的应用范围非常广泛，包括但不限于城市空中出行、短途货运、旅游观光、紧急救援等。由于独特的起降方式，eVTOL特别适合城市环境中的短途快速移动。当前，eVTOL技术发展仍在进行中，随着电池技术的进步和法规的完善，eVTOL有望在未来成为城市交通的重要组成部分。同时，随着人们对环境问题的关注增加，eVTOL作为一种清洁交通工具，市场需求预计会持续增长。

eVTOL作为一种新型航空器，不仅代表了航空技术的进步，也反映了人类对于更高效、更环保交通方式的追求。尽管目前eVTOL仍面临一些技术挑战和法规限制，但其发展前景被广泛看好，未来有望在多个领域发挥重要作用。

这些技术并不是孤立的，而是相互关联、相互支持，共同构成了低空技术的完整体系。同时，低空技术与航空动力紧密相关，特别是在低空经济的快速发展中，航空动力系统的选择成为关键因素。在低空技术领域，航空动力系统正朝着电动化、混合动力、氢动力等新能源方向发展。根据

《通用航空装备创新应用实施方案（2024—2030 年）》，电动化是主攻方向，同时兼顾混合动力、氢动力等技术路线。

随着低空技术的快速发展，相关法规标准体系也在不断完善。例如，2023 年 10 月，工业和信息化部等四部委联合发布的《绿色航空制造业发展纲要（2023—2035 年）》提出，2025 年要实现 eVTOL 定点运行。2023 年 12 月，国家空管委组织制定了《国家空域基础分类方法》，为 eVTOL、轻小型无人机、通用航空提供了合法的低空空域。2024 年 1 月，《民用无人驾驶航空器运行安全管理规则》（CCAR-92 部）正式发布，为无人机运行提供了规章性文件。此外，低空飞行器制造还涉及一系列国内外标准，包括但不限于航空器和航天器综合、航空航天用电气设备和系统、航天系统和操作装置、机上设备和仪器等。低空技术标准是低空经济安全、高效运行的重要保障。这些标准覆盖了从设计、制造、检验到测试的全流程，确保了低空飞行器的安全性和可靠性。这些标准的制定和实施，将为低空经济的发展提供坚实的基础，推动相关产业健康成长。

三、低空技术进步对低空经济的作用

低空技术进步对低空经济的作用十分显著，它像一股强大的推动力，不断激发低空经济的活力与潜力。

首先，低空技术为低空经济提供了强大的技术支撑和创新动力。随着无人驾驶、遥感、通信等技术的快速发展，低空飞行器的性能和安全性得到了显著提升，使低空经济活动变得更加高效、灵活、可靠。这些技术的不断创新和应用，不仅推动了低空经济领域快速发展，也催生了众多新业态和新模式，为经济增长注入了新的活力。

其次，低空技术促进了低空经济产业链的完善和升级。从飞行器的研发制造、运营维护，到低空服务的提供和管理，低空技术贯穿整个产业链。它不仅推动了相关产业的发展，也提升了整个产业链的水平和竞争力。同时，低空技术还带动了相关产业之间的融合与协作，形成了更加紧密的产业生态系统。

再次，低空技术拓展了低空经济的应用领域和市场空间。在农业、环保、旅游、交通等多个领域，低空技术都有着广泛的应用前景。例如，无人机可以用于农作物的精准施药、环境监测和空中拍摄等；低空飞行器可以用于 UAM、空中观光和应急救援等。这些应用不仅丰富了低空经济的内涵，也满足了社会对于高效、便捷、安全的低空服务需求。

最后，低空技术推动了低空经济的可持续发展。通过优化资源配置、提高能源利用效率、减少环境污染等方式，低空技术有助于实现低空经济的绿色发展。同时，低空技术还可以促进区域经济的协调发展，缩小城乡差距，推动经济社会的全面进步。

综上所述，低空技术对低空经济的作用是多方面的，它不仅是低空经济发展的重要支撑，也是推动经济社会发展的重要力量。随着技术的进步和应用的深化，低空技术将在未来发挥更加重要的作用，为低空经济的繁荣和发展注入新的活力。

四、未来发展趋势

作为未来航空领域的重要组成部分，低空技术的发展趋势受到多个方面的因素影响，包括技术进步、市场需求、政策环境等。未来的发展将可能集中在以下几个方面：

（1）技术进步。技术进步是推动低空经济发展的关键因素。随着无人机、eVTOL等技术的不断成熟，低空技术的应用范围将进一步扩大。这些技术的进步不仅能提高飞行的安全性和可靠性，还能降低运营成本，使低空飞行更加普及和经济。

（2）法规制定。随着低空技术的发展，相应的法规和标准也需要不断完善。这包括对低空空域的管理和飞行规则的制定，确保低空飞行的安全有序。同时，法规的完善也有助于保护运营商和消费者的合法权益，促进整个行业健康发展。

（3）应用场景拓展。低空经济的应用场景非常广泛，包括但不限于农业、巡检、消防、物流等领域。随着技术的进步和成本的降低，低空技术将在更多领域得到应用，如UAM、应急救援、环境监测等，将极大提高相关行业的效率和服务水平。

（4）产业融合。低空经济的发展将带动上下游产业链的融合，包括飞行器的制造、机场建设、保障服务等。这种融合将促进相关产业的协同发展，形成新的经济增长点。

（5）市场潜力。低空经济被视为具有巨大市场潜力的新兴产业。随着技术的成熟和市场接受度的提高，低空经济有望成为推动经济增长的新引擎。

（6）国家战略。一些国家已经将低空经济作为战略性新兴产业来培育，这表明低空技术在未来的国家发展中占有重要地位。

未来，低空技术的发展将是多方面的，不仅包括技术层面的突破，还涉及法规制定、应用场景拓展、产业融合等多个层面。随着低空技术的不断进步和市场的逐渐成熟，低空经济有望在未来发挥更加重要的作用。

本章小结

本章介绍了影响低空经济发展的宏观环境，主要包括政治因素、经济因素、社会因素和技术因素，并探讨了各种环境因素对低空经济发展的影响。学习和掌握本章内容，有助于进一步了解低空经济的发展背景、发展现状和未来发展趋势。

思考题

1. 低空技术包含哪些内容？
2. 低空技术具有哪些作用？
3. 简述低空经济环境发展现状与未来展望。
4. 低空经济政策包含哪些内容？
5. 简述文化因素对低空经济发展的影响。

第四章

低空经济的需求分析

案例导入

大疆农业的植保无人机

在我国，植保无人机应用广泛。在新疆地区，植保无人机在棉花脱叶作业中发挥了重要作用。无人机按照规划好的飞行路线喷洒脱叶剂。2021年，新疆棉花脱叶季，9162架植保无人机完成了3500万亩次的棉田脱叶工作。阿克苏地区使用农业无人机进行梨树授粉效率高、均匀，能够应对恶劣天气，使用比例达到70%以上。在江西，无人机在脐橙果园中得到全程使用，进行病虫害防治，提高了果园的管理效率。在广西，无人机用于沃柑采摘后的清园作业，确保果园的清洁和来年的生长条件。

南非甘蔗种植面积超过38万公顷，无人机在甘蔗植保中突破了地形限制，解决了植保难题，助力小农户实现增收，推动甘蔗产业健康发展。

无人机在日本香川县用于小麦的播撒作业，提高了作业效率，保证了播撒的均匀度。

资料来源：根据网络资料整理。

阅读上述案例并思考：无人机在农业中的作用及市场需求开发状况如何？

第四章 低空经济的需求分析 | 04

在全球经济版图中，低空经济正迅速成为创新与发展的新高地。特别是，在中国，低空经济于2024年被首次写入《政府工作报告》，标志着其正式步入国家战略性新兴产业的行列。低空经济，以3000米以下的低空空域为舞台，涵盖了无人机、eVTOL等多种航空器，在农业植保、电力巡检、物流配送、城市交通、旅游观光等领域展现出广泛的应用潜力。

然而，这一新兴产业的发展并非没有挑战。行业规划和标准规范的缺失、基础设施建设的滞后，以及低空空域使用的局限性，都是我国当前需要解决的问题。我国已经意识到这些问题，并在《通用航空装备创新应用实施方案》中提出了明确的发展方向和目标，旨在到2030年将低空经济打造成为一个万亿级市场规模的产业。

低空经济涵盖了无人机技术、航空旅游、私人航空等多元化领域，它们的发展不仅满足了消费者对于便捷、高效和个性化服务的需求，也推动了相关产业链的延伸和完善。随着技术进步和市场需求的不断扩大，低空经济正逐渐成为推动经济增长的新动力。

本章将深入分析低空制造产业、低空飞行产业、低空保障产业、综合服务产业等低空经济产品的需求以及需求变动情况。通过对需求函数、需求弹性以及交叉价格弹性的系统研究，本章揭示了低空经济的需求。

第一节 低空经济的需求及其特征

一、需求的含义

需求，是指在特定时期内，消费者在一定的价格水平下，愿意购买且能够购买的商品数量。技术应用和收入水平等非价格因素也是影响需求的重要因素。例如，随着农业现代化的推进，对无人机进行作物监测和精准喷洒服务的需求逐年上升。同样地，经济条件一般的在校学生可能最初只能使用基础无人机进行学习和娱乐，但毕业后随着收入的增加，他们对高端无人机及服务的需求也会增加。

消费者对商品的需求首先会受到商品价格的影响。通常情况下，当商品价格上升时，消费者对某种商品的购买量会下降；当商品价格下降时，消费者对这种商品的购买量会上升。例如，商场的打折促销就是利用商品需求和价格之间的关系出售商品的一种方式。这种现象非常普遍，因此，人们将商品的需求量和价格之间的这种关系称作"需求定理"。

需求定理，是指在其他因素不变的情况下，消费者对商品的需求与价格是反向相关的，即商品的价格越高，商品的需求量越低；商品的价格越低，商品的需求量越高（见图4-1）。

除了商品价格外，对商品的购买量还受消费者对商品的偏好程度、消费者收入、相关商品价格以及其他因素的影响。消费者偏好受地域、年龄、职业、性别等因素影响，消费者对某件商品的偏好越强，需求就越大。消费者收入会直接影响消费者对商品的购买量，对于大部分商品来说，消费者收入与商品购买量之间是正相关的（见图4-2），在同一种价格水平 P_0 上，消费者收入越高，对商品的需求就越大，需求曲线随着收入的增加向后移动，需求量从 Q_1 移动到 Q_2。替代品价格与互补品价格对商品的需求量也会有影响，如果两种商品是替代品，那么一种商品的价格上升，通常会导致另一种商品的需求量增加，因为消费者会转而购买价格较低的替代品。例如，百事可乐和可口可乐具有一定的可替代性，当可口可乐价格上升时，消费者就会选择百事可乐，促使百事可乐需求量增加。与替代品相反，有些商品必须配合使用。如果两种商品是互补品，那么一种商品的价格上升，通常会导致另一种商品需求量减少。例如，汽车和汽油，汽车价格下降导致汽车购买量增加，从而使消费者对汽油的需求量也增加。所以，现在很多厂商力求创新，赋予自己的商品一些别人没有的特征，以减少替代品的竞争，一些厂商经常搭配销售商品，就是为了通过对互补品的销售，增加消费者对自己商品的需求。

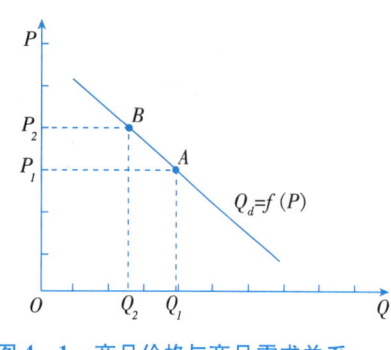

图 4-1　商品价格与商品需求关系

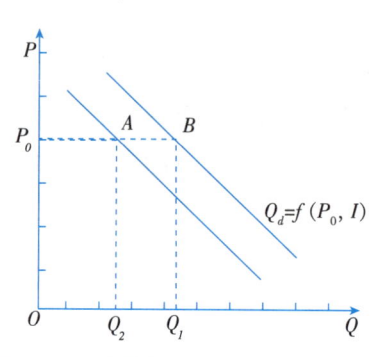

图 4-2　消费者收入与商品需求关系

除了上述影响商品需求的共同因素之外，有些商品的需求还受到一些特殊因素的影响，如天气、国家政策和消费者预期等。例如，冰棒的需求受天气的影响，温度越高，人们对冰棒的需求就越大；在国家政策方面，国家的经济政策对商品的需求会产生很大的影响，如国家对低空经济的鼓励性政策与措施使消费者对无人机等低空经济产品需求增加；消费者预期对商品的需求影响很大，通常情况下，当人们预期某种商品的价格会上涨时，会加大当前的购买力度，如此会增加对商品的需求。各种因素对商品需求的影响如表 4-1 所示。

表 4-1　各种因素对商品需求的影响

影响因素	与商品需求的关系	对需求的影响
商品价格	负相关	价格上升，需求减少
消费者偏好	正相关	偏好增强，需求增加
消费者收入	正相关	收入增加，需求增加
互补品价格	负相关	价格上升，需求减少
替代品价格	正相关	价格上升，需求增加
消费者预期	正相关	预期提高，需求增加

二、低空经济需求分析

低空经济需求，是指低空经济产品消费者在某一特定时期内，在各种可能的价格水平上愿意购买并且能够购买各种低空产品与服务（如无人机、通用航空服务、航空旅游等）的数量，反映了消费者和企业对利用低空空域进行商业活动、娱乐和其他服务的愿望与需要的总和。

按照低空经济新业态，我国把低空需求细分为：低空制造需求、低空飞行需求、低空保障需求和低空综合服务需求。

(一) 低空制造需求

低空制造产品包括各种有人驾驶和无人驾驶低空航空器及其零部件和机载设备等。这一产业是低空经济的基础之一，为低空飞行提供了必要的硬件支持。航空器制造业务占据低空经济总收入的最大比重，达到88%，显示出制造业在低空经济中的核心地位。目前，有人机业务在产业收入中的占比为81%，而无人机业务在产业收入中的占比为16%。

低空飞行器的设计与制造是产业链中承上启下的环节。无人机、直升机、eVTOL等的多样化需求推动了制造技术的不断创新。这些产品不仅要满足长航时、高载重、快速响应等基本性能要求，还要根据不同应用场景进行定制化设计，以适应特定的作业环境和客户需求。

1. 通用航空器需求

通用航空器需求呈现出多样化和技术化的特点。通用航空器的市场规模正在扩大，预计到2030年，我国通用机场将达到2058个，对航空器的需求巨大。

随着技术的进步，通用航空器制造业逐渐向高端化发展，要求航空器具备更先进的技术和更高的性能。高端通用航空器主要用于商务出行、特殊任务等，这对制造商提出了更高的设计和生产标准。制造业需要不断创新，开发新型航空器，以满足市场对高端化的需求。

智能化通用航空器需要集成自动驾驶技术，提高飞行安全性和便利性。通过智能化技术完善航空器的安全系统，减少人为操作失误。绿色化要求通用航空器在制造过程中使用环保材料，减少对环境的影响。无人机配送网络的建立需要大量适用于短途运输的通用航空器。低空生产作业网络的建设和运营需要适用于工农业生产的通用航空器。

2. 无人机需求

无人机作为一项跨领域的革新性技术，不仅在军事领域发挥着越来越重要的作用，而且在民用领域得到了广泛应用，满足多样化的社会需求。从航拍到农业植保，从环境监测到灾难救援，无人机的多样化分类和应用场景展示了其强大的功能及广泛的市场需求。无人机的市场需求主要体现在以下四个方面：①农业植保需求。农业植保无人机能够在农田进行农药喷洒，提高作业效率和作物产量，对农业现代化贡献显著。②灾难救援需求。在自然灾害等紧急情况下，无人机可以快速进入灾区进行勘察和救援物资的投送。③航拍摄影需求。航拍无人机不仅为摄影爱好者和专业人士提供了全新的视角，也在电影制作、广告拍摄等领域发挥着重要作用。④环境监测需求。无人机在环境保护方面的需求不断增加，用于监测森林火灾、野生动物等，保护生态环境和生物多样性。随着无人机技术的快速发展和创新，其在多个领域内的潜在需求被逐步开发和放大，推动了相关行业的技术进步和市场扩展。

3. eVTOL需求

eVTOL作为现代航空运输的重要组成部分，正在进行着前所未有的发展。全球eVTOL飞行器研发企业已经超过800家，包括专注于eVTOL的科技企业、传统航空企业巨头以及车企等。2023年，中国eVTOL市场规模达到9.8亿元，同比增长77.3%，主要集中在中南、华东、华北等地区。随着低空基础设施和设备网络的完善，eVTOL的应用场景将快速扩大，涵盖交通出行领域的城市空中出租车与城际交通接驳、医疗救援领域的紧急转运与物资运输、物流领域的城市配送与偏远地区运输、旅游观光领域的空中游览与特色项目、公共服务领域的消防警务等多种作业、农业领域的植保与农田监测以及军事领域的人员运输等多个方面,这些都带动 eVTOL 飞行器需求的指数级增长。

4. 直升机需求

随着经济的快速发展和科技的不断进步,民用直升机市场的需求呈现出显著增长的趋势。这不仅体现在整体市场需求的增加上,还表现在对特定类型直升机的专业需求上。在全球范围内,截至 2019 年末,民用直升机的数量超过 3.2 万架,主要集中在北美洲和欧洲。中国的民用直升机市场虽然起步较晚,但增长速度快,具有较大的发展潜力。根据《2021 年通用和小型运输运行概况》统计数据,预计未来 10 年,中国市场的民用直升机需求量将达到 2668 架,其中,新增需求占 99.2%。在预测的未来市场需求中,新增需求占据了绝大多数,反映出中国经济和社会发展对民用直升机的广泛需求。相对于新增需求,老旧直升机的替换需求较小,仅占总需求的 0.8%。随着技术进步和安全要求的提高,未来老旧直升机的替换需求可能会逐渐增加。目前,中国民用直升机市场主要集中在天津、景德镇等地,这些地区有着较为完善的航空工业基础和研发能力。

当前,市场上主要的直升机型号包括 AC312E、AC332、AC352 等。技术持续创新是支持市场需求的关键因素之一,新技术的应用可以有效提高直升机的性能和安全性,满足更多应用场景的需求。

在抗击自然灾害和公共突发事件过程中,直升机扮演着越来越重要的角色,特别是在交通不便的山区和岛屿,民用直升机的灵活性和高效性得到了充分发挥。民用直升机在医疗急救和转运,尤其是在时间紧迫的医疗救援任务中展现出独特的优势。民用直升机在中国乃至全球范围内显示出强劲的市场需求和技术发展潜力。通过持续的技术革新及市场开拓,直升机产业预计将持续保持快速发展趋势,为相关行业及应用领域带来更多的创新和便利。

5. 低空制造需求曲线

消费者对低空制造相关产品的需求,首先会受到商品价格的影响。通常情况下,当价格上升时,低空经济消费者对通用航空制造器、无人机、直升机等低空制造产品的需求量会下降;当价格下降时,低空经济消费者对通用航空制造器、无人机、直升机等低空制造产品的需求量会上升。如图 4-3 所示,当价格为 P_1 时,低空制造产品的需求量为 Q_1;当价格上升到 P_2 时,低空制造产品的需求量减少到 Q_2。

除了商品价格外,对低空制造产品的需求量还受到消费者对商品的偏好程度、消费者收入、相关商品价格以及其他政策因素的影响。如图 4-4 所示,在价格 P_0 不变条件下,收入增加,需求曲线会向外移动,需求量由 Q_1 增加到 Q_2;反之,收入下降,需求曲线会向内移动,需求量由 Q_1 减少到 Q_3。

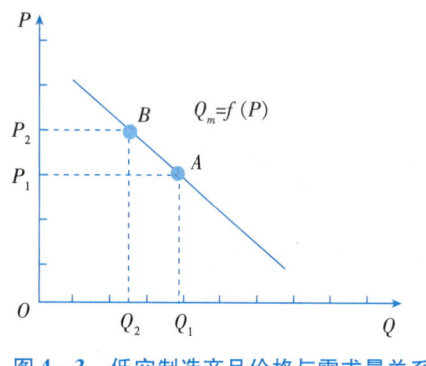

图 4-3 低空制造产品价格与需求量关系

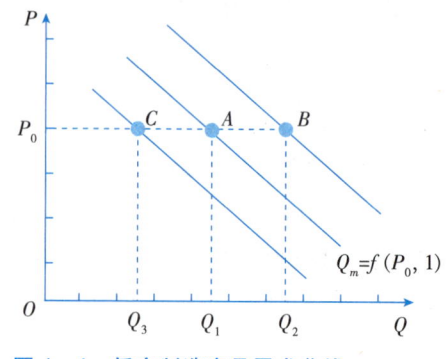

图 4-4 低空制造产品需求曲线

案 例

2024年6月6日，广州亿航智能技术有限公司（以下简称亿航智能）在广州市天德广场举行了全球首台"空中的士"EH216-S无人驾驶载人航空器的交付仪式，正式将这一创新交通工具交付给广州合利智能公司（以下简称合利智能）。这一交付不仅是eVTOL技术商业化的重要里程碑，也标志着低空经济商业化发展的新篇章。

此次交付的EH216-S是全球首架通过电商平台在线全额付款成交的无人驾驶载人航空器。成交过程发生在2024年3月20日的淘宝"交个朋友"直播间。当时，在以"无人驾驶航空科普+低空经济应用普及+航空器销售"为主题的专场活动中，EH216-S的亮相引起了广泛关注，并最终实现了在线成交。

亿航智能副总裁贺天星强调，EH216-S的在线全款成交并完成交付，为低空经济的商业化带来了新的可能性和想象空间。这不仅证明了市场对eVTOL技术的高度认可，也展示了消费者对新型出行方式的期待和接受度。

合利智能作为亿航智能的战略级核心经销运营服务商，是国内首批探索和实践城市低空交通综合运营服务的企业之一。合利智能总裁张驿表示，公司正在积极培育和开拓低空市场，并具备专业的eVTOL运营能力。此次合作将推动EH216-S等eVTOL的商业应用，进一步加速低空交通的发展。

资料来源：全球首架电商平台在线成交 无人驾驶载人航空器正式交付［EB/OL］.（2024-06-06）. https：//baijiahao. baidu. com/s? id =1801114489463080723&wfr = spider&for = pc.

（二）低空飞行需求

低空飞行需求领域包括通用、警用、海关等各类低空飞行活动，主要由生产作业类、公共服务类、航空消费类等细分产业构成。例如，无人机可以用于农业植保、土地测绘，直升机可以用于空中观光旅游，这些都属于低空飞行产业的范畴。

1. 生产作业类飞行需求

面对我国庞大的耕地植保市场需求，植保无人机的销量增长迅速。2022年，植保无人机销量增长了4.6万架，市场规模达到约170.59亿元；2017—2022年，植保无人机的年均复合增长率约为35%。2023年中国植保无人机的销量约为9.3万架，市场火热，销量大幅增长。如图4-5所示，当作业飞行价格上升时，飞行需求量下降；当价格下降时，飞行需求量增加，而且需求增加幅度大于价格下降幅度。

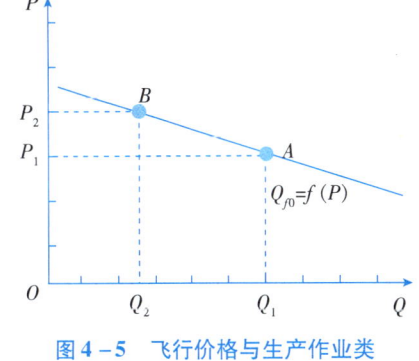

图4-5 飞行价格与生产作业类飞行需求量关系

2. 公共服务类飞行需求

公共服务类飞行需求涵盖领域广泛，旨在通过空中资源提升公共安全、应急响应和日常管理的效率。以警用低空飞行需求为例，警用低空飞行需求主要涉及无人机等低空飞行器在警务工作中的应用。在现代警务工作中，低空飞行技术的应用越来越广泛，包括安全监控、反恐侦察，以及灾害救援等。它不仅提高了公安部门的工作效率，还增强了公安部门应对各种突发事件的能力。警用低空飞行设备能够迅速到达事件现场，进行实时监控和情报收集。在大型活动或复杂地形中，低空飞行设备能够提供全方位的监控，确保公共安全。利用低空飞行设备的隐蔽性和机动性，有效打击犯罪活动。如图4-6所示，飞行价格对公共服务类飞行需求量影响不大。

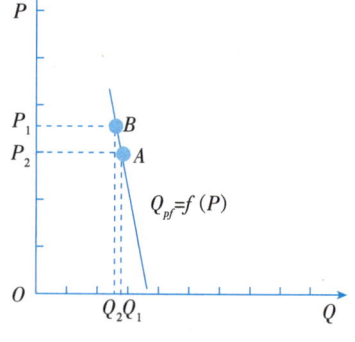

图4-6　飞行价格与公共服务类飞行需求量关系

案 例

在某些公安机关的监测范围内，部署有雷达监视平台。当监测到无人机或其他小型航空器时，平台会自动报警，并实时显示飞行器的各种信息，如飞行架次、高度、航向和地理坐标等，大大提高了对低空安全的监控能力。大疆发布的行业无人机平台 M300 RTK 和混合传感器云台相机禅思 H20 系列，为公安机关提供了超长续航、远距离图传和高像素变焦相机等功能，使无人机在反恐侦察中能够更有效地收集情报，同时保持较长时间的空中持续监控。

在地震等自然灾害发生后，警用无人机可以迅速到达灾区进行空中侦察，寻找生还者，为救援队伍提供第一手信息。在洪水等灾害发生时，无人机可以对受灾区域进行低空飞行拍摄，帮助评估灾害程度，指导救援资源的合理分配。在城市交通管理中，警用无人机可以对交通拥堵情况进行实时监控，及时发现并处理交通事故，提高交通效率。另外，无人机还可以用于违章行为的抓拍，特别是在高速公路或城市快速路上，无人机的高空抓拍可以有效减少交通违法行为。

在环境保护领域，警用无人机可以对森林火灾、河流污染等情况进行监控，及时掌握环境变化，为环境保护提供数据支持。在野生动物保护区，无人机可以监控偷猎行为，保护野生动物安全。

在大型公共活动中，无人机可以对人群密度、活动秩序等进行监控，确保活动安全顺利进行。在社区巡防中，无人机可以对社区环境进行定期巡查，提高巡防效率，减少安全隐患。警用无人机可以在大面积的农田中进行飞行排查，寻找非法种植的毒品原植物，为打击毒品犯罪提供线索。在盗窃案件中，无人机可以对案发现场进行高空拍摄，帮助警方分析犯罪嫌疑人的作案手法和逃逸路线。在边境地区，无人机可以对边境线进行长时间的巡逻，防止非法跨境活动，维护国家安全。另外，无人机还可用于打击边境走私活动，对走私高发区域进行重点监控。

资料来源：根据网络资料整理。

3. 航空消费类低空飞行需求

随着社会进步和经济发展，我国人民生活水平不断提高，对于休闲娱乐和运动方式的追求也发生了变化。当人们对天空的向往、对飞行的渴望能够轻松实现时，通用航空的消费必将出现爆发式增长。通用航空能够很好地解决一些偏远地区的交通问题，为可达性偏低的西部名胜景区旅游业创造了新的突破点。

高端消费飞行需求主要包括私人航空和公务航空。随着中国经济的蓬勃发展，越来越多的富裕阶层对拥有私人飞机表现出浓厚的兴趣，这为私人飞机市场带来了新的增长机遇。全球500强企业，大多数配备了专业的公务机运营团队，因为，公务机不仅能显著提高工作效率，还能提升企业的品牌形象。随着中国经济的持续增长和商务活动的日益频繁，中国的公务航空市场预计将实现显著扩张。在高端航空消费领域，投资者可以关注飞机托管、租赁、销售以及公务机保障服务等业务。近年来，中国新成立的公务航空公司数量不断增加，标志着高端航空消费投资兴起。自2014年起，中国商务包机行业的供给规模持续增长，并且预计这一增长趋势将会持续。以广州为例，本地公务机市场的包机业务比例从2019年的42%增长至2022年的49%，这一变化反映了市场需求的稳步上升。

商务包机作为现代商务旅行的黄金标准，提供了一种高效、舒适且私密的出行方式。2023年，全球包机市场规模约301.7亿元，预计2030年市场规模将接近531.4亿元。预计未来六年CAGR为8.0%，显示出市场对商务包机服务的稳定增长需求。包机服务的客户群体主要为企业家、明星艺人、高端旅游者等，他们对安全、舒适、便捷的出行体验有较高要求。如图4-7所示，飞行价格下降会导致航空消费类飞行需求量大幅增加。

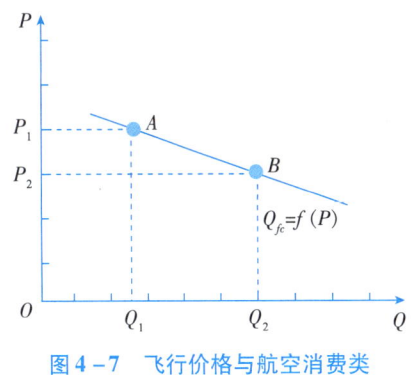

图4-7 飞行价格与航空消费类飞行需求量关系

（三）低空保障需求

低空保障需求，是指为确保低空飞行活动安全、高效进行所需的一系列服务和支持。该领域致力于确保空域安全和低空飞行的顺畅进行，服务范围包括低空空域的管理控制、通用机场的运营、FSS的建设以及无人机飞行信息系统的维护。此外，该领域还涉及无人机反制技术、通信、导航、气象服务、燃料供应和维修保养等相关行业，这些都为低空飞行的安全和高效提供了保障。通用机场、无人机起降设施、空中交通管理系统以及充电和维护服务等基础设施的建设，构成了低空经济活动的物理支撑。这些基础设施的完善程度直接影响着低空经济的运作效率和整体安全标准。

1. 低空空域管控系统需求

随着无人机技术的快速发展和普及，低空空域管控系统市场需求正在迅速增长。低空空域管控系统主要用于管理和监视低空范围内的无人机和通用航空飞机，以确保航空安全、维持空中交通秩序，并促进低空经济的发展。低空经济涉及短距离配送、应急救援、低空旅游等多个领域，这些领域的多元化发展对低空空域管理系统提出了更高的要求，需要有效的空中交通管理保障操作安全与顺畅。随着无人机技术的进步和应用场景的扩大，会有更多微型、轻型、小型无人机在低空运行，这要求低空空域管控系统能够适应不同层次的使用需求，保证飞行器的安全与高效运行。预计到2035年，支撑国家经济发展的商用和工业级无人机将达到2600万架，无人机驾驶员将增长到63万名，国家低空经济的产业规模预期达6万多亿元。这种增长预示着低空空域管控系统的需求将随之显著增加。

2. 通用机场需求

随着中国通用航空行业迅速发展和取得显著成就，对通用机场的市场需求分析显得越发重要。根据中国民用航空局发布的数据，中国通用航空行业正处于快速发展阶段。到2030年，全国计划新建通用机场1600个，预期将极大推动相关产业发展。随着低空经济的进一步发展，如短距离配送、低空旅游等业务的兴起，通用机场作为基础设施的需求将持续增长。政策支持和技术进步是推动通用机场需求增加的主要驱动力。各地区通用机场的发展水平和需求不尽相同，需要根据具体区域的经济发展和人口密度等因素制定发展策略。总的来说，在未来几年内，随着中国通用航空及低空经济蓬勃发展，通用机场市场需求将持续扩大。

3. 通用 FSS 需求

FSS 是通用航空领域的重要支撑，其市场情况是行业健康发展的晴雨表。通用航空 FSS 需求随着通用航空市场的扩大而日益增长。这些服务站为通用航空飞行提供关键服务，如飞行计划管理、航行情报服务、低空气象信息、通信监视、告警及协助救援等。随着技术进步，FSS 集成了三维地理信息、导航、卫星通信和互联网技术，以提供更准确、及时的飞行信息服务。

近年来，中国通用航空 FSS 行业发展迅速，预计到 2023 年市场规模将达到 466.8 亿元，同比增长 7.3%，占到通用航空产业总规模的 14.2%。随着低空空域管理改革的推进，我国在海南东方、深圳南投、珠海、沈阳法库等地建立了多个 FSS 试点，推动了通用航空 FSS 的建设与发展。

4. 无人机反制系统需求

当今社会，随着技术飞速进步，无人机在民用和军事领域的应用越来越广泛。然而，无人机的普及也带来了安全隐患和隐私保护等方面的问题，这促使无人机反制系统的研发和应用成为安全领域的一个重要分支。军事和安保场合是无人机反制系统的主要应用领域。在这些场景中，防止敌对无人机的侦察和攻击是系统的主要任务。随着全球安全形势日益复杂，各国对无人机反制系统的需求不断增加。不仅政府部门，越来越多的私人企业和公共安全机构也开始关注并投入资源进入这一领域。在国际市场上，英国、美国和俄罗斯等国家已经在无人机反制技术方面取得了一系列进展，并有成熟的产品和方案推出。无人机反制系统的使用必须严格遵守相关法律和伦理标准，不当使用可能引起隐私侵权、安全事故等法律问题。如何平衡安全需求和个人隐私，是无人机反制系统发展过程中需要重点考虑的问题。对于无人机反制系统来说，未来的发展方向将侧重于技术的精准性和智能化，以减少对周边环境和非目标无人机的影响。

5. 低空保障类需求曲线

如图 4-8 所示，低空保障类需求受价格影响较小，价格的变动对需求影响不大。无论低空空域管控系统、通用机场，还是 FSS、无人机飞行信息系统，都受行业发展、技术水平、国家政策影响较大。

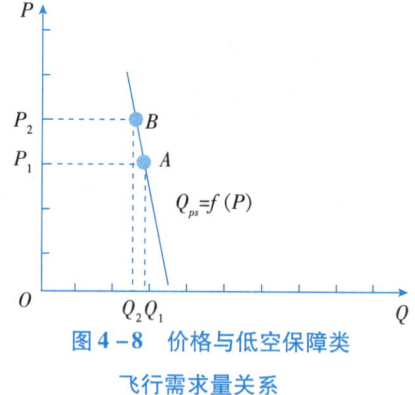

图 4-8 价格与低空保障类飞行需求量关系

（四）低空综合服务需求

低空综合服务需求随着低空经济的蓬勃发展日益增长，主要包括为低空经济提供综合性服务的各种业务，如航空教育培训、航空会展、航空金融服务等。这些服务有助于提升低空经济的整体效率和专业化水平。

1. 航空教育培训需求

随着全球经济的持续增长以及航空技术的不断进步，航空教育培训机构迎来了前所未有的发展机遇。近年来，中国境内的 141 部飞行学校数量呈上升趋势。截至 2020 年底我国 141 部飞行学校共有 41 所。航空产业对于专业人力资源的需求持续增长，特别是在飞行员培训领域，未来需求仍然较大。随着新航空技术的应用，对相关技术培训的需求日益增长。数字化和网络化的教学方式不仅提升了培训效率和质量，也促使航空从业者对继续教育和技能提升的需求日益多样化。对于新兴的航空技术如无人机操作和航空电子系统，相应的培训课程需求正在增加。同时，随着航空安全标准日渐提高，相关的安全培训和管理课程也越来越受到重视。航空教育培训市场呈现出多元化和专业化的双重趋势，市场规模的扩张和技术革新带动了培训需求的增加。随着无人机技术在多个领域的广泛应用（如安防、测绘、航拍、搜救、农林、环保、交通、通信、气象等），对操作人员的技术要求也日益提高。另外，航空电子系统作为现代航空器的重要组成部分，技术更新也需要专业的培训支持。

随着低空经济的发展，航空教育培训需求旺盛；同时，市场中，培训机构发展繁盛，竞争激烈，其中，最常见的是价格竞争。如图 4-9 所示，培训价格的下降会带来航空教育类飞行需求量的迅速增加。

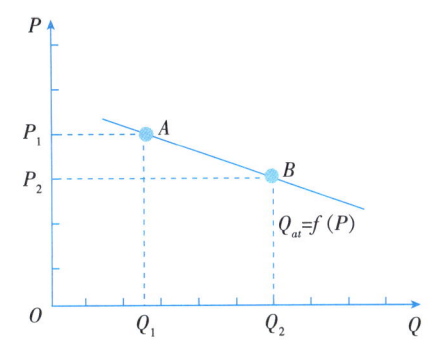

图 4-9 培训价格与航空教育类飞行需求量关系

2. 航空会展需求

近年来，全球航空市场不断扩大，中国航空业不断发展，航空会展业作为二者的重要组成部分，不仅在市场上具有重要地位，也为相关行业提供交流和展示的平台。随着全球航空产业重心逐渐向中国倾斜，国际上重要的航空展览和会议越来越多地选择在中国举办。这一趋势不仅显示了中国市场的潜力，也体现了中国在航空领域的影响力日益增强。航空会展具有公共服务性质，只有行业需要和政策支持才会促进会展需求增加，而且从长期来看航空会展是增加的，短期来看，增加的幅度并不大。如图 4-10 所示，会展价格对航空会展需求量影响不大。

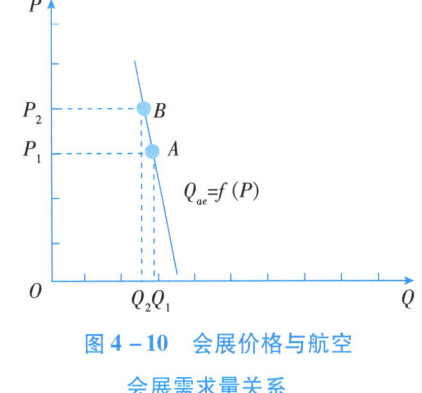

图 4-10 会展价格与航空会展需求量关系

3. 航空金融需求

在现代经济体系中，航空行业作为资金密集型行业，发展离不开强有力的金融支持。航空金融服务是连接航空业与金融市场的桥梁，不仅对航空业的健康运营至关重要，也为金融业提供了广阔的服务领域。航空公司通常需要大量资金用于购买飞机，而飞机造价昂贵，往往需要通过贷款、租赁等方式进行融资，因此，需有效管理债务，保持负债在合理水平上以维持健康的现金流。由于航空业务具有高度国际化特征，汇率变动可能会对航空公司造成收益波动，航空公司需要通过金融工具对冲外汇风险。航空金融服务的需求广泛而复杂，从飞机的购置、日常运营到风险管理，再到员工福利和技术升级，每一项都离不开金融服务的支持。如图 4-11 所示，随着低空经济和低空企业的发展，理性企业和消费者对金融产品价格非常敏感，即便是很小的变动，也会带来航空金融需求的无限增加。

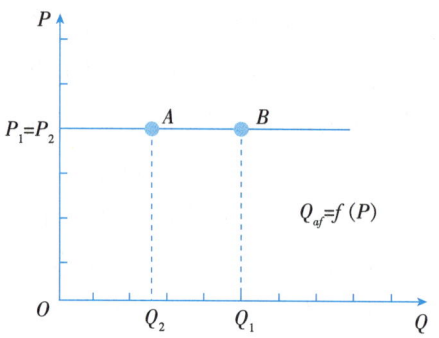

图 4-11　金融产品价格与航空金融需求量关系

三、低空经济需求的产品特征

（一）多领域性：跨界融合的广泛应用

多领域性是低空经济需求最显著的特征之一。它不仅涵盖了传统的农业、林业、牧业、渔业等基础产业，也扩展到了测绘、水利、电力、地矿等现代服务业和工业领域。这种跨领域的应用展示了低空经济在促进产业升级、提高生产效率、增强资源管理能力方面的重要作用。

在农业领域，低空无人机技术的应用实现了作物生长监测、病虫害防治和精准施肥等农业操作，极大地提升了农业生产的智能化和自动化水平。在林业管理中，将无人机用于森林火灾预防、野生动植物监测和林地资源调查，提高了林业资源的保护和管理效率。在电力行业中，无人机的电网巡检和维护工作，不仅提高了电力设施的安全性和可靠性，也降低了人工巡检的风险和成本。

（二）强增长性：经济与生活品质的双重驱动

低空经济需求的强增长性反映了社会经济发展和人民生活水平提升的双重需求。随着经济快速增长，通用航空的商业需求日益增加，包括商务飞行、紧急医疗服务、航空物流等。同时，随着个人消费能力逐渐提高，人们对于个性化、高质量的生活体验需求也不断增长。

低空经济在这方面提供了多样化的解决方案。例如，低空旅游通过空中观光、直升机滑雪等新型旅游模式，为游客提供了独特的旅游体验，推动了旅游业的创新和发展。航空体育活动，如跳伞、滑翔伞等，不仅丰富了人们的体育活动，而且促进了体育产业的多元化发展。私人飞行服务的兴起，满足了高端消费群体对于便捷、舒适、私密出行方式的需求，推动了通用航空服务市场的进一步细分和专业化。

（三）多分层性：市场细分的精准定位

低空经济需求的多分层性体现了市场的精细化管理和服务的个性化定制。根据不同消费者群体的需求特点，低空经济服务被划分为多个层次，以满足不同市场细分领域的需求。

在传统通用航空领域，需求主要集中在提供工业、农业等生产性服务，如航空测绘、航空摄影、航空物探、农药喷洒、林业防火、电力巡检等。这些服务对于保障相关行业的正常运作和发展具有重要意义。

面向大众市场的低空经济需求则更加注重休闲娱乐和教育体验，如低空旅游、航空展览、无人机驾驶培训等。这些服务不仅满足了公众对于新鲜事物的好奇心和探索欲，也有助于普及航空知识和提高公众的航空意识。

对于高端消费市场，低空经济提供了个性化和高品质的服务，如私人飞机定制、高端旅游体验、VIP 商务飞行等。这些服务满足了高收入群体对于专属、舒适、高效出行方式的追求，同时推动了低空经济服务向更高层次发展。

通过这种分层化的市场策略，低空经济能够更加精准地定位不同消费者的需求，提供差异化的服务，从而实现市场的深度开发和效益的最大化。同时，这种分层性促进了低空经济服务模式的创新和行业的可持续发展。

案 例

随着民用无人机市场的迅猛增长，中国迎来了规范该行业的新里程碑。2024 年 6 月 1 日，《民用无人驾驶航空器系统安全要求》（GB 42590—2023）这一强制性国家标准正式生效，旨在解决无人机"黑飞"和"乱飞"问题，同时简化合规无人机的民用和商用飞行条件。新国标覆盖了 90% 以上的国内无人机存量，特别是 25 千克以下的消费级和商用无人机，通过引入电子围栏、应急处置、噪声灯光等技术要求，确保飞行安全并降低公共安全风险。此外，新标准还鼓励实名登记和产品编码规则，提高消费者合规使用无人机的意识。业界专家认为，新国标的实施将为低空经济的未来发展提供坚实的基础，促进无人机技术的进一步发展和应用，同时保障社会安全和国家空域的合理利用。

资料来源：https：//baijiahao.baidu.com/s？id=17725645571520067000&wfr=spider&for=pc。

第二节　低空经济需求的影响因素

一、低空制造需求的影响因素

低空制造涵盖了诸如无人机、通用航空飞机、滑翔伞等低空航空器及其零部件制造等领域。

低空制造的发展受到多方面因素的影响（见表 4-2），技术进步（T）、法规与政策（L）、场景应用（S）、经济发展（E）、环境（E）等方面的变化会引起需求曲线移动（见图 4-12）。因此，需要灵活调整战略，以适应不断变化的市场环境。

表 4-2　各种因素对低空制造需求的影响

影响因素	与商品需求的关系	对需求的影响
技术进步	正相关	技术进步，需求增加
法规与政策	正相关	政策倾向，需求增加
场景应用	正相关	场景开发，需求增加
经济发展	正相关	经济发展，需求增加
环境	正相关	环保要求增加，需求增加

（一）技术进步

随着技术的不断进步，特别是 eVTOL 技术的发展，低空制造需求正在经历一次重要的转变。这些飞行器的认证进程加速，一些制造商已经进入量产阶段，预计将实现产业规模量级的提升。技术创新是推动低空经济持续发展的关键因素。适用于不同应用场景的飞行器将持续出现，满足多样化的市场需求。

（二）法规与政策

政府的法规与政策对低空制造产业的发展具有重要影响。例如，对无人机的注册、飞行规则、安全标准等法规的制定直接影响着无人机制造商的生产和市场准入。国家层面对低空经济的政策关注和支持正在加强。例如，工业和信息化部等多部门联合印发《通用航空装备创新应用实施方案（2024—2030 年）》，提出到 2030 年推动低空经济形成万亿级市场规模的目标。

（三）场景应用

场景应用带动低空制造业发展。低空旅游、农业、物流、安防等领域的发展推动无人机等低空制造产品的需求不断增加。

（四）经济发展

低空经济的崛起不仅为航空业带来新的增长点，也辐射带动了相关领域的融合发展，形成了一个跨领域的综合性经济形态。低空经济的发展趋势显示出未来低空制造需求将维持稳定增长，对经济增长的贡献日益显著。

（五）环境因素

环境保护意识的提高以及环境法规的日益严格对低空制造业产生了影响。企业需要关注环保要求，采取措施减少环境污染，并且可能需要投入更多的资源用于环境保护设施建设。

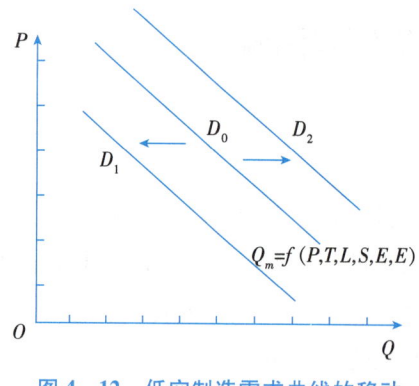

图 4–12　低空制造需求曲线的移动

二、低空飞行需求的影响因素

低空飞行，是指飞行高度较低的航空活动，通常指在地面至 1000 米以下，最高不超过 3000 米高度之间的飞行。低空飞行需求受许多因素影响，这些影响因素的变化会引起需求曲线的移动，如图 4–13 所示。其中，一些主要因素对低空飞行需求的影响如表 4–3 所示。

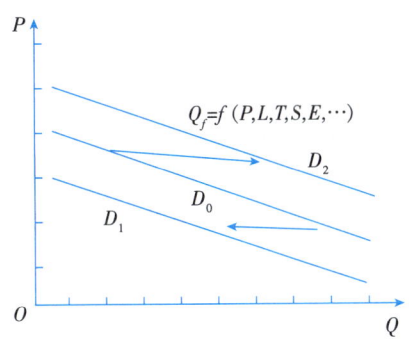

图 4-13 低空飞行需求曲线的移动

表 4-3 各种因素对低空飞行需求的影响

影响因素	与商品需求的关系	对需求的影响
法规和监管政策	正相关	政策倾向，需求增加
技术进步	正相关	技术进步，需求增加
安全考虑	正相关	安全度高，需求增加
商业需求	正相关	商业需求旺盛，需求增加
环境因素	正相关	环保要求增加，需求增加
社会接受度	正相关	程度高，需求增加
经济因素	正相关	经济发展，需求增加

（一）法规和监管政策

法规和监管政策对低空飞行有着重要影响。这些法规政策包括飞行高度限制、飞行区域、飞行许可要求、飞行员资质、飞行器注册等，旨在确保飞行的安全性和合法性，并保护地面上的人员和财产安全。

（二）技术进步

技术进步对低空飞行有着重要影响。随着无人机、电动飞行器、自动驾驶等技术不断进步，低空飞行的应用领域不断扩大，飞行器的性能和安全性得到提升，推动了低空飞行活动发展。

（三）安全考虑

低空飞行安全问题是一个重要的考虑因素。低空飞行安全问题包括飞行器的设计和制造质量、飞行员的训练水平、飞行器的维护保养以及飞行过程中的风险管理等方面。安全问题直接影响到低空飞行的可持续发展和公众对其接受程度。

（四）商业需求

商业需求是推动低空飞行发展的重要驱动因素。无人机的广泛应用、空中快递服务、航空摄影和监测等商业活动对低空飞行的需求不断增加，推动了相关技术的发展和市场的扩大。

（五）环境因素

低空飞行可能对环境产生影响，如噪声污染、空气污染、野生动物干扰等。因此，环境保护因素需要被考虑进低空飞行的规划和管理中。

（六）社会接受度

社会对低空飞行的接受程度也会影响其发展。对于无人机等新型飞行器的接受程度、飞行活动对周围环境和人群的影响等都会影响低空飞行的发展空间。

（七）经济因素

成本和效益也是影响低空飞行的因素之一。成本降低和效益提高将推动低空飞行的发展，如通过技术创新和规模经济降低飞行成本，提高服务质量和效率。

三、低空保障需求的影响因素

低空保障需求是低空飞行安全与效率的重要支撑，涵盖了通信技术、感知技术、导航技术、气象服务、政策支持、经济环境等多个层面（见表4-4）。低空保障需求的影响因素多样且相互关联。如图4-14所示，技术进步、法规与政策引导、经济发展、环境优化等，共同推动着低空保障需求的发展和升级。未来，随着低空经济的进一步发展，低空保障需求将持续增长，为相关产业带来新的发展机遇。

（一）通信技术支持

随着智能化飞行器对高带宽需求不断增加，低空通信问题成为关键难点之一。通感一体化技术的应用，通过大规模天线阵列等实现了对低空区域的稳定、连续、高速可靠的无缝覆盖通信网络。

（二）感知技术发展

在城市等建筑密集环境中，卫星导航信号易受到干扰，传统雷达的地面部署成本高昂，造成低空感知难题。有源天线（AAU）的感知信号具有自发自收、高效组网、多波束融合的特性，实现了无盲区感知，提升了低空飞行的安全保障。

（三）导航技术需求

在低空活动频繁和高密度飞行需求下，导航模式要更加数字化、精细化，这需要通信设施的强力支撑。导航技术的进步为低空飞行提供了更准确的飞行路径规划和实时航向调整的可能。

（四）气象服务完善

气象服务对低空飞行极为关键，风速、风向、温度、湿度等信息监测对飞行安全至关重要。国内尚未形成针对低空飞行的监测系统体系，及时获取低空天气信息的能力有待提升，影响低空飞行安全和效率。

（五）政策支持力度

国家层面的政策制度和顶层设计对低空经济的发展起到促进作用，如美国和日本在这方面的做法为我国提供了宝贵经验。在宏观政策指引下，我国的低空经济呈蓬勃发展之势，为低空保障需求的增加提供了背景支持。

（六）经济环境影响

低空经济市场的规模和增长潜力巨大，预计到2050年，带动综合产值将超过60万亿元，这对低空保障提出了更高要求。经济发展带来的市场需求增长，促进了低空保障服务的多元化和专业化。

(七) 基础设施建设

低空经济的发展需要相关基础设施支撑，如飞行器制造、空中交通管理等配套设施建设。基础设施的完善不仅提升了低空保障能力，也促进了低空经济活动的丰富和深化。

(八) 技术研发创新

新兴技术的研发和应用，如 eVTOL 技术，为低空保障带来了新的挑战和机遇。技术创新不断推动低空保障服务升级，提高了低空飞行的可靠性和便捷性。

表 4-4 各种因素对低空保障需求的影响

影响因素	与商品需求的关系	对需求的影响
通信技术支持	正相关	技术进步，需求增加
感知技术发展	正相关	技术进步，需求增加
导航技术需求	正相关	技术进步，需求增加
气象服务完善	正相关	服务完善，需求增加
政策支持力度	正相关	政策倾向，需求增加
经济环境影响	正相关	经济良好，需求增加
基础设施建设	正相关	设施完善，需求增加
技术研发创新	正相关	技术进步，需求增加

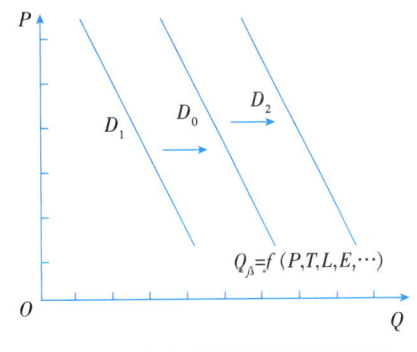

图 4-14 低空保障需求曲线的移动

四、低空综合服务需求的影响因素

低空综合服务，是指在低空范围内提供多种服务，包括但不限于无人机配送、航拍摄影、航空旅游等。影响低空综合服务的因素包括但不限于以下方面（见表 4-5）：

表 4-5 各种因素对低空综合服务需求的影响

影响因素	与商品需求的关系	对需求的影响
法规和政策	正相关	政策倾向，需求增加
技术水平	正相关	技术进步，需求增加
市场需求	正相关	需求旺盛，需求增加
安全考虑	正相关	可靠性高，需求增加
地理环境	正相关	环境好，需求增加
消费者需求和偏好	正相关	偏好增加，需求增加
技术创新和研发投入	正相关	技术进步，需求增加

（一）法规和政策

法规和政策是低空综合服务发展的重要基础。相关法规和政策涉及无人机管理、飞行许可、飞行限制区域、安全标准等方面，对于低空服务的规范和发展起着关键作用。

（二）技术水平

技术水平直接影响低空综合服务的质量和效率。无人机技术、航拍摄影设备、通信技术、导航技术等方面的水平都会影响服务的实施和体验。

（三）市场需求

市场需求是低空综合服务发展的重要驱动力。随着经济的发展和人们对航空服务需求的增加，航拍摄影、无人机配送、航空旅游等服务的市场需求不断增加，促进了服务的发展和扩展。

（四）安全考虑

安全是低空综合服务发展的重要考虑因素。服务提供商需要关注无人机飞行安全、航空器维护安全、服务使用安全等方面的问题，确保服务的安全性和可靠性。

（五）地理环境

地理环境因素如地形、地貌、建筑物等，也会影响低空综合服务的实施。在复杂的地理环境下，服务的实施可能面临更多挑战，需要更加谨慎地规划和执行。

（六）消费者需求和偏好

消费者需求和偏好直接影响低空综合服务的设计和提供。服务提供商需要根据消费者的需求和偏好开发不同类型的服务，提高服务的市场竞争力和吸引力。

（七）技术创新和研发投入

技术创新和研发投入是低空综合服务持续发展的动力源泉。持续推动技术创新和研发投入可以提高服务的水平和竞争力，满足不断变化的市场需求。

综上所述，这些因素的变化，会推动需求曲线移动（如图 4-5 所示）。

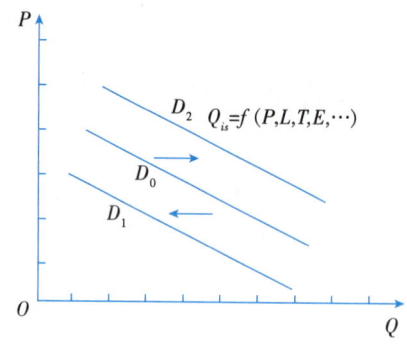

图 4-15　低空综合服务需求曲线的移动

第三节 低空经济的需求函数

一、低空经济需求函数的一般形式

需求函数，是指一种商品的需求数量和影响该商品需求数量的各种因素之间的数量关系。需求函数和需求曲线可以定量研究某商品的需求量受各因素影响的弹性大小。

在西方经济学中，需求函数通常为

$$Q_d = f(p)$$

其中，Q_d 代表商品需求数量，p 代表该种商品的价格。但低空经济需求函数比一般商品更具复杂性，其制约因素更多，很难通过单一的价格因素精确反映对低空经济的需求数量，并且航空运输这种商品的价格具有更多波动性，对建立以价格为重要参数预测航空运输需求量的需求函数具有一定的局限性。因此，建立低空经济多因素影响的需求函数，将航空运输的影响因素纳入航空需求函数，建立低空经济需求量与变量之间具体的数量关系。

低空经济需求函数模型可以表示为

$$Q_d = f(P, T, I, G, C, \cdots)$$

在这个模型中，我们可以假设：

Q_d 是低空经济的需求量；

P 是低空经济服务的市场价格，通常需求量与价格负相关，即价格上升，需求量下降；

T 是技术水平，技术水平的提升可能会降低成本，提高服务质量，从而可能增加需求量；

I 是人均可支配收入，通常与需求量正相关，收入越高，消费者购买力越强，需求量越大；

G 是政府投入，政府对低空经济的投入可能会通过补贴、税收优惠等方式刺激需求；

C 是生产成本，生产成本降低可能会使服务价格降低，以增加需求量。

二、需求表和需求曲线

（一）需求表

需求表是表示一种商品价格与需求量之间关系的表格。某无人机的需求表（价格为估计价格）如表 4-6 所示。

表 4-6 某无人机的需求表（价格为估计价格）

价格/（元/架）	需求量/架
1000	1000000
5000	500000
12000	200000
50000	50000
100000	20000

（二）需求曲线

需求曲线是将数据点在坐标图上表示出来，以价格（P）为纵轴，需求量（Q_d）为横轴，直观地展示价格与需求量之间的关系（见图4-16、图4-17）。需求曲线可以是直线型的，也可以是曲线型的。当需求函数为一元一次线性函数时，相应的需求曲线是一条直线，直线上各点的斜率相等。当需求函数为非线性函数时，相应的需求曲线是一条曲线，曲线上各点的斜率不相等。在微观经济分析中，为简化分析过程，在不影响结论的前提下，大多使用线性需求函数。

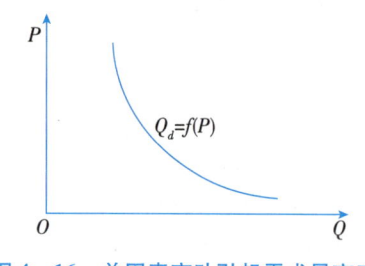

图4-16　单因素变动引起需求量变动

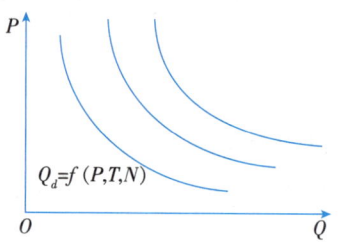

图4-17　多因素需求曲线移动

第四节　低空经济的需求弹性

"需求弹性"是经济学中的一个概念，用来衡量商品或服务的需求量对某些因素变化的敏感程度。最常见的是价格弹性，即需求的价格弹性，它反映了商品价格变化一个百分比时，需求量变化的百分比。在低空经济领域，这一概念同样具有重要的应用价值。本节将详细探讨低空经济的需求弹性，并探讨影响供给弹性的主要因素。

一、低空经济需求弹性的概念

在经济学中，需求弹性通常通过需求弹性系数（或价格弹性系数）衡量，计算公式为

$$E = 弹性系数 = \frac{因变量的变动率}{自变量的变动率} = \frac{\frac{\Delta Y}{Y}}{\frac{\Delta X}{X}}$$

低空经济需求弹性，是指低空经济产品或服务需求量对价格变化的敏感程度。计算公式为

$$E_d = 需求弹性系数 = \frac{需求量变动率}{价格变动率} = \frac{\frac{\Delta Q}{Q}}{\frac{\Delta P}{P}}$$

价格变化百分比，是指价格变化量与原始价格的比值。如果价格从 P_1 变化到 P_2，变化量为

$$P_2 - P_1$$

低空经济产品价格变化的百分比则为

$$\frac{\Delta P}{P} = \frac{P_2 - P_1}{P_1}$$

需求量变化百分比，是指需求量的变化量与原始需求量的比值。如果需求量从 Q_1 增加到 Q_2，变化量为

$$Q_2 - Q_1$$

低空经济产品需求量变化的百分比则为

$$\frac{\Delta Q}{Q} = \frac{Q_2 - Q_1}{Q_1}$$

这个公式告诉我们需求量对价格变化的响应程度。使用百分比变化量可以避免需求量和价格单位改变导致需求弹性大小改变。

【例 4-1】一款最新上架的 eVTOL，售价为 200 万元/台，需求量为 1000 台，后期因为国家补贴，价格下降到 180 万元/台，需求量为 1200 台，计算 eVTOL 需求价格弹性。

解：$E_d = $ 需求弹性系数 $= \dfrac{\text{eVTOL 需求量变动率}}{\text{eVTOL 价格变动率}} = \dfrac{\dfrac{\Delta Q}{Q}}{\dfrac{\Delta P}{P}} = \dfrac{\dfrac{1200-1000}{1000}}{\dfrac{180-200}{200}} = -\dfrac{20\%}{10\%} = -2$

从上述计算可以看出，该 eVTOL 的需求价格弹性是 -2，它的含义是价格每下降 1%，需求量增加 2%，需求弹性系数通常为负数，表示需求量同价格呈反方向变动。

【例 4-2】某种低空经济产品的需求弹性如图 4-18 所示。根据图 4-18 给出的数据，计算需求弹性系数。

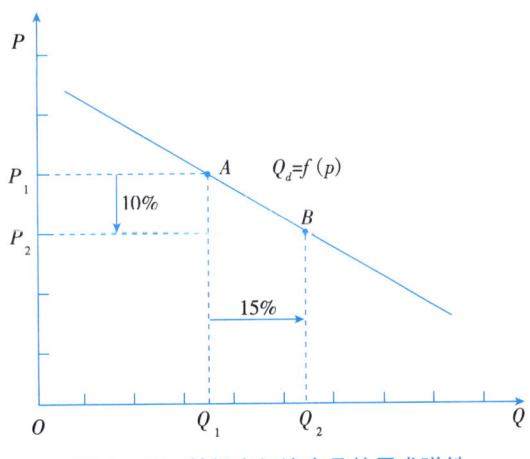

图 4-18 某低空经济产品的需求弹性

解：$E_d = $ 需求弹性系数 $= \dfrac{\text{需求量变动率}}{\text{价格变动率}} = \dfrac{15\%}{10\%} = 1.5$

关于需求价格弹性，需要注意以下几点：

（1）需求弹性是需求量变动比率与价格变动比率的比值，而不是需求量变动绝对量与价格变动绝对量的比值。

（2）虽然需求弹性一般为负值，但是鉴于正值更容易理解，本教材中的需求弹性多取正值，即负值的绝对值。

（3）在同一条需求曲线上，需求弹性系数不同。

二、低空经济需求弹性的种类

根据价格和需求量变动幅度的大小,可将需求弹性分为弧弹性和点弹性。它们表示需求量的变动率虽是一样的,但涉及的范围有所不同,计算方法也存在差异。

(一) 弧弹性

如果商品价格与需求量的变化都较大,就要计算需求曲线上两点之间一段弧的弹性,即弧弹性。

【例4-3】某地区直升机体验飞行价格是300元/次,价格下降到200元/次后,消费订单从原先的1000单,增加到1500单,该商品的需求弹性可以通过取两点的中值计算得到,其计算公式为

$$Q = \frac{Q_2 + Q_1}{2}$$

$$P = \frac{P_2 + P_1}{2}$$

$$E_d = \frac{\frac{\Delta Q}{Q}}{\frac{\Delta P}{P}}$$

前两个公式的等号并非"等于"的含义,而是"可以表示为"的含义,即弧弹性可以表示为两点的中值计算出的弹性。

请动手计算上题中的弧弹性系数。

需求弹性与需求曲线的斜率密切相关。某一产品的需求曲线越平坦,其需求弹性越大;某一产品的需求曲线越陡峭,其需求弹性越小。根据需求弹性的大小,可以将弧弹性分为五类。

(1) 完全无弹性 ($E_d = 0$)。

完全无弹性即无论价格如何变动,需求量都不会变动,此时的需求曲线是一条与横轴垂直的线(见图4-19)。无论价格如何变化,需求量都保持不变。完全无弹性说明消费者对价格不敏感,需求弹性为零,如急救药、火葬场、胰岛素等,因为是特殊性质的商品,需求量基本是固定不变的。无论价格再高,需要的人都是需要的;无论价格再低,不需要的人都是不需要的。在低空经济中,完全无弹性可能较为罕见,但可以想象在某些特殊场合,如政府规定的某些安全监控任务,即使成本上升,需求量也不会变化,因为这是法律规定必须执行的任务。

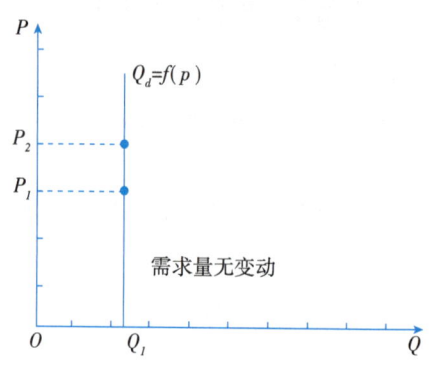

图4-19 完全无弹性 ($E_d = 0$)

(2) 无限弹性（$E_d \to \infty$）。

无限弹性，是指商品的价格不随需求量的变化而变化，即当价格一定时，需求量是无限的，此时的需求曲线是一条与横轴平行的线（见图4-20）。它表明，价格的任何微小变动都会引起需求量的无穷大变化。无限弹性说明消费者对价格非常敏感，需求弹性趋于无穷，如货币、黄金等。在低空经济发展过程中，低空综合服务中的航空金融服务需求偏向于无限弹性，由于巨大的融资需求，融资者对利率、汇率的价格非常敏感，即使是一点儿变动，也会带来需求的无限增长。

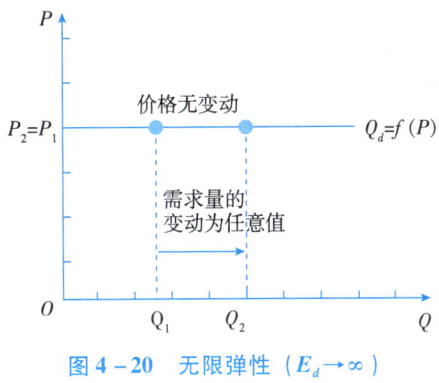

图4-20 无限弹性（$E_d \to \infty$）

(3) 单位弹性（$E_d = 1$）。

单位弹性表明需求量的变动幅度与价格的变动幅度相同。此时，需求曲线是一条中等斜率的线（见图4-21）。单位弹性说明消费者对价格中等敏感，需求弹性为1，如假设价格与无人机配送服务需求存在线性关系，价格的上升幅度恰好等于需求量的下降幅度。

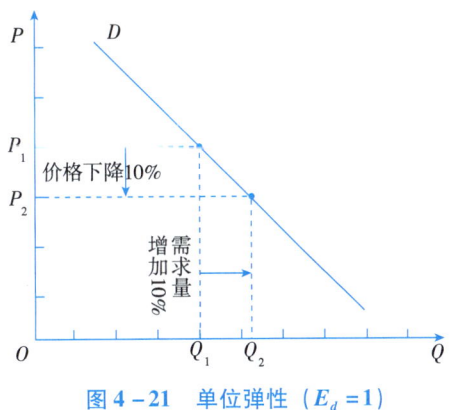

图4-21 单位弹性（$E_d = 1$）

(4) 富有弹性（$E_d > 1$）。

需求富有弹性表明需求量的变动幅度大于价格的变动幅度。此时，需求曲线是一条比较平坦的线（见图4-22）。消费者对价格变化敏感，价格的小幅变动会导致需求量的显著变化，比如高档消费品和耐用消费品等。在低空经济发展中，低空制造需求、低空飞行需求中的大众通用航空消费以及公务机、商务包机、低空综合服务中的航空培训需求等都是富有弹性的，价格的一点下降，就会带来较多的需求量的增加。

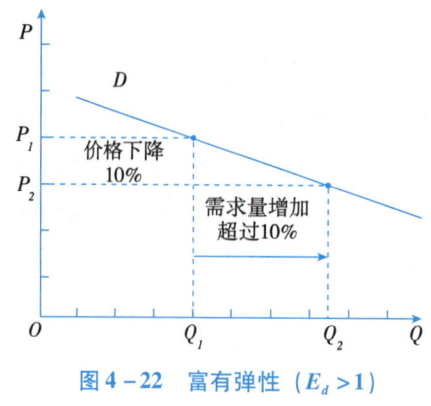

图4-22 富有弹性（$E_d>1$）

（5）缺乏弹性（$0<E_d<1$）。

需求缺乏弹性表明需求量的变动幅度小于价格的变动幅度，需求曲线是一条比较陡直的线（见图4-23）。比如，生活必需品，即使价格变化，需求量也不会有太大变化，说明消费者对价格不敏感。又如，低空经济产品需求中的紧急救援或医疗运送服务，由于是生命救援的必需品，即使价格上涨，需求量也不会显著减少；即使价格下降，也不会因为价格下降带来更多的救援需求。

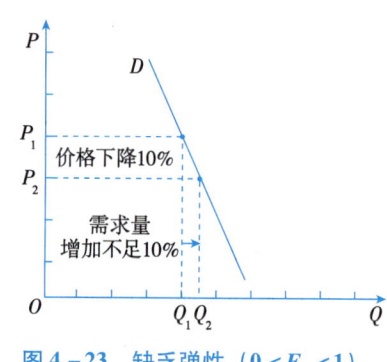

图4-23 缺乏弹性（$0<E_d<1$）

（二）点弹性

点弹性，是指需求曲线上某一点的需求量变动对于价格变动的反应程度。若经济变量的变化趋于无穷小，则弹性等于因变量无穷小的变动率与自变量无穷小的变动率的比值。点弹性的公式为

$$E_d = \frac{\frac{\Delta Q}{Q}}{\frac{\Delta P}{P}} = \frac{\Delta Q}{\Delta P} \cdot \frac{P}{Q} = k \cdot \frac{P}{Q}$$

其中，E_d 为点弹性，Q 为需求量，ΔQ 为需求量的变动，P 为价格，ΔP 为价格的变动量，k 为常数。

当价格和需求量的变动很小，且趋于零时，点弹性系数等于该点处的切线斜率乘以该点的价格，再除以该点的需求量。上式中的 k，即为需求弹性曲线的斜率。点弹性也分为五种类型，如图4-24所示。各类型的理解可以参照弧弹性。

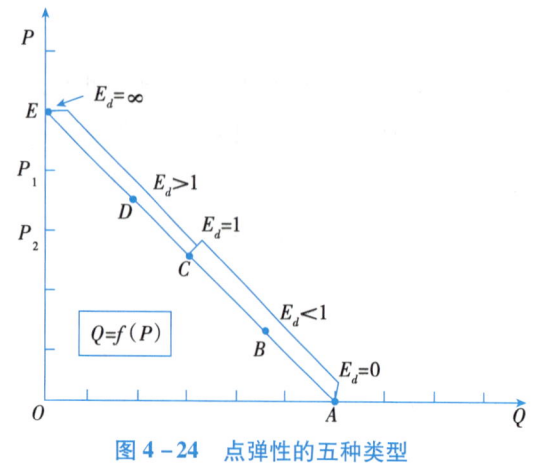

图4-24 点弹性的五种类型

【例4-4】某种低空经济产品的需求方程为 $Q=1000-2P$。求价格为300时的点弹性。

解：由题目可知，需求曲线的斜率为2（|-2|）。

将 $P=300$ 代入方程，得到 $Q=400$。

$$E_d = \frac{\Delta Q}{\Delta P} \cdot \frac{P}{Q} = k \cdot \frac{P}{Q} = 2 \times \frac{300}{400} = 1.5$$

三、影响低空经济需求弹性的因素

（一）低空产品对消费者的重要程度

如果低空经济产品或服务是必需品，那么无论价格如何变化，消费者仍然需要购买，需求价格弹性会较低，如低空救援。相反，如果产品或服务是奢侈品或可选品，那么消费者对价格变化更敏感，需求价格弹性较高。例如，商务包机，当价格下降时，需求会大幅增加。

（二）低空经济产品的可替代性程度

如果在低空经济中存在替代产品或服务，那么消费者更容易转向替代品，价格变化对需求的影响会较小。例如，航空旅行价格上涨，可能会导致一部分消费者转向其他交通方式，如高铁或汽车，降低对航空旅行的需求价格弹性。

（三）低空经济产品用途的广泛性

对于用途较广泛的低空经济产品，当价格大幅上涨时，消费者会购买较少数量的产品用在最重要的地方；当价格下降时，消费者会购买较多数量的产品用在所有的地方。比如，无人机的需求价格弹性比较大，这是因为无人机的用途非常广泛，不仅可以用于救援，也可以用在旅行、植保等领域。

（四）消费者收入水平

消费者的收入水平会影响其对低空经济的需求价格弹性。当收入水平较低时，消费者对价格变化更为敏感，需求价格弹性较高；当收入水平提高时，消费者对价格变化的反应可能较为缓和。之所以现在通用航空旅游需求价格弹性比较大，是因为收入提高了，旅游需求增加了。在收入没有提升上去时，低空旅游的需求不可能提升。消费者的金钱只有在足够生活的基础上才会更多地投入旅游消费中。

（五）时间因素

需求价格弹性可能随时间的推移发生变化。在短期内，消费者可能对价格变化反应不敏感，需求价格弹性较低；但在长期内，消费者有更多时间调整消费行为，需求价格弹性可能会增加。

（六）市场竞争程度

市场竞争程度会影响需求价格弹性。在激烈的市场竞争中，企业可能更倾向于通过降价吸引消费者，因此，需求价格弹性可能较高；在垄断市场中，企业对价格变化有更大的控制权，需求价格弹性较低。

低空经济需求弹性是一个受多种因素影响的动态概念，在短期内可能受到诸如消费者习惯、信息获取、替代品可用性等限制条件的影响而表现出较小的弹性。然而，随着时间的推移和市场条件的变化，长期内需求弹性有望增大，展现出更灵活多变的特性。因此，在制定相关政策和市场策略时，必须综合考虑低空经济的当前状况和未来趋势，以实现更加精准和适应性强的决策。

四、低空经济的短期需求弹性

低空经济的短期需求弹性，是指在相对较短的时间段内，低空经济产品或服务需求量对价格变化的敏感度。在短期内，由于以下因素，低空经济的需求弹性可能会受到限制。

（1）消费者习惯。消费者可能已经习惯使用特定的低空经济服务，短期内不容易改变这些习惯。

（2）信息获取。消费者可能没有足够的信息了解价格的变化，或者没有意识到替代品的存在。

（3）替代品的可用性。短期内，替代品的数量和质量可能有限，限制了消费者选择替代品的权利。

（4）生产调整。企业可能无法迅速调整生产规模响应价格变化，因此，供给量在短期内可能相对固定。

（5）合同和协议。已经签订的合同和协议可能限制了短期内价格和需求量的变动。

（6）技术限制。技术进步需要时间，短期内可能无法显著改变生产成本或服务质量。

（7）政策和法规。政策和法规的变化可能需要时间实施，短期内对需求弹性的影响有限。

由于以上这些限制，短期内低空经济的需求量可能对价格变化表现出较低的敏感度，即需求弹性较低。然而，这并不意味着需求量完全不会响应价格变化，只是变化的幅度可能较小，反应速度较慢。随着时间的推移，如果价格持续在某一水平上，市场参与者就会有更多机会适应和调整，需求弹性可能会逐渐增加。

五、低空经济的长期需求弹性

低空经济的长期需求弹性，是指随着时间的延长，低空经济服务或产品需求量对价格变化的敏感度。在长期内，市场参与者有更多机会和能力适应价格变化，包括消费者寻找替代品、企业调整生产策略、技术进步降低成本、新进入者出现以及消费者偏好变化等。

低空经济的长期需求弹性影响因素如下：

（1）替代品的开发和采用。长期内，消费者和企业可能会发现或开发更多的替代品，这增加了需求弹性。例如，低空飞行服务价格上升，消费者可能会转向其他交通方式或使用新兴的替代技术。

（2）技术进步。长期内，技术的发展可能会降低生产成本，提高服务质量，从而影响需求弹性。技术进步可以使低空经济服务更加经济实惠，增强其吸引力。

（3）消费者偏好和习惯的适应。随着时间的推移，消费者可能会适应价格变化，调整自己的消费习惯和偏好，这可能增加或减少需求的弹性。

（4）市场结构的变化。长期内，市场结构可能发生变化，如新企业的进入或现有企业的退出，这些变化可能会影响供给和需求的弹性。

（5）政策和法规的影响。政府政策和法规的变化可能在长期内影响需求弹性。例如，对低空经济的支持政策可能会降低成本，增加需求的弹性。

（6）投资和资本的流动。长期内，投资和资本可能会流向那些因价格变化显示出更高回报潜力的领域，从而影响需求的弹性。

总的来说，低空经济的长期需求弹性可能会比短期弹性更高，因为市场参与者有更多时间和资源适应、响应价格变化。然而，具体的需求弹性水平取决于上述多种因素的相互作用。

第五节 低空经济的收入弹性与交叉弹性

一、低空经济收入弹性概述

低空经济收入弹性（Income Elasticity of Demand），是指低空经济产品或服务的需求量对消费者收入变化的敏感度。低空经济收入弹性衡量的是，当收入发生变化时，消费者对这些产品或服务需求量的变化程度。

低空经济收入弹性的表达式通常定义为

$$E_i = 需求收入弹性系数 = \frac{需求量变动率}{收入变动率} = \frac{\frac{\Delta Q}{Q}}{\frac{\Delta I}{I}} = \frac{\Delta Q}{\Delta I} \cdot \frac{I}{Q}$$

其中，E_i 为需求的收入弹性，Q 为需求量，ΔQ 为需求量的变动量，I 为收入，ΔI 为收入的变动量。

二、低空经济收入弹性的类型

1. 弹性需求

如果低空经济产品需求量的变化百分比大于收入变化的百分比，则表明低空经济需求对收入变化非常敏感。

当 $E_i > 1$ 时，需求量对收入变化非常敏感。这类产品或服务通常是奢侈品或非必需品，如低空经济产品中的商务包机。在收入增加时，消费者更愿意增加对这些服务的消费。

以低空旅游服务的直升机观光或热气球体验为例。如果人均可支配收入上升，那么消费者可能会更倾向于体验这些高端旅游服务，因为他们有更多可支配收入享受休闲和娱乐活动。

2. 非弹性需求

如果低空经济产品需求量的变化百分比小于收入变化的百分比，则表明需求对收入变化不太敏感。

当 $E_i < 1$ 时，说明需求量对收入变化不太敏感。这通常适用于基本需求或必需品，即使收入变化，消费者对这些服务的需求也不会有太大变动。

以低空农业监测服务为例。无人机进行作物监测和灌溉管理对于农业生产至关重要，即使在经济不景气时期，经济收入下降，也不太影响农场使用这些服务保证作物的健康和产量。

3. 单位弹性需求

如果低空经济产品需求量变化的百分比等于收入变化的百分比，则表明需求的变化与收入的变化是成比例的。

当 $E_i=1$ 时，说明需求量的变化与收入变化成同比例变化。这意味着收入的任何百分比变化都将导致相同百分比的需求量变化。

以低空快递服务的无人机配送为例。当收入增加时，消费者可能会同比例增加使用无人机配送服务购买商品，需求量的增加与收入同比例增加。

4. 完全弹性需求

当 $E_i \to \infty$ 时，说明需求量对收入变化的敏感度极高。在这种情况下，即使是收入的微小变化，也会导致需求量的极端变化，甚至可能从零变化到无限大，或者相反。

在理论上，当收入弹性系数无限大时，任何收入的减少都会导致需求量降至零，或者收入的增加可以导致需求量的无限增加。

在低空经济中，这种情况较为罕见，但可以考虑某些特殊事件或服务，如特殊节日的低空焰火表演。当收入减少时，人们可能会完全取消这类非必需的庆祝活动。

5. 完全无弹性需求

当 $E_i=0$ 时，无论消费者收入水平如何变化，对某种商品或服务的需求量保持不变。这种需求对收入变化的敏感度极低，需求弹性系数为零。

如果收入弹性系数为零，则说明无论收入如何变化，需求量都保持不变。这通常适用于绝对必需品，如某些紧急救援服务。

以低空紧急医疗服务为例。即使在经济困难时期，使用无人机快速运送医疗物资或进行急救的需求也不会因为收入的变化而减少，因为它们是挽救生命必需的。

三、低空经济交叉弹性概述

低空经济交叉弹性，是指一种低空经济产品或服务的需求量对另一种相关产品或服务价格变化的敏感度。低空经济交叉弹性衡量的是，当一种商品或服务的价格变化时，另一种商品或服务的需求量如何变化。交叉弹性是理解不同商品和服务之间替代关系和互补关系的重要经济指标。

低空经济交叉弹性的计算公式为

$$E_{XY} = 需求交叉价格弹性系数 = \frac{X\,需求量变动率}{Y\,商品价格变动率} = \frac{\frac{\Delta Q_X}{Q_X}}{\frac{\Delta P_Y}{P_Y}} = \frac{\Delta Q_X}{\Delta P_Y} \cdot \frac{P_Y}{Q_X}$$

其中，E_{XY} 为需求交叉价格弹性；Q_X 为 X 产品的需求量；ΔQ_X 为 X 需求量的变动量；P_Y 为 Y 产品的价格；ΔP_Y 为 Y 产品价格的变动量。

交叉弹性系数的符号和大小可以帮助我们了解两种商品之间的关系。如果交叉弹性系数为正值，则商品 X 和商品 Y 可能互为替代品。这意味着，当商品 Y 的价格上升时，商品 X 的需求量会增加；反之，当商品 Y 的价格下降时，商品 X 的需求量会减少。

假设在低空经济中，无人机配送服务（商品 X）和传统地面快递服务（商品 Y）互为替代品。当传统地面快递服务价格上升时，消费者可能会寻找更经济的配送选项，从而转向使用无人机配送服务。在这种情况下，无人机配送服务的需求量会因为传统快递服务价格上升而增加，此时交叉弹性系数为正值。

假设低空旅游服务（如直升机观光）的价格上升，由于存在许多其他旅游方式（如地面观光车、游船等），消费者可能会选择这些替代品，导致低空旅游服务的需求量显著下降。

假设在低空经济中，商品 X 和商品 Y 是互补品。这意味着，当商品 Y 的价格上升时，商品 X 的需求量会减少；反之，当商品 Y 的价格下降时，商品 X 的需求量会增加。

分析低空旅游服务中直升机观光（商品 X）和旅游目的地门票（商品 Y）之间的关系。当旅游景点的门票价格上升时，游客到访该目的地的意愿可能会降低，进而减少对直升机观光服务的需求。这里，直升机观光服务的需求量与旅游景点门票价格呈负相关关系，交叉弹性系数为负值，表明它们是互补品。

如果交叉弹性系数接近零，则商品 X 和商品 Y 之间的关系可能不大，它们既不是明显的替代品，也不是互补品。

在低空经济中，假设无人机航拍摄影服务（商品 X）和低空气象监测服务（商品 Y）之间的关系不大。气象监测服务的价格变化，对航拍摄影服务的需求量影响很小，因为，消费者选择航拍摄影服务通常不受气象监测成本的影响。在这种情况下，无人机航拍摄影服务与低空气象监测服务价格的交叉弹性接近零，表明它们既不是替代品也不是互补品。

本章小结

本章主要探讨了低空经济的需求及其特征、影响因素、需求函数、需求弹性、收入弹性与交叉弹性。

首先，我们定义了低空经济需求的概念，并分析了低空经济需求的三大主要产品特征，包括多领域性、强增长性与多分层性。这些特征共同构成了低空经济需求的独特优势。

其次，我们深入探讨了低空制造需求、低空飞行需求、低空保障需求、低空综合服务需求的影响因素。这些因素通过不同的机制影响供给量。

最后，我们构建了低空经济的需求函数，并分析了需求弹性。需求函数帮助我们理解需求量如何随影响因素的变化而变化，而需求弹性、收入弹性、交叉弹性则揭示了需求量对各种影响因素变化的敏感程度。这些分析有助于我们更深入地理解低空经济的需求机制，为政策制定和市场分析提供理论支持。

思考题

1. 技术进步如何推动低空经济发展？请列举至少三种技术进步对低空经济产生的具体影响。
2. 低空经济如何与传统产业（如农业、林业、电力巡检等）相结合，提高生产效率和服务质量？
3. 解释什么是需求弹性，并讨论影响低空经济需求弹性的主要因素。
4. 结合低空经济的发展现状，预测未来可能的发展趋势，并讨论为应对这些趋势可能需要解决的挑战。

案例分析

无人机在灾难救援中的作用

无人机在灾难救援中发挥着举足轻重的作用，它们能够进入人力难以迅速到达的灾区，进行空中侦搜、评估和物资投递。

四川九寨沟地震救援

2017年，四川九寨沟发生7.0级地震。灾后，无人机被迅速投入灾区进行空中侦察，为救援决策提供了第一手资料。无人机搭载的高清摄像头能够捕捉到灾区的具体影像，帮助救援指挥中心评估道路状况、建筑损毁程度以及受灾民众的分布情况。在这次救援行动中，无人机还协助完成了多次物资精准投放，特别是在交通受阻的偏远地区。

云南丽江山火监测

在2019年云南丽江发生的山火中，无人机成为监测火势和辅助灭火的重要工具。由于火场面积广阔，灭火人员难以全面了解火场的每一个角落，而无人机搭载的红外热成像设备可以精确地识别出火线位置及其蔓延趋势。另外，在夜间作业时，无人机还能利用夜视设备监控火场，确保灭火工作不因视线受限而中断。无人机在这一场景中的应用显著提高了灭火工作的安全性和效率。

河南洪灾应急响应

2021年，河南遭遇特大暴雨引发的洪灾。其间，无人机不仅进行了航拍，收集了洪水泛滥范围与深度的关键信息，而且在通信中断的情况下，为被困民众提供即时消息，起到情绪安抚作用。除此之外，这些飞行器还快速抵达被洪水切断的道路上空，为地面救援队伍提供导航，帮助他们规避危险区域。

广东梅州开展抢险救援工作

2024年6月16日，受强降水云系影响，广东梅州多地出现大暴雨，局部特大暴雨，其中，平远县泗水镇24小时降水量达369.3毫米，多地受灾严重。平远县泗水镇、仁居镇、东石镇、蕉岭县南磜镇，梅县区松源镇等多处发生山洪、山体滑坡，有人员受困。截至6月18日15时，广东已派出直升机5架，累计飞行69架次，向受灾区域运送专业救援人员222人次、医护人员14人次、抗灾专家13人次、通信抢修等技术人员16人次，运送发电机、食品、饮用水、医疗设备等应急救援物资24批次约17吨；转运出受伤群众7人，转移群众19人。

资料来源：根据网络资料整理。

阅读上述案例，并回答以下问题：

1. 无人机在灾难救援中有什么独特优势？
2. 无人机灾难救援的飞行需求弹性如何？
3. 无人机灾难救援需求受什么因素影响？

第五章

低空经济的供给分析

案例导入

张家口低空 FSS 助推低空经济腾飞

2024 年 6 月 4 日清晨，张家口低空 FSS 的监测大屏上，空中航线一派繁忙。服务站主任胡登贵正通过低空飞行监视系统，为通用航空用户审批飞行计划、提供航空气象信息等服务。这一系统的运行，极大地简化了飞行手续申请流程，提高了低空空域的使用效率，吸引了众多通用航空企业前来开展业务，为当地创造了新的经济增长点。

除了硬件设施建设，张家口还在探索多元化的低空应用场景方面取得了显著成果。无论是应急救援、低空旅游，还是无人机运营，都在这里找到了广阔的发展空间。同时，通过与高校和研究机构合作，张家口不断推动技术创新和产业升级，在低空制造领域展现出强劲的发展势头。

此外，张家口还积极推进通用机场和起降点的建设，完善了航空基础设施体系。张北中都机场等通用机场的相继投运，为低空经济的发展注入了新的动力。这些机场不仅满足了小型固定翼飞机和直升机的使用需求，还吸引了多家科研单位驻场进行试飞，进一步推动了当地航空产业的集聚发展。

张家口低空 FSS 的成功经验表明，通过优化服务、完善基础设施和推进应用场景的探索，可以有效推动低空经济的快速发展。未来，随着更多政策和措施落地实施，张家口市有望继续保持在低空经济领域的领先地位，为中国低空经济的发展贡献更多力量。

资料来源：王雪威，田宇翔. 低空经济 "振翅起飞" [N]. 河北日报，2024-06-12（9）.

阅读上述案例并思考：张家口低空 FSS 如何提高低空空域的使用效率？从资源配置的角度分析张家口低空 FSS 起到了哪些积极作用，并讨论张家口市低空 FSS 的成功经验对其他地区有何借鉴意义。

供给是市场经济的核心环节，决定了市场能够提供的产品种类、数量和质量。在低空经济中，供给的特性和变化尤为关键，因为它们直接影响着整个行业的竞争格局和发展潜力。因此，在深入研究低空经济时，我们必须首先对其供给层面进行详尽的分析。

本章将系统探讨低空经济的供给及其相关问题。第一节将聚焦于低空经济的供给及其特征，剖析低空经济提供的产品独特性，以及它们在市场上的应用现状和前景。第二节将深入探讨低空经济市场供给的多种影响因素，包括市场价格、政府支持、技术创新等，以期揭示这些因素是如何共同作用于供给，进而影响整个低空经济发展的。为了更科学地分析低空经济的供给，第三节将引入供给函数的概念，通过构建数学模型，刻画供给量与市场价格、生产成本、政府政策、技术创新之间的关系，为政策制定者和市场参与者提供决策依据。第四节将深入探讨低空经济的供给弹性，通过揭示短期弹性与长期弹性的规律，阐述低空经济供给弹性的影响因素。

本章旨在为读者提供一个全面、系统的视角，以更好地理解低空经济这一新兴经济领域的内在逻辑和发展规律。这不仅有助于我们把握低空经济的未来趋势，也为相关政策的制定和市场的健康发展提供了理论基础与实践指导。

第一节　低空经济的供给及其特征

一、供给的含义

供给，是指在特定时期内、一定的价格水平下，生产者愿意提供且能够提供的商品数量。人们对商品的供给是生产意愿和生产能力的结合，与价格密切相关。

供给量，是指在特定价格水平下，生产者愿意并能够提供的最大商品数量。这个概念通常与某个既定时期相关，即供给量是时段性的。价格是决定供给量的关键因素，生产者按不同的价格水平调整其供给量。

在经济模型中，供给表现为供给曲线，而供给量则是供给曲线上的一个具体点。在现实经济生活中，生产量反映了供给量的大小，二者呈正相关关系。供给量通常是基于生产者的计划，而产量是实际产出的结果。

商品的供给曲线见图 5-1，当市场价格由 P_1 上升为 P_2 时，供给量由 Q_1 上升为 Q_2。

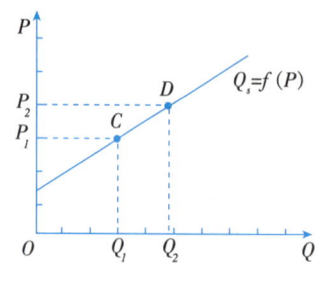

图 5-1　商品的供给曲线

供给的决定因素主要有生产成本、生产技术、生产者的预期。如图 5-2 所示，在价格 P_0 不变条件下，成本下降，供给线右移，供给量由 Q_1 增加到 Q_2；反之，成本增加往往会导致供给减少。生产者对于成本变动的敏感度不同，可能导致相同市场价格情况下，不同生产者的供给差异显著。技术的改进可以降低生产成本，从而增加供给。例如，自动化技术的引入可以降低制造成本，增加商品的供给。对未来价格的预期以及潜在获得的利润大小也会影响供给。生产者的预期会基于市场信息、历史数据和未来趋势预测形成，这些预期对供给具有指导作用。除了上述影响商品供给的共同因素之外，有些商品的供给还受到其他因素的影响，比如，政策因素（如税收优惠、贷款利率、直接补贴等）会影响生产者的决策，从而影响供给。反垄断法律和市场监管机构也会对市场中的供给产生间接影响。在农业中，季节变化和气候变化影响农产品的供给。石油和天然气的供给受到资源开采能力、政治因素和国际市场价格的影响。各种因素对商品供给的影响如表 5-1 所示。

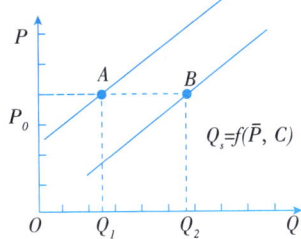

图 5-2　生产成本与商品供给关系

表 5-1　各种因素对商品供给的影响

影响因素	与商品供给的关系	对供给的影响
商品价格	正相关	价格上升，供给增加
生产成本	负相关	成本上升，供给减少
生产技术	正相关	技术提高，供给增加
补贴政策	正相关	补贴增多，供给增加
贷款利率	负相关	利率上升，供给减少
生产者预期	正相关	预期价格提高，供给增加

二、低空经济的供给及重要性

低空经济供给，是指在特定价格水平和技术条件下，低空经济各领域（如低空制造、低空飞行、低空保障等）愿意并能够提供的产品和服务总量。具体来说，低空经济供给产品主要分为 6 种（见表 5-2）。

表 5-2　低空经济供给产品

序号	供给产品	主要内容
1	低空制造与装备供给	无人机、轻型飞行器等设备的研发、生产和组装，相关零部件与材料的供给
2	低空飞行服务供给	航空拍摄、勘察监测、货物运输等飞行服务
3	低空保障与支持服务供给	飞行培训与教育、设备维护与修理、飞行规划与管理等支持服务
4	低空技术与创新供给	低空飞行技术、导航技术、通信技术等的研发和创新，以及为企业提供技术咨询、系统集成和定制化解决方案等服务
5	低空旅游与娱乐供给	低空观光旅游、飞行体验与娱乐等服务
6	低空安全与监管供给	用于低空飞行安全保障的设备与系统，相关法规、标准和监管措施的支持

1. 低空制造与装备供给

低空制造与装备供给是低空经济的基础，包括无人机、轻型飞行器等设备的研发、生产和组装。随着技术的不断进步，这一领域正朝着更高性能、更智能化、更环保的方向发展。同时，相关零部件与材料的供给也至关重要，如高性能电池、精密传感器等，它们都是确保低空设备安全、高效运行的关键。

2. 低空飞行服务供给

低空飞行服务供给涵盖了航空拍摄、勘察监测、货物运输等多个领域，不仅为各行各业提供了便捷、高效的服务，还极大地拓展了低空经济的应用场景。例如，无人机在农业普查中的应用，可以大大提高数据收集的准确性和效率；在快递领域，无人机配送正逐渐成为现实，为消费者带来全新的购物体验。

3. 低空保障与支持服务供给

低空保障与支持服务是确保低空经济健康、稳定发展的关键环节，包括飞行培训与教育、设备维护与修理、飞行规划与管理等多个方面。这些服务不仅为飞行员和无人机操作员提供了必要的技能支持，还为低空设备的持续运行提供了有力保障。随着低空经济的不断发展，这一领域的需求将持续增长。

4. 低空技术与创新供给

低空技术与创新供给是推动低空经济持续发展的核心动力，包括低空飞行技术、导航技术、通信技术等的研发和创新，以及为企业提供技术咨询、系统集成和定制化解决方案等服务。通过不断的技术创新，低空经济将有望实现更高效、更安全、更智能的发展。

5. 低空旅游与娱乐供给

低空旅游与娱乐供给是低空经济的新兴领域，具有巨大的市场潜力。通过乘坐轻型飞行器或无人机进行空中观光，消费者可以享受到前所未有的旅游体验。同时，飞行体验、无人机竞速比赛等娱乐活动也逐渐受到年轻人的喜爱。这些服务不仅丰富了人们的休闲娱乐生活，还为低空经济带来了新的增长点。

6. 低空安全与监管供给

低空安全与监管供给是确保低空经济安全、有序发展的重要保障，包括开发和提供用于低空飞行安全保障的设备与系统，如防撞系统、遥控信号干扰防御等，以及协助政府制定相关法规、标准和监管措施等。通过加强安全与监管供给，低空经济将能够在保障安全的前提下实现健康、快速发展。

低空经济的供给具有极其重要的战略意义。首先，它是推动经济增长的重要力量。通过提供高效、便捷、安全的低空产品和服务，低空经济能够带动相关产业的发展，创造更多的就业机会和财富。其次，低空经济供给有助于提升国家竞争力。在全球化背景下，掌握低空经济核心技术并拥有丰富供给能力的国家将在国际竞争中占据有利地位。最后，低空经济供给对于社会进步和人民生活水平的提升具有显著影响。例如，无人机配送、低空旅游等新兴服务模式的出现，极大地提高了生产效率和生活便利性。

案 例

七彩丹霞低空飞行体验

七彩丹霞景区提供了独特的低空飞行体验，游客可以乘坐直升机或固定翼飞机，在空中俯瞰整个丹霞地貌。飞行路线经过精心规划，确保游客能够充分欣赏到丹霞地貌的绚丽多彩。在飞行过程中，游客可以清晰地看到七彩丹霞的纹理和色彩变化，感受大自然的鬼斧神工。

景区提供专业的飞行服务团队，包括经验丰富的飞行员和导游。同时，景区还配备了先进的飞行设备和安全措施，确保游客的飞行安全。在飞行前，游客会接受专业的安全培训和指导，确保他们能够充分了解飞行过程中的注意事项和应急措施。

参与低空旅游的游客普遍表示，这种飞行体验让他们以一种全新的视角欣赏到了丹霞地貌的壮美，感受到了前所未有的震撼。许多游客在飞行结束后表示，这是一次难忘的经历，他们愿意向亲朋好友推荐这种独特的旅游方式。

七彩丹霞景区低空飞行体验亮点包括：第一，安全性高，景区采用先进的飞行设备和专业的飞行团队，确保游客的飞行安全；第二，景观独特，七彩丹霞地貌是中国最壮观的自然景观之一，通过低空飞行可以更好地欣赏其独特之美；第三，体验新颖，低空飞行作为一种新颖的旅游方式，为游客带来了前所未有的旅游体验。

资料来源：根据七彩丹霞景区官方宣传资料及游客反馈综合整理。

三、低空经济供给的产品特征

1. 高科技含量与智能化水平

低空经济供给的产品和服务之所以引人注目，很大程度是因为其科技含量与智能化水平较高。在无人机技术、传感器技术、通信技术以及人工智能等前沿科技的驱动下，这些产品和服务已经具备了前所未有的智能化和自动化能力。

以无人机技术为例，现代无人机不仅具备了精准的导航和飞行控制能力，还能通过搭载各种传感器和执行器，完成从空中拍摄、环境监测到货物运输等的一系列复杂任务。这种高度智能化的无人机，在低空经济中扮演着举足轻重的角色，为众多行业提供了便捷、高效的服务。

此外，人工智能技术在低空经济供给中的应用也日益广泛。通过深度学习和机器学习等技术，相关产品和服务能够不断优化自身性能，提高工作效率，甚至自主解决一些突发问题。这种智能化水平不仅降低了人力成本，还大幅提升了工作的准确性和可靠性。

综上所述，高科技含量与智能化水平是低空经济供给产品的重要特征之一。它们共同推动着低空经济的快速发展，并为社会各界带来了前所未有的便利和效益。

2. 高附加值与专业化服务

低空经济供给的产品和服务之所以具有高附加值，很大程度是因为其所需的高度专业知识和技能。这些产品及服务通常需要精心设计和制造，以满足客户的特定需求。同时，由于涉及高科技和智能化技术的应用，其研发和生产成本相对较高，进一步提升了其附加值。

专业化服务是低空经济供给的另一大特点。随着市场不断细分和消费者需求日益多样化，低空经济主体必须提供更加专业的服务以满足不同客户的需求，包括为客户定制个性化的解决方案、提供专业的技术支持和售后服务等。通过提供专业化服务，低空经济主体不仅能赢得客户的信任，还能在激烈的市场竞争中脱颖而出。

此外，高附加值和专业化服务也是推动低空经济持续发展的关键因素。随着科技的不断进步和市场需求的持续增长，只有不断创新和提升服务质量，低空经济主体才能在竞争中立于不败之地。

3. 快速响应与高度灵活性

低空经济供给的产品和服务必须能快速响应市场需求的变化。在现代商业环境中，市场需求日新月异，任何一次延误都可能导致商机丧失。因此，低空经济主体必须具备敏锐的市场洞察力和快速响应的能力，以便及时调整生产计划和资源配置，满足市场的即时需求。

同时，低空产品和服务还需要具备高度的灵活性。不同客户、不同场景往往对产品和服务有着不同的需求，这就要求低空经济主体能够提供个性化的定制服务。例如，在无人机运输领域，根据货物的种类、数量和运输距离不同，客户可能需要不同类型的无人机和运输方案。因此，低空经济主体必须具备高度灵活的生产和服务能力，以满足客户的多样化需求。

快速响应与高度灵活性是低空经济供给的两大核心竞争力。只有具备这两大核心竞争力，低空经济主体才能在复杂多变的市场环境中立足并发展壮大。

4. 安全可靠与绿色环保

安全可靠是提供任何产品和服务的首要前提。特别是，低空经济中无人机等飞行器的运营，必须严格遵守相关的安全标准和飞行规定，确保其飞行过程不会对人员、财产或环境造成损害。此外，数据隐私保护也至关重要，尤其是在涉及无人机数据采集和传输的过程中，必须采取有效的加密措施，防止数据泄露或被恶意利用。

与此同时，绿色环保也是现代低空经济产品和服务的重要特征之一。随着全球环境保护意识增强和相关法规完善，低空经济主体必须积极采用环保材料和技术，减少其产品和服务对环境的影响。例如，在无人机的设计和制造过程中，应尽量使用可回收或可降解的材料，降低废弃物对环境造成的压力。同时，还可以考虑采用新能源技术，如太阳能、风能等，为无人机提供动力，进一步减少碳排放。

综上所述，安全可靠与绿色环保是低空经济供给产品的基本要求与必然趋势。只有符合这些要求的产品和服务，才能在日益激烈的市场竞争中脱颖而出，并获得消费者的信任和青睐。

江西智慧农业

在江西智慧农业中，无人机的应用越来越广泛。从施肥到病虫害防治再到播种等各个环节都有无人机的身影。这些应用不仅提高了农业生产效率，还为农民带来了实实在在的收益。

无人机施肥助力水稻种植

在江西省萍乡市安源区青山镇，无人机被广泛应用于水稻田的施肥作业。在夏日的水稻生长期，无人机在稻田上空忙碌地施肥，大大提高了施肥效率和效果。传统的施肥方法不仅效率低下，而且肥料分布不均匀。然而，通过无人机进行施肥，可以在短时间内完成大面积的施肥任务，且肥料分布更加均匀，从而提高水稻的产量和质量。

相关数据显示，利用无人机施肥，百亩稻田半天就能完成施肥任务，事半功倍、省时省力。此外，无人机喷洒的药量更加均匀，杀虫效果也更好，为水稻的稳产、高产提供了有力保障。

无人机在脐橙产业中的应用

在赣南脐橙产业中，无人机发挥着重要作用。通过无人机拍摄的高清视频，可以对脐橙的种植规模（面积、株数）进行科学研判。同时，利用无人机还可以进行病虫害风险预警和自然灾害风险评估，从而帮助农户及时采取措施，减少损失。

此外，借助"无人机+虚拟现实+直播"等新技术，赣南脐橙产业还实现了线上线下购买的新模式，助力年销售额提升，为乡村品牌建设和产业发展注入了新的活力。

无人机播种提高春播效率

在江西省南昌市南昌县的高标准农田里，无人机被用于播种作业。通过预设线路，无人机将催好芽的早稻种均匀地播撒在泥土里，大大提高了播种效率和种子分布的均匀性。这不仅加快了春播进度，还为后期的田间管理和粮食丰收奠定了良好的基础。

资料来源：基于江西省多地智慧农业实践案例及相关新闻报道整理而成。

第二节 低空经济市场供给的影响因素

一、市场价格对低空经济市场供给量的影响

市场价格影响低空经济的供给量。一般来说，市场价格与供给量之间存在着正相关关系。当市场价格上升时，供给者往往愿意提供更多的产品和服务，以获取更高的利润；相反，当市场价格下降时，供给者可能会减少供给量，以避免亏损。

在低空经济中，市场价格波动可能由多种因素引起，如需求变化、成本变动、竞争态势等。这些因素的综合作用导致市场价格的波动，进而影响供给量。例如，当无人机市场的需求增加时，市场价格可能会上升，从而刺激供给者增加供给量；当市场竞争加剧时，市场价格可能会下降，导致供给者减少供给量。

市场价格与低空经济市场供给量关系如图5-3所示，其中，纵轴表示市场价格，横轴表示供给量。随着市场价格由 P_1 到 P_2，供给曲线呈现出上升的趋势，产量由 Q_1 上升到 Q_2。随着市场价格下降，供给曲线呈现出下降趋势。

在竞争市场中，生产成本对市场价格有直接影响。在低空经济中，生产成本包括原材料成本、劳动力成本、研发成本等。这些成本变化会对供给产生影响。例如，原材料价格的上涨可能会导致无人机等低空设备的制造成本增加，进而

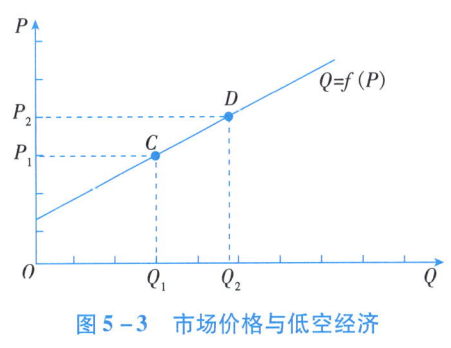

图5-3 市场价格与低空经济市场供给量关系

减少供给;而劳动力成本的降低则可能增加供给。

二、政府支持对低空经济产品市场供给的影响

政府政策在低空经济供给中扮演着重要角色。政府的财政补贴、税收优惠等政策措施可以降低低空经济主体的生产成本,从而增加市场供给;相反,政府的限制措施或监管加强可能增加供给者的运营难度和成本,导致市场供给减少。

具体来说,政府可以通过提供财政补贴支持低空设备的研发和生产,降低厂商的资金压力。同时,政府还可以实施税收优惠政策,降低低空经济主体的税负,提高其盈利能力。这些政策措施有助于激发供给者的积极性和创造力,推动低空经济持续发展。

政府政策与低空经济市场供给关系如图 5-4 所示,表示在市场价格 P_0 不变的条件下,随着政策支持程度增加,低空经济产品的市场供给曲线向右移动,市场供给量也会从 Q_1 增加到 Q_2。

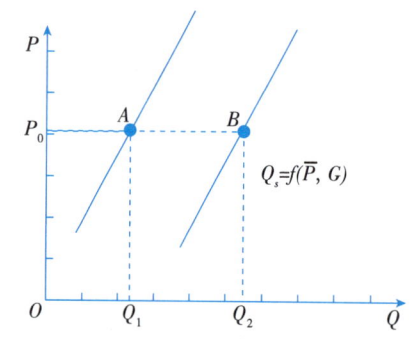

图 5-4 政府政策与低空经济市场供给关系

三、技术创新对低空经济产品市场供给的影响

技术创新是推动低空经济发展的重要动力之一,也是影响供给的关键因素。新技术的研发和应用可以降低生产成本、提高生产效率,从而增加低空经济的供给量。同时,技术创新还可以带来新的产品和服务,拓展低空经济的应用领域和市场空间。

在低空经济中,技术创新主要体现在无人机技术、导航技术、通信技术等方面。这些技术的不断进步和创新为低空经济提供了强大的发展动力。例如,无人机技术的突破使无人机在航拍摄影、货物运输等领域的应用越来越广泛;导航技术的创新则提高了低空飞行的安全性和精准性。

技术创新与低空经济市场供给关系如图 5-5 所示,表示在市场价格 P_0 不变的条件下,随着时间推移或技术创新水平提高,供给曲线向右移动,市场供给增加。

综上所述,市场价格、政府政策和技术创新是影响低空经济供给量与供给的重要因素。这些因素的综合作用决定了低空经济的市场供给和市场格局,因此,了解这些因素对低空经济供给的影响机理,对于推动低空经济的持续发展具有重要意义。

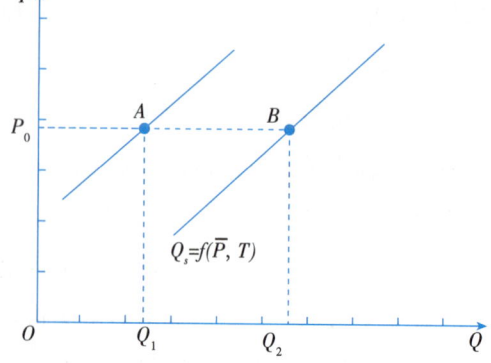

图 5-5 技术创新与低空经济市场供给关系

第三节　低空经济的供给函数

为进一步了解生产成本、市场价格、政府政策和技术创新等因素对低空经济供给的影响机理，我们可以构建低空经济的供给函数，结果如下：

$$Q_S = f(P, C, G, T)$$

其中，Q_S 表示低空经济产品的供给量，C 表示生产成本，P 表示市场价格，G 表示政府政策，A 表示技术创新。

在低空经济中，产品供给（Q_S）是一个核心指标，代表了市场主体在特定条件下愿意并能够提供的产品和服务数量。

市场价格（P）是供给函数的重要影响因素之一。一般来说，市场价格的提高会刺激供给量的增加，因为更高的价格意味着更大的利润空间，从而吸引更多的生产者进入市场；反之，市场价格下降可能导致供给量减少，因为生产者可能会面临亏损的风险。

以无人机制造为例。当无人机的市场价格上涨时，制造商看到市场需求旺盛，有利可赚，就会增加生产投入，扩大生产规模，从而增加无人机的供给量。当无人机的市场价格下跌时，制造商会考虑缩减生产规模，以减少库存积压和资金占用。

除了价格因素外，生产成本（C）也是影响低空经济产品供给的关键因素。生产成本包括原材料、劳动力、设备等各方面的费用。当生产成本上升时，生产者的利润空间会受到挤压，可能导致供给减少；相反，当生产成本降低时，有助于提升生产者的竞争力，进而可能增加供给。

政府政策（G）在低空经济的供给函数中扮演着重要角色。政府可以通过制定各种政策措施影响市场供给。例如，财政补贴、税收优惠等政策措施可以降低生产者的成本负担，从而刺激供给的增加。而环保政策、安全监管等可能对供给产生一定的限制作用。

技术创新（T）是低空经济产品供给一个不可忽视的影响因素。随着科技的不断进步，新技术、新设备的出现可以极大地提高生产效率，降低生产成本，从而推动供给增加。同时，技术创新还可以拓展低空经济的应用领域和市场空间，为产业发展注入新的活力。

第四节　低空经济的供给弹性

供给弹性作为经济学中的一个核心概念，用于衡量供给量对各种影响因素变化的敏感程度。在低空经济领域，这一概念同样具有重要的应用价值。本节将详细探讨低空经济的供给弹性，分析其短期与长期表现，并探讨影响供给弹性的主要因素。

一、低空经济供给弹性的概念

在低空经济中，供给弹性是指供给量对市场价格、生产成本、政府支持以及技术创新等因素变化反应的敏感程度。

以市场价格的供给弹性为例，供给量变动的幅度与价格变动幅度的比值，反映了低空经济供给量对市场价格变化的敏感度。假设存在某低空经济产品，其供给价格弹性系数可以用以下公式表示：

$$e_s = \frac{\Delta Q}{Q} \Big/ \frac{\Delta P}{P} = \frac{\Delta Q}{\Delta P} \cdot \frac{P}{Q}$$

其中，e_s 表示供给价格弹性系数，Q 表示供给量，ΔQ 表示供给变动量，P 表示市场价格，ΔP 表示价格变动量。低空经济产品供给价格弹性系数 e_s 可以出现五种类型，具体如图 5-6 所示。

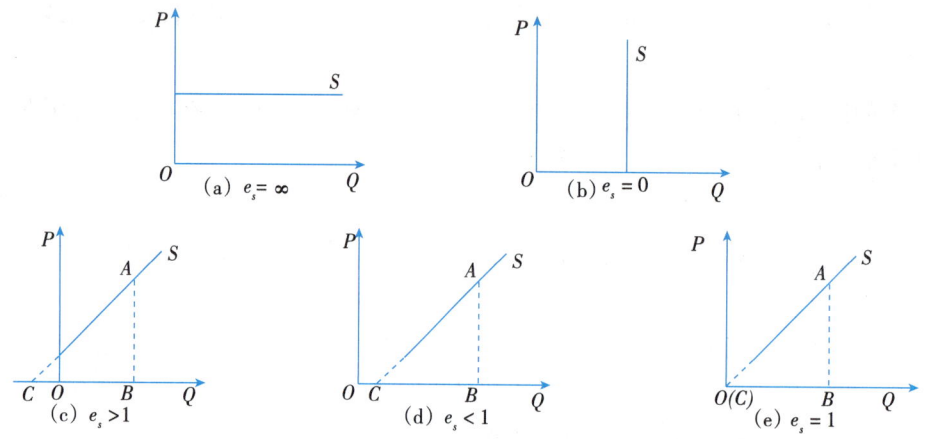

图 5-6　供给价格弹性的五种类型

图 5-6（a）表示完全弹性，即 $e_s = \infty$，其供给曲线是一条横线，市场价格任何微小变动会引起低空经济产品供给量的巨大变化，是理想化的一种状态。

图 5-6（b）表示完全无弹性，即 $e_s = 0$，其供给曲线是一条竖线，无论市场价格如何变化，该低空经济产品的供给量都不会变化，这种情况同样比较理想化，但在低空经济中，也有可能发生。比如，由于技术、政策限制，某产品的供给量在很长的一段时间内都无法增加，无论市场价格如何变化，供给量都保持不变。

图 5-6（c）表示富有弹性，即 $e_s > 1$，其供给曲线是一条向上的曲线，供给量对价格变动非常敏感，在一个富有弹性的供给市场中，某低空经济产品生产者能够灵活地调整生产量以响应价格的变化。如果价格上升，某低空经济产品生产者就会迅速增加产量以获取更多利润；相反，如果价格下降，某低空经济产品生产者就会减少产量以避免亏损。

图 5-6（d）表示缺乏弹性，即 $e_s < 1$。供给价格曲线缺乏弹性意味着供给量对价格变动的反应相对较小。在这种情况下，即使市场价格发生显著变化，生产者调整其供给量的幅度也相对有限，甚至当市场价格为零时，仍有供给量。某低空经济产品可能会因为生产设备、技术或法规的限制，供给在短期内表现出缺乏弹性。

图 5-7（e）表示单位弹性，即 $e_s = 1$，供给量的变化与影响因素的变化成正比。这意味着当影响因素（如价格）上涨或下降一定百分比时，供给量也会相应地上涨或下降相同的百分比，当市场价格上涨 10% 时，供给量增加 10%。

值得一提的是，低空经济产品的生产成本、政府支持程度以及技术创新水平等因素，在一定程度上可以通过影响供给价格弹性影响某低空经济产品的供给量。比如，当某低空经济产品的边际成本比较小时,市场价格上升,厂商愿意且能够生产的量较高,说明该产品价格弹性表现较敏感;但当该产品生产的边际成本比较高时,市场价格上升,厂商愿意且能够生产的量较低,说明该产品价格弹性表现不敏感。

二、低空经济的短期供给弹性

在短期内,由于生产设备、技术条件以及市场环境的相对稳定性,低空经济的供给弹性往往表现为缺乏弹性,主要是因为短期内生产者难以迅速调整生产规模以适应市场需求的变化。低空经济的短期供给曲线如图5-7所示,在短期内,无论是生产成本(如生产设备等)、政策支持度,还是技术创新水平,都没办法快速调整。这时,低空经济整体的供给曲线比较陡峭,当市场价格变动幅度为 ΔP 时,低空经济产品总供给量的变化 ΔQ 变化不大,$e_s < 1$,即短期内低空经济供给缺乏弹性。

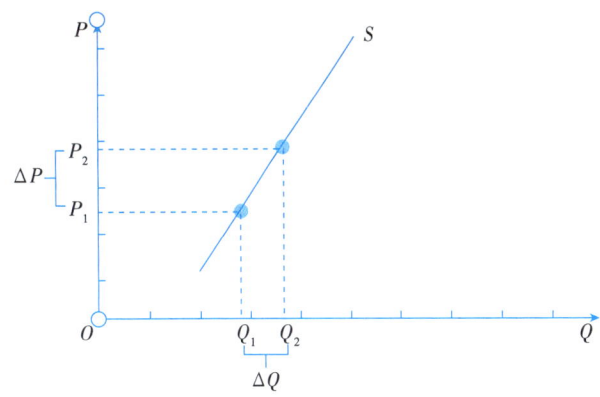

图5-7 低空经济的短期供给曲线

以低空旅游行业为例,在短期内,旅游景区的接待能力、飞行器的数量和运营效率等因素都是相对固定的。因此,当市场需求突然增加时,供给量可能无法迅速增加以满足需求。在这种情况下,市场价格可能会上涨,而供给量的增加则相对有限。反之,当市场需求下降时,供给量的减少可能较为缓慢。

此外,在短期内,生产成本、政府政策以及技术创新等因素对供给量的影响也相对有限。例如,生产成本的突然增加可能导致部分生产者减少供给,但整体供给量的变化可能并不显著。同样地,政府政策的短期调整可能难以对供给量产生立竿见影的效果。

三、低空经济的长期供给弹性

在长期内,随着生产设备更新、技术进步以及市场条件不断调整,低空经济的供给弹性往往表现出更大的变化空间和敏感性。这意味着,在长期内,供给量能够更灵活地适应市场需求变化。因此,从短期到长期,低空经济的供给将会从缺乏弹性转变为富有弹性。如图5-8所示,S_1 表示低空经济某产品的短期供给曲线。S_2 表示低空经济某产品的长期供给曲线,在 S_1 中,当市场价格变动幅度为 ΔP 时,低空经济产品总供给量的变化 ΔQ_1 较小;但在 S_2 中,当市场价格变动幅度为 ΔP 时,低空经济产品总供给量的变化 ΔQ_2 较大。即从短期到长期,低空经济的产品生产设备更新,生产成本下降,再加上稳定的政策支持、技术的进步以及市场条件的不断调整,低空经济的供给弹性将变大。

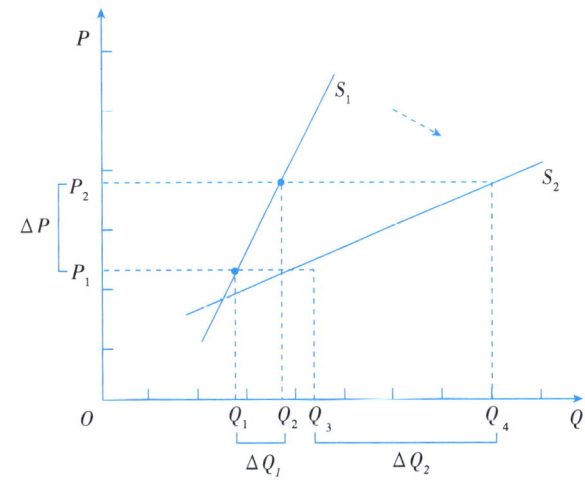

图5-8 低空经济的长期供给曲线

首先，在长期内，生产者有足够的时间调整生产规模和投资决策。当市场需求持续增加时，生产者可以扩大生产规模、增加飞行器数量或提升运营效率以满足需求。同样地，当市场需求下降时，生产者可以相应地缩减生产规模以避免过剩。

其次，在长期内，生产成本、政府支持以及技术创新等因素对供给量的影响更加显著。生产成本的持续下降可能会激励更多生产者进入市场，从而增加供给量。政府政策的长期调整也可能对供给量产生深远影响，如鼓励创新、简化审批流程等政策措施可能有助于提升低空经济的整体供给能力。

最后，在长期内，技术创新是推动低空经济供给弹性变化的关键因素之一。随着科技的不断发展，新型飞行器、智能化运营管理系统等创新技术的应用将大幅提高生产效率并降低成本，从而进一步提升低空经济的供给弹性和市场竞争力。

四、影响低空经济供给弹性的主要因素

除了上述时间因素（短期与长期）外，还有一些因素会影响低空经济的供给弹性。

（1）生产要素的可替代性。在低空经济中，某些生产要素（如飞行员、机械零件等）可能难以在短时间内被替代，这限制了供给量对价格变化的快速反应能力。然而，在长期内，随着技术的进步和市场环境的变化，生产要素的替代性可能会增强，从而提高供给弹性。

（2）周期的长短。不同的低空经济行业具有不同的生产周期。例如，制造一架飞行器可能需要数月甚至数年的时间，而提供一次低空旅游服务则可能只需要几天或几周的准备时间。生产周期的长短直接影响了供给量对市场需求变化的反应速度。

（3）市场规模和竞争程度。在低空经济中，市场规模的大小和竞争程度的高低也会影响供给弹性。当市场规模较大且竞争激烈时，生产者可能更倾向于灵活调整供给量以应对市场需求的变化。相反，当市场规模较小或竞争不激烈时，供给量可能表现出较小的弹性。

（4）政府法规和政策环境。政府法规和政策环境的变化对低空经济的供给弹性具有重要影响。例如，当政府放宽市场准入条件或提供财政支持时，可能会吸引更多生产者进入市场并增加供给量。反之，当政府加强监管或限制某些生产活动时，可能会降低供给弹性。

（5）技术创新的速度和应用范围。如前所述，技术创新是推动低空经济发展并提高供给弹性的关键因素之一。随着新技术的不断涌现和应用范围的扩大，低空经济的生产效率将得到显著提升，从而增强供给量对市场需求变化的适应性和灵活性。

综上所述，低空经济的供给弹性是一个复杂而多变的概念，受到多种因素的共同影响并表现出不同的特点。在短期内，由于各种限制条件的存在，供给弹性可能相对较小；而在长期内，随着各种因素的变化和调整空间的扩大，供给弹性可能逐渐增大并呈现出更加灵活多变的特征。因此，在制定相关政策和规划时，应充分考虑低空经济的实际情况和发展趋势做出明智的决策。

本章小结

本章主要探讨了低空经济的供给及其特征、低空经济市场供给的影响因素以及低空经济的供给函数和供给弹性。

首先，我们定义了低空经济供给的概念，并强调了其在推动经济增长、提升国家竞争力以及提高社会生活质量方面的作用。分析了低空经济供给的主要产品特征，包括高科技含量与智能化水平、高附加值与专业化服务、快速响应与高度灵活性以及安全可靠与绿色环保。这些特征共同构成了低空经济供给的独特优势。

其次，我们深入探讨了影响低空经济市场供给量与供给的三个主要因素：市场价格、政府支持和技术创新。这些因素通过不同的机制影响供给量，从而影响低空经济的市场格局和竞争力。

最后，我们构建了低空经济的供给函数，并分析了供给弹性。供给函数帮助我们理解供给量如何随影响因素的变化而变化，而供给弹性则揭示了供给量对各种影响因素变化的敏感程度。这些分析有助于我们更深入地理解低空经济的供给机制，为政策制定和市场分析提供理论支持。

思考题

1. 简述低空经济供给的主要产品特征，并举例说明。
2. 分析生产成本对低空经济供给的影响，并讨论如何通过降低生产成本增加供给。
3. 讨论市场价格如何影响低空经济的供给量，并举例说明。
4. 政府政策在低空经济供给中扮演了怎样的角色？请举例说明。
5. 技术创新如何推动低空经济的供给量增加？请举例说明并分析其影响机制。
6. 如何理解低空经济的供给函数和供给弹性，它们对政策制定和市场分析有何意义？

案例分析

美团无人机配送服务

美团无人机配送服务作为一项创新的物流解决方案，不仅展现了科技在现代服务业中的应用，也体现了技术创新如何提高供给能力，降低成本，并快速响应市场需求。随着技术的不断进步和市场需求的增长，无人机配送有望在未来发挥更大的作用，成为推动经济发展的新动力。

美团自2017年开始探索无人机配送服务，致力于打造3千米15分钟送达的低空物流网络。截至2023年8月底，美团无人机已在深圳、上海等城市7个商圈17条航线实现了常态化运营，累计完成订单超18.4万单。2024年春节假期，深圳人才公园部分周边商家超八成外卖订单由美团无人机配送完成，带动了多种商品销量环比增长超5倍。

美团无人机配送服务的推出，是技术创新在供给领域的一个明显例证。无人机的使用提高了配送效率，尤其在交通拥堵或地形复杂的区域，减少了对传统配送方式的依赖。随着技术的成熟和规模化生产，无人机的成本逐渐降低，使得这一服务成为经济上可行的选择。美团无人机的运营成本随着技术改进和规模化效应而降低，这有助于提高供给并扩大服务范围。

供给的快速响应能力在美团无人机配送服务中得到了充分体现。无人机能够迅速适应市场需求的变化，特别是在高峰时段或特殊环境下，如恶劣天气或大型活动期间，提供了更灵活的配送选项。此外，政策和法规对供给的影响也不容忽视。无人机的飞行受到空域管理规定的限制，这些规定可能会影响无人机配送服务的供给量和效率。供给的地理范围扩展是无人机配送服务的另一个重要方面。无人机配送服务能够覆盖更广泛的地理区域,包括偏远地区或交通不便的地区,扩大了服务的供给范围,为更多消费者提供了便利。

美团无人机配送服务的推出,实际上是在创造新的市场需求。消费者对于快速、便捷的配送服务有很高的期待,而无人机配送提供了一种新的解决方案。随着无人机配送服务的规模化运营,美团可以实现规模经济,降低单位服务成本,从而提高整体供给效率;服务的多样性也得到了体现,不仅限于食品,还涵盖了美妆、快消、商超、电子产品等多种类型的商品。

资料来源:基于美团官方发布的数据和公开报道整理而成。

阅读上述案例并回答以下问题:

1. 技术创新如何影响美团无人机配送服务的供给能力?

2. 分析政策和法规如何影响美团无人机配送服务的供给,并讨论这对企业战略可能产生的影响。

3. 如果你是美团的策略顾问,你将如何建议公司利用无人机技术扩大其服务的地理范围,并吸引更多消费者?

第六章 低空经济供需平衡分析

案例导入

公务机包机市场持续繁荣，为何费用依然高昂

随着经济的蓬勃发展和全球化的深入推进，公务机包机市场呈现出持续增长的态势。然而，尽管市场繁荣，公务机包机的费用却依然高昂，这引发了许多消费者的好奇与探究。

公务机包机市场的繁荣与全球经济的整体态势及高端商务人士的需求紧密相连。在全球化的背景下，跨国商务活动日益频繁，公务机因具有便利性和高效性而备受青睐，成为众多高端商务人士的出行首选。除此之外，越来越多的企业也选择公务机作为商务出行的解决方案。

然而，公务机包机费用高昂的原因是多方面的。一方面，公务机的购置和维护成本相对较高，这些成本需要在运营中得到合理的回报。另一方面，为了提供高品质的服务和舒适的飞行体验，公务机包机服务必须配备一系列完善的设施和高端的娱乐设备。此外，公务机市场的供需关系也对费用产生影响。由于公务机的数量有限，而市场需求持续增长，服务商不得不提高费用以确保合理的利润空间。在机型方面，有湾流、庞巴迪、巴西航空、波音、空客、豪客比奇等国际知名品牌旗下的多种机型，以满足不同客户的具体需求。在服务方面，公务机包机更是精益求精，提供丰富的餐饮选择、舒适的休息环境以及一系列娱乐设施，让客户在紧张的商务行程中得到充分的放松和享受。

展望未来，尽管公务机包机费用仍然较高，但市场的发展前景广阔。随着经济的持续发展和高端商务人士需求的不断增长，公务机包机市场仍有较大的发展空间。同时，技术的进步和服务模式的创新将为服务商提供更多机会，推出更高品质的服务和产品以满足客户的多样化需求。

资料来源：https://baijiahao.baidu.com/s?id=1787592914995721533&wfr=spider&for=pc。

阅读上述案例并思考以下问题：

1. 公务机包机为什么需求旺盛？
2. 公务机包机的价格由什么决定？
3. 公务机包机价格为什么居高不下？

作为新兴的经济形态，低空经济的市场规模迅速扩大，已成为推动经济发展的新动力。研究低空经济市场均衡对于把握行业发展节奏、满足多样化市场需求、促进经济高质量发展具有重要意义。低空经济市场均衡不仅关系到行业内部的健康运行，也影响着社会经济的整体发展和公众的福祉。在低空经济市场中，理解供给与需求如何相互作用以及如何影响价格与产量，有助于揭示市场是否达到均衡状态。分析供求动态对于制定有效的市场策略至关重要，确保资源得到最优配置。本章以市场均衡理论为基础，根据低空经济产业特征，分析低空经济四大构成中典型产品的均衡状态，并分析了低空经济市场均衡的影响因素，根据影响因素，提出了低空经济实现更高水平发展的建议。

第一节 市场均衡理论与模型

一、市场均衡理论

"市场均衡"是一个经济学术语，是指在自由市场上，供给和需求达到平衡的状态。在这种状态下，商品或服务的价格既没有上升的压力也没有下降的压力，因为市场上的买家愿意购买的数量（需求量）与卖家愿意出售的数量（供给量）相等。

市场均衡的构成要素包括需求、供给、价格。

需求，是指消费者愿意并且能够购买的商品或服务的数量，通常与价格成反比。供给，是指生产者愿意并且能够提供的商品或服务的数量，通常与价格成正比。价格，是指商品或服务的交换比率，是市场均衡中的关键变量。

市场均衡的类型包括静态均衡和动态均衡。静态均衡，是指在某一特定时间点上的市场均衡。动态均衡，是指随着时间的推移，市场不断调整以适应新的供求条件，最终达到新的均衡状态。

市场均衡是经济学分析中的一个重要概念，有助于我们理解价格是如何形成的，以及市场是如何通过价格机制调节资源分配的。在实际应用中，市场均衡的概念可以用来预测价格变动、分析政策效果以及制定经济策略。

威廉·配第、弗朗斯瓦·魁奈、亚当·斯密、大卫·李嘉图等古典经济学家初步提出了"均衡"的概念。经过近代经济学家马歇尔局部均衡理论、里昂·瓦尔拉斯一般均衡理论、凯恩斯的国家干预理论以及萨缪尔森对均衡理论的进一步贡献等，供给与需求的均衡理论得以真正建立。

均衡一般的意义，是指经济事务中，有关变量在一定条件的相互作用下达到的一种相对静止的状态。这时，商品的供给价格与需求价格正好相等，这个价格叫"均衡价格"，商品的需求量与供给量也一致，此时的数量称为"均衡数量"。如图6-1所示，P_0是供需均衡条件下的均衡价格，Q_0是供需均衡下的均衡数量。

市场均衡理论强调价格在调整供求关系中的重要作用。

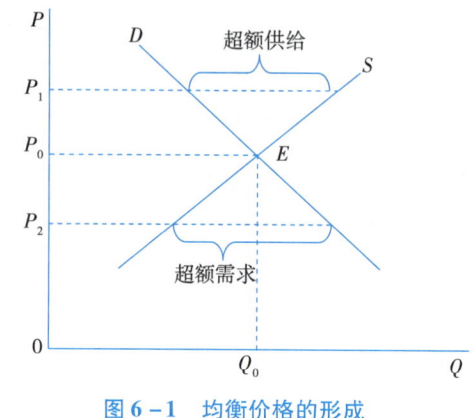

图6-1 均衡价格的形成

在低空经济领域,价格能够协调消费者需求与生产者供给,推动市场向均衡状态发展。

了解并应用价格机制的原理,对于促进低空经济的健康发展和实现市场效率至关重要。均衡价格是在市场需求和供给这两种力量的自发调节下形成的。在几何上,一种商品需求曲线和供给曲线相交的点,是均衡点。均衡点上的价格和数量,即均衡价格和均衡数量。图 6-1 中的市场需求曲线 D 和市场供给曲线 S 相交于点 E,点 E 即均衡点。在均衡点 E,均衡价格为 P_0,均衡数量为 Q_0。

二、市场均衡模型与供求均衡的变动

1. 供求均衡模型构建

市场均衡模型的数学表达式为:

$Q_d = \alpha - \beta \cdot P$

$Q_S = -\delta + \gamma \cdot P$

$Q_d = Q_S$

其中,α、β、δ、γ 均为常数,且均大于零。Q_d 为需求量,Q_S 为供给量。根据市场均衡理论,当供给量等于需求量时,市场均衡产生。根据 $Q_d = Q_S$,得到均衡价格 P_0,在均衡价格基础上得到均衡条件下的需求量和供给量。

2. 供求均衡的变动

当供给不变时,需求增加,需求曲线往右上方移动,引起均衡价格上升,均衡数量增加;当供给不变时,需求减少,需求曲线往左下方移动,引起均衡价格下降,均衡数量减少;当需求不变时,供给增加,供给曲线往右下方移动,引起均衡价格下降,均衡数量增加;当需求不变时,供给减少,供给曲线向左上方移动,引起均衡价格上升,均衡数量减少。

(1) 供给不变,需求变化对均衡价格与均衡数量的影响。

在其他条件不变的情况下,需求变化分别引起均衡价格和均衡数量的同方向变动,如图 6-2 所示。需求扩张,需求曲线由 D_0 移到 D_1,均衡价格由 P_0 上升为 P_1,均衡数量上升为 Q_1。需求萎缩,需求曲线由 D_0 移到 D_2,均衡价格由 P_0 下降为 P_2,需求数量下降为 Q_2。

(2) 需求不变,供给变化对均衡价格与均衡数量的影响。

在其他条件不变的情况下,供给变动引起均衡价格反方向变动,引起均衡数量同方向变动,如图 6-3 所示。供给减少,供给曲线由 S_0 移到 S_1,均衡价格上升为 P_1,均衡数量下降为 Q_1;供给增加,供给曲线由 S_0 移到 S_2,均衡价格下降为 P_2,均衡数量上升为 Q_2。

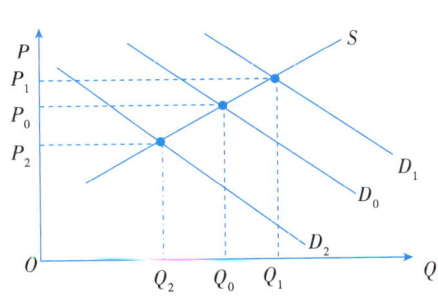

图 6-2 需求变化对均衡的影响

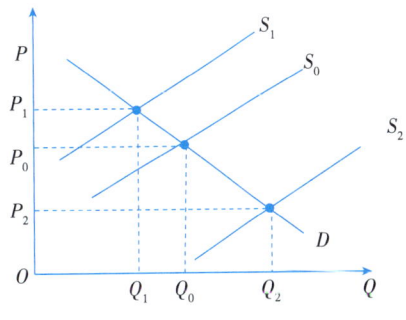

图 6-3 供给变化对均衡的影响

(3) 供给与需求同时变动对均衡价格与均衡数量的影响。

如果需求和供给同时发生变动，则商品的均衡价格和均衡数量变化需结合需求和供给变化的具体情况确定。如图 6-4 所示，当供给曲线由 S_1 移到 S_2 时，均衡点由 E_1 移到 E_2；需求曲线由 D_1 移到 D_2，均衡点由 E_2 移到 E_4。最终，均衡价格由 P_1 变为 P_2，均衡数量由 Q_1 变为 Q_2。

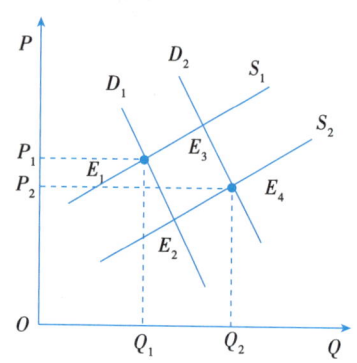

图 6-4　供需同时变动对均衡的影响

第二节　低空经济产品的供需均衡分析

一、低空经济构成

低空经济，是指以低空空域为主要活动空间，依托于各种有人驾驶和无人驾驶航空器的飞行活动，辐射并带动相关领域融合发展的综合性经济形态。根据第二章的阐述，低空经济构成主要包括低空制造产业、低空飞行产业、低空保障产业、综合服务产业。

1. 低空制造产业

低空制造产业主要是航空器研发制造，涉及有人驾驶和无人驾驶航空器的设计、开发与生产，包括无人机、eVTOL、直升机和传统固定翼飞机等。

2. 低空飞行产业

低空飞行能为各个行业、各个领域赋能，应用场景广泛，主要包括：

（1）生产作业类，如农林植保飞行、牧业飞行、渔业飞行、航空探测、石油服务、电力作业等多种场景应用。

（2）公共服务类，如应急救援、医疗救护、森林防火、警用飞行、海关飞行、政务飞行等多种场景应用。

（3）航空消费类，如飞行培训、空中游览、私人飞行、航空运动、娱乐飞行等多种场景应用。

（4）低空运输类，如短途运输、航空物流、景区投送等多种场景应用。

3. 低空保障产业

（1）基础设施建设与运营，如通用机场、直升机起降点、飞行营地、FSS 等。

（2）技术系统建设，包括低空空域管控系统、无人机飞行信息系统、无人机反制系统等。

4. 综合服务产业

综合服务产业是服务性产业，涵盖航空会展、广告、咨询、科教、文化传媒、信息、租赁、保险、中介代理、社团服务等。

由于低空保障以政府供给为主，低空综合服务涉及面广、细分产业供求特点差异大，以下只对低空制造和低空飞行应用的市场均衡进行分析。

二、低空经济供需均衡分析

低空经济供需均衡，是指在低空空域内，在以各种有人驾驶和无人驾驶航空器的飞行活动为核心，带动相关领域融合发展的综合性经济形态中，各种产品与服务供给与需求之间的关系达到一种平衡状态。本节以低空制造和低空飞行应用为例分析低空经济的市场供需均衡。

（一）低空制造的市场供需均衡分析

1. 低空航空器工业软件的市场供需均衡分析

IDC 预测，2021—2026 年，中国制造业整体软件市场规模将显著增长，核心工业软件市场年复合增长率预计为 20.7%。当前，工业软件市场正处于快速发展阶段，随着制造业的转型升级和信息技术的快速发展，工业软件作为连接传统制造与现代信息技术的重要桥梁，供需均衡问题日益受到关注。

工业软件是低空航空器制造的核心技术之一。随着制造业向智能化、数字化方向发展，工业互联网的快速发展进一步增加了工业软件对数据采集、分析、应用等方面的需求。市场对低空航空器工业软件的需求不断增长。如图 6-5 所示，需求扩张，需求曲线从 D 移动到 D_1，市场均衡点从 E 移动到 E_1。而后，由于技术进步，国内工业软件企业通过加大研发投入、引进先进技术等方式提升技术水平和创新能力，国外工业软件企业在中国设立研发中心，各地政府加大资金奖补力度，支持工业软件攻关和应用推广，设置多个工业软件重大专项，启动科技攻关项目，提升了工业软件的供给能力。供给曲线相应地向右移动，从而使因为市场需求不断增加而上升的价格重新回到原有的均衡水平 E_3。从图 6-5 中

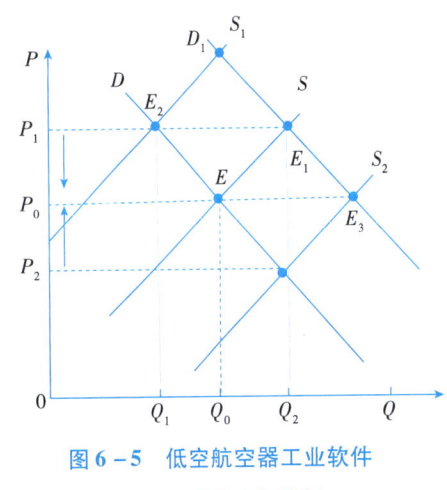

图 6-5 低空航空器工业软件的市场供需均衡分析

供需曲线变动情况来看，工业软件的价格同时受到需求和供给的影响，需求大量增长，实现均衡要靠政府加强政策支持、企业提升研发技术。

2. 无人机市场供需均衡分析

无人机产业被列入国家重点战略发展方向，《"十四五"民用航空发展规划》等政策为无人机行业的发展提供了明确、广阔的市场前景，为企业提供了良好的生产经营环境。

随着传感器、通信、航空运力等技术的不断成熟，以及人工智能技术的融合，无人机在良好的市场经营环境下供给能力迅速提升，加上中国拥有完整的电子产业链，无人机企业能够以较低的价格采购到性能优异的电子元器件，这为行业发展提供了成本优势，无人机企业更加愿意而且能够提

供更多的无人机产品。如图6-6所示，供给曲线由S移动到S_1。由于均衡价格下降到P_1，无人机市场的需求持续增长，特别是在民用无人机领域。企业利用无人机提升运营效率、降低成本，无人机已成为商业领域创新的重要工具。无人机从最初的军事用途逐渐扩展到农业、林业、物流、航拍、监测、救援等多个领域。2029年无人机市场规模预计达到676.4亿美元，2024—2029年复合年增长率为13.90%，市场需求的扩大，使得需求曲线从D移动到D_1，市场均衡价格由P_1重新回到原有的均衡水平P_0。这时，在原有的均衡价格水平上实现了新的均衡，均衡数量由Q_0增加到Q_2，无人机市场走向了更高水平的均衡。

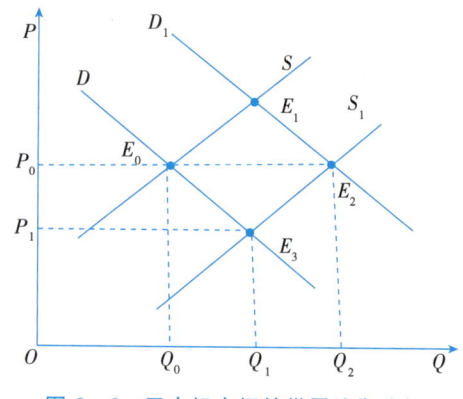

图6-6 无人机市场的供需均衡分析

无人机市场随着技术进步和应用领域的拓展迅速发展。例如，在农业领域中，无人机被用于作物监测和喷洒农药。随着无人机技术的提升和成本的降低，供给增加，同时，由于无人机能提高作业效率和减少人力成本，需求也随之增加。当供给和需求达到一个平衡点时，无人机的价格和数量就达到了市场均衡。

（二）低空飞行应用的市场供需均衡分析

低空飞行应用场景很多，以航空消防飞行为例，分析低空飞行应用市场供需均衡的形成过程。在供给方面，随着航空器制造技术的进步，无人机在火灾侦察和救援中扮演着越来越重要的角色。特别是，人工智能、数据挖掘和云计算等新技术的应用，为火灾侦察和救援提供了强大的技术支持。另外，政府加大高科技消防装备投资的支持力度，以及应急救援航线快速审批机制的建立，为航空器在火灾侦察与救援飞行中的应用提供了政策支持，航空消防的供给能力和服务能力进一步得到提升。在需求方面，航空消防的应用场景不断增多，以无人机为主要代表的航空器不仅在城市消防中得到应用，还在森林防火、野外火源管理、能源开采与运输等领域发挥着重要作用。

市场供给与需求的变动在很大程度上受供给与需求对价格敏感程度的影响。航空消防侦察与救援具有公共产品属性，航空消防的需求曲线对价格不敏感，且一段时期内一定区域的需求尽管具有突发性，但总体比较稳定。供给曲线则不然，目前市场上能够参与航空消防的飞行企业很多，特别是无人机企业，对市场价格敏感度较高。因此，如图6-7所示，航空消防的供给曲线较平缓，需求曲线则较陡峭。初始供给曲线为S_1，需求曲线为D_1，均衡点为E_0，均衡价格和均衡数量分别为P_0和Q_0。由于需求扩张，需求曲线由D_1移动到D_2，均衡点为E_1，均衡价格和均衡数量分别为P_1和Q_1。可以发现，均衡价格远低于均衡数量的上涨幅度。市场上无人机和通用航空运营企业较多，竞争激烈，对价格敏感。航空消防市场价格的小幅上涨推动企业将低空展演、低空运输等业务与消防业务融合发展，导致供给增加。供给曲线由S_1移动到S_2，均衡点为E_2，均衡价格和均衡数量分别为P_2和Q_2。此时，相对于初始均衡点E_0，均衡数量大幅增加，但均衡价格大幅下降。

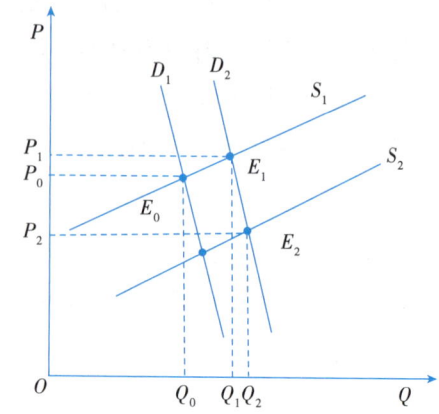

图6-7 航空消防的市场供需均衡分析

第三节 低空经济供需均衡的影响因素分析

根据供需市场均衡定理可知，低空市场均衡受低空产品价格的影响。当产品价格上升时，供给必然会增加；当产品价格下降时，利润降低，供给减少。当产品价格下降时，需求增加；当产品价格上升时，需求减少。政策支持是推动低空经济发展的关键因素，政府的政策导向、法规制定和行业标准对低空经济的发展具有重要影响。技术创新是推动低空经济供需均衡的重要力量。在无人机、eVTOL等新兴领域，技术的快速进步有助于满足市场的多样化需求，并推动产业快速发展。产业链的完善可以降低市场成本，从而推动供给增加，由此推动市场均衡价格下降，市场需求增加，从而达到新的更高水平的均衡。

一、低空经济产品价格对市场供需均衡的影响

低空经济产品的价格对供需均衡的影响遵循市场经济中的供需法则。

1. 低空经济产品价格对供给的影响

价格上升激励生产者增加供给量，因为更高的价格意味着更高的利润空间，生产者愿意提供更多产品以获取更多收益。

价格下降，供给量可能会减少，因为利润降低可能导致生产者减少生产或退出市场。

高质量的产品和服务可以在一定程度上支持较高的价格，而低质量的产品和服务可能导致价格下降。

2. 低空经济产品价格对需求的影响

价格上升会导致需求下降，因为消费者可能会寻找更经济的替代品或减少购买量。反之，价格下降会增加需求，因为较低的价格使产品对消费者更具吸引力，可能会增加其购买量或吸引新的消费者进入市场。

二、低空经济政策对市场供需均衡的影响

政府对低空经济的政策支持是推动产业链发展的关键因素。政策的利好，如空域管理改革、飞行安全法规的完善，有助于提升供给能力并规范市场秩序，从而促进供需均衡。

政策鼓励科技创新，包括关键核心技术的突破、应用场景的创新、营销模式的转换等。这些创新活动能够提高产业链的供给质量和效率，满足市场需求。

政策推动低空经济产业发展作为一个系统工程，需要各方面有机协作，各环节衔接配套。这有助于形成完整的产业链，增强供给能力，满足多元化的市场需求。

政策倡导提高产品和服务质量，强化品牌建设。这有助于开拓市场、增进效益，提升产业链的竞争力，实现供需均衡。

政策鼓励开放合作，推动构建与国际通行规制相衔接的制度体系和监管模式。这有助于企业"走出去""引进来"，提升产业链的国际竞争力，平衡国内外供需。

政策支持低空基础设施建设，如通用机场、直升机起降点等。这些基础设施的完善有助于提升服务保障能力，增加有效供给。

政策推动国家标准、行业标准、团体标准协同发展，包括适航标准、审定模式与技术等，为低空经济的规范化发展提供标准支撑。

政策着重于安全监管，如中国民用航空局印发的《民用微轻小型无人驾驶航空器运行识别最低性能要求（试行）》，提升无人驾驶航空器的可靠被监视能力，保障飞行安全。

地方政府结合自身条件，出台相应政策，如深圳市出台《建设国家通用航空产业综合示范区实施方案》等，推动低空空域管理体系完善，打造低空安全走廊。

政策考虑到行业发展进程、政策进展及市场开拓的不确定性，鼓励行业进行风险管理，确保产业链的稳定和可持续发展。

综上所述，低空经济政策通过多方面的支持与规范，对低空经济产业链的供需均衡起到了积极的促进作用，有助于推动产业链健康发展。

三、低空技术对市场供需均衡的影响

技术创新是推动低空经济发展的核心动力。随着无人机技术、eVTOL 等关键技术突破，供给能力得到显著提升，能够更好地满足市场需求。

技术的应用拓展了低空经济的服务范围，如无人机在农业植保、电力巡检、遥感测绘等领域的应用，以及 eVTOL 在 UAM 和旅游观光等领域的潜在用途。

低空经济产业链条长，涉及航空器研发制造、低空飞行基础设施建设运营、飞行服务保障等。技术发展促进了产业链各环节协同，增强了整个产业链的供给能力。

政府的政策支持和法规框架对低空经济的健康发展至关重要。技术标准和适航审定的完善有助于规范市场，促进供需均衡。

低空经济的发展需要相应的基础设施支持，如通用机场、直升机起降点等。技术进步在基础设施建设中的应用提高了服务保障能力。

技术发展使低空经济能够快速响应市场变化，如通过大数据分析预测市场需求，优化资源配置。

安全和效率是低空经济供需均衡的关键。技术进步如通感一体化技术提升了低空飞行的安全性和监管效率，为供需均衡提供了技术保障。

低空经济技术的发展成为实现供需均衡的关键因素之一，通过提升供给能力、拓展应用场景、完善产业链条、响应市场需求、增强安全与效率，共同推动了低空经济的健康发展。

四、低空经济相关产品价格对市场供需均衡的影响

除以上因素外，替代品和互补品价格也影响低空经济产品的市场均衡。

低空经济产品的替代品较多，例如在城市短途运输中，传统的汽车、地铁等是 eVTOL 的替代品。当 eVTOL 价格上涨，而汽车、地铁等出行方式价格相对稳定或下降时，消费者可能会更倾向于选择传统出行方式，导致 eVTOL 的需求减少，市场份额被挤压。同样，在航拍领域，如果相机价格下降且其拍摄效果能满足部分用户需求，一些对价格敏感的消费者可能会选择用相机替代无人机进

行简单的拍摄工作，从而影响无人机拍摄的市场需求。替代品价格的变化会影响低空经济产品的市场竞争力，进而改变市场供需格局，促使企业不断优化产品性能、降低成本，以提高自身的竞争力。

低空经济产品也有许多互补品。以无人机为例，其互补品包括电池、存储卡、遥控器等。当电池、存储卡等互补品价格下降时，无人机的生产成本下降，生产规模扩大，其需求也会相应增加。同样，对于eVTOL来说，充电桩、维修保养服务等是其互补品。如果充电桩、维修保养服务价格下降，eVTOL使用成本也下降，则市场规模将扩大。

五、低空经济具体产品供需均衡的影响因素分析

1. eVTOL供需均衡的影响因素

目前，全球已有超过800家企业或机构正在研发eVTOL产品。2023年，全球eVTOL市场规模达到125.3亿美元，2024年达到139亿美元。中国eVTOL市场规模在2023年达到9.8亿元人民币，2024年快速增长至32亿元人民币。这些数据表明，eVTOL市场正在快速发展，市场规模持续扩大。随着技术进步和商业化的推进，eVTOL市场有望在未来实现更广泛的应用和更大规模的发展。

eVTOL市场均衡是一个动态过程，受到技术、需求、政策、基础设施和成本等多种因素的影响。随着技术的不断发展和政策的持续支持，预计eVTOL市场将逐步实现供需平衡，并在未来的城市交通和相关领域发挥重要作用。

（1）技术成熟度。

eVTOL市场的供给能力在很大程度上取决于技术成熟度。随着电池技术、飞控系统、电机和航空材料等关键技术日渐进步，eVTOL的性能和安全性不断提高，促进了市场的供给。

（2）市场需求。

市场需求是推动eVTOL市场发展的主要动力。随着城市交通拥堵问题加剧和人们追求新型出行方式意愿提高，eVTOL在UAM、旅游观光、紧急医疗服务等领域的应用需求不断增长。

（3）供给能力。

eVTOL市场的供给能力取决于制造商的生产能力、技术创新、原材料供应以及产业链的完善程度。随着技术进步和规模经济逐渐实现，生产成本会越来越低，供给能力越来越强。

（4）政策与法规。

政府政策与法规对eVTOL市场的发展具有重要影响。适航认证、空域管理、飞行安全规定等政策的制定和实施，为eVTOL的安全运营提供了法律保障，也影响了市场的供需平衡。

（5）基础设施建设。

eVTOL的运营需要相应的基础设施支持，如垂直起降机场、充电设施、维修服务等。基础设施的完善程度直接影响eVTOL的市场接受度和运营效率。

（6）成本与价格。

成本控制是eVTOL市场竞争力的关键因素。随着生产规模的扩大和技术创新，预计eVTOL的成本将逐渐降低，从而使其价格更具竞争力，吸引更多消费者。

（7）市场预测与趋势。

根据市场研究和预测，eVTOL市场预计将持续增长。例如，有报告预测，到2035年，中国eV-

TOL 市场规模将超过 5000 亿元，显示出稳健的增长趋势。

2. 无人机供需均衡的影响因素

在当今科技飞速发展的时代，无人机作为一项创新技术，价格变动受到技术发展、市场需求、政策与法规等因素影响。

（1）技术发展。

随着无人机技术逐渐成熟，产生量产效应，关键硬件如飞控系统、电池和传感器的成本逐渐降低，无人机操作和安全管理软件的持续更新降低了长期使用中的维护成本。技术创新激发了市场竞争，许多企业为抢占市场份额，推出了性价比更高的产品。无人机与其他技术如 5G、大数据的整合将创造新的应用场景并影响价格走势。

（2）市场需求。

随着人们对无人机摄影和娱乐的兴趣增加，消费级无人机市场迅速扩大。无人机在农业、测绘、物流等领域的应用增加了工业级无人机的需求。全球市场的开拓，尤其是在亚洲和欧洲，增加了出口需求，影响了国内外价格策略。

（3）政策与法规。

各国对无人机的飞行高度、空域使用等制定了严格规定，影响使用成本。政府对无人机生产的税收优惠或研发补贴可以降低制造企业的成本。除此之外，国际贸易政策变动，如关税调整，也会影响跨境交易中无人机的价格。

（4）供应链动态。

无人机生产依赖的原材料如塑料、金属、电子元件的价格波动直接影响成本。制造效率的提升和全球分销网络的优化降低了运输与仓储成本。随着更多供应商进入市场，组件和材料的价格更趋合理。环保材料的使用和电动无人机的发展可能会改变生产成本与价格。

（5）经济环境。

全球经济状况对消费者的购买力有直接影响。当经济繁荣时，高科技玩具和工具的需求及价格都会上升。对于依赖进口元件的无人机制造商，汇率波动可能影响成本结构。另外，资本市场对无人机行业未来发展的预期也会影响企业的融资成本和扩张策略。

（6）社会与文化因素。

随着公众对隐私权的日益关注，对无人机的接受度可能影响其市场扩张速度。

媒体报道可以提升无人机技术的知名度和接受度，从而推动市场需求。更多的教育和培训机会提高了专业人员的可用性，降低了操作门槛。

随着人工智能和机器学习技术的发展，预计无人机将实现更多自主功能，提高使用效率。

3. 直升机旅游供需均衡的影响因素

作为一项高端旅游服务，直升机旅游的价格受到多种因素的影响，具体分析如下。

（1）服务类型影响价格。

①短途体验。例如，若航直升机的空中游览服务，飞行时长约 10 分钟。这类短途体验通常价格较为亲民，适合想要尝试直升机旅游的消费者。

②特定景点游览。某些直升机旅游服务专注于特定的旅游景点，如都江堰熊猫谷，可能因为景

点的独特性设定不同的价格。

③长途探险。长途直升机旅游，如穿越数个景点或地区的服务，价格会更高，因为涉及更多飞行时间和服务内容。

（2）体验时长决定价格。

①短暂飞行。短暂的直升机飞行，如10～15分钟的体验，虽然价格相对较低，但仍然提供了从空中欣赏风景的机会。

②长时间飞行。半小时以上的直升机旅游服务，价格会显著提高，通常包括更远距离的景点访问和更多的服务内容。

（3）地区差异造成价格波动。

①旅游热点地区。在旅游热点地区，如云南、甘肃、新疆等地的直升机旅游，由于旅游资源丰富，可能会用不同的定价策略吸引游客。

②经济发达地区。在经济发达地区，直升机旅游的价格可能较高，一部分原因是运营成本和客户需求不同。

（4）客户需求和定制服务影响价格。

①个性化定制。针对特定客户需求的个性化直升机旅游服务，如特殊路线设计、专属飞行员指导等，价格会有所不同。

②节假日和旺季。在节假日和旅游旺季，直升机旅游的需求增加，价格可能会有所上调。

（5）市场供需关系。

①供应量。直升机的数量、可用的飞行员人数和服务设施的多少直接影响价格。

②客群变化。亲子客群和家庭式旅游的增加可能对直升机旅游的服务内容与价格产生影响。

（6）安全与服务质量。

①高水平服务。提供高质量服务的直升机旅游，如确保安全的飞行记录、提供专业解说等，可能会收取更高的价格。

②安全投资。公司在安全措施上的投入多，因此，成本会体现在服务价格上。

第四节　低空经济的市场失衡与调整策略

一、低空经济市场失衡原因分析

低空经济市场失衡，缘于多方面因素的交织。首先，技术革新与市场需求脱节，航空器更新换代速度远超市场对其实际需求的能力，导致资源过度集中而无法有效利用。其次，基础设施建设滞后，通用航空网络尚未形成完整的低空空域交通体系，限制了低空经济的全面发展。再次，服务提供尚显单一，缺乏多元化、个性化的服务项目满足不同消费者的需求。最后，行业管理政策未能与时俱进，监管机制不健全，安全标准未统一，使得低空经济市场在风险与机遇间摇摆不定。这些因素共同作用，构成了低空经济市场失衡的根本原因。

二、低空经济市场均衡调整策略

1. 低空经济结构调整

对低空经济内部各个组成部分进行合理配置与调整，以实现资源的有效利用和市场的健康发展。通过分析低空经济的组成要素，如航空运输、无人机物流等，制定相应策略，优化市场结构，促进整个低空经济体系均衡发展。

优化市场结构，增强低空经济的市场竞争力，包括鼓励创新、引入竞争机制、完善政策法规等措施，从而提高低空经济的整体效率和效益，确保其在市场中的稳定地位。

2. 提升低空经济市场效率

提升低空经济市场效率需要关注市场响应机制，确保供需变化能迅速反映在价格和服务上，从而加快资源配置速度，提高整体市场效率。

技术创新是提升低空经济市场效率的关键，通过引入先进的航空器、通信导航设备以及管理技术，可以降低运营成本，提升服务质量，进而增强市场活力。

构建高效的低空经济市场需要优化监管政策，制定合理的法规标准和准入门槛，减少不必要的行政干预，为市场主体提供公平竞争的环境，激发市场活力。

3. 促进低空经济市场公平

促进低空经济市场公平需要构建一个无壁垒、开放透明的竞争环境，确保各参与主体能在平等的基础上进行竞争，避免市场垄断和不正当竞争行为，从而激发市场活力与创新动力。

为保障低空经济市场的公平性，需要政府出台相应政策与法规，对市场准入、运营管理、安全监管等方面进行规范，同时，提供必要的支持和服务，确保所有参与者在公平的条件下运作。

建立合理的低空经济市场准入机制，通过设定明确的标准和要求，让具备条件的新参与者能够进入市场，增加市场竞争度，同时避免无序竞争导致的资源浪费和市场混乱。

加大市场监管力度，确保交易公开透明，让所有市场信息及时准确地向公众披露，增强市场的预见性和稳定性，使所有参与者都能在清晰了解市场状况的前提下做出合理决策。

4. 保障低空经济市场稳定

在低空经济市场中，政府和相关部门的政策监管对于维护市场稳定具有至关重要的作用。通过制定合理的政策和法规，可以有效地规范市场行为，防止不公平竞争和市场垄断现象发生，从而保障市场的健康发展。

低空经济市场的稳定需要建立有效的风险预警和控制机制。通过对市场动态的实时监控，及时发现潜在的风险，采取相应的预防措施，可以避免或降低市场波动带来的负面影响，确保市场长期稳定运行。

本章小结

本章主要以经济学中的市场均衡理论为基础，讲述了低空经济构成中的低空制造、低空飞行需求供需均衡。首先，本章定义了低空经济供需均衡的概念，建立了低空经济均衡模型，分析了供给变动、需求变动、供需同时变动对产品价格的影响。其次，本章分析了低空经济具体产品的供需均衡及影响因素。最后，本章初步分析了低空经济市场失衡及调整策略。

展望未来，低空经济有望成为推动经济增长的新动力。随着技术的不断进步和市场需求的不断扩大，低空经济将在交通、旅游、物流等多个领域发挥重要作用。同时，低空经济的发展也将促进相关产业链形成，带动就业和区域经济发展。低空经济作为一个新兴产业，供需均衡的实现需要政府、企业和社会各界共同努力。通过不断的探索和创新，低空经济将为社会经济的可持续发展贡献新的活力。

思考题

1. 推导供给与需求同时变动对均衡价格和均衡产量的影响。
2. 根据供需均衡定理，分析低空经济产业链上游、中游、下游产品的供求均衡关系。
3. 低空经济市场均衡的影响因素有哪些？
4. 低空经济产业链供需均衡的差异性体现在哪里？
5. 低空经济产品价格如何影响市场均衡？
6. 低空经济技术如何影响市场均衡？举例说明。

案例分析

苏州昆山城市航站楼至上海浦东国际机场直升机航线

2023年8月10日，上海新空直升机有限公司成功试点了从苏州昆山城市航站楼至上海浦东国际机场的双向空中的士载客服务。此航线将原本1.5~2小时的地面车程缩短至30分钟内，大幅提高了出行效率。该公司生产的BELL505单发四座轻型直升机，最高航速为231千米/小时，最大航程为566千米。乘客从苏州昆山城市航站楼出发，约20分钟抵达上海浦东起降点，随后由地服专车转送至民航航班，全程控制在1小时以内。预计该航线可实现年载客2万~3万人次，运营经济效益突破千万元。当前，该服务尚处市场推广阶段，单程执飞价格按1600元/位、1800元/位设定。苏州昆山城市航站楼相关负责人表示，将深度拓展低空经济覆盖面，开通至上海迪士尼、舟山、黄山的低空旅游服务，以及跨境航空应急医疗救护转运服务。

上海市经信委表示，将持续拓展低空航线覆盖面，加大政策支持力度，为低空经济产业发展注入新动能。

总体来说，苏州昆山城市航站楼至上海浦东国际机场的直升机航线不仅展示了低空经济的巨大潜力，还为区域一体化和产业发展提供了新的动力。这一案例表明，低空经济的发展将为未来的交通出行带来更多可能性，同时需要持续的政策支持和技术革新推动其健康发展。

阅读上述案例并回答以下问题：

1. 该项目属于低空经济构成中的哪一类？
2. 分析苏州昆山城市航站楼至上海浦东国际机场直升机航线的供需图。
3. 分析苏州昆山城市航站楼至上海浦东国际机场直升机航线供需均衡影响因素。

第七章
低空经济的外部性

案例导入

对无人机"黑飞"说不，呵护候鸟栖息家园

鄱阳湖陆续迎来一批批越冬候鸟，随之而来的还有不少摄影爱好者，他们利用无人机拍摄候鸟，给候鸟栖息造成干扰。

每年有成千上万的候鸟来鄱阳湖区域越冬。因此，这里成为许多摄影爱好者的"风水宝地"，他们驱车到此，"埋伏"在草洲四处，架起"长枪短炮"，甚至在鄱阳湖"禁飞区"飞起无人机，近距离拍摄和欣赏栖息的候鸟。

无人机在天空飞行时，会发出嗡嗡的噪声，这种噪声和旋翼快速转动，会给鸟类的觅食、休息带来很大影响。

为了守护候鸟的栖息地，公安部门不得不利用反制枪对无人机进行定向干扰，迫使其返航降落。公安部门还联合江西鄱阳湖国家级自然保护区管理局吴城保护管理站以及当地卫生院，建立起候鸟救护三方联勤机制，设立"候鸟救护中心"，全方位、立体化为鄱阳湖越冬候鸟营造最安全的栖息环境。

资料来源：根据大江网资料整理，https：//jj.jxnews.com.cn/system/2024/11/11/020693930.shtml。

阅读上述案例并思考以下问题：

1. 低空飞行会带来哪些问题？
2. 除了上述案例中所说的反制措施，有没有其他手段防止低空飞行带来的问题？

当谈论无人机飞行给我们带来不一样的体验时，不得不提及经济学中的一个重要概念——外部性。

简单来说，外部性，就是某个经济活动的"副作用"，这种副作用虽然没有通过市场价格体现，却实实在在地影响到了其他人。比如，你在家里开派对，音乐声太大，邻居虽然没有直接参与，却不得不忍受噪声，这就是负外部性；你家的花园种满了鲜花，美化了周围环境，邻居享受到了美景却无须付费，这就是正外部性。对于这种"搭便车"现象需要政府和市场共同矫正外部性，本章将主要分析低空经济外部性，正确认识正外部性和负外部性，并围绕外部性提出矫正对策。

第一节 外部性理论

一、外部性定义

经济学家对外部性概念未给出统一标准，不同经济学家从不同角度对外部性进行了定义：一类是从外部性的产生主体角度来定义，如萨缪尔森和诺德豪斯认为，"外部性是指那些生产或消费对其他团体强征了不可补偿的成本或给予了无须补偿的收益的情形"；另一类是从外部性的接受主体角度来定义，如兰德尔认为，外部性是用来表示"当一个行动的某些效益或成本不在决策者的考虑范围内的时候所产生的一些低效率现象，也就是某些效益被给予，或某些成本被强加给没有参加这一决策的人"，即外部效应就是某经济主体的福利函数的自变量中包含了他人的行为，而该经济主体又没有向他人提供报酬或索取补偿，即

$$F_j = F_j(X_{1j}, X_{2j}, X_{3j}, \cdots, X_{nj}, X_{mk}) \quad j \neq k$$

其中，j 和 k 是指不同的个人（或厂商）；F_j 表示 j 的福利函数，是指经济活动。

函数表明，如果某个经济主体 F_j 的福利除受到自己控制的经济活动 X_i（$i = 1, 2, \cdots, n, m$）的影响外，还受到另外一个人 k 控制的某一经济活动 X_m 的影响，就说明存在外部效应。

前述两类定义的差别在于分析的角度不同，但本质是一致的，即外部性是某个经济主体对另一个经济主体产生一种外部影响，而这种外部影响又不能通过市场价格进行买卖。

因此，本书认为，外部性，是指一个经济主体的行为对另一个经济主体产生了影响，而这种影响并没有通过市场机制得到充分反映。

二、外部性主要理论

（一）马歇尔的"外部经济"

马歇尔是英国"剑桥学派"的创始人，是新古典经济学派的代表。马歇尔虽没有明确提出"外部性"这一概念，但"外部性"概念源于马歇尔在 1890 年发表的《经济学原理》中提出的"外部经济"概念。

马歇尔指出："我们可把因任何一种货物的生产规模之扩大而发生的经济分为两类：一是有赖于这工业的一般发达的经济；二是有赖于从事这工业的个别企业的资源、组织和效率的经济。我们称前者为外部经济，后者为内部经济。"他还指出两点："一是任何货物的总生产量增加，一般会增

大企业的规模，因而就会增加它所有的内部经济；二是总生产量的增加，会增加企业所获得的外部经济，因而使它能花费较以前更少的劳动和代价来制造货物。""换言之，可以概括地说：自然在生产上所起的作用表现出报酬递减的倾向，而人类所起的作用则表现出报酬递增的倾向。报酬递减规律表明：劳动和资本的增加，一般导致组织的改进，而组织的改进提升劳动和资本的使用效率。"

由马歇尔的论述可知，所谓内部经济，是指企业内部各种因素导致的生产费用节约，这些影响因素包括劳动者的工作热情、工作技能提高、内部分工协作完善、先进设备采用、管理水平提高和管理费用减少等。所谓外部经济，是指企业外部各种因素导致的生产费用减少，这些影响因素包括企业离原材料供应地和产品销售市场远近、市场容量大小、运输通信便利程度、其他相关企业发展水平等。实际上，马歇尔把企业内分工带来的效率提高称作"内部经济"（这就是微观经济学中所讲的"规模经济"，即随着产量的扩大，长期平均成本降低），把企业间分工导致的效率提高称作"外部经济"。

（二）庇古的"庇古税"

庇古是马歇尔的嫡传弟子，于1912年发表了《财富与福利》一书，后经修改充实，于1920年改名为《福利经济学》出版。这部著作是庇古的代表作，是西方经济学发展中第一部系统论述福利经济学问题的专著。因此，庇古被称为"福利经济学之父"。

庇古首次用现代经济学的方法从福利经济学的角度系统地研究了外部性问题，其通过分析边际私人净产值与边际社会净产值的背离阐释外部性。庇古指出，边际私人净产值是指个别企业在生产中追加一个单位生产要素所获得的产值，边际社会净产值是指从全社会来看在生产中追加一个单位生产要素所增加的产值。他认为，如果每一种生产要素在生产中的边际私人净产值与边际社会净产值相等，那么它在各生产用途的边际社会净产值都相等，而当产品价格等于边际成本时，就意味着资源配置达到最佳状态。如果在边际私人净产值之外，其他人还得到利益，那么边际社会净产值就大于边际私人净产值；反之，如果其他人受到损失，那么边际社会净产值就小于边际私人净产值。庇古把生产者的某种生产活动带给社会的有利影响叫作"边际社会收益"，把生产者的某种生产活动带给社会的不利影响叫作"边际社会成本"，从这个角度来看，外部性实际上是边际私人成本与边际社会成本、边际私人收益与边际社会收益的不一致。在没有外部效应时，边际私人成本就是生产或消费一件物品所发生的全部成本。当存在负外部效应时，如由于某一厂商的环境污染，另一厂商为了维持原有产量，必须安装治污设施等，这些成本支出就是外部成本。边际私人成本与边际外部成本之和就是边际社会成本。当存在正外部效应时，企业决策产生的收益企业并不能全部占有，还存在外部收益。边际私人收益与边际外部收益之和就是边际社会收益。通过经济模型可知，当存在外部经济效应时，纯粹个人主义机制不能实现社会资源的帕累托最优配置。

庇古认为，既然在边际私人收益与边际社会收益、边际私人成本与边际社会成本相背离的情况下，依靠自由竞争不可能达到社会福利最大化，就应当由政府采取适当的经济政策，消除这种背离。政府应采取的经济政策有：对边际私人成本小于边际社会成本的部门实施征税，即当存在外部不经济效应时，向企业征税；对边际私人收益小于边际社会收益的部门实行奖励和津贴，即当存在外部经济效应时，给企业补贴。这种通过征税或补贴来矫正经济活动的外部性，使私人成本与社会成本相等，从而达到资源有效配置的政策工具被称为"庇古税"。

(三) 科斯的"科斯定理"

科斯是新制度经济学的奠基人,因"发现和澄清了交易费用和财产权对经济的制度结构和运行的意义",他荣获了 1991 年度诺贝尔经济学奖。"科斯定理"主要内容:如果交易费用为零,则无论权利如何界定,都可以通过市场交易和自愿协商达到资源的最优配置;如果交易费用不为零,则制度安排与选择是重要的,说明解决外部性问题可以用市场交易形式即自愿协商替代征税手段。

随着 20 世纪 70 年代环境问题日益加剧,市场经济国家开始积极探索实现外部性内部化的具体途径,"科斯定理"随之被投入实际应用中。在环境保护领域,排污权交易制度就是"科斯定理"的一个具体运用。"科斯定理"的成功实践进一步表明,"市场失灵"并不是政府干预的充要条件,政府干预不一定是解决"市场失灵"的唯一方法。

外部性理论作为经济理论的一个分支,最终目的是实现资源最优配置。外部性理论认为,外部性的存在影响了资源的最优配置,导致了市场失灵,需要政府和市场共同矫正。

三、外部性分类

根据表现形式不同,外部性可分为正外部性和负外部性。

(一) 正外部性

正外部性即无偿给他人带来收益的外部性。我们把能够无偿给他人带来收益的产品称为"正外部性产品"。正外部性产品具有以下两个特点:

一是对这种产品的使用能够产生当事人不能全部享有的收益,即额外收益性。下列因素会导致额外收益:①消费的非竞争性。有些产品在进行消费时,增加一个人对它的分享,并不导致该产品的生产成本上升,如技术发明、公共教育。生产成本和消费成本的非对称性,使排他的成本上升,甚至不可能。②产品的易复制性。有些产品生产后,其传递和复制成本相对于其生产成本来说非常小,每个消费者都可能成为该产品供给者的竞争对手。这就使一些本来由生产者享有的收益被他人享有,如盗版等。这两个因素可归结为一点:排他性消费成本太高,收益不得不由他人享有一部分。

二是这种产品在私有市场上供给不足,即供给不足性。由于理性的个人或厂商在其行为产生的收益无法被其有效地全部享有,且生产正外部性产品的成本也并不因此而减少的情况下,没有足够的动力对正外部性产品进行投资,生产的边际成本大大高于边际收益,造成整个社会正外部性产品的供给低于需求。除此之外,"搭便车"行为也导致正外部性产品供给不足。然而,正外部性的存在提高了社会收益,它在不降低外部性制造者效用水平的同时,提高了他人的效用水平。尽管这种提高是非自愿的,但它是一种帕累托改进,符合效率原则。社会的进步在很大程度上要归功于正外部性,如技术进步、公共产品等都是促进社会进步的主要因素。因此,要改变正外部性产品供给不足的状况,就要对它的供给实行激励。

针对正外部性产品具有的特点,可以从四个方面进行激励:一是法定正外部性的制造者享有收益垄断权,以加强该类产品消费和使用的排他性,如专利制度;二是实行消费收费制度,规定消费该类产品需交纳一定的费用,如公共教育中的收费;三是由政府代替私人供给该类产品,如国防;四是宣布以盈利为目的获得和复制他人产品为非法,如打击盗版行为。

(二) 负外部性

负外部性即未经他人同意施加给他人额外成本的外部性。负外部性在提高外部性制造者效用水平的同时，降低了相关人的效用水平，给他人带来了损害。与正外部性相比，负外部性的存在范围要大得多，存在着供给过剩的现象。正外部性只来源于正外部性产品，而负外部性不仅来源于对权利或物品的不正当使用，而且正当使用会产生负外部性，尤其是权利重叠导致的不相容使用问题。这说明，在一定程度上，负外部性是不可避免的，是人们不得不接受的一个事实。

消除负外部性的方法是使外部性内部化。科斯认为，通过明晰产权可以在较大程度上避免负外部性。以鱼塘为例，如果鱼塘是公共产品，大家都可以去捕捞，那么鱼塘中的鱼很快就会减少甚至灭绝；如果明晰产权，明确鱼塘的产权所有人，那么该鱼塘就会得到恰当管理，鱼塘中的鱼就可以存续。

第二节 低空经济的外部性

随着技术的不断进步和政策的持续推动，低空经济辐射空间及领域不断扩大，低空经济正逐步成为推动经济社会发展的新引擎，如图 7-1 所示。

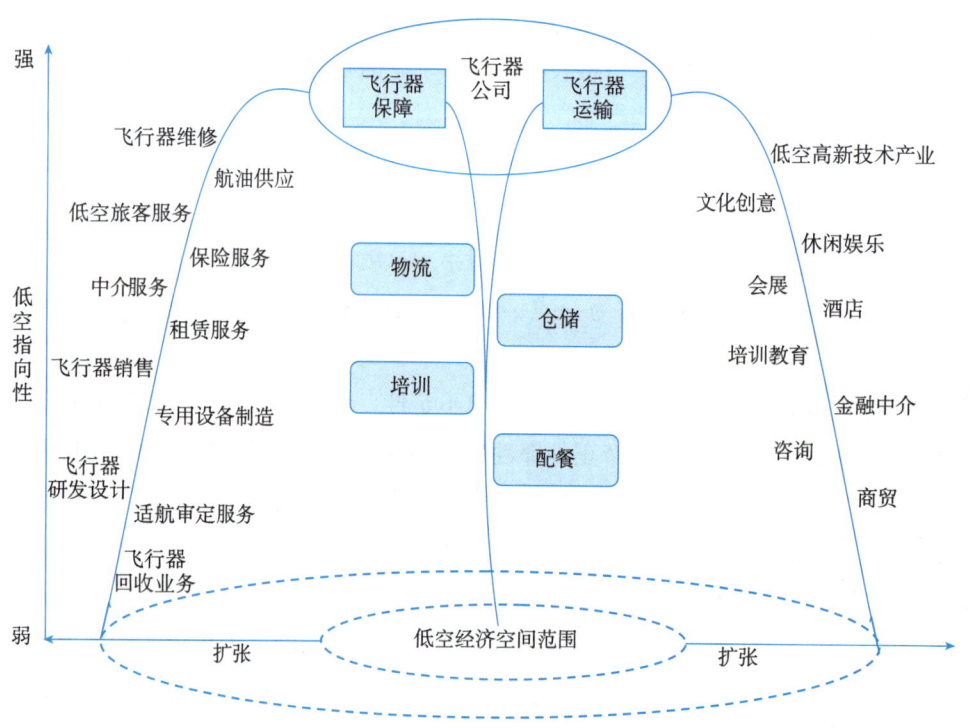

图 7-1 低空经济辐射的空间及领域

资料来源：李艳华. 航空运输经济理论与实践 [M]. 北京：中国民航出版社，2017.

然而，如同任何经济活动一样，低空经济发展的同时伴随着复杂的外部性影响。这些影响在个人收益与社会收益、个人成本与社会成本之间交织，构成了低空经济生态的多元化图景。低空经济正负外部性研究,将为低空经济可持续发展提供理论支撑和实践指导。本节将从低空制造、低空飞行应用、低空保障及低空综合服务全产业链角度出发,剖析低空经济的正负外部性。

一、低空制造方面的外部性

(一) 低空制造方面的正外部性

低空制造领域的技术创新是推动整个行业发展的关键。在这个过程中,新技术、新材料、新工艺不断涌现,不仅提高了低空产品的性能和质量,还通过技术外溢效应促进了相关产业链升级和转型,如图7-2所示。例如,无人机技术的快速发展不仅推动了低空飞行器制造业的繁荣,还带动了传感器、通信、导航、图像处理等多个领域的技术进步。这种技术外溢使社会整体技术水平得到提升,社会收益显著增加。然而,技术外溢只是低空经济正外部性的一部分,而非其全部意义和作用。低空经济的发展还带来了就业机会增加、产业结构优化、经济增长拉动等多方面的积极影响。

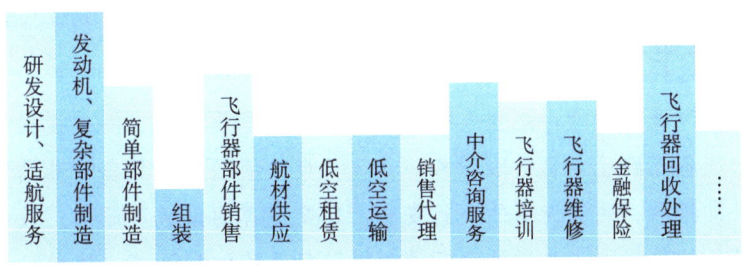

图7-2 低空制造相关产业链

资料来源:李艳华. 航空运输经济理论与实践 [M]. 北京:中国民航出版社,2017.

(二) 低空制造方面的负外部性

在低空制造过程中,大量原材料和能源的消耗是不可避免的。这些资源的开采和加工过程可能对环境造成破坏,如水土流失、空气污染等。同时,制造过程中产生的废弃物和排放物可能对环境造成长期影响。这些负外部性增加了社会成本,需要进行有效管理和控制。为了减轻这些负外部性,低空制造企业应积极采用绿色制造技术和环保材料,加强废弃物的回收和利用,降低对环境的负面影响。

二、低空飞行应用方面的外部性

(一) 低空飞行应用方面的正外部性

低空飞行应用范围很广,主要包括低空消费、低空作业、公共服务和低空运输。

1. 低空消费的正外部性

低空消费主要包括低空旅游观光体验、航空运动、无人机赛事与表演,以及有线旋翼跳伞塔、空中绘画、野外CS空战、航拍景观直播、空中飞天戏剧等新型低空消费活动。低空消费项目的共同特点是,为游客提供了全新的视角和体验,极大地提升了游客旅游的愉悦度和满意度,同时为其他游客和民众提供了不同角度欣赏飞行场景的机会。

案例

武功山航空运动为游客提供丰富多样的体验

武功山航空运动通过提供多样的航空运动项目和优质的服务，为游客带来了全新的旅游体验。游客在空中飞行时，可以尽情欣赏武功山的壮丽景色，感受飞行的自由和刺激。同时，飞行营地的专业教练和周到服务也让游客在体验过程中更加安心、舒适。这些措施共同提升了游客在武功山旅游的愉悦度。

武功山航空飞行营地提供直升机游览服务，游客可以乘坐直升机，从高空俯瞰武功山的全貌，欣赏山脉的壮丽和大自然的鬼斧神工。这种独特的游览方式不仅能让游客感受飞行的自由和刺激，还能让游客更全面地领略武功山的自然风光。此外，武功山航空飞行营地还提供动力滑翔伞飞行服务，动力滑翔伞是一种个人休闲飞行器，由滑翔伞与发动机两大部分组成。游客可以在专业教练的陪同下，乘坐动力滑翔伞在空中自由翱翔，感受乘风飞行的乐趣。这种飞行方式既刺激又安全，是游客体验空中飞行的好选择。

为了提升游客的愉悦度，武功山航空飞行营地还采取了多项措施。一是提供专业的飞行教练和飞行员。该飞行营地配备了经验丰富的飞行教练和飞行员，他们不仅具备专业的飞行技能，还能为游客提供周到的服务和指导，确保游客的飞行安全。二是完善的设施和服务。飞行营地拥有完善的设施和服务，包括宽敞的停机坪、先进的飞行设备以及舒适的休息区等。这些设施和服务为游客提供了良好的飞行环境与舒适的体验。三是独特的飞行路线。飞行营地根据武功山的地形和景观特点，设计了独特的飞行路线。游客可以在飞行中欣赏武功山最具特色的自然景观，如高山草甸、云海日出等。

资料来源：作者根据网上资料加工整理。

阅读上述案例并思考：武功山航空运动带来哪些正外部性和负外部性？

2. 低空作业的正外部性

低空作业主要包括农林植保、无人机巡查巡检、气候环境监测等。低空作业为保护农林产品生产，电力、道路、水域、环境监测等提供高效精准的服务，并具有一定的公共利益属性。与人工喷洒相比，无人机植保通过大面积精准喷洒农药，具有显著的作业协同性，可以有效减少整个片区害虫数量。这些应用不仅提高了农业生产效率和质量，还促进了农业可持续发展和生态平衡。

无人机低空植保促进农业发展

在某农业产区，由于连年气候变化和种植结构调整，害虫问题日益严重，给当地农户带来了很大的困扰。传统的地面植保方式效率低下，且对环境和人体健康有一定的危害。为了解决这个问题，当地农业部门引入了低空植保技术。首先，对产区的害虫种类、分布和危害程度进行了详细的调研，并根据调研结果制定了针对性的低空植保方案，明确了喷洒的药剂类型、浓度和喷洒时间等关键参数。其次，引进了先进的无人机设备，并进行了严格的调试和测试，确保设备在飞行过程中稳定可靠，喷洒效果均匀。再次，在合适的天气条件下，按照既定的方案进行低空喷洒作业。无人机以低空飞行的方式，对整个产区的农作物进行了全面的药剂喷洒。最后，喷洒完成后，及时对防治效果进行评估，并根据评估结果对后续的植保方案进行了相应的调整和优化。

经过低空植保处理后，整个产区的害虫数量明显减少，农作物的生长状况得到了显著改善。而且，低空植保不仅针对当前的害虫进行了有效防治，还通过打破害虫的群落分布，降低了虫害再次暴发的风险。此外，由于害虫数量减少和农作物生长环境改善，周边农户的农作物受到了积极影响，产量和质量都得到了提升，使农户增加了经济收入。与传统的地面植保方式相比，低空植保减少了对环境和人体的危害。同时，由于喷洒均匀且用量精确，减少了药剂的浪费和残留，更符合可持续发展的理念。在未来的农业生产中，应进一步推广和应用低空植保等先进技术，以提高农业生产效率和质量，促进农业可持续发展。

资料来源：根据网络资料整理。

阅读上述案例并思考以下问题：

1. 上述案例给了我们什么启示？
2. 除了农业喷洒药物，无人机还在哪些作业领域得以应用？

3. 低空公共服务的正外部性

低空公共服务主要包括应急救援、通信中继、警用安防等。低空公共服务具有公共产品属性和显著的正外部性，可为边远地区、海岛、其他交通工具难以通达的地方和在应急状态下提供消防、医疗、通信、警务等公共服务。以航空医疗救援为例，通过低空飞行器可实现医疗资源的快速调度和紧急救援。在自然灾害、交通事故等紧急情况下，低空医疗救援能够迅速抵达现场，为伤员提供及时的救治和转运服务。这种高效的救援方式不仅提高了救援成功率，还缓解了地面交通拥堵，降低了救援难度。低空医疗救援的引入不仅提升了医疗救援体系的整体效能，还增强了社会对医疗救援的信心和满意度。这种正外部性在保障人民生命安全和健康方面发挥了重要作用，是低空经济社会价值的重要体现。

案 例

聚焦"低空经济+应急救援"场景应用，通大附院打造航空应急救援通道

"患者左上肢前臂肢体离断伤，5分钟后抵达医院停机坪，请做好各项准备。"2024年11月8日上午，随着对讲机内传来急促的呼叫声，南通大学附属医院东院区急诊抢救室的医护人员迅速将担架车推出，并在停机坪附近的空地上做好了转运患者的准备。

10时30分许，一架白色直升机缓缓降落在南通大学附属医院东院区的停机坪上。推着担架车的急救人员迅速跑向直升机，将一名刚刚从长江某轮船上转运而来的男性患者抬上担架，并通过医院绿色通道送往抢救室救治。

当天，一场航空应急救援演练在南通大学附属医院东院区举行，内容包括远程会诊、直升机转运、院内急救等多个环节。这是该院聚焦"低空经济+应急救援"场景应用，成功打造的一条航空应急救援通道，标志着该院具备了空中医疗救援能力，也为其医疗服务打开了一片新的天地（见图7-3）。

空中医疗救援是现代医疗急救体系的重要组成部分，包括利用飞行器进行伤病员的生命支持、监护、救治和转运，特殊血液和移植器官的运输，以及急救人员、医疗装备和药品的快速运达，是地面救援的重要补充。

南通大学附属医院直升机停机坪位于该院大楼西侧地面，尺寸为30米圆形，最大起飞重量为13吨，机坪中心高度为4.8米，设有地面标识和目视助航灯光系统。在本次演练中，急救专用直升机和医院绿色通道形成了无缝式救援链，为危重症患者赢得了宝贵的抢救时间，也为该院应对空中应急救援提供了实战经验。

图7-3　南通大学附属医院打造航空应急救援通道

资料来源：南通网，http：//www.zgnt.net/content/2024-11/09/content_3244812.htm。

4. 低空运输的正外部性

低空运输是指利用无人机等航空器在低空空域进行人员和货物运输的飞行活动。运输类低空飞行活动能够提供快速、灵活的交通解决方案，尤其适合地面交通受限或时间敏感的运输需求。低空运输具有一定的正外部性，主要表现为：一是缓解地面拥堵，提高交通效率，提升城市竞争力；二是医疗、景区、锚地补给物资配送和码头引航等低空运输业务，为人民健康、旅游业和航运业发展提供支持服务。

（二）低空飞行应用方面的负外部性

低空飞行活动可能产生环境污染、噪声污染和安全隐患等负外部性。

首先，任何低空飞行应用场景，都不可避免地会产生一定的环境污染，低空飞行过程中产生的尾气排放可能加剧大气污染，低空物流的无人机飞行可能干扰鸟类迁徙和生态平衡，低空旅游的低空飞行器可能破坏自然景观和文化遗产。这些负外部性不仅增加了环境成本，还可能对生态系统的稳定性和可持续性造成威胁。

其次，航空器的噪声污染是低空经济面临的一个重要问题。特别是，在城市区域，低空交通的噪声污染给居民的生活环境和身心健康造成了一定的影响。这种噪声污染不仅损害了人们的生活质量，也对生态平衡和可持续发展造成了威胁。为了降低噪声污染的影响，低空飞行活动应合理规划飞行路线和时间，采用低噪声飞行器等措施。

最后，低空飞行存在一定的安全隐患，如飞行器的碰撞、坠毁等事故可能对周边环境、人员、财产造成危害。因此，加强飞行器的安全性能设计和监管是确保低空飞行安全的重要措施。

案 例

集中整治影响铁路线路安全的无人机"黑飞"、乱飞问题隐患

2023年，公安部铁路公安局部署启动"携手护路利剑除患"2023年专项行动，联合多部门做

好涉铁路矛盾排查化解、打击整治和治安防范、路外宣传教育等工作，全力确保铁路安全畅通。此次"携手护路利剑除患"2023年专项行动，主要实现危行案事件、高铁闲杂人员入网"双下降"目标。

2023年4月，铁路警方查处多起铁路沿线未经申报放飞无人机的案件，在四川剑门关站站前广场，张某私自放飞无人机进入线路周边500米内拍摄高铁站和铁路线，被警方当场查获。随后，张某被铁路警方处以罚款500元的处罚。

在福建，民警在网络巡查时发现，一网民发布了一段在铁路线附近放飞无人机的航拍视频，飞行高度仅在60米左右，严重影响铁路安全。民警立即传唤视频制作者刘某到派出所接受处理。随后，铁路警方依法给予刘某罚款500元的处罚。

2023年6月28日，四川某高铁站值班站长在工作中发现有一黑色不明物掉在轨道上，可能影响列车运行安全，随即向车站派出所报警。民警很快确定了无人机主人杨某，其自称为了好玩，将无人机飞到高压线上空，没想到无人机突然失控，掉入轨道。最终，车站派出所民警在对杨某批评教育后，依据《四川省铁路安全管理条例》，对其行政罚款800元。

各级铁路公安机关联合铁路部门、护路联防组织、地方公安机关等部门，深入整治铁路沿线安全风险隐患，强化常规问题日常督导，加大违法查处力度。

铁路沿线为什么禁飞无人机？主要有以下四个原因：一是铁路接触网电压高达27000伏，附近有强大的电磁，在铁路沿线升放无人机，会对无人机的操控产生干扰，造成极大的安全隐患；二是无人机在坠落过程中如果碰上正在运行的列车，就会触发列车安全保护程序，列车将自动紧急制动停车；三是高速运行的列车被无人机撞击，将危及列车旅客的人身安全以及列车的运行安全；四是无人机撞上高压线，会引起高铁跳闸停电，导致沿线列车大面积停运。

资料来源：作者根据网上资料整理。

阅读上述案例并思考：为什么要集中整治影响铁路线路安全的无人机"黑飞"、乱飞问题隐患？

三、低空保障方面的外部性

（一）低空保障方面的正外部性

低空保障服务是确保低空飞行安全和提高飞行效率的必要措施。这些服务包括提供基础设施设备，气象、航油、充电等飞行服务；提供飞行信息系统、空域管控系统、监控与反制系统、通信与导航等信息服务。

近年来，携带无人机拍照、录制视频成为消费娱乐新趋势。但是，无视禁飞法规的"黑飞"、乱飞活动，给我国国家安全、社会安全、民航安全带来了许多隐患。无人机大多由非金属材料制成，尺寸小、高度低、速度慢，民航飞机发现、避让难度大，对民航航线存在较大干扰。此外，无人机飞行容易受复杂电磁环境干扰，在飞行过程中极有可能失控坠落，造成安全事故，甚至严重影响公共安全（见图7-4）。

通过建立健全保障体系和服务机制，可以提高低空飞行的安全性和效率性，减少飞行事故和延误等问题发生。虽然现实中的低空保障通常以准公共产品的形式供给，服务收费普遍较低，不足以涵盖其建设和运营成本，但这种正外部性对于整个低空经济生态的健康发展具有关键意义，它不仅保障了低空飞行活动的顺利进行，还提高了社会整体对低空经济的信任度和认可度。

图7-4 无人机禁止"黑飞"、乱飞

(二) 低空保障方面的负外部性

低空保障服务的提供需要投入大量资金用于基础设施建设（如机场、空管系统、通信导航设备等）和运营维护。机场及其保障设施建设和运营需要大面积占地，破坏了周边的生态环境，噪声波及周边面积大，居民搬迁造成社会效益受损。同时，低空保障服务体系普遍存在封闭运营、市场化程度低和效率低下的现象。这些投资和运营不仅增加了企业的运营成本，还可能对社会整体造成一定的经济负担。要想减轻这些负外部性，政府需要加大对低空经济基础设施建设的投入力度，鼓励社会资本参与低空经济基础设施建设和运营维护。此外，通过优化资源配置和提高运营效率等方式也可以降低低空保障服务的成本负担。

四、低空综合服务方面的外部性

低空综合服务主要包括飞行培训、航空信息服务、航空租赁保险、航空传媒、航空研学、航空展览等相关产业。

(一) 低空综合服务方面的正外部性

低空综合服务产业涉及面广，业态多样，因此，正外部性的表现形式不同。如飞行培训、航空研学属于知识技能的学习和体验，对推动航空产业发展、航空文化建设具有渗透性的外溢影响。航空信息服务对飞行安全具有重要作用。航空租赁保险为低空飞行提供保障，为低空航空器购买与租用提供融资，从而促进低空产业发展。航空传媒、航空展览为企业捕捉和把握市场信息提供了窗口。

(二) 低空综合服务方面的负外部性

低空综合服务产业既具有正外部性，也具有一定负外部性。如低空飞行培训存在一定程度的环境影响和噪声干扰；航空传媒信息失真误导产业发展；航空租赁保险可能存在欺诈条款，金融租赁杠杆太高可能外溢金融风险；航空展览中的飞行表演可能存在环境污染和噪声干扰等问题。

第三节　低空经济外部性的矫正

作为现代航空业的一个重要分支，低空经济的快速发展为经济增长注入了新动力，但也伴随着一系列外部性问题，如噪声污染、空域拥堵、安全隐患等。为了有效矫正这些外部性，确保低空经济的可持续发展，需要从空域划定、征税或补贴、内部化、产权界定等四个方面入手，通过强化顶层设计、出台政策或规范性文件、强化军地民协同等措施予以落实。

一、低空经济外部性的矫正方法

（一）空域划定

空域划定是低空经济外部性矫正的首要环节。通过科学合理的空域规划和管理，可以明确不同用途的空域界限，优化空域资源配置，减少因空域使用不当产生的外部性。

以城市空域管理为例，随着无人机配送、低空旅游等新业态兴起，低空空域需求急剧增加。为了保障飞行安全，减少噪声污染，城市管理部门首先进行了全面的空域资源评估，明确了城市上空的空域使用情况，包括现有航空交通流量、敏感区域分布等；其次根据评估结果将城市上空划分为不同的空域，包括无人机物流通道、低空旅游区域、通用航空活动区、禁飞区等。在无人机物流通道内，设定了标准的飞行高度、速度、航线等参数，以确保无人机配送活动有序进行；在低空旅游区域内，对飞行器的类型、噪声水平等提出了严格要求；禁飞区则直接禁止任何形式的低空飞行活动，以保障居民生活安全。

通过空域划定，实现了低空空域的科学管理和优化配置。无人机配送活动得到了有效规范，减少了因无序飞行产生的噪声污染和安全隐患。低空旅游活动在保障游客体验的同时，最大限度地减少了对周边居民生活的影响。同时，禁飞区的设立有效避免了低空飞行活动与民用航空、通用航空等之间的冲突，提升了整个空域的运行效率。

如何治理无人机"黑飞"、乱飞影响民航飞机安全，我国提出了机场净空保护区要求

一是根据《运输机场净空保护管理办法》，运输机场净空保护区域是指以机场基准点为圆心、水平半径 55 千米的空间区域。机场净空保护区是指为保障航空器在机场安全起飞和降落划设的一定空间范围。飞机完成一次飞行任务要经过起飞、爬升、巡航、下降、着陆几个阶段，因此必须对机场附近沿起降航线一定范围内的空域提出要求，保证飞机在起飞和降落的低高度飞行时没有地面障碍物妨碍导航和飞行。

二是根据《中华人民共和国民用航空法》《民用机场管理条例》等相关法律法规规定，违反规定在机场净空保护区内放飞孔明灯、无人机，燃放烟花焰火等行为，由机场所在地县级以上地方人民政府责令改正,情节严重的,处2万元以上10万元以下罚款;违反《治安管理处罚法》的,公安机关将依法予以治安管理处罚,构成犯罪的,依法追究刑事责任。

资料来源:作者根据网上资料整理。

阅读上述案例并思考:我国为什么要提出机场净空保护区要求?

(二)征税或补贴

征税或补贴是经济手段在外部性矫正中的应用。对于产生负外部性的低空经济活动,政府可以通过征税的方式增加其成本,迫使其减少外部性;对于产生正外部性的活动,政府可以通过补贴的方式鼓励其发展。如图7-5所示,对产生负外部性者征税,使得私人边际成本曲线向上平移,与社会边际成本曲线重合,就可以使私人生产的数量与社会期望的数量相一致,这种税被称为"庇古税"。如图7-6所示,对产生正外部性者给予补贴(等同于负的税收),使得私人边际成本曲线向下平移并与社会边际成本曲线重合,就可以使私人生产的数量与社会期望的数量相一致,这种补贴被称为"庇古补贴"(Pigouvian subsidies)。

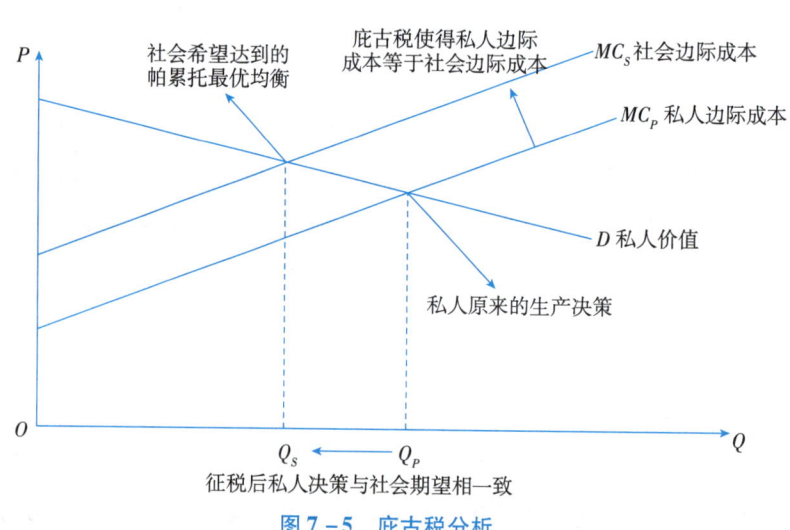

图7-5 庇古税分析

资料来源:MBA智库百科。

以低空旅游的征税与补贴为例。近年来,低空旅游快速发展的同时,也带来了噪声污染等外部性问题。要想矫正这一外部性,政府可以采取征税措施。具体来说,政府可以根据低空旅游活动的噪声水平、飞行区域等因素,制定差异化的噪声税征收标准。对于在敏感区域(如居民区、学校等)进行低空飞行活动的旅游企业,征收较高的噪声税;而对于在偏远地区或采用低噪声技术的旅游企业,则给予税收减免或补贴。此外,政府还可以设立专项基金,用于支持低空旅游行业的绿色发展和技术创新,如研发更环保的飞行器、优化飞行路线等。

通过征税或补贴措施的实施,低空旅游行业的外部性问题得到了有效缓解。一方面,噪声税的征收增加了旅游企业的运营成本,迫使其采取措施减少噪声污染;另一方面,税收减免和补贴政策激励了旅游企业积极投入技术创新和绿色发展,推动了整个行业的转型升级。

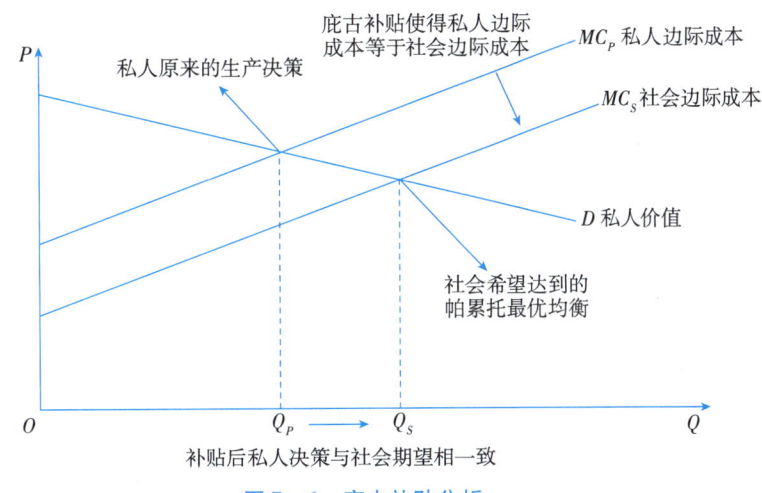

图 7-6 庇古补贴分析

资料来源：MBA 智库百科。

（三）内部化

内部化，是指将外部成本转化为内部成本，使经济主体在决策时充分考虑其活动对外部的影响。这通常通过技术创新、管理改进等方式实现。

以无人机物流配送为例。该行业在快速发展的过程中，面临着噪声污染、飞行安全等外部性问题。为了将这些外部成本内部化，无人机物流企业可以采取多种措施。首先，通过技术创新，研发更环保、更高效的无人机配送系统。例如，采用电动无人机代替燃油无人机，减少排放污染；优化无人机设计，降低噪声污染等。其次，加强无人机操作员的培训和管理，确保飞行活动的安全性和规范性。此外，企业还可以与周边居民建立沟通机制，了解他们的需求和关切，及时调整飞行计划和时间，以减少对居民生活的影响。

通过内部化措施的实施，无人机物流配送行业的外部性问题得到了显著改善。技术创新和管理改进不仅降低了企业的运营成本，还提升了企业的社会责任感和品牌形象。同时，与周边居民的良好沟通也为企业赢得了更多的理解和支持，为企业的可持续发展奠定了坚实基础。

（四）产权界定

产权界定是矫正外部性的重要手段之一。通过明晰产权，可以激励经济主体采取有效措施减少外部性，同时为市场交易提供基础。

以低空航线资源利用为例，该资源的稀缺性和重要性使得其产权界定尤为重要。为了优化低空航线资源的配置和使用效率，政府可以采取拍卖、分配等方式将航线资源的产权明确界定给相关企业或个人。获得产权的企业或个人在使用航线资源时，需要承担相应的责任和义务，如遵守飞行规则、减少噪声污染等。同时，产权的明确界定也为航线资源的交易提供了可能，促进了资源的优化配置和有效利用。

在实施时，首先，需要政府对低空航线资源进行全面评估，确定哪些航线是繁忙的，哪些航线是空置的，以及哪些航线可能对周边居民或环境产生显著影响。其次，政府通过公开透明的拍卖程序，将部分繁忙且具有商业价值的航线资源以拍卖的方式出售给航空公司或低空运营商。在拍卖过程中，政府设定了明确的拍卖规则和条件，包括航线使用期限、服务质量要求、噪声控制标准等，以确保航线资源得到合理开发和利用。

对于一些具有公益性质或特殊需求的航线，政府则采取直接分配的方式，将产权赋予特定的企业或组织。例如，政府可能会将连接偏远地区或岛屿的航线直接分配给具有社会责任感的航空公司，以确保这些地区的居民能够享受到便捷的航空服务。

在产权界定后，航线资源的所有者或使用者需要严格遵守相关规定和标准，确保飞行活动的安全性和环保性。政府则通过监管和执法手段，对违反规定的行为进行处罚和纠正，以维护航线资源的公平、公正和可持续利用。

通过产权界定，低空航线资源的配置和使用效率得到了显著提升。一方面，拍卖机制激励了航空公司或低空运营商积极投入资金，改造技术，提升服务质量，满足市场需求；另一方面，直接分配机制确保了公益性质或特殊需求航线的持续运营，保障了社会公共利益。同时，产权的明确界定也减少了因产权模糊产生的争议和冲突，降低了交易成本，促进了低空经济的健康发展。

此外，产权界定还激发了市场主体的创新活力。为了更好地利用航线资源，企业加大了在技术创新、管理优化等方面的投入，推动低空经济转型升级。例如，一些企业开始研发更先进的低噪声飞行器、优化飞行路线和高度以减少噪声污染等，这些举措不仅提升了企业的竞争力，也为整个低空经济的绿色发展做出了贡献。

综上所述，空域划定、征税或补贴、内部化和产权界定是矫正低空经济外部性的四种基本方法。这些方法既各有侧重又相互补充，共同构成了低空经济外部性矫正体系。通过综合运用这些方法，可以有效缓解低空经济发展过程中的外部性问题。

二、低空经济外部性矫正的可行路径

为推动低空经济的可持续发展，充分发挥低空经济对经济社会发展的重大作用，需综合空域划定、征税或补贴、内部化和产权界定等方法，积极探索外部性矫正可行路径。

（一）强化顶层设计

作为新的战略性新兴产业和新质生产力，低空经济正日益成为国家聚力发展的产业新赛道。目前，地方政府在低空经济发展土地供应、航线补贴、机场运营、政府采购、应急救援、市场拓展等方面没有系统性的上层设计，在实质性推动通用航空企业获得资源、资金方面仍存在"落地难"的问题。同时，虽然已有多个省份开展了低空空域改革试点，但国内仍未完全放开低空领域的限制，通用航空行业存在"上天难"的问题。因此，要加强顶层设计，建议政府层面建立低空经济发展组织领导体系，明确牵头部门，设置低空经济发展专门机构。坚持市场主导、政府引导，通过专项资金补贴和政府采购的形式，引导新兴通用航空业态发展，建立完善航空应急救援体系，鼓励和扶持通用航空企业开辟短途航线。对空域实行动态化管理和精细化使用，调剂部分高度和时段确保通用航空飞行，促进通用航空产业的发展。通过规划设计若干低空经济发展先导区，推动央企、头部企业、大型航空公司在条件较好的地方建立基地，通过龙头带动形成集聚效应，促进新质生产力发展。

（二）出台政策或规范性文件

加快研究出台与低空经济发展阶段相适应的财政、金融、产业、市场监管等相关配套政策，增强支撑保障能力；制定和完善相关法律法规，规范低空经济主体行为，如制定合理的空域管理政策，确保空域资源的合理分配和利用，避免空域拥堵问题；制定严格的噪声标准，强化对低空飞行器的噪声管理，限制高噪声飞行器的使用；制定电磁环境保护规范，合理规划无线电频谱资源，减少电磁污染；完善隐私保护法规，规范无人机等低空飞行器的拍摄行为，保护个人和企业隐私；出台征税或补贴政策，减少低空经济负外部性影响，鼓励在农业、救援等方面发挥社会效益；建立健全交易权市场制度，让不同经济主体互相交易，如建立无人机飞行许可证交易市场，让各主体通过购买获得飞行权利，并允许拥有多余许可证的主体通过出售许可证获益，以实现外部性内部化。

案 例

江西省吉安市促进低空经济发展的若干措施

为了推动江西省吉安市低空经济高质量发展，吉安市出台了22条措施。

做强航空体育运动、飞行培训产业。支持江西省航空运动管理中心打造国家航空运动试点，开展跳伞、热气球、滑翔、航空模型等航空运动项目，打造有影响力的航空运动赛事品牌。鼓励社会资本投资新建航空飞行营地、低空飞行培训机构，通用航空商照培训合格并取得执照的学员，按照商照每本2万元、私照每本1万元、运动驾驶照每本0.5万元的标准给予培训企业补助。

在研发投入方面，开展低空经济新技术、新应用的研究开发、演示验证和飞行试验；支持无人驾驶航空器（不需要驾驶员登机驾驶，由操纵者在地面或空中利用无线电做远距离操纵，采用自动操作装置或遥控进行操作的航空器）新产品研发，促进无人驾驶航空器与大数据、人工智能等新技术融合创新，提升无人驾驶航空器飞行控制系统、动力系统等核心关键软硬件的研制创新能力，经税务部门认定的年度研究开发经费支出占销售收入大于3%的企业，按当年营业收入1%给予支持，最高不超过50万元。

在科创平台方面，对新认定的低空经济领域的国家、省、市重点实验室、工程实验室、技术创新中心和企业技术中心，按照有关规定给予补助。获批国家级、省级技术创新中心，由市级科技专项资金按照国拨、省拨资金的50%予以一次性奖补；获批市级科技创新平台，按照规定标准给予一次性奖补。对新认定或者复评认定的国家高新技术企业，按照相关政策进行奖补。

在办学办班方面，鼓励航空院校与市高等院校、职业教育学院联合办学办班，经认定，给予每年每班2万元补助（每班不少于50人）。

资料来源：作者根据网上资料整理。

阅读上述案例并思考：江西省吉安市出台促进低空经济发展的若干措施，对吉安市低空经济发展产生何种影响？

（三）强化军地民协同

促使地方政府在低空空域资源协调、提升协同共管能力等方面承担更多责任，改善安全责任集中现状。结合经济发展需求，深入研究空域使用需求，在低空空域分类划设、低空航线网络构建、飞行审批程序优化、飞行服务保障体系建设和联合监管机制建立等方面加强军地协同。

（四）加强科技支撑和管控手段建设

依托5G网络、低轨卫星网和地面互联网等基础设施，运用大数据、人工智能等新技术，谋划低空空域管控网络化、数字化、智能化建设，建立一体化、智能化低空空域和低空经济管理架构，支撑空域管控和低空经济协调高效运行。

（五）创新和拓展新业态、新模式

进一步挖掘和创新无人机、eVTOL等"急用、好用、管用"的新业态和新模式，鼓励无人机在低空物流、低空旅游、低空应急救援、农业植保等方面的应用。引导在低空警用安防、市场监管、环境保护等政务飞行中推广无人机新应用，为社会治理能力现代化提供有效支撑。加强eVTOL拓展运用，发挥短途运输优势，加快在山区、道路不便地区开展短途运输业务，着力解决群众出行"最后一公里"需求。拓展城际飞行、跨境飞行、空中通勤、空中摆渡、联程接驳等城市通勤新模式。加大eVTOL等新型航空器载人飞行的普及与应用力度，进一步拓展低空场景运用。

案 例

南康探索全国第一个无人机物流配送试点

2023年8月，南康区中国赣州低空经济产业园内，江西丰羽顺途科技有限公司的工程师正在进行无人机可靠性测试。近年来，南康区以科技创新驱动高质量发展为契机，利用中国民用航空局对口支援优势，打造中国赣州低空经济产业园，吸引了大湾区的顺丰丰翼、中国科学院深圳先进技术学院等高新技术企业和知名机构相继入驻。南康区还成功探索全国第一个无人机物流配送试点"顺丰—南康"模式，并被推广至四川、云南、西藏等地（见图7-7）。

资料来源：客家新闻网，https：//www.news-kj.com/news/system/2023/08/22/030622061.shtml。

阅读上述案例并思考：南康区成功探索全国第一个无人机物流配送试点"顺丰—南康"模式的重大意义是什么？

（六）促进低空经济绿色健康发展

推广绿色低空技术和产品，鼓励、支持低空制造企业研发和应用绿色低空技术与产品

图7-7 江西省赣州市南康区开展无人机物流配送试点

（如低噪声、低排放的飞行器等）。同时，通过政策引导和市场机制推动绿色低空技术的应用和推广。

加强生态保护和环境修复，在低空经济活动可能对生态环境造成破坏的区域，加强生态保护和环境修复工作。通过植树造林、湿地保护等措施恢复生态平衡和生物多样性。

提高公众环保意识，加强公众对低空经济环保问题的认识和了解，提高公众的环保意识和参与度。通过宣传教育、公众参与等方式形成全社会共同关注和支持低空经济绿色健康发展的良好氛围。

本章小结

低空经济作为新时代经济版图中的新兴力量，正负外部性在个人收益与社会收益、个人成本与社会成本之间交织作用。在推动低空经济发展的过程中，应全面认识和把握低空经济外部性特点，采取有效措施加以应对。正外部性如技术外溢、产业升级、旅游体验提升等，是低空经济发展的重要动力；而负外部性如资源消耗、环境污染、安全隐患等，则需要进行有效管理和控制。通过采取外部性矫正方法、研究并实施相关措施，可以实现低空经济的可持续发展和社会效益最大化。未来，随着技术的不断进步和政策的持续推动，低空经济有望为经济社会发展和生态文明建设做出更大贡献。

思考题

1. 外部性的分类有哪些？
2. 低空经济正外部性有哪些？
3. 低空经济负外部性有哪些？
4. 简述外部性矫正的方法和意义。

第八章

低空经济的产业组织形态

案例导入

洞察2024：中国工业无人机行业竞争格局及市场份额

一、中国工业无人机行业细分市场竞争格局

随着无人机技术的持续发展，无人机在工业领域的商业应用不断成熟，我国工业无人机市场规模正处于快速增长阶段。目前，我国工业无人机在农林植保、巡检、测绘与地理信息、安防监控等领域已经实现成熟应用。但由于行业正处于发展初期，下游分布整体较为分散，行业内未出现占据垄断地位的巨头，这与消费无人机行业有本质不同——娱乐化应用场景较为简单，而工业场景却复杂、多样。

工业无人机属于下游驱动型行业，虽然下游应用广泛，但每个细分领域市场规模并不大。这就直接导致市面上工业无人机企业往往涉猎多个行业，但企业规模普遍较小。目前，在测绘领域，工业无人机企业有纵横股份、大疆、华测导航、飞马机器人等；在巡检领域，工业无人机企业有科比特、易瓦特等；在安防领域，工业无人机企业有观典防务、科比特等。

二、中国工业无人机行业区域竞争格局

企查猫查询数据显示，目前，中国工业无人机注册企业主要分布在以广东、山东等为首的沿海省份，其中，广东工业无人机企业数量最高，超2800家。从代表性企业分布情况来看，华南和华东地区工业无人机产业发展较为迅猛，集聚企业最多。

三、中国工业无人机行业市场集中度

从市场集中度来看，国内高端工业无人机行业市场高度集中，少数厂商垄断市场，主要集中在大疆、纵横股份、科比特等龙头企业中。这些企业拥有较强的技术实力和品牌影响力，在研发、生

产和销售等方面具有优势，因此占据了较大的市场份额。而在中低端市场中，因竞争者较多，且产品差异化程度较小，市场集中度相对较低。

四、中国工业无人机行业企业布局

从我国工业无人机行业代表性企业的业务布局情况来看，纵横股份的业务产品较为全面，产品链条广，涉及无人机系统、载荷设备、软件产品等；大疆的无人机以航拍无人机为主，开发双摄多焦段旗舰影像航拍机、一体化空中电影机、双主摄准旗舰航拍机、沉浸式无人机等多种无人机产品。极飞科技的工业无人机产品主要聚焦在农业板块，目前，其业务已经从农业无人机衍生至农业无人车、农机自驾仪、遥感无人机、智慧农场等方面。

五、中国工业无人机行业竞争状态

通过运用五力模型对行业竞争情况进行分析，目前，中国工业无人机行业竞争者较多，尚未形成行业龙头或垄断企业，潜在竞争者威胁较大，但替代品威胁较小；上游议价能力较弱，但由于工业无人机行业属于下游应用驱动型行业，下游议价能力较强。

资料来源：https://www.163.com/dy/article/IQJ4KDVU051480KF.html。

阅读上述案例并思考以下问题：

1. 与消费无人机相比，工业无人机行业市场有什么不同？
2. 与低端工业无人机市场相比，高端工业无人机市场有什么不同？

在全球化和技术革新的推动下，低空经济作为一种新兴的产业形态，正迅速崛起并展现出巨大的市场潜力。低空经济涵盖了无人机、航空器制造、航空服务等多个领域，其产业组织形态和市场结构的多样性对企业行为、市场表现乃至整个产业的发展产生了深远影响。

下面，我们将以低空经济为例，分析产业组织形态的谱系、演变特征和未来发展趋势；以市场结构为视角，探讨低空经济的竞争关系；以产业分工为视角，探讨低空经济的合作关系。

第一节 低空经济的产业组织形态

一、产业组织形态的概念

产业组织形态，是指同一产品价值链上的各种企业之间竞争或合作关系结构的具体表现形态。要理解产业组织形态，需要明确以下观点：

一是产业组织形态的建构和形成是同一产品价值链上各种企业之间竞争与合作的结果。

二是随着企业间竞争与合作关系的动态演变，产业组织形态也在不断变化。

三是产业组织形态可视为一个谱系，展示了从完全竞争到完全一体化之间的各种中间形态。

二、产业组织形态的划分

从理论上说，产业组织形态可以按照以下两条标准做进一步划分：一是企业间竞争与合作关系的性质及侧重点。企业之间是竞争关系还是合作关系，是以竞争为主还是以合作为主，这一标准反映了产业组织内部企业间的互动方式和市场结构特征。二是企业间合作的基础或方式及侧重点。企业间的合作是以契约、股权（资本）为基础，还是两者兼有，以及各自相对地位如何，这一标准决定了产业组织内部市场交易与科层管理两种治理机制的相对地位。

基于上述两条标准，低空经济产业组织形态可以划分为一个从"纯市场形态"到"单一的完全一体化企业"的形态谱系，其中依次分布着以下五种典型形态。

（一）纯市场形态

在纯市场形态下，企业之间完全通过市场机制进行交易，没有稳定的合作关系。这种典型的产业组织形态一般建立在市场中存在大量生产者和消费者，产品完全同质化，信息完全透明，企业对市场价格没有影响力的基础上。价格是决定交易的最重要因素，现实中虽较少出现纯市场形态，但存在比较接近的纯市场形态。在低空经济的某些零部件供应环节，如标准化的无人机电池生产环节，存在许多供应商，产品同质性强，市场信息透明，且进入和退出壁垒较低，形成了近似的纯市场形态。

（二）网络组织

网络组织，是指企业之间通过契约、信任等关系形成较为松散的合作网络，该组织形态既使企业保持了一定的独立性，又实现了资源共享和优势互补。在无人机零部件、分散的农林植保等市场领域，可能有数百家公司提供产品和服务，产品存在一定程度的差异化，市场准入门槛相对较低，企业之间的合作不够稳定，关系网络较为松散。

（三）战略联盟

战略联盟，是指若干个（通常是两个）企业之间以参股股权方式或契约方式形成、竞争与合作共存、介于网络组织和企业集团之间、较为松散的合作机制或产业组织形态。联盟双方在大范围上是竞争关系，但在指定项目上是合作关系；通常以两个企业之间点对点的线形结构为主；治理机制一般是市场交易结合组织协调或管理。战略联盟具有多样性，存在一个从契约式战略联盟（如技术交流协议、研发协议等）到股权式战略联盟（如合资等）的子谱系。其中，契约式战略联盟靠近市场一端，以市场治理机制为主，如近年来，无人机飞控技术与 eVTOL 航空器倾转翼技术专利转让，推动了低空航空器制造业的发展；股权式战略联盟靠近企业一端，且往往包括联盟企业间新组织机构的设立，治理机制也以科层式管理为主，如低空制造关键技术拥有方采用技术入股，与其他企业合资建立新的企业。

（四）企业集团

企业集团是多个独立企业出于合作目的，以控股或参股股权方式为主、以契约方式为辅结成的经济联合体式产业组织形态。企业集团通常具有立体化结构，内部治理机制是科层式管理结合市场交易，且科层式管理较为明显。企业集团也有多种类型，存在一个从契约联结型企业集团到股权（资本）联结型企业集团的子谱系。其中，契约联结型企业集团靠近市场一端，集团内部市场治理机制的成分更多一些，如通用航空企业集团向参股或控股的供应链子公司购买零部件、运营服务；股权（资本）联结型企业集团靠近企业一端，集团内部科层式管理的成分更多一些，如直升机企业集团联合旅游企业成立通用航空旅游运营子公司，并拥有控股地位。

（五）单一的完全一体化企业

单一的完全一体化企业，是指整个价值链各环节的所有生产活动都在唯一一个企业内部进行的产业组织形态。该企业既是完全纵向一体化的，又是完全横向一体化的，是价值链各环节实行彻底内部化合作的一种方式。作为一种纯理论分析中的极端化产业组织形态，单一完全一体化企业的内部治理机制是科层式管理，不存在市场机制。现实中，这类企业较少，但由政府成立的大型国有航空制造企业集团在一定程度上接近该产业组织形态。如中国航空工业集团有限公司拥有航空武器装备、军用运输类飞机、直升机、机载系统、通用航空、航空研究、飞行试验、航空供应链与军贸、专用装备、汽车零部件、资产管理、金融、工程建设等产业体系，下辖成员单位 100 余家，员工约 40 万人。

三、低空经济产业组织形态的演变与特征

随着经济全球化、信息传播手段高级化以及技术创新发展，产业组织形态在实际中呈现出更加复杂多样的特征。

（一）地理分布格局的轮辐式

产业组织形态越来越表现出地理分布格局的轮辐式特点，即核心企业位于中心，其他相关企业围绕其分布，形成辐射状的网络结构。低空运输业具有腹地经济特性，因此通常采用轮辐式航线网络，航线的安排以枢纽城市为中心，以干线形式满足枢纽城市间旅客与货物运输的需要，同时以支线形式由枢纽城市辐射至附近各中小城市，以汇集和疏散旅客与货物，干支线间有严密的航班时刻

衔接计划。在低空制造领域，通常以核心制造企业为中心，向零部件企业、运营企业辐射，形成合理的地理分布格局。

（二）微观构成的多元化

产业组织内部的企业类型、规模、所有制等呈现多元化趋势，既有大型企业，也有中小企业；既有国有企业，也有民营企业、外资企业等。以前，航空产业的企业主体为国有企业，随着低空经济的发展，截至2024年8月，无人机经营性企业已超过1.7万家，形成了以民营企业为主、国有企业和外资企业共同发展的竞争格局。

（三）产业关联的依附性集聚

企业之间在产业链上形成紧密的依附关系，通过集聚效应实现资源共享、成本降低和协同创新。以低空经济为例，依据产业在产品生产和流通过程中所处的不同阶段与功能角色，可以将产业链分为上游、中游、下游和产业衍生服务。产业链上游包括研发各种工业软件、供应关键原材料（如钢材、铝合金、高分子材料等）以及生产零部件（如芯片、电池、电机等）。产业链中游包括无人机、航空器、高端装备及配套产品的生产制造，以及低空保障系统建设与运营。产业链的下游以产业融合为主，包括各种应用场景，如物流、旅游、农业、消防、巡检等，这些应用场景的创新和拓展对产业链的发展具有重要的推动作用。在低空经济中，产业衍生服务可能包括航空保险、代理、金融、会展等相关综合服务业和适航、飞行审批、空域备案、安全监管等具有公共产品特性的服务产业。

低空经济产业链具有以下特征：一是技术密集。低空经济的中游环节涉及高端装备制造，对技术水平要求较高，尤其是无人机和航空器的研发与生产。二是应用广泛。低空经济的下游应用场景多样，涉及多个行业和领域，市场需求广泛。三是政策依赖性强。低空经济发展受到政策法规的影响较大，特别是在飞行安全、空域管理和行业标准方面。四是创新驱动。低空经济的持续发展需要不断的技术创新和服务模式创新，以适应不断变化的市场需求和技术进步。

从价值链的角度来看，低空经济通过技术创新和服务模式创新提升价值；从企业链的角度来看，低空经济由一系列专业化的企业构成，它们之间形成了紧密的合作关系；从空间链的角度来看，低空经济在特定地区形成了产业集群，促进了区域经济的发展；从供需链的角度来看，低空经济的发展不仅受到市场需求的驱动，也受到供给能力的限制。随着技术的进步和政策的支持，低空经济有望在未来实现更大规模的发展和更广泛的应用。综上所述，低空经济的"四链"基本齐全，且产业链、价值链、创新链和人才链融合度日益提高，有效推动了低空经济开放创新生态构建。[①]

（四）注重环保和可持续发展

随着环保意识的提高和可持续发展的要求，产业组织需要更加注重环保和可持续发展，推动绿色生产方式和循环经济发展。

《绿色航空制造业发展纲要（2023—2035年）》（以下简称《纲要》）由工业和信息化部、科学技术部、财政部、中国民用航空局于2023年10月1日印发实施。《纲要》目标要求：到2025年，国产民用飞机节能、减排、降噪性能进一步提高，航空绿色制造水平全面提升，绿色航空产业发展

---

① 张雄化. 低空经济兴起及高质量发展的理论与实践：深圳的视角[J]. 特区经济，2023（8）：15-19.

取得阶段性成果，安全有效的保障体系基本建成。使用可持续航空燃料的国产民用飞机实现示范应用，电动通用航空飞机投入商业应用，eVTOL 实现试点运行，氢能源飞机关键技术完成可行性验证，绿色航空基础设施不断夯实，形成一批标准规范和技术公共服务平台，有效支撑绿色航空生产体系、运营体系建设；到 2035 年，建成具有完整性、先进性、安全性的绿色航空制造体系，新能源航空器成为发展主流，国产民用大飞机安全性、环保性、经济性、舒适性达到世界一流水平，以无人化、电动化、智能化为技术特征的新型通用航空装备实现商业化、规模化应用。

四、低空经济产业组织形态的发展趋势

未来，低空经济的产业组织形态将呈现以下发展趋势。

（一）网络化

随着信息技术不断发展，企业之间的信息交流和资源共享将更加便捷，产业组织将呈现网络化趋势。网络组织将成为企业之间合作的主要形式之一，通过网络平台实现资源共享、协同创新和市场拓展。低空经济是一种典型的综合经济形态，产业链长，产业间相互交织，网络化产业组织形态正在形成。

（二）平台化

数字经济时代，平台型企业迅速崛起，成为产业组织的重要形态。平台型企业通过构建开放、共享的平台生态，吸引大量企业和用户参与，实现资源的优化配置和价值的共创共享。随着低空飞行应用场景逐渐扩大，飞行保障数字化系统、设施设备平台网络加快建设，全国性或区域性的产品与服务运营网络平台即将出现。

（三）无边界化

技术创新和产业融合使企业的边界变得模糊，产业组织呈现出无边界化趋势。企业将通过跨界合作、并购重组等方式实现资源的整合和价值的最大化。近年来，无人机和 eVTOL 技术创新兴起，投融资活跃，制造企业与运营企业合作，并与数字经济深度融合，不断丰富飞行应用场景，产业边界模糊化。

第二节　低空经济中的竞争关系

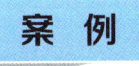

非晶材料：eVTOL 电动化动力系统的未来之选

随着 eVTOL 技术不断进步，非晶材料作为一种新型材料，正逐渐成为 eVTOL 电动化动力系统中的关键因素。非晶材料以卓越的物理和电磁特性，为 eVTOL 的高效、轻量化设计提供了新的可能性，预示着电动飞行动力系统的一次革命。

非晶材料，又称"金属玻璃"，是一种无长程有序的金属合金。与传统的硅钢片相比，非晶材

料具有更低的损耗密度,这使得电机在高速高频运行时的效率更高,从而有利于提升 eVTOL 的飞行性能。非晶合金的物理特性(如薄型、硬度高、带宽受限),以及电磁特性(如饱和磁密低、磁致伸缩系数大),使其在轴向磁通电机领域具有明显优势。这些特性对于提升 eVTOL 的飞行效率和安全性至关重要。

非晶带材的生产技术门槛较高,目前全球能够掌握这一技术的企业数量有限。日本的日立金属和中国的安泰科技是市场上的主要竞争者。中国的青岛云路和佛山市中研非晶科技股份有限公司也在非晶带材领域占有一席之地。整个行业的竞争格局呈现出寡头垄断状态,这些企业通过技术创新和市场拓展,不断巩固和扩大市场份额。

资料来源:雪球网.固态电池技术革新:推动 eVTOL 飞行器发展与高镍电池需求增长的未来展望[EB/OL].(2024-04-09). https://xueqiu.com/7659667127/285259595.

阅读上述案例并思考以下问题:

1. 根据非晶材料市场的寡头垄断竞争状态,结合本章第二节内容,分析这种市场结构对产品价格、质量和创新的影响。
2. 在寡头垄断市场中,企业如何通过战略联盟或合作提高市场竞争力?
3. 寡头垄断竞争的市场结构对产品价格、质量和创新行为有什么影响?

一、完全竞争

(一)完全竞争市场的特征

完全竞争市场是一种理想化的市场结构,其具有五大特征。

1. 大量买卖双方

完全竞争市场中存在大量的买家和卖家,相对于市场总供应量来说,每个卖家提供的产品数量非常小,因此单个卖家无法影响市场价格。在低空经济中,随着无人机、通用航空等领域的发展,越来越多的企业参与到这一市场中来。例如,农业喷洒、物流配送、旅游观光等应用场景的增加,使市场上出现了大量服务提供者和消费者。

2. 产品同质化

市场上的所有产品在质量、性能等方面都是相同的,消费者认为每个卖家的产品都是完全可替代的。虽然低空经济中的产品和服务具有一定的创新性与技术差异性,但在某些基础服务上(如简单的货物运输),不同提供商之间的替代性较强,尤其是在发展初期更为明显。为了获得竞争优势,企业需要不断创新以提供差异化的服务或降低成本,这在一定程度上促进了行业内的竞争。

3. 完全信息

市场中的所有参与者都能免费获得所有相关信息,包括价格、产品质量和供应情况等,没有信息不对称的问题。信息技术的发展有助于提高低空经济活动的信息透明度。通过互联网平台,用户可以更容易地比较不同服务商的价格和服务内容;同时,政府可以通过建立相关数据库公开安全记录资质认证等信息,帮助消费者做出更加明智的选择。但是,需要注意的是,由于低空经济行业相对年轻且变化较快,可能存在一定程度的信息不对称问题,特别是在新技术应用方面。

4. 自由进入和退出

新企业可以自由进入市场，不满意或无法盈利的企业可以无障碍地退出市场。不存在进入壁垒或退出成本。对于新创企业来说，进入门槛相对较低是吸引它们加入低空经济的一个重要因素。然而，随着行业逐渐发展成熟以及监管体系日渐完善，未来可能会引入更严格的准入条件。同时，对于那些无法适应市场需求变化或者经营不善的企业来说，能够顺利退出是保持市场活力的关键之一。

5. 卖家是价格的接受者

在完全竞争市场中，单个卖家是价格的接受者，市场价格由市场供求关系决定。

（二）完全竞争市场形成的原因

1. 市场规模

市场规模足够大，使得单个企业的影响力微乎其微，无法通过单方面的行为影响市场价格。随着低空经济覆盖范围不断扩大，其潜在客户群体也在快速增长，为形成大规模市场奠定了基础。

2. 产品标准化

产品标准化，使不同卖家生产的商品可以完全替代；消费者对品牌没有忠诚度，只关心产品价格和质量。尽管低空经济行业存在大量创新空间，但是对于基础服务来说，标准化趋势有利于降低交易成本并促进公平竞争。

3. 信息流通

市场信息流通畅通无阻，所有参与者都能及时获取相关信息，确保了信息的透明度。高效的信息传播机制对于提升低空行业的透明度来说至关重要，不仅包括建设公开透明的数据分享平台，也包括建立健全的信任体系。

4. 政策和法规

政府的政策和法规鼓励市场竞争，限制垄断行为，保证市场的开放性和公平性。政府出台的鼓励性政策措施如税收优惠、资金补贴等，可以有效激发低空市场活力并吸引更多投资者关注此领域。

5. 技术普及和进步

技术普及和进步降低了生产成本，促进了市场的自由竞争，使得新企业较易进入市场。在低空经济领域，持续的技术突破不仅降低了运营成本，还开辟了新的商业模式和服务形式，进一步推动了市场的发展和完善。

随着低空经济的蓬勃发展，越来越多的企业进入这一领域。政府对低空经济的支持和市场预期的增长为各类企业提供了发展机会，吸引了大量企业参与竞争。随着经济的发展和消费者需求的多样化，低空经济产业链中的企业在追求技术创新的同时，也在努力满足个性化和差异化的需求，促使市场竞争更加充分。另外，低空经济产业发展的根本支撑是科技创新，关键核心技术的不断突破促进了创新链和产业链的有机结合，拓展了市场空间，推动了市场竞争。上述多种因素导致低空经济的某些环节可能出现完全竞争市场。

（三）低空经济中的完全竞争市场

低空经济产业链涵盖了从航空器制造、运营服务到相关支持产业等多个环节。在这一产业链中，完全竞争市场会出现在以下几个方面。

1. 原材料及零部件供应

铝合金、钛合金等航空材料由于有标准化的工业规格且供应商众多，往往处在一个完全竞争的市场中。在低空经济中，某些标准化的零部件制造可能会出现完全竞争市场，如通用的电子元件或标准件生产。

2. 维修和保养服务

随着低空飞行器数量逐渐增加，对于维修和保养服务的需求也会增加，形成一个由众多小型服务商组成的竞争市场。

3. 数据处理和分析

低空经济中产生的大量数据需要处理和分析，催生了一个由多个独立数据服务公司组成的市场，它们提供相似的服务，形成完全竞争。

4. 教育培训

随着低空经济逐渐发展，对于专业人才的需求增加，可能出现多个培训机构提供相似课程和服务的情况。由于服务内容相似，消费者很难区分不同提供者之间的显著差异。这意味着这些服务具有较高的替代性，可能催生完全竞争市场。

5. 服务提供环节

对于一些低空经济的服务提供环节，如航空摄影和空中巡查，由于技术要求相对不高，市场准入门槛较低，可能催生完全竞争市场。

完全竞争市场的存在有利于促进技术创新和提高产业效率，但也意味着参与市场竞争的企业需要不断优化成本结构和提升服务质量以保持竞争力。

二、完全垄断

完全垄断，又称"纯垄断"，是指一个市场中只有一个供应商，该供应商提供的产品或服务没有近似的替代品，消费者没有其他选择。在完全垄断的市场中，垄断者可以控制市场价格、产量和其他市场条件，而消费者只能接受垄断者提供的条件。完全垄断厂商面临的需求曲线就是整个市场的需求曲线。

在完全垄断条件下，由于厂商即行业，它提供了整个行业所需的全部产品，可以控制和操纵市场价格，所以不存在有规律性的供给曲线，也无行业需求曲线和行业供给曲线，这些与完全竞争市场有较明显的不同。

（一）完全垄断的特征

1. 单一供应商

单一供应商，是指市场中只有一个企业生产或提供某种产品或服务。在低空经济中，某些关键技术或核心部件的供应可能被少数企业所控制。例如，先进的飞控系统、高性能电池等关键组件，由于技术难度大、研发投入高，可能市场上只有少数几家企业能够提供。

2. 无近似替代品

无近似替代品，是指垄断者提供的产品或服务没有其他可替代品，消费者无法转向其他供应商。对于特定的低空经济应用场景，如紧急医疗服务、高精度测绘等，可能需要使用特定的技术和设备，这些技术和设备在市场上没有近似的替代品，从而形成垄断地位。

3. 价格制定者

垄断者是价格制定者，可以根据自身的最大化利润目标设定价格，而不是价格接受者。在低空经济的初期阶段，由于市场规模较小，供应商数量有限，垄断者可以在一定程度上控制市场价格，尤其是在缺乏直接竞争的情况下。

4. 市场进入壁垒

市场进入壁垒，是指市场存在高进入壁垒，如专利权、版权、特许经营权、高额的初始投资要求等，阻止或限制新企业进入市场。低空经济涉及的技术复杂性、高昂的研发成本以及严格的安全标准构成了较高的市场进入壁垒。此外，政府对于低空领域的监管也可能成为新企业进入市场的障碍。

5. 非价格竞争

由于缺乏直接竞争，垄断者可能通过非价格手段维持自身的市场地位，如广告、品牌建设、产品差异化等。在低空经济中，由于产品和服务的特殊性，垄断者可以通过提供差异化的服务、增强品牌影响力等方式维持自身的市场地位，而不是仅仅依靠价格竞争。

（二）垄断形成的原因

1. 政府垄断

政府垄断，是指由于政府的政策干预，某个行业或企业获得特定的市场优势，从而限制或排除竞争者的情况。如政府授予某个企业或行业特定的经营权，或设置市场准入壁垒、提供财政补贴对某些行业或企业进行保护，或通过价格控制、市场划分等影响市场竞争格局。政府可能出于国家安全、公共安全或促进特定行业发展的目的，对低空经济的某些环节实施政策干预，授予特定企业或行业经营权，从而形成垄断。

2. 自然垄断

在某些行业中，由于特定的经济结构和生产技术条件，单一企业提供服务和产品比多个企业同时提供服务和产品更有效率。如供水、供电、铁路运输等行业往往需要大量的初始投资和长期运营，由单个企业提供服务往往更经济。在低空经济的某些基础设施和服务领域，如空中交通管理、航空信息服务等，由于需要大规模的初始投资和长期运营，由单个企业提供服务往往更经济，容易形成自然垄断。

3. 市场壁垒

高额的初始投资、技术复杂性或其他市场壁垒使得新企业难以进入市场。以规模经济为例，某些环节的生产需要大规模的资本投入，小企业难以承担，导致市场上只有少数企业能够生存和发展。低空经济中的技术创新和产品研发需要大量的资本投入与技术积累，这构成了新企业进入市场的重大障碍。同时,规模经济效应也使得市场上只有少数企业能够生存和发展。

4. 技术壁垒

在技术研发和创新方面投入巨大,拥有核心技术的企业可以通过专利保护等方式阻止其他企业进入市场。在低空经济领域,拥有核心技术的企业可以通过专利保护等方式阻止其他企业进入市场,从而形成技术垄断。

5. 资源控制

控制了生产某种产品所需的关键资源(如原材料、技术或数据),可以形成市场垄断。而通过控制低空经济所需的关键资源,如频谱资源、空域使用权等,也可以形成市场垄断。

6. 品牌影响

强大的品牌和市场影响力可以吸引大量消费者,形成市场垄断。

(三)低空经济中的完全垄断

在低空经济产业链中,完全垄断市场可能出现在特定的环节,这些环节往往具有高技术壁垒、大量资本投入、专利保护或者政府特许经营等特点。

1. 关键原材料供应

在低空经济产业链的上游,关键原材料如高性能电池、先进的复合材料等可能形成垄断市场。这些原材料的生产技术复杂,研发成本高,可能只有少数企业掌握核心技术,从而形成市场垄断。此外,如果这些原材料的矿产资源分布集中,也可能因为资源控制形成垄断。

2. 核心技术与零部件制造

低空经济中的关键技术,如无人机的飞控系统、航空器的发动机技术等,可能因为专利保护形成垄断。拥有这些专利的企业可以通过法律手段阻止其他企业使用相似的技术,从而在市场上形成垄断地位。

3. 航空器制造

在低空经济产业链中游环节,特定的航空器制造商可能因为规模经济、技术优势或者品牌影响力在市场上占据主导地位。例如,某些企业可能因为拥有先进的制造工艺、广泛的销售网络或者与政府的紧密合作关系形成市场垄断。

4. 运营服务

在低空经济产业链下游环节,特定的运营服务如无人机物流配送、UAM 服务等可能形成垄断。这可能是高昂的初始投资、复杂的运营管理、严格的法规要求等因素造成的。在某些情况下,政府可能通过特许经营权授予某些企业独家运营权,从而形成垄断市场。

5. 基础设施建设与运营

低空经济的基础设施,如通用机场、起降平台、空中交通管理系统等,可能因为巨大的建设成本和政府监管形成垄断。通常,这些基础设施的建设和运营需要政府的大力支持和监管,可能导致政府选择与特定企业合作,从而形成垄断市场。

垄断市场可能会对低空经济的整体发展产生负面影响,如抑制竞争、提高市场价格、阻碍创新等。因此，政府和监管机构需要平衡市场发展和垄断风险，通过合理的政策和监管措施促进市场的良性竞争与产业的可持续发展，以保护消费者利益。在低空经济中，监管机构可能会特别关注那些可能形成垄断技术、资源或数据的控制情况，确保市场的健康发展。

三、寡头垄断

寡头垄断，又称"寡头""寡占"，是一种由少数卖方（寡头）主导市场的市场结构。寡头垄断是接近完全垄断的一种市场结构，同时包含垄断因素和竞争因素。寡头垄断的显著特点是，少数几家厂商垄断某一行业的市场，其产量在全行业总产量中占有很高的比例，从而控制该行业的产品供给。市场上一个行业中只有两个企业相互竞争是寡头垄断中的一种特殊情况，称为"双占垄断"或"双头垄断"。

首先，寡头垄断的形成是由某些产品的生产与技术特点决定的，寡头垄断行业往往是生产高度集中的行业（如钢铁、汽车、石油等行业）。其次，寡头厂商为保持自身地位采取的种种排他性措施，以及政府对某些寡头厂商的扶持政策等，可促进寡头垄断市场形成。

（一）寡头垄断市场的特征

1. 市场控制

寡头企业能够对市场价格、产量和其他市场条件产生显著影响。这些企业可能会通过默契或明确的协议协调价格和产量决策，以维持较高的利润水平。在低空经济中，如无人机配送、空中出租车服务等高科技领域，由于技术门槛和资本要求较高，少数企业可能占据主导地位，能够对市场价格、产量和其他市场条件产生显著影响。

2. 非价格竞争

在寡头垄断市场中，由于直接的价格竞争可能导致价格战和利润下降，低空经济中的企业可以通过技术创新、服务质量提升、品牌建设等非价格手段吸引和保留消费者。

3. 相互依赖性

寡头企业之间的决策高度相互依赖。每家企业在制定策略时都必须考虑其他企业可能的反应和市场行为。这种相互依赖性可能导致企业在价格和产量决策上更加谨慎。

4. 市场进入和退出壁垒

寡头垄断市场通常存在较高的进入壁垒，如资本要求、技术专利、规模经济、品牌忠诚度等。这些壁垒不仅限制了新企业进入，也可能影响现有企业的退出决策。

5. 价格刚性

由于市场控制和非价格竞争的存在，寡头垄断市场价格往往具有一定的刚性。企业可能不愿意轻易改变价格，以免引发竞争对手的反应和价格战。

6. 市场稳定性

寡头企业可能会通过各种形式的合作维持市场的稳定性，如价格领导、市场瓜分协议、合资企业等。这种稳定性有助于企业规划长期投资和避免市场动荡。

7. 创新和研发

寡头企业由于规模较大和利润较高，通常有能力投入更多资源进行研发和创新。这可能促进技术进步和新产品开发，但也可能因为市场控制减少创新动力。

8. 政策和法规影响

寡头垄断市场可能受到政府政策和法规的显著影响。政府可能会通过反垄断法、价格管制、市场准入规则等手段监管市场，以保护消费者利益和促进公平竞争。

（二）寡头垄断市场形成的原因

1. 规模经济

在低空经济中，大规模生产能够显著降低单位成本，使大型企业在成本方面具有优势，而小型企业难以与之竞争，最终被迫退出市场，导致少数企业形成寡头垄断。

2. 高额的初始投资

对于低空经济中的资本密集型领域，如高端无人机制造、空中交通管理系统开发等，新企业进入市场需要巨额的初始投资。这种高门槛限制了新企业的进入，使市场上已有企业能够保持市场地位。

3. 技术壁垒

掌握关键技术的企业和拥有专利的低空经济企业可以在市场中获得优势。技术壁垒使其他企业难以复制或发展相似的产品，从而导致市场上的寡头垄断。

4. 品牌忠诚度

强大的品牌和消费者忠诚度可以为企业提供市场保护。消费者对品牌的忠诚使新进入者难以获得市场份额，从而维持现有企业的寡头地位。

5. 政府政策和法规

政府可能通过授予特许权、许可证或其他形式的法律保护限制市场进入。这种政策旨在保护国内产业或出于安全和战略考虑，结果可能导致某些企业在市场上形成寡头垄断。

6. 产品差异化

企业通过产品差异化策略获得市场份额。当消费者认为某一品牌或产品具有独特价值时，市场上的竞争就会减少，从而形成寡头垄断。

7. 市场整合

企业通过并购、合并或战略联盟等方式整合市场资源，增强市场控制力。市场整合可能导致市场上的企业数量减少，形成寡头垄断结构。

8. 资源控制

对关键资源（如频谱资源、空域使用权等）的控制可以为低空经济企业提供市场优势，当这些资源被少数企业控制时，其他企业难以进入市场。

（三）低空经济中的寡头垄断

（1）航空电子系统。在航空电子系统领域，存在几家大型企业控制着关键技术，如导航、通信和控制系统，这些企业通过专利保护和技术积累形成市场壁垒。

（2）通用航空领域。通用航空领域由国有大型企业集团主导，如中国航空工业集团、中国航发、中国商飞等，这些企业历经战略性重组和专业化整合，形成了较为稳定的市场格局。

（3）基础设施与空域管理。基础设施与空域管理涉及空域管理设备、起降设施、低空雷达和飞行员培训等。由于这些设施和服务对低空飞行安全至关重要，通常需要大量的资金投入和技术支持，容易由少数几家企业控制。

（4）低空服务提供。在低空服务提供领域（如无人机物流、农业喷洒等），可能由于高昂的初始投资和高水平技术要求，只有少数企业能够提供服务，形成寡头市场。

需要注意的是，与完全垄断类似，寡头垄断可能导致市场竞争减少、价格上升和创新速度放缓。寡头企业也可能因为规模经济和市场影响力进行更多的研发和创新。

四、垄断竞争

垄断竞争是经济学中比较典型的市场形式之一，是指有许多厂商在市场上销售近似但不完全相同的产品。垄断竞争市场，是指一个市场中有许多厂商生产和销售有差别的同种产品的市场组织。企业垄断竞争，是指许多厂商生产并出售相近但不同质商品的市场现象。进行垄断性竞争的企业在短期具有垄断性质，而在长期则是零利润和生产过剩的。

（一）垄断竞争的特征

1. 产品差异化

企业生产的产品或提供的服务在消费者眼中具有独特性，这种独特性可以是实际的（如质量、功能、设计）或感知的（如品牌形象、营销策略）。低空经济中的无人机配送、空中出租车服务等企业，通过技术创新、服务质量提升、品牌建设等手段实现产品差异化，以满足消费者多样化的需求。例如，不同企业可能提供不同续航能力、速度或安全性的无人机，或者针对不同场景（如城市快递、紧急医疗运输）提供定制化服务。

2. 众多卖家和买家

市场上存在大量企业，每个企业的市场份额相对较小，没有单一企业能够控制整个市场。消费者有广泛的选择权，可以在众多企业提供的产品中进行选择。例如，多家公司可能同时提供无人机租赁服务，每家公司都有其独特的服务组合和定价策略。

3. 自由进入和退出

企业可以相对容易地进入或退出市场，没有显著的进入壁垒或退出成本。新企业进入市场的可能性给现有企业带来竞争压力，促进其创新和提升效率。例如，随着无人机技术的普及和成本的降低，越来越多初创公司进入这一领域，开发新的应用和服务。

4. 非价格竞争

低空经济中的企业通过广告、促销、品牌建设、客户服务等非价格手段吸引和留住消费者。非价格竞争有助于企业在市场中保持独特的定位和建立消费者忠诚度。例如，部分低空企业可能会通过强调其环保技术或先进的安全特性来吸引客户。

5. 短期经济利润

从短期来看，成功的产品差异化策略可能为企业带来经济利润。从长期来看，由于自由进入，经济利润趋于正常化，企业只能获得正常利润。例如，一家创新型无人机公司可能会因为独特的技术和服务在市场上获得初期的高额回报，但随着竞争对手的模仿和市场的饱和，利润率会逐渐下降。

6. 市场细分

部分低空市场被细分为多个小的、具有特定需求的消费者群体。企业针对这些细分市场进行定制化的产品开发和营销。例如，有些公司可能专注于农业监测，而有些公司则可能专注于城市交通管理或紧急响应服务。

（二）垄断竞争的形成原因

1. 消费者偏好多样化

随着生活水平的提高和个性化需求的增加，消费者越来越倾向于选择符合自己特定需求和偏好的产品。这种多样化的需求促进了市场上产品差异化的发展。例如，一些客户可能更看重无人机的速度，而另一些客户则可能更关心成本效益比。

2. 技术进步

技术的发展使企业能够更容易地生产和推广差异化的产品，而新技术的应用也为新企业提供了进入市场的机会。例如，电池技术的进步提高了无人机的续航能力，使更多种类的飞行任务成为可能。

3. 市场自由化

政策和法规的变化减少了企业进入低空经济市场的障碍，鼓励了更多企业参与竞争。自由化促进了创新和创业活动，增强了市场活力。例如，政府放宽对无人机飞行的规定，促进了该行业的发展。

4. 全球化

全球市场的扩张为低空经济企业提供了更多市场机会和资源。企业可以利用全球资源进行产品开发和市场拓展。例如，跨国公司可以通过国际合作扩大业务范围，并利用不同地区的专业知识和技术优势促进自身发展。

5. 信息和通信技术发展

信息和通信技术的发展使得低空经济企业能够更有效地与消费者沟通与互动。企业可以利用互联网、社交媒体等平台进行营销和品牌建设。例如，通过在线平台，公司可以直接向潜在客户展示产品的特点和优势，提高品牌知名度。

（三）低空经济中的垄断竞争

在低空经济中，垄断竞争可能出现在以下几个方面。

1. 无人机市场

无人机市场中存在许多企业，它们提供各种类型的无人机，如摄影无人机、农业无人机、竞速无人机等。每个企业都试图通过产品特性、技术创新和品牌建设吸引消费者。

2. 航空服务

在提供航空摄影、农业监测、物流配送等航空服务的市场中，企业从服务内容、质量、价格和客户体验等方面进行差异化竞争。

3. 航空软件和应用程序

随着无人机技术的发展，航空软件和应用程序市场也可能出现垄断竞争。企业通过提供独特的功能、用户体验和定制服务获得市场份额。

4. 航空器械和零部件供应商

航空器械和零部件供应领域虽然有许多供应商，但其提供的产品和服务在质量、技术支持等方面存在差异。

五、市场集中度与市场结构

市场集中度是衡量市场中主要企业所占市场份额大小的指标，反映了市场竞争的程度和市场控制力的分布。市场集中度高，表明少数企业控制了大部分市场份额；市场集中度低，表明市场份额分散在多家企业中。市场集中度的高低对企业的定价策略、市场竞争力、消费者福利和创新活动都有重要影响。

（一）市场集中度

市场集中度用 CR_n 表示，CR_n 是指市场上最大的 n 家企业的市场份额之和。例如，CR_4 为该市场销量排名前 4 的商品销量占商品总销量的比重，CR_8 为该市场销量排名前 8 的商品销量占商品总销量的比重。CR_n 的值越大，市场集中度越高。根据 CR_4 和 CR_8 指数，可将市场分为六种类型（见表 8-1）。

表 8-1 CR_n 与市场类型

CR_4	CR_8	市场类型
$CR_4 \geq 85$	—	寡占 I 型
$75 \leq CR_4 < 85$	$CR_8 \geq 85$	寡占 II 型
$50 \leq CR_4 < 75$	$75 \leq CR_8 < 85$	寡占 III 型
$35 \leq CR_4 < 50$	$45 \leq CR_8 < 75$	寡占 IV 型
$30 \leq CR_4 < 35$	$40 \leq CR_8 < 45$	寡占 V 型
$CR_4 < 30$	$CR_8 < 40$	竞争型

一般来说，若 $CR_4 < 30$，则该市场为竞争型；若 $CR_4 \geq 30$，则该市场为寡占型。CR_4 与 CR_8 越大，说明这一市场的集中度越高，市场越趋向于垄断；反之，集中度越低，市场越趋向于竞争。

（二）赫芬达尔—赫希曼指数与市场结构

赫芬达尔—赫希曼（HHI）指数主要基于市场商品的总和及规模分布，即该市场各商品销量占总销量比重的平方相加，它考虑了所有企业的大小，给大企业的权重更高。HHI 的值通常介于 0~10000，数值越大，市场集中度越高。若 HHI<500，则该市场接近完全竞争；若 HHI≥3000，则该

市场具有高度垄断性，HHI 指数越大，垄断程度越高。根据 HHI 指数，可将市场结构划分为五种（见表 8-2），通常，适度集中市场与竞争性市场统称为垄断竞争市场，市场结构的竞争关系对比见表 8-3。

表 8-2 HHI 指数与市场结构

HHI 指数	市场结构
$HHI \geq 3000$	高度垄断市场
$1800 \leq HHI < 3000$	寡头垄断市场
$1000 \leq HHI < 1800$	适度集中市场
$500 \leq HHI < 1000$	竞争性市场
$HHI < 500$	高度竞争市场

表 8-3 四种市场结构的竞争关系对比

项目	完全竞争（高度竞争）	垄断竞争	完全垄断（高度垄断）	寡头垄断
市场控制力	众多卖家，无市场控制力	许多卖家，有限的市场控制力	单一卖家，完全市场控制力	少数卖家，显著的市场控制力
产品差异化	产品同质化，无差异化	产品差异化，但存在近似替代品	独特的产品或服务，高度差异化	产品可能相似或差异化，但选择有限
市场进入障碍	无进入障碍，自由进入和退出	较低的进入障碍，但仍需一定资本和品牌建设	高进入障碍，如专利、版权或高昂的初始投资	较高的进入障碍，如规模经济、品牌忠诚度等
价格决策	企业为价格接受者，市场价格由市场供求决定	企业的价格制定权有限，受市场竞争影响	企业为价格制定者，能够自主设定价格	企业拥有价格制定权，但需考虑其他寡头的策略
企业数量	大量企业	许多企业	单一企业	少数企业
效率和创新	高效率，创新受利润激励	创新动力较强，通过差异化竞争	可能抑制创新，缺乏竞争压力	创新可能受到策略互动的影响，有时合作，有时竞争
消费者选择	消费者有广泛的选择	消费者有一定选择，但不如完全竞争市场	消费者选择有限	消费者选择受限，但通常多于完全垄断市场
利润水平	正常利润，长期均衡下无经济利润	正常利润或经济利润，取决于产品差异化程度	超额利润，能够赚取经济利润	可能获得超额利润，但受其他寡头策略影响

以低空经济中无人机行业的市场集中度为例进行分析。2021 年，中国无人机行业 CR_4 为 69.94%，市场结构为寡占Ⅲ型（CR_4 在 50%~75%），表明市场高度集中，少数厂商垄断市场。2022 年，中国无人机行业 CR_4 占比达到 85%。[①] 在高端产品市场中，市场集中度相对更高，主要集中在大疆、航天彩虹等龙头企业中；而在中低端产品市场中，因竞争者较多，且产品差异化程度较小，市场集中度相对较低。

---

① 前瞻产业研究院. 洞察 2023：中国低空经济行业竞争格局及市场份额[EB/OL]. (2024-01-15). https://finance.sina.cn/2024-01-15/detail-inacquwa5746535.d.html.

第三节 低空经济中的合作关系

案例

翱翔蓝天的心脏：eVTOL 电机技术与市场新纪元

在 eVTOL 的革命性浪潮中，电机不仅是其动力系统的心脏，更是推动这一新兴行业翱翔蓝天的关键力量。电机将电能转化为飞行器升空的动力，其性能直接决定了飞行汽车的载荷能力和飞行特性，是 eVTOL 安全和效率的基石。

一、电机类型与应用

按照工作电源，电机可分为直流电动机和交流电动机，直流电动机又进一步细分为有刷直流电动机和无刷直流电动机，有刷直流电动机包含永磁有刷直流电动机和电磁有刷直流电动机。不同适航需求和应用场景对电机的选择有着不同的要求，这促使电机技术多样化发展。

二、电机与主机厂的合作模式

当前，电机产品多与主机厂形成紧密的合作关系，随主机厂配套适航。由于主机厂的适航要求高且复杂，电机厂和主机厂在适航通过后往往会形成稳固的合作与供应关系。出于产品可靠性风险的考虑，这种关系一旦建立，供应商的切换就会变得较为困难。一些较早进入 eVTOL 领域的主机厂，如 Joby、Archer、亿航智能、峰飞航空等，都进行了电推进系统的自主研发，根据各自公司机型的特征进行针对性的电机设计，以满足轻量化和功率密度提升的需求。此外，Lilium 与日本电装公司和美国霍尼韦尔航空航天公司合作，将电子马达整合到其飞机发动机中，展现了跨国合作的模式。

资料来源：银创智库. 中国 eVTOL 三电产业链：市场规模、技术壁垒及发展趋势分析[EB/OL]. (2024-04-09). https://mp.weixin.qq.com/s/y-Jb1Sdqjg046r65y1Mx3g.

阅读上述案例并思考以下问题：

1. 讨论在 eVTOL 电机市场中，主机厂自主研发电推进系统与合作开发两种模式对市场竞争的影响。
2. 电机厂与主机厂怎样通过整合产业链上下游增强自身的市场地位和竞争优势？
3. 电机厂与主机厂之间的合作关系如何影响整个产业链的效率和创新？

一、产业一体化

产业一体化，是指不同产业之间通过某种方式实现融合，形成新的产业形态。产业一体化可以提高企业的竞争力，降低生产成本，提高市场份额。产业一体化可以分为横向一体化和纵向一体化。横向一体化，是指在同一产业链的同一环节上，企业之间通过合作或兼并实现规模经济和范围经济。纵向一体化，是指企业通过兼并或联盟，将产业链的上下游环节整合在一起，实现从原材料采购到产品销售的全过程控制。

（一）产业一体化的形成原因

1. 成本效益

企业追求成本最小化和效率最大化，通过一体化减少中间环节，降低成本。

2. 市场变化

市场需求变化促使企业调整结构，通过一体化更好地适应市场。

3. 技术创新

技术进步使生产过程更加自动化和集成化，有利于企业实现一体化。

4. 风险管理

为了减少外部不确定性和风险，企业可能选择一体化增强内部控制。

5. 政策环境

政府政策和法规的变化可能鼓励或限制企业的一体化行为。

（二）垂直一体化

垂直一体化，是指企业在同一产业链内，通过内部化或并购等方式，将产品生产和销售过程中的不同阶段整合到一个企业内部。企业通过控制其上游供应商或下游分销商，或者两者兼而有之，实现对生产和分销过程的全面控制。这种一体化可以是向前一体化（向下游扩展），也可以是向后一体化（向上游扩展）。

1. 向前一体化

企业控制了销售渠道，如无人机制造商建立自己的零售网络。

2. 向后一体化

企业控制了原材料供应或生产过程，如零售商建立自己的生产基地，飞行器制造商拥有自己的零部件生产厂。

垂直一体化的优势在于，能够减少交易成本、提高供应链的协调性和控制力、降低对外部供应商的依赖，可能增强市场势力。然而，这可能导致企业过于庞大和复杂，管理成本增加。另外，垂直一体化可能减少市场竞争，因为企业通过控制供应链限制新企业的进入，导致潜在的反垄断法规风险。

（三）水平一体化

水平一体化，是指企业通过并购或合作，在同一产业链的同一阶段扩展业务。例如，两家航空公司合并以提供更广泛的航线网络。这种一体化通常发生在竞争者之间。

水平一体化的优势在于，能够实现规模经济，通过整合资源、提高技术水平、减少竞争对手增强市场地位。然而，市场力量的集中可能导致消费者选择减少，过度的市场集中可能导致垄断或寡头垄断市场结构，抑制竞争，最终对消费者和整个行业造成不利影响。

(四) 低空经济中的产业一体化

在低空经济中，产业一体化行为的出现通常是为了提高效率、降低成本、增强市场竞争力和应对监管挑战，且低空经济产业一体化行为大多出现在产业链的中下游，以下是部分低空经济中的产业一体化。

1. 研发与制造一体化

企业将研发活动与制造过程紧密结合，通过垂直一体化加快从概念到产品的转化速度，并优化生产流程，缩短产品上市时间。同时，研发与制造一体化还有助于保护知识产权，防止技术外泄。

2. 零部件供应与整机组装一体化

在无人机等低空飞行器的制造中，企业通过向后一体化控制关键零部件的生产，以确保供应链的稳定性和产品质量的一致性，减少对外部供应商的依赖。此外，零部件供应与整机组装一体化还有助于实现规模经济，降低成本。

3. 生产与分销一体化

生产企业通过向前一体化建立自己的销售网络或分销渠道，以更好地控制产品的市场推广和客户服务，提高市场响应速度。同时，企业可以通过直销减少中间环节，提高利润率。

4. 服务提供与运营一体化

提供低空经济服务的企业，如无人机物流或农业植保服务，通过一体化整合服务提供和运营，提高服务效率和响应速度。在服务密集型的低空经济中，服务提供与运营一体化可以提供无缝和高效的客户体验。企业可以通过整合服务和运营，提高服务的可靠性和专业性。

5. 飞行控制系统与整机制造一体化

对于无人机的核心部件，如飞行控制系统，企业选择一体化策略可以使自身保持技术领先地位，提供差异化的产品，并提高产品的市场竞争力。

6. 数据收集与分析服务一体化

在数据驱动的低空经济中，数据收集和分析是关键环节。一体化可以提供从数据收集到分析的"一站式"解决方案，增加客户黏性，提高企业的市场吸引力。

7. 低空旅游与相关服务业一体化

低空旅游服务提供商通过一体化整合旅游服务、交通、餐饮和住宿等，可以为客户提供综合旅游体验，提升旅游服务的价值。此外，低空旅游与相关服务业一体化还有助于提高运营效率和盈利能力。

8. 基础设施建设与运营管理一体化

对于需要专用基础设施的低空经济活动，如无人机机场或起降点，企业选择一体化控制建设和运营过程，可以确保基础设施的建设与运营更好地满足业务需求，提高资源利用效率。

9. 政策与法规服务一体化

由于低空经济受到严格的政策和法规监管，企业通过政策与法规服务一体化提供政策咨询、法规遵守、合规管理服务，帮助企业应对监管挑战，降低合规成本。

二、产业联盟与网络组织

(一) 产业联盟

产业联盟,是指出于确保合作各方的市场优势,寻求新的规模、标准、机能或定位,应对共同的竞争者或将业务推向新领域等目的,企业间结成的一种互相协作和资源整合的合作模式。联盟成员可以限于某一行业内的企业或是同一产业链各个组成部分的跨行业企业。联盟成员间一般没有资本关联,各企业地位平等,独立运作。

20世纪70年代末,产业联盟开始在美国、日本等发达国家,以及欧洲等地区蓬勃发展。据统计,自1985年以来,产业联盟组织的年增长率高达25%。美国最大的1000家企业,收入有16%来自各种联盟。90年代以来,产业联盟在我国初现端倪,TD-SCDMA产业联盟、宽带联盟、WAPI联盟、闪联等一大批高新技术领域的产业联盟日益兴起。目前,产业联盟已然成为一种重要的产业组织形式,对产业发展、企业成长,特别是高新技术企业的快速成长具有重要意义。

从区域分布来看,低空经济产业链相关企业主要集中在北京、上海、江苏、广东等地区。这种地理分布促进了区域内企业之间的合作与交流,加速了产业联盟的形成。在我国部分地区,政府和企业通过建立联盟等方式促进低空经济发展。例如,珠海成立了我国首个低空经济产业联盟。珠海在无人机和通用航空产业方面的发展,以及政府对于低空经济的支持和推动,使其成为中国低空经济产业联盟的发起地。该联盟的成立旨在推动低空经济相关产业的合作与发展,包括无人机制造、航空服务、技术研发等多个领域。通过联盟的合作,成员单位可以共享资源、交流信息、协同创新,共同推动低空经济产业健康成长。

虽然我国部分地区已经出现低空经济产业联盟的雏形,但是在全国范围内,是否已经形成较为稳定的企业战略联盟仍不确定。未来,随着政策的深入实施和产业发展的进一步推进,有可能形成更加稳定和成熟的企业战略联盟。

(二) 网络组织

网络组织是一种由多个相对独立的组织或个体(节点)通过各种形式的联系(如合作、竞争、联盟等)构成的开放式、动态的组织结构。在产业组织理论中,网络组织是指强弱不等、具有网络般联系的公司组织的集合。网络组织比市场组织稳定,比层级组织灵活,是介于市场组织和层级组织之间的新型组织形式。大量企业集团以网络组织的形式存在,它们是一个有选择的、持久的和结构化的自治企业(包括非营利组织)的集合,这些企业集团以暗含或开放契约为基础从事生产服务,以适应多变的环境,协调和维护交易。

在低空经济产业中,目前尚未形成较为稳定的企业网络组织。低空经济产业是一个涉及多个领域的综合性产业,包括农林作业、旅游、搜救等,涵盖了直升机、无人机、热气球等多种航空器的制造与应用。这些领域和产品种类的多样性导致了低空经济产业链的复杂性,同时影响了企业网络组织的稳定性。虽然低空经济产业具有巨大的发展潜力和多样化的合作机会,但受产业融合性、市场动态性、政策和资金支持、技术和资本门槛等方面因素的制约,目前尚未形成较为稳定的企业网络组织。

1. 产业融合性

低空经济主体上体现为一种"组合式"经济形态,核心是航空器与各种产业形态的融合,如

"农林+航空""电力+航空""公安+航空"等。这种融合性要求相关企业必须具备跨领域的合作能力，而这些跨界合作往往难以形成长期稳定的网络组织。

2. 市场动态性

随着技术的发展和市场需求的变化，低空经济产业中的企业需要不断调整自身的战略和技术方向。这种市场的动态性使企业之间的合作关系可能会频繁变化，不利于形成稳定的企业网络组织。

3. 政策和资金支持

在一些国家和地区，低空经济产业的发展受到政府政策和资金支持的影响。例如，美国和欧盟国家在这方面的政策支持力度不同，会影响企业网络组织的稳定性。

4. 技术和资本门槛

低空经济产业的技术和资本门槛较高，导致资源集中在少数大型企业手中，而这些企业在市场中可能形成垄断地位，而不是与其他企业形成稳定的网络组织。

未来，随着产业的进一步发展和市场的成熟，可能会出现更加稳定和成熟的企业网络组织。

（三）产业联盟与网络组织的对比

产业联盟与网络组织的对比见表8-4。

表8-4 产业联盟与网络组织的对比

项目	产业联盟	网络组织
定义与性质	企业间为了特定目的（如市场优势、新技术研发、共同应对竞争者）结成的合作关系，通常围绕特定项目或目标	由多个独立组织或个体（节点）构成的开放式、动态的组织结构，节点间通过合作、竞争等多种形式联系互动
组织结构	具有较为明确的组织架构和协调机制，成员间合作关系相对固定	结构较为松散，没有明确的中心，权力和决策分散在各个节点
成员关系	成员间通常有明确的合作协议，合作关系相对稳定，目标一致性较强	成员间关系多样，包括合作伙伴、供应商、客户等，关系动态变化
目的与目标	目标通常更具体，如开发新产品、进入新市场、制定技术标准等	目的多样，如资源共享、风险分担、创新促进等
灵活性与适应性	相对固定，但成员间合作可以根据项目需求进行调整	高度灵活和适应性强，能够迅速响应外部环境变化
风险与收益分配	风险和收益在成员间根据合作协议进行分配，合作性质更强	风险和收益分散在各个节点，节点间存在竞争关系
形成原因	通常是为了实现特定的商业目标或应对共同的市场挑战形成	由环境不确定性、资源共享需求、创新驱动等因素促成
管理与协调	设有专门的管理机构或协调机制，以确保合作的顺利进行	管理较为分散，协调主要依靠网络中的信息流通和节点间的互动

三、产业链纵向分工

产业链纵向分工，也称为"垂直分工"，是指在生产和供应链中，不同企业根据自身的专业优势和资源条件，承担不同阶段的生产或服务活动形成的一种分工模式。这种分工模式允许企业专注于其核心竞争力，通过专业化生产提高效率，并通过协作实现最终产品的生产。①

产业链纵向分工是产业链中的一种组织形式，涉及将生产过程分解成多个阶段，每个阶段由不同的企业来完成。这些企业虽然在地理位置上可能分散，但在生产流程上相互依赖。

（一）产业链纵向分工形成的原因

1. 技术进步

技术的发展和创新推动了生产过程的分解，使不同的生产环节可以由不同的企业在不同地点完成。这种技术进步促进了专业化和效率的提升，从而形成了纵向分工。

2. 市场规模扩大

市场规模扩大为分工提供了更大的空间。随着市场需求的增长，企业需要通过分工来满足多样化的需求，进而推动了产业链纵向分工。

3. 全球化

全球化促进了国际贸易和投资，使企业能够在全球范围内寻找最优的生产地，从而形成跨国的产业链纵向分工。

4. 交易费用

交易费用理论认为，企业通过纵向分工可以降低与市场交易相关的成本，如搜索成本、谈判成本、监督成本等。② 当内部交易成本低于市场交易成本时，企业倾向于通过纵向分工来组织生产。

5. 环境不确定性

环境不确定性和机会主义行为导致交易费用的产生，企业通过纵向整合降低这些不确定性风险，提高企业绩效。

6. 企业能力理论

基于演化经济学视角，企业通过纵向分工和整合，可以更好地组合内部和外部的知识与技能，提高整个产业链的运作效能。

（二）低空经济中的产业链纵向分工

在低空经济中，产业链纵向分工现象广泛存在于原材料及零部件供应、航空器制造与运营服务、低空保障与综合服务等关键环节。这种分工模式有效促进了低空经济的高效运作和快速发展，同时对相关行业和领域产生了深远影响。

1. 原材料及零部件供应

在低空经济的产业链上游，主要聚焦于原材料及零部件的供应，包括各种工业软件的研发、关键原材料（如钢材、铝合金、高分子材料等）的供应，以及零部件（如芯片、电池、电机等）的制造。这些元素是低空经济产品制造的基础，决定了产品性能和成本，对整个产业链的健康发展具有基础性作用。

---

① KLEIN B, CRAWFORD R G, ALCHIAN A A. Vertical integration, appropriable rents, and the competitive contracting process [J]. Journal of Law and Economics, 1978, 21(2):297-326.

② WILLIAMSON O E. Markets and hierarchies: Analysis and antitrust implications[M]. New York: Free Press, 1975.

2. 航空器制造与运营服务

中游环节作为低空经济产业链的核心，包括无人机、航空器、高端装备及配套产品的生产制造，以及低空保障与综合服务等。这一环节的企业不仅要处理好上游原材料和零部件的整合，还要面向下游市场，满足各种应用场景的需求。技术创新和产品质量直接影响低空经济的竞争力和市场占有率，是产业链中最关键的部分。

3. 低空保障与综合服务

随着低空经济的发展，低空保障与综合服务成为支撑整个产业链高效运转的重要环节。其中包括但不限于飞行培训、空中交通管理、应急响应、维修保养等服务。这些服务确保了低空经济活动的安全、有序和高效进行。

本章小结

本章以低空经济为例，分析产业组织形态的谱系、演变与特征以及未来发展趋势。以市场结构为视角，分析了低空经济中的完全竞争、完全垄断、寡头垄断和垄断竞争四种市场结构的竞争关系及低空经济的市场集中度与市场结构。以产业分工为视角，探讨产业一体化、产业联盟与网络组织、产业链纵向分工中企业的合作关系。

思考题

1. 低空经济涉及哪些产业组织形态？请举例说明。
2. 探讨垄断市场对消费者福利的影响，以及政府如何通过监管保护消费者利益。
3. 思考产业集团与产业联盟在推动低空经济技术创新和市场拓展中的作用，以及如何平衡合作与竞争的关系。

第九章
低空经济的产业属性与投融资

案例导入

融资"盛宴"正在低空经济领域持续上演

2024年3月，低空经济被首次写入《政府工作报告》并被定义为"新增长引擎"。低空经济融资"盛宴"持续上演，据不完全统计，截至6月28日，2024年上半年低空经济领域的融资事件合计发生54起。

作为中国低空经济头部企业，沃兰特航空持续受到资本加注。2024年以来，沃兰特航空合计完成了四轮亿元级融资，成为2024年上半年中国获得融资轮次最多的eVTOL研制企业。目前，沃兰特航空已与南航通用航空、中航材航空救援、亚捷航空集团等知名企业签订战略合作及意向订单700余架，订单金额超150亿元，完整覆盖低空观光、短途运输、应急救援、城市治理、航空物流、培训等六大类eVTOL应用场景。

御风未来是上海一家从事eVTOL研发、制造、销售、运营的空中出行企业。2024年9月，御风未来宣布完成超2亿元人民币Pre-B轮融资。本轮融资由中山市国资委下属企业中山创投领投，航发基金、沂景资本、宝顶创投等多家知名投资机构跟投。

融资"盛宴"正在低空经济领域持续上演。财联社创投通数据显示，2024年，低空经济领域已有十余起亿元以上融资，包括沃兰特航空、小鹏汇天、沃飞长空、峰飞航空、星逻智能、鸿鹏航空、特金智能、时的科技、卓翼智能等。

资料来源：作者根据网上资料加工整理。

阅读上述案例并思考以下问题：

1. 低空经济企业有哪些融资方式？
2. 低空经济企业融资成功要素是什么？

第九章 低空经济的产业属性与投融资

低空经济范围广泛，产业链涉及基础设施、航空器制造、保障与运营、应用场景等多个方面，具有巨大的市场潜力和广阔的发展前景，成为各地争先抢占的新赛道。低空经济具有显著的公共性和经济性两大产业属性。在经济性上，低空经济企业可以通过提供产品和服务获得合理的收入；在公共性上，特别是基础设施，如机场建设运营方面，具有明显的准公共产品属性。本章将主要介绍产业属性及其特征，低空经济的产业属性及其特征、低空经济的投融资、低空经济典型投融资案例等内容。

第一节 产业属性及其特征

一、产业属性概念

产业，是指一系列生产和经营活动的集合，涵盖了特定的生产部门或领域。产业属性，是指产业活动在提升企业和个人经济价值的同时，也为国家的繁荣与人民的福祉贡献了力量。

任何产业的发展都依托特定的自然空间和自然资源，因此，自然属性是产业的首要属性。除此以外，产业属性一般还包括产业经济属性和公共属性。这是两个不同的概念，它们分别涉及产业经济性和产业公共属性。产业经济主要关注产业的经济效益和市场竞争力，而公共属性则侧重于公共服务和社会福利的提供，两者在定义、特点和重要性上存在明显的区别。

产业经济属性主要关注产业的经济活动和经济效益，包括企业的信息化水平提高、自主创新能力增强、市场化需求深入分析等方面。随着信息技术的快速发展，其在各行业、各产业中的应用越来越广泛，有效提高了企业的信息化水平，推动了企业生产经营的数字化、网络化和智能化。企业应加大科研投入，切实提高自主创新能力。企业必须深入分析市场化需求，了解市场的细分化和多样化，根据市场需求特点制定产品研发和市场推广策略，提高企业对市场的适应能力和市场占有率。

产业公共属性关注公共服务和公共产品的提供，强调公共服务的公共性和公益性。公共产业在城市范围内以核心城市经营主体为主导，以实现城市可持续化发展为目的，为城市的公共设施、公共事业以及公共福利提供基础性的公共物品和公共服务。

二、产业属性特征

（1）技术性。产业的发展依赖技术的推动，如技术进步、产品创新等。技术进步不仅能提高生产效率，还能推动产品创新，满足消费者日益增长的需求。

（2）组织性。产业由众多企业、机构组成复杂系统，有效的组织结构和协作机制是确保产业高效运行的关键。

（3）环境适应性。产业需要具备快速适应环境变化的能力，包括技术、政策和市场等方面的变化。

（4）创新性。创新是产业持续发展的动力，包括产品、技术、商业模式等方面的创新，创新为产业带来竞争优势和增长机会。

（5）政策依赖性。产业的发展与政府的政策息息相关，政府扶持政策能够促进产业发展；反之，则会制约其进步。政府通过提供财政补贴、信贷优惠、税收减免等扶持政策，鼓励资源合理配置，促进产业结构和企业价值链优化升级，提升生产效率，减少资源错配。

第二节 低空经济的产业属性

一、低空经济总产业属性

低空经济作为一种新兴的经济形态，具有独特的自然属性、经济属性和社会属性。

（一）低空经济的自然属性

低空经济的自然属性主要体现在以下几个方面。

1. 资源依赖性

空域资源具有一定的稀缺性和不可再生性。随着人类活动的不断扩展，地面资源日益紧张，低空空间的开发利用为经济社会发展提供了新的空间和机遇。然而，低空空间受到天气、地形等多种自然因素的影响，其开发利用需要在尊重自然规律的基础上进行合理规划和科学管理。

2. 环境敏感性

低空经济的发展对环境有着重要的影响。一方面，低空飞行器的运行可能会产生噪声、排放等环境污染问题；另一方面，低空经济的发展需要良好的生态环境作为支撑，如通用航空旅游、农林作业等对生态环境的要求较高。因此，在发展低空经济的过程中，必须充分考虑环境保护因素，实现经济发展与环境保护的协调统一。

3. 地域差异性

不同地区的地理条件、气候特点、资源禀赋等存在差异，导致低空经济的发展具有明显的地域特征。一些地区可能适合发展通用航空运输，而另一些地区则可能在农业航空、空中游览等方面具有优势。因此，在制定低空经济发展战略时，需要充分考虑当地的自然条件和资源优势，因地制宜地选择适合的发展模式和产业方向。

（二）低空经济的经济属性

低空经济的经济属性主要包括以下几个方面。

1. 产业关联性

低空经济涉及众多产业领域，如通用航空制造、维修、培训、金融租赁等直接相关产业，同时带动了旅游、物流、农业、林业、应急救援等相关产业的发展。这些产业相互关联、相互促进，形成了一个完整的产业链条。通过发展低空经济，可以促进产业结构优化升级，提高经济增长的质量和效益。

2. 创新驱动性

低空经济的发展离不开科技创新的支撑。随着信息技术、新材料技术、智能制造技术等的快速发展，低空飞行器的性能不断提升，应用领域不断拓展。同时，低空经济的发展催生了一批创新型企业和创业团队，推动了技术创新和商业模式创新。创新驱动是低空经济发展的核心动力，只有不断提高创新能力，才能在激烈的市场竞争中立于不败之地。

3. 增长潜力巨大

低空经济作为一种新兴的经济形态，具有巨大的增长潜力。随着我国经济社会的持续发展和人民生活水平的不断提高，对低空经济的需求将不断增长。同时，国家对低空经济的支持力度也在不断加大，为低空经济的发展提供了良好的政策环境和市场机遇。未来，低空经济有望成为我国经济发展的重要增长点和新动能。

（三）低空经济的社会属性

低空经济的社会属性主要体现在以下几个方面。

1. 公共服务性

低空经济在提供公共服务方面发挥着重要作用。例如，在应急救援、医疗救护、警航巡逻等领域，低空飞行器可以快速响应、高效执行任务，提高公共服务的水平和质量。此外，低空经济的发展还可以促进区域协调发展，缩小城乡差距，为边远地区和农村地区提供更多的发展机会与服务保障。

2. 就业带动性

低空经济的发展可以创造大量就业机会。从通用航空制造到运营服务，从飞行员培训到维修保养，都需要大量的专业人才。同时，低空经济的发展还可以带动相关产业的就业增长，如旅游、物流等行业。通过发展低空经济，可以缓解就业压力，促进社会稳定和谐。

3. 文化引领性

低空经济的发展可以丰富人们的精神文化生活，引领社会文化的发展。例如，通用航空旅游可以让人们体验不同的飞行乐趣，感受大自然的魅力；航空运动可以培养人们的勇气和团队精神，提高人们的身体素质和心理素质。此外，低空经济的发展还可以促进航空文化的传承和创新，增强民族自豪感和文化自信。

（四）低空经济属性之间的相互关系

低空经济的自然属性、经济属性和社会属性之间存在着密切关系。

首先，自然属性是低空经济发展的基础。低空空间作为一种自然资源，为低空经济的发展提供了物质基础。同时，自然属性中的环境敏感性和地域差异性对低空经济的发展提出了要求与挑战。只有在尊重自然规律、保护生态环境的前提下，合理开发利用低空空间资源，才能实现低空经济的可持续发展。

其次，经济属性是低空经济发展的动力。产业关联性、创新驱动性和增长潜力巨大等经济属性，使低空经济具有强大的生命力和竞争力。通过发展低空经济，可以促进产业结构优化升级、提高经济增长质量效益、创造就业机会、带动相关产业发展等。同时，经济属性的发展可以为更好地满足社会需求、提供公共服务等社会属性的实现提供物质支持。

最后，社会属性是低空经济发展的目标和价值取向。公共服务性、就业带动性和文化引领性等社会属性体现了低空经济发展的社会意义与价值。通过发展低空经济，可以提高公共服务水平、促进就业增长、丰富精神文化生活等，实现经济效益和社会效益的有机统一。

总之，低空经济的自然属性、经济属性和社会属性相互联系、相互影响、相互促进。

二、低空经济具体产业属性

低空经济范围广泛，这里主要介绍机场的产业属性和ATC服务的产业属性。

（一）机场的产业属性

机场，也称为"航空港"，是供飞机起飞、降落和停放的地方。机场是现代航空运输的基石，为乘客和货物提供便捷的航空服务。机场是社会公共交通运输体系中的一个重要组成部分。在区域社会经济发展进程中，机场已经成为跨越地理空间对外交流的重要门户，对促进地方产业结构调整、拉动地方经济发展发挥着越来越重要的作用。在经济发达地区，已经形成了以机场为中心、以民航运输业为基础的临空经济区，成为地方经济快速发展的助推器。机场通常会占用较大规模的土地空间，机场、驻场企业、环绕机场兴建的经济实体，使机场地区成为当地经济社会不可分割的一部分。

机场属于基础设施领域，具有准公共产品特性、正外部性和自然垄断性等特点。

1. 机场的准公共产品特性

机场的准公共产品特性，是指在具有消费的非竞争性与受益的非排他性的同时，机场可以通过对特定消费者的收费来弥补投资，获得一定的经济补偿，即兼有公共消费与私人消费的特点。航空运输是一种公共交通运输方式。与其他交通运输方式一样，建设机场的首要目的在于提供航空运输服务，加强区域外的客货流动，以拉动和促进地方乃至一个区域的经济发展，是一种为全社会公众服务、投资规模大、直接经济回报周期长、社会效益高、"自己栽树，果落他家"的准公共性产品。因此，世界上大多数国家的政府将机场定性为公共基础设施，并纳入政府的城市发展规划和投资建设范围。

机场内部不同功能区域的公共属性和经济属性存在较大差别。从机场功能角度来看，机场由飞行区、航站区和延伸区构成，各功能区域的性质也不相同。其中，飞行区具有明显的公益性特点，起降服务收入往往不能弥补初始投资的折旧、运行维护费用等成本；航站区是营利性很强的优质资产，可取得良好的投资收益；延伸区具有明显的竞争性特点，由于其特殊的地理位置和稳定的客货流，往往可以获得良好的投资收益。正确认识机场的特性，针对不同机场的具体情况正确衡量机场的公益性和收益性是决定机场市场定位与运营模式的基础。

2. 机场的正外部性

机场的正外部性，是指机场的社会边际收益往往大于私人边际收益，机场的建设运营不仅满足了使用机场的旅客、货主需求，对增加地区就业、促进地区经济发展也具有重要作用。但在取得良好社会效益的同时，机场的经济效益更多地转移到航空公司等相关部门或消费者身上。

机场的正外部性产生的主要原因有以下两个方面：

（1）社会关联度高。由于机场坐落一方，并且占地规模较大，不仅是区域性公共交通基础设施，而且在机场周边形成了与之配套以及衍生的产业片区。不同于航空公司航线效益不佳可改飞其他城市，机场扎根并服务于一方，与所在地的地面交通系统、社会公共保障性基础设施（水、电、气、油、通信等）、地方政府、社会就业与配套生活服务等社会实体，形成了一个密不可分且具有一定规模的机场社区，成为地方社会经济结构中紧密关联的重要组成部分。

（2）承担功能多。机场在社会中承担着促进经济发展、促进国际交流、提供多样化服务以及提升城市形象等多重社会功能。首先，促进经济发展。机场对当地经济发展有着显著的影响，机场能够增强当地对投资的吸引力，促进工业和服务业发展，同时带动相关产业发展，如航空配餐、油料供应等，创造就业机会并促进当地经济增长。其次，促进国际交流。机场是国际交往的重要门户，通过提供出入境管理、通关和检疫等服务，促进国家之间的政治、文化和经济交流，拉近世界各国的距离，促进全球化和世界局势稳定。再次，提供多样化服务。机场不仅提供基本的飞机起降服务，满足旅客的出行需求，提供舒适的候机环境，而且提供紧急医疗救护、空中灭火、执法和边境控制、农业作业、飞行训练、国家军事等多种服务，满足单位和国家的特定需求。最后，有助于提升城市形象。先进的机场设施和服务能够吸引大量游客与商务人士，促进旅游业发展，提升城市国际形象和知名度。

3. 机场的自然垄断性

自然垄断，是指受资源稀缺性、规模经济效益和范围经济效益等因素的影响，单一市场主体在经济活动中没有竞争者的状态。由于土地面积、环境、市场规模的限制以及空域资源的稀缺性，全球大多数城市通常只会支持一个主要机场，这使机场在特定区域内具有天然的垄断地位。

（二）ATC 服务的产业属性

ATC 服务，简称"空管系统"，是空中管制、航空情报、设备保障、气象服务多种专业服务的复合体，由通信、导航、监视与空中交通管理系统组成，其中，通信、导航和监视部分属于外围设施范畴，空中交通管理系统是空管人员实际用于管理空中交通运输的信息处理系统。完整的空中交通管理系统由三大部分组成：空中交通服务、空中交通流量管理和空域管理。其中，空中交通服务又由三部分组成：ATC、飞行情报服务和告警服务（见图9-1）。目前，我国民航空中交通管理迫切需要 ATC 系统和空中交通流量管理的进一步创新，实现空中交通流量管理和管制指挥的一体化，从而在有限的空域资源条件下，缓解空中交通拥堵，加大空中管制力度，让空中交通流量管理行之有效。

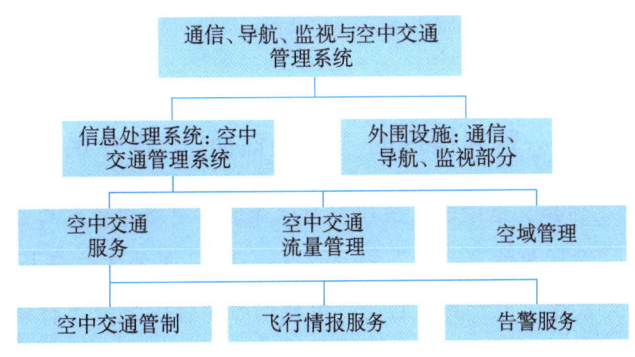

图9-1 空管系统组成及功能架构

资料来源：作者根据智研产业百科整理。

ATC 服务的产业属性主要体现在以下两个方面。

1. 准公共产品属性

ATC 服务是 ATC 单位为飞行中的民用航空器提供的服务，主要包括 ATC 服务、飞行情报服务和告警服务。

提供 ATC 服务，旨在防止民用航空器同航空器或障碍物相撞，维持并加速空中交通有秩序的活动。

提供飞行情报服务，旨在提供有助于安全和有效实施飞行的情报和建议。

提供告警服务，当民用航空器需要搜寻援救时，通知有关部门，并根据要求协助该有关部门进行搜寻援救。

ATC 服务属于可收费的公共产品和服务，具有使用上的非竞争性和排他性特点。在合理的制度安排下，ATC 服务可以由政府公共部门实施，也可以由政府以外的组织提供，如可以通过扩大对私人市场的利用范围替代公共部门，让更多的私营部门参与空管服务，也可以通过政府部门购买公共服务的形式让私营部门参与 ATC 服务。

2. 技术的高密集属性

ATC 服务是高技术服务，主要包括通信、导航、航行、雷达、卫星、气象预报、航空管制、计算机信息技术等。ATC 技术涵盖范围广、更新快，主要经历了五个发展阶段。

（1）航空起始阶段，通信、监视依赖目视，导航采用信号灯、信号旗，飞行完全依靠地标。

（2）1934—1944 年，无线电通信逐渐得到广泛应用，承担了飞机通信、导航、监视的功能，在飞行过程中建立了程序管制模式。

（3）1945—1988 年，雷达和二次雷达逐步应用于航空领域，对于飞机的监视和管制转由雷达实施，飞机开始依靠 IFR。

（4）1989—2012 年，全球飞行和洲际飞行兴起，卫星导航逐步在航空领域获得应用，对飞机开始实行基于数据链的数字化管制、基于卫星导航的自动相关监视，空管系统功能趋向综合化。

（5）自 2013 年起，航空通信技术由窄带通信过渡至宽带通信网，导航技术从卫星导航、惯性导航向多元综合导航融合增强模式发展，监视技术也由单一雷达监视向多体制（如二次雷达、自动相关监视、多点定位等）的综合监视过渡，空域系统及其容量、可靠性、完好性、可用性得到进一步提高。

"空中交警"：管制指挥的"小小话筒"，指令足有千斤重

虽已放下"小小话筒"多年，但中国民用航空西北地区空中交通管理局甘肃分局管制运行部主任刘登武，还是习惯经常与"拿话筒的孩子们"待在一起，30 多年的工作经历，让他对"千斤重的指令"不敢有丝毫马虎。"大家都认为天高任鸟飞，但我们手中保障航空飞行安全的小小话筒，却有千斤重。"刘登武所说的"小小话筒"，是指 ATC 员（也被称为"空中交警"），他们每天都要"眼观六路，耳听八方"，为每一趟进出该局所辖区域的航班送达精准的指令，为飞机提供空中交通服务。"空中交警"主要给飞机提供垂直间隔、纵向间隔、侧向间隔等空中交通服务，责任非常重大，通过"小

小话筒"发布的每一句管制指令,都必须慎之又慎。

空中管制服务主要分为飞机起降的塔台管制,飞机上升、下降阶段的进近管制,漫长航路飞行阶段的区域管制三大块。有大量飞机在机场起降,同时有大量飞机在航路上飞行,因此需要控制空中交通,使彼此保持一个安全距离。有时会因航路飞机太多导致保障能力达到极限,而进行适当流量控制。

坐在飞机上,飞机飞多高,旅客是不知道的,每架飞机在不同航段能飞多高,完全由空中交警视空中情况而定。一般会根据飞机的航线、机型、天气、地形、空中交通流量等信息评判飞行高度,保障所有飞机之间有足够的安全间隔,让更多飞机提高飞行效率,更快到达目的地。

资料来源:作者根据中国新闻网资料加工整理。

第三节 低空经济的投融资

一、投融资模式

投融资模式是指在资源配置过程中,投融资决策方式(谁来投资)、投资筹措方式(资金来源)和投资使用方式(怎样投资)的总称,是投融资活动的具体体现。下面介绍几种常见的投融资模式。

1. PPP 模式

政府和社会资本合作(Public–Private Partnership,PPP)模式是在政府和企业之间建立合作伙伴关系,共同承担项目的投资、建设、运营和维护等责任。这种模式主要应用于基础设施等公共项目。政府通过给予私营公司长期的特许经营权和收益权加快基础设施建设及有效运营。

2. BOT 模式

建设—经营—转让(Build–Operate–Transfer,BOT)模式是由私人部门建设、运营和维护基础设施项目,一定期限后再将项目转交给政府。BOT 模式的最大特点是将基础设施的经营权有期限地抵押以获得项目融资。

3. BT 模式

建设—移交(Build–Transfer,BT)模式与 BOT 模式类似,由私人企业负责基础设施项目的建设和运营,但不存在投资方在建成后进行经营,获取经营收入这个阶段,而是在项目建成后直接进行移交。BT 模式仅适用于政府基础设施非经营性项目建设。

4. TOT 模式

移交—经营—移交(Transfer of Operation and Transfer,TOT)模式是指政府将已建成的基础设施项目运营权转让给私人企业,以获取一定期限内的收益。

5. TBT 模式

转让—经营—转让(Transfer of Built and Transfer,TBT)模式类似于 TOT 模式,但在项目建设阶段由政府发展商承担责任。

二、低空经济投融资模式

低空经济投融资模式可按投资来源与投资使用（范围）两个方面分类。

1. 按投资来源分类

（1）政府可以发挥财政性资金的引导作用，通过设立专项资金、提供税收优惠等方式，带动社会资本参与低空经济产业投资。省、市、区（县）人民政府可以通过政策支持引导社会资本进入低空经济领域，助力培育低空经济企业、拓展低空飞行应用场景、开展低空经济技术创新。

（2）社会资本可以通过直接投资、融资租赁等多种方式参与低空经济产业投资，包括风险投资、私募股权、产业基金等，它们可以为低空经济企业提供初创期、成长期和成熟期等不同阶段的资金支持。

（3）随着低空经济不断发展，一些新的投融资模式也在不断探索和尝试中。例如，通过构建低空经济产业投融资平台，促进产业链上下游企业之间的合作与融资；或者利用金融科技手段，如区块链、大数据等，提升低空经济产业投融资的效率和透明度。

2. 按投资使用（范围）分类

（1）初创公司融资。初创公司通常需要资金进行研发、生产、市场推广等活动。投资者可以通过股权投资或风险投资的方式，将资金注入这些初创公司，以换取股权或回报。这种模式适用于那些有潜力的初创企业，但是存在着较高的风险。

（2）项目投资。投资者可以选择直接投资低空经济产业中的具体项目。例如，在无人机配送领域，投资者可以投资一家正在开展无人机配送业务的公司，分享其未来发展的收益。对于投资整个公司来说，这种模式风险较小。

（3）平台投资。近年来，出现了一些低空经济平台，如无人机服务平台、数据分析平台等。投资者可以选择在这些平台上进行投资，以分享平台的发展和交易收益。这种模式适用于那些希望通过低空技术提供服务的企业和个人。

（4）众筹。众筹，是指通过互联网平台，向大众募集资金支持特定项目或企业的发展。在低空经济领域，有些创业者和初创公司选择通过众筹来融资。这种模式可以吸引更多投资者参与，并提供一种民主化、透明化的融资方式。

我国民用机场建设融资现状

根据资金来源不同，机场建设融资主要分为内源融资和外源融资。内源融资，是指民用机场主要通过航空业务、非航业务获得收入，用来筹集（积累）建设项目所需资金。外源融资方面，随着我国机场管理体制改革与资本市场的迅速发展，先后出现多种融资形式。一是政府直接投资，主要包括财政部、中国民用航空局等部委管理的民航发展基金和地方政府的财政投资。二是机场借贷融资，主要包括机场向有关金融机构的信用贷款、担保贷款和票据贴现、流动资金贷款、固定资产贷款和专项贷款等。三是引入战略投资者。近年来，我国部分机场项目投资吸引力不断增强，特别是随着相关政策的出台，国外投资者、民间投资者开始进入机场行业，不仅带来了机场建设资金，也带来了机场治理经验。四是资本市场融资。部分盈利能力较强的中大型机场开始尝试剥离优质资产，通过设立股份公司开拓上市融资渠道，对于吸引社会资本以及规范机场治理结构具有重要意义。五是利用外国政府贷款。20世纪八九十年代，国内部分机场曾争取到外国政府优惠贷款项目，对缓解机场建设融资压力起到了重要作用。六是PPP融资。广义PPP是指公共部门与企业合作，向社会公众提供公共服务或产品，以减轻政府的投资压力，同时拉动民营经济的发展。狭义PPP是多种融资模式的总称，包括BOT、BOOT、BT等。目前，PPP模式已经在我国部分机场得到探索应用，但受多种因素影响，尚未得到广泛应用。

资料来源：黄聪. 机场建设融资：理论探讨与应对策略［EB/OL］.（2021-10-31）. https：// att. caacnews. com. cn/mhfzzcgjyxb/mnfzzcgjyxbith/202110/t20211031_ 59758. html.

三、低空经济投融资态势

低空经济投融资呈现出以下发展态势。

1. 低空经济投融资规模呈现增长态势

据IT桔子数据，2023年低空经济领域投融资事件为25起，涉及金额35.74亿元。2024年1月1日至8月8日，投融资事件已达26起，超过2023年全年数量，共涉及金额52.06亿元，比2023年全年多16.32亿元。赛迪顾问统计显示，2024年全年，低空经济领域合计发生投融资事件161件，并呈现逐月增长态势。迈入2025年，低空经济投融资热度依旧不减，开年逾半月，我国低空经济领域就已发生8起融资，总金额近13亿元。这一增长趋势背后，除政策大力支持外，市场规模的快速扩张、产业链的日益完善、技术创新与应用场景的不断拓展，以及庞大潜在消费需求的刺激，都使得低空经济领域的投融资热度持续攀升。

2. 低空飞行器投资最受瞩目

在低空经济投融资事件中，无人机、飞行汽车、eVTOL投资最受瞩目。自2010年以来，中国无人机行业获得的风险投资金额超过50亿元人民币，其中，2015—2018年是无人机企业融资高峰期，融资事件和金额也呈现快速增长态势。无人机行业融资主要集中在千万元级别，这一部分披露的融资事件数量占比约为49%；亿元级别的融资事件数量占比约为16%。2018年，无人机行业投资主要集中在B轮、C轮和战略投资。2023年，eVTOL投融资事件达到8起，已披露金额为5.1亿元。2024年以来，有26起投融资事件涵盖核心技术研发、精密零部件生产、空中物流体系运营、生产线扩容等多环节。其中，低空飞行器如无人机、eVTOL、飞行汽车等"吸金"能力最强，至少13起投融资事件与此相关。

eVTOL市场前景广阔

近年来，eVTOL成为低空经济产业的大热赛道，世界主要航空国家都在积极推动eVTOL行业的发展。截至2023年底，全球已有超过800家企业或机构正在研发eVTOL产品。我国高度重视eV-

TOL 行业的发展，2023 年以来，我国累计有 10 余个省份将"低空经济""eVTOL"等相关内容写入了《政府工作报告》。2024 年 5 月 6 日，上海峰飞航空科技 2 吨级 eVTOL 在阿联酋完成海外首飞。这也是中国吨级以上 eVTOL 海外首飞。

3. 多地低空经济产业基金正加速入场

为抢抓发展机遇、培育战略性新兴产业，多地低空经济产业基金正加速入场。比如，成都科创投集团下属成都重产基金（成都市重大产业化项目投资基金）已完成对四川沃飞长空科技发展有限公司（以下简称"沃飞长空"）的投资。资金将用于沃飞长空旗下 eVTOL 产品 AE200 的研发与商业化进程。北京市商业航天和低空经济产业投资基金（有限合伙）于 2024 年 7 月 12 日成立，目前正在运作。此外，沈阳、成都、南京等多地也反应迅速，均设立或签约设立了低空经济产业基金。

通过投融资活动，产业基金能有效整合资源，引导社会资本关注并流向低空经济的关键环节和重点企业，充分发挥其产业助力作用，更好推动低空经济领域的技术创新、产业升级和市场拓展。产业基金投资低空经济，相关项目越成功，越能吸引社会资本入场，推动低空经济产业加快发展的同时获得良好投资收益，从而在低空经济、产业基金、投融资活动之间形成相互促进的良性循环。

产业基金投资低空经济应明确投资方向和重点，聚焦低空经济领域的核心技术和关键环节，避免盲目投资和重复建设。为了确保投资效益，产业基金应时刻关注市场需求和技术发展最新动态，以便及时调整投资策略。此外，产业基金在运作过程中还应注意加强风险防控，强化与金融机构、政府有关部门的沟通协调。

案 例

低空经济融资沸腾，资本疯狂涌入

2024 年以来，低空经济赛道呈现出前所未有的火热态势，融资规模和频次大幅攀升，资本市场对这一新兴领域表现出极大兴趣。据不完全统计，2024 年以来，亿元级别的融资案例至少有 11 起，超过 2023 年，显示出政策驱动下行业强劲的"吸金"能力。

一是融资热潮席卷全产业链。低空经济的融资热潮不仅限于主机厂商，整个产业链上的企业都受到了资本的青睐。2024 年 8 月 3 日，宁德时代与峰飞航空签署战略投资与合作协议，投资数亿美元成为后者的独家战略投资者。5 日，小鹏旗下小鹏汇天宣布获得 1.5 亿美元 B1 轮融资，同时启动 B2 轮融资。此外，无人机监管系统企业特金智能、eVTOL 飞控系统供应商边界智控等细分领域的公司也纷纷完成亿元级融资。这种全产业链的投资热潮，凸显了资本市场对低空经济发展前景的普遍看好。

二是投资主体多元化趋势明显。低空经济的投资主体正在呈现多元化趋势。早期主要由美元基金等市场化机构主导的投资格局正在发生变化，地方国资在低空经济赛道上的表现越发活跃。例如，成都科技创新投资集团下属成都重产基金对沃飞长空进行 B 轮投资，广东粤科母基金、临港前沿阿特斯扬州基金领投星逻智能的 B 轮融资。这种多元化的投资背景不仅为企业提供了更多的资金支持，也为其后续发展带来了更广泛的政策和资源支持。

资料来源：金融界。

四、eVTOL 市场规模分析

近年来,飞行汽车广阔的发展前景吸引了众多航空航天企业、汽车企业、科技公司入局。2023年,全球 eVTOL 市场规模达到 125.3 亿美元,较上年增长 12.38%。2025 年,全球 eVTOL 市场规模将增至 158.2 亿美元。2023 年,中国 eVTOL 市场规模达到 9.8 亿元,同比增长 77.3%,主要集中在中南、华东、华北等地区。

五、eVTOL 企业布局动态

现阶段,全球 eVTOL 飞行器研发企业已经超 800 家,主要分为三类:一是 Joby、Archer、亿航智能、时的科技、亿维特等专注 eVTOL 的科技企业;二是波音、空客、贝尔、巴西航空工业等传统航空企业巨头;三是大众、现代、吉利、丰田、广汽等汽车企业(见表 9-1)。

表 9-1 2024 年海内外 eVTOL 典型企业及动态

企业名称	简介
Joby	Joby 为美国的一家纯 eVTOL 制造商,成立于 2009 年,以 66 亿美元的估值在纽交所 SPAC 上市。该公司引入丰田等制造业巨头进行投资,不仅获得了资金支持,还引进了全球一流的制造工艺和电子相关技术。Joby 在范堡罗国际航空展上展示了其 eVTOL 空中出租车,并在 2024 年取得了飞行测试成功。Joby 的目标是在未来几年内获得 FAA 类型认证,并开展商业空中出租车运营,进一步推动低空经济的发展
Lilium	Lilium 总部位于德国慕尼黑。Lilium 航空公司专注于开发用于区域空中交通的全电动的、垂直起飞和降落的飞机,开发了全球首款有人驾驶 eVTOL。该公司成立于 2014 年,并在 2021 年 9 月 15 日在纳斯达克上市(纳斯达克股票代码:LILM)。Lilium 航空公司的主要产品是 Lilium Jet,这是一种采用涵道式电动矢量推进器方案的飞行器,可选配 4 个或 6 个座位用于客运飞行,或取消座位用于物流服务。该公司计划最早于 2025 年在全球多个地区运营区域空中交通服务。此外,Lilium 航空公司还与中国深圳市宝安区政府签订了合作备忘录,计划在深圳市建立中国总部,为大湾区提供全方位的 Lilium 飞机销售、售后服务以及技术支持,并计划未来逐渐扩展到中国和亚太区域
Volocopter	Volocopter 是一家专门设计个人飞行器和小型多旋翼直升机的德国公司,致力于开发 eVTOL,旨在提供城市内的短途出行解决方案,主要业务为提供空中出租车服务。Volocopter 的初代产品于 2011 年首次执行载人飞行,2017 年成功实现了双座无人空中出租车的试飞。Volocopter 是世界上第一架白色蛛网设计,两座 18 个旋翼装置的新型纯电动私人直升机
Archer	Archer 于 2018 年在美国成立,是一家专注于设计和开发 eVTOL 的公司,旨在通过可持续的空中交通解决方案来解决城市交通问题
亿航智能	亿航智能成立于 2014 年,总部位于中国广州。公司专注于集研发、生产、销售、服务于一体的智能飞行器高科技创新,其产品和服务涵盖空中交通(包括载人交通和物流运输)、智慧城市管理和空中媒体等应用领域。亿航智能的旗舰产品 EH216-S 已获得中国民用航空局颁发的全球首张无人驾驶载人 eVTOL 航空器型号合格证、生产许可证和标准适航证
小鹏汇天	小鹏汇天是小鹏汽车的生态企业。目前,小鹏汇天研发中心、飞行试飞基地位于广州,并在深圳、上海等地成立了飞行汽车前瞻实验室。小鹏汇天的产品包括旅航者 X2 和分体式飞行汽车"陆地航母",其中,旅航者 X2 已获得国内特许飞行许可证,并成功完成多项飞行测试和公开首飞。分体式飞行汽车"陆地航母"由陆行体和飞行体两部分构成,陆行体为 6×6 全轮驱动的增程式电动汽车,飞行体为可容纳两人的 eVTOL,二者可以实现自动分离、结合。

续表

企业名称	简介
峰飞航空	峰飞航空成立于2019年9月26日，是国内最早投入大型eVTOL无人驾驶飞行器行业的科技企业之一，研制了全球第一款获得适航认证的电动运动飞机。峰飞产品主要包括大型eVTOL货运航空器和载人航空器。2024年8月1日，峰飞航空盛世龙eVTOL电动垂直起降航空器完成跨长江首飞，2024年8月3日，宁德时代与峰飞航空签署战略投资与合作协议，宁德时代独家投资数亿美元，成为峰飞航空的战略投资者
时的科技	时的科技成立于2021年5月，致力于研发载人eVTOL，为社会提供安全便捷的立体出行服务，此类飞行器不需要机场跑道，可以从高楼楼顶、标准直升机机场及草地等场地进行点对点运输飞行。该公司主要产品为五座的E20等

六、eVTOL 投融资情况分析

IT桔子数据显示，2022—2023年，随着eVTOL相关政策的实施和推进，我国eVTOL行业投融资数量开始呈现小幅度上升趋势。2023年，投融资数量达到8起，已披露金额为5.1亿元（见表9-2）。

表9-2　2023年中国eVTOL行业投融资事件

时间	公司简称	行业	轮次	融资金额
2023-12-13	沃飞长空	先进制造	B轮	未透露
2023-08-22	零重力飞机工业	先进制造	战略投资	近亿元人民币
2023-07-05	亿维特	先进制造	战略投资	2000万元人民币
2023-06-30	沃飞长空	先进制造	A轮	1亿元人民币
2023-02-22	御风未来	先进制造	A+轮	数千万元人民币
2023-02-17	零重力飞机工业	先进制造	天使轮	1亿元人民币
2023-02-08	时的科技	先进制造	Pre-A轮	1亿元人民币
2023-01-30	倍飞智航	先进制造	天使轮	数千万元人民币

资料来源：中投产业研究院。

目前，我国eVTOL行业尚处于起步阶段。2023年12月21日，亿航智能的EH216-S无人驾驶载人航空器获得由中国民用航空局颁发的标准适航证，成为全球首个获得适航证的eVTOL，具有里程碑式意义；28日，EH216-S无人驾驶载人航空器在合肥启动商业首飞演示，意味着eVTOL行业在商业化探索上已经迈出了重要一步。预计2024年有望成为eVTOL行业商业化元年；到2035年，eVTOL行业的市场规模预计达到约5000亿元。

七、低空经济产业投资机会分析

（一）投资项目分析

低空经济产业投资项目涉及多个方面，包括基础设施建设项目、技术研发项目、市场开发项目、人才引进和培养项目等。

1. 基础设施建设项目

在基础设施建设阶段，需要投入大量资金用于厂区建设、生产设备购置、技术研发等方面。基础设施建设的质量和效率直接影响低空经济产业项目的投资回报与企业的长期发展。

2. 技术研发项目

低空经济产业的核心技术和产品是关键，因此需要投入大量资金进行技术研发。研发的成果可以形成企业的核心竞争力，提高产品的质量和市场竞争力。

3. 市场开发项目

低空经济产品研发生产出来后，需要拿到市场上销售，获得市场认可。市场开发是低空经济产业投资项目的关键环节之一，需要投入较多的资金进行市场推广和销售渠道建设，通过参加展会、举办推介会、加强与客户的沟通等方式，提高企业的知名度和市场占有率。

4. 人才引进和培养项目

人才是第一生产力，低空经济产业需要具备丰富的人才资源，包括无人机和航空器的技术研发、生产制造、市场营销等方面的人才。企业需要投入较多的资金引进和培养这些人才，建立完善的人才队伍和管理体系。

（二）投资区域分析

1. 东部地区投资机会多

我国东部地区经济发达，低空经济市场需求大，技术和资金支持充足，拥有发展低空经济的优越条件。因此，在东部地区投资低空经济产业有较多的机会。

2. 一线城市和大型旅游城市投资机会大

一线城市经济发达、人口密集、消费水平高，对低空经济的需求也相对较大。同时，一线城市拥有较为完善的交通基础设施和科技创新能力，有利于低空经济的发展。

大型旅游城市拥有丰富的旅游资源和广阔的市场前景，对于发展低空旅游经济具有得天独厚的优势。在这些城市投资低空旅游项目有较大的潜力。

因此，在一线城市和大型旅游城市，低空经济投资机会大。

案 例

深圳超前布局低空基础设施，推动数字低空建设

深圳现存低空经济相关企业 4739 家，位居全国第一，这些企业涵盖了无人机的设计、制造、运营等多个环节。2023 年，中国无人机产业规模约为 1500 亿元，深圳占比约为 70%，其中，消费级无人机占据全球 70% 的市场份额，显示出其在全球市场的领先地位。深圳拥有完整的无人机产业链条，包括生产制造、技术研发、软件开发、商业应用、人才培育等环节，为无人机产业发展提供了坚实的基础。同时，深圳聚集了大疆、丰翼科技、道通智能等行业头部企业，这些企业在技术创新和市场开拓方面具有显著优势。

深圳低空经济发展的良好态势，得益于其超前布局低空基础设施。基础设施的建设和完善是低空经济发展的关键前置基础，深圳市政府在这方面的投入和布局尤为突出。

一、基础设施建设进展

（1）起降点建设。2023 年，深圳新建无人机起降点 73 个，这些起降点的建成大大提高了无人

机的运行效率和服务覆盖范围。

（2）智能融合项目。2023年10月，深圳市低空智能融合基础设施建设项目一期工程启动，目前深圳空管基础设施已初步形成"服务网、航路网、空联网、设施网"一体化低空基建解决方案，为低空经济的发展提供了坚实的基础。

二、新型基础设施建设

深圳是全国首个5G独立组网全覆盖的城市。截至2023年底，深圳累计建成5G基站7.5万个，率先试点5G-A网络，10G-PON端口占比达100%。这些先进的通信技术为低空经济的信息传输和处理提供了强有力的支持。

三、区域基础设施差异

（1）福田区。福田区建成并开通7000余个5G基站，获批全国唯一国家级5G中高频器件创新中心，建成多功能智能杆超3700根，打造了全国首张1.4GHz低空经济通信专网，这些设施的建设为低空经济的发展提供了良好的硬件环境。

（2）龙华区。龙华区搭建了深圳市最大的物联感知平台，接入十大类超26万个终端设备，建成了5G基站7784个、多功能智能杆1200根，全力支持低空场景应用落地，这些举措有助于推动低空经济的场景化和智能化发展。

四、5G-A技术应用

深圳率先提出打造5G-A"全国第一城"，计划在全市范围内打造六大5G-A示范区，这些示范区的建设将进一步推动低空经济与先进通信技术的融合。基于5G-A通感一体网络的无人机感知技术在深圳华为坂田5.5GPark测试成功，在国内首次实现5G-A立体感知网在低空环境下的多场景验证，验证成果将为深圳加速发展低空经济提供有力的技术支撑。

资料来源：深圳市工业自动化行业协会。

3. 西部地区投资潜力大

西部地区地广人稀，自然环境多样，具有发展低空经济的独特优势。近年来，国家对西部地区的支持力度不断加大，为低空经济的发展提供了政策保障。因此，在西部地区投资低空经济行业有较大的潜力。

本章小结

本章介绍了产业属性及其特征，探讨了低空经济的自然、经济和社会三种总产业属性以及各种属性之间的相互关系，并分析了机场和空中管制服务具体产业的属性，在此基础上，探讨了低空经济投融资模式和投资机会。

思考题

1. 低空经济的主要产业属性有哪些?
2. 机场的主要产业属性有哪些?
3. 请分析 eVTOL 的市场投资机会。

第十章
低空飞行企业的运营与管理

案例导入

飞行安全的影响因素

中国台湾网（2009年）8月11日消息 据台湾"中广新闻网"报道，今天下午传出台空勤总队 NA-502 救难直升机坠毁的重大意外。救难人员从飞机上垂降下来发现，机上三名机组人员包括正副驾驶和机工长已经没有生命迹象。

这起重大意外发生在下午3点30分左右，一辆 UH1H 编号 NA-502 空勤总队直升机，一整天在雾台乡执行任务，下午载着两名特搜队员前往伊拉部落搜救，放下特搜队员之后打算前往下一个灾区运补。不料，疑似强风和机件因素，直升机在部落下游发生坠毁，飞机碎片也被民众发现，机组人员则完全失联。

台空勤总队表示，这架直升机在屏东县雾台乡伊拉部落执行任务之后，准备飞往下一个灾区，疑似强风和机件因素，迫降在伊拉部落下游500米处。

资料来源：https://news.ifeng.com/taiwan/2/200908/0811_352_1296930.shtml。

阅读上述案例并思考：影响飞行安全的因素有哪些？

随着低空飞行领域的不断发展和普及，市场需求呈现出快速增长的趋势。商业运输、空中观光、航拍摄影、农业服务、环境监测、应急救援等领域对低空飞行的需求日益旺盛。低空飞行企业应紧抓市场机遇，不断拓展服务领域，强化企业运营与管理，满足客户的多样化需求。始终坚持绿色、环保、安全的飞行理念，致力于减少飞行对环境的影响。低空飞行企业应凭借自身的技术优势，积极参与社会公益事业，通过低空飞行技术的应用为社会提供帮助和支持。

第一节 低空飞行企业的分类

企业和人才是市场经济发展的基础，离开低空飞行企业和人才，低空经济不可能实现发展和繁荣。随着国家层面重视程度的不断提升，低空经济逐渐成为市场关注的重要方向，低空飞行企业呈增长趋势。

一、低空飞行企业分类

低空飞行涉及的领域宽、应用范围广，使用的飞行器类型多，可以从不同角度对低空飞行企业进行划分。

（一）按业务类型划分

按业务类型，低空飞行企业可以划分为以下几种：

（1）甲类企业，主要从事飞行服务、石油开采服务、直升机引航、空中医疗救援、商用飞机驾驶员培训等活动。

（2）乙类企业，主要从事空中观光旅游、直升机外载荷飞行、人工干扰天气、航空探测矿源、航拍影像、海洋环境监测、渔业养护、城市空中消防、空中警务、航空器代管、跳伞飞行服务等活动。

（3）丙类企业，主要从事私用飞机驾驶员培训、空中拍照、空中保护森林、农作物病虫害防治、空中科学实验、气象监测等活动。

（4）丁类企业，用具有标准适航证的载人自由气球、飞艇进行观光旅游；用具有特殊适航证的飞机从事经营项目，如航空表演、娱乐飞行、运动驾驶员培训、空中电力通信作业等（见表10-1）。

表 10-1 低空飞行企业经营项目范围

甲类	乙类	丙类	丁类
包机飞行服务、石油开采服务、直升机引航、空中医疗救援、商用飞机驾驶员培训	空中观光旅游、直升机外载荷飞行、人工干扰天气、航空探测矿源、航拍影像、海洋环境监测、渔业养护、城市空中消防、空中警务、航空器代管、跳伞飞行服务	私用飞机驾驶员培训、空中拍照、空中保护森林、农作物病虫害防治、空中科学实验、气象监测等	用具有标准适航证的载人自由气球、飞艇进行观光旅游；用具有特殊适航证的飞机从事经营项目，如航空表演、娱乐飞行、运动驾驶员培训、空中电力通信作业等

资料来源：马同霞.江西省政府助推通用航空产业发展的对策研究［D］.南昌：南昌航空大学，2021.

（二）按经营状况划分

按经营状况，低空飞行企业可以划分为经营性低空飞行企业和非经营性低空飞行企业。经营性低空飞行企业主要利用通用航空器为其他企业、组织和社会公众提供通用航空与空中作业等飞行服务，自己能取得收入，如低空飞行俱乐部。非经营性低空飞行企业主要提供不以盈利为目的公共服务，如抢险救灾、公务飞行、农林牧渔的生产作业、航空运动、飞行表演、娱乐飞行等活动，这些活动需要政府部门扶持。

（三）按隶属关系划分

按隶属关系，低空飞行企业可以划分为国有企业、中外合资企业、股份制企业、私人企业等。

（1）国有企业，是指低空飞行由国家或政府投资，企业的所有权归全民所有的企业。其具体表现为归中国民用航空局所有、地方管理局所有或地方政府所有。

（2）中外合资（外资）企业，是指由中外两个以上国家投资（外国独资），企业的所有权和经营权归中外（外国）所有的企业。

（3）股份制企业，是指由国内各个股东联合投资，企业的所有权和经营权归股东大会或董事会所有的企业。

（4）私人企业，是指由国内个人独立投资，企业的所有权和经营权归个人所有的企业。

（四）按服务对象划分

按服务对象，低空飞行企业可分为工业服务飞行企业、农业服务飞行企业、混合服务飞行企业、其他服务飞行企业。

（1）工业服务飞行企业，是指使用通用航空器专门为工业生产部门提供各种经营性作业和服务飞行的企业。其主要从事航空摄影、航空遥感、航空物理探矿、石油服务等飞行活动。

（2）农业服务飞行企业，是指使用通用航空器专门为农林牧副渔生产、气象、资源保护等提供各种经营性作业和服务飞行的企业。其主要从事人工降水、航空护林、航空播种和航空化学处理等飞行活动。

（3）混合服务飞行企业，是指利用通用航空器为工农林提供各种经营性作业和服务飞行的企业，是低空飞行企业的主体。

（4）其他服务飞行企业，是指使用通用航空器进行除为工业、农林牧副渔服务以外的飞行的企业。其主要从事私人飞行、教育训练飞行、公务航空飞行、空中游览飞行、医疗服务、抢险救灾等活动。

（五）按通用航空器是否有人操作划分

按通用航空器是否有人操作，低空飞行企业可分为有人机业务飞行企业、无人机业务飞行企业、有人机和无人机双业务企业。

二、低空飞行企业特征

低空飞行企业作为现代航空领域的重要组成部分，具备一系列独有的特征和优势。低空飞行企业因具有飞行技术先进、运营安全高效、服务项目多样、航线网络广泛、市场定位精准、创新能力强劲以及合作资源丰富等特征，在航空市场中展现出强大的竞争力和广阔的发展前景。

（一）飞行技术先进

飞行技术先进是低空飞行企业的显著特征。这些企业通常拥有先进的飞行器和配套设施，采用最新的导航、通信和控制系统，确保飞行过程安全和稳定。同时，这些企业还注重飞行员的培训和技能提升，确保他们具备高超的飞行技术和应对突发情况的能力。

（二）运营安全高效

低空飞行企业注重运营的安全性和高效性。这些企业建立了完善的安全管理制度和应急预案，对飞行过程中的各个环节进行严格把控，确保飞行安全。同时，这些企业还通过优化航线、提高飞行效率、降低运营成本等方式，实现高效运营，提升市场竞争力。

（三）服务项目多样

低空飞行企业提供多样的服务项目，以满足不同客户的需求。除了常规的客货运输服务外，还涵盖了空中游览、空中拍摄、医疗急救等特殊项目。这些服务项目不仅增加了企业的收入来源，也提升了企业的品牌形象和市场影响力。

（四）航线网络广泛

低空飞行企业通常拥有广泛的航线网络，覆盖城市间、地区间乃至国际的航线。这些航线网络为企业提供了更多的市场机会和发展空间，也为客户提供了更加便捷、灵活的出行选择。

（五）市场定位精准

低空飞行企业的市场定位通常非常精准。它们根据自身的资源优势和市场需求，选择适合自己的市场领域和客户群体，并制定相应的产品和服务策略。这种精准的市场定位有助于企业更好地满足客户需求，提升市场份额和竞争力。

（六）创新能力强劲

低空飞行企业具备强劲的创新能力，能够不断推出新的产品和服务，满足市场的不断变化和客户的个性化需求。这些企业注重技术研发和创新，积极引进新技术、新设备和新理念，不断提升自身的技术水平和创新能力。同时，这些企业还关注行业趋势和市场变化，灵活调整战略和业务模式，以适应市场的发展。

（七）合作资源丰富

低空飞行企业在发展过程中注重与各方建立合作关系，拥有丰富的合作资源。这些资源包括政府部门的支持、航空产业链上下游企业的合作、金融机构的融资支持等。通过与这些合作伙伴的紧密合作，企业能够获取更多的市场机会和资源支持，推动自身快速发展。

第二节　低空飞行企业的发展现状

一、低空飞行企业在行业中的地位和作用

在航空产业的整体格局中，低空飞行企业扮演着至关重要的角色，其地位不可忽视。作为航空领域的重要分支，低空飞行企业在整个产业链中发挥着举足轻重的作用。

随着近年来低空领域的逐步开放与持续发展，低空飞行企业的数量和规模得到了显著扩张，已成为推动航空产业持续发展的重要动力源泉。这些企业在促进地方经济繁荣、加强社会保障体系方

面做出了积极贡献，在国防建设领域也发挥着不可或缺的作用。

低空飞行企业的业务范围广泛，不仅提供高效的飞行服务，还助力物流、旅游、应急救援等多个领域实现创新发展。例如，在物流领域，低空飞行企业利用无人机等先进设备，极大地提高了货物运输的效率，降低了物流成本；在旅游领域，低空飞行企业提供了独特的观光体验，为旅游业注入了新的活力；在应急救援方面，低空飞行企业能够快速响应，为救援行动提供有力支持。

除此之外，低空飞行企业在科研和教育方面也发挥着重要作用。它们为科研机构提供了宝贵的实验平台，推动了相关技术进步和应用；为教育机构提供了丰富的培训机会，培养了大量专业人才，为行业的可持续发展提供了有力保障。

低空飞行企业在整个航空产业链中占据着重要地位，是推动航空产业发展的重要力量。它们通过不断拓展业务范围、提升服务质量，为航空产业的繁荣发展做出了积极贡献。

二、低空飞行企业的发展现状

全球低空飞行企业发展至今先后经历了早期应用探索阶段和规范化发展阶段。在早期应用探索阶段，由于低空技术不成熟，低空飞行企业以低空旅游和在农业、工业的探索应用为主。2010年以后，全球低空飞行企业进入规范化发展阶段，随着低空飞行技术越发成熟和多元化，低空飞行企业也出现多元化发展。我国低空经济企业增长速度快，目前，低空经济行业相关企业数量超过8000家，企业注册数量整体呈现增长趋势。

（一）国内外总体发展状况

近年来，我国低空飞行领域发展势头显著。在政策层面，国家实施了一系列旨在促进低空经济发展的有力措施，包括放宽低空空域的使用限制以及鼓励航空器的研发与制造。这些政策举措不仅为低空飞行企业提供了广阔的发展空间，也营造了积极的产业环境。

随着科技的不断进步，我国低空飞行企业的技术实力与创新能力得到了显著增强。企业逐步掌握了核心技术，有效提升了产品质量和服务水平，进一步促进了低空飞行市场的繁荣。

在国际上，发达国家的低空飞行产业链较为完善，技术也较为先进，特别是在工业无人机等关键领域表现出明显的竞争优势。这些国家在低空飞行技术、市场应用等方面走在了前列，为我国提供了宝贵的经验借鉴。

取得一定成绩的我们仍需正视自身存在的问题和不足，特别是在技术研发和创新方面仍需加强。未来，我国低空飞行应继续加大研发投入，提升自主创新能力，力争在关键技术上取得突破。

借鉴发达国家的成功经验，我们可以进一步优化产业布局，提升产业整体竞争力。通过推动低空飞行在更多领域的应用和发展，我们可以为社会经济进步贡献更多力量，实现行业的持续健康发展。

（二）市场现状

随着技术的突飞猛进以及市场需求的增长，低空飞行市场呈现出持续扩大的趋势。根据近年来的行业统计数据，低空飞行市场已经连续多年实现两位数的快速增长，预计在未来几年将继续保持这种强劲的增长势头。低空飞行市场这一增长趋势的背后，有多重因素共同发挥作用。

（1）政策层面的支持为低空飞行市场的发展提供了有力保障。各国政府逐渐放开了低空飞行领域的相关限制，并出台了一系列鼓励创新的政策措施，为市场的发展创造了有利条件。

（2）技术进步是推动低空飞行市场增长的重要因素。随着技术的发展，无人机、eVTOL等新型低空飞行器不断涌现，并在性能、稳定性、安全性等方面取得了显著提升，进一步拓宽了低空飞行的应用场景和市场空间。

（3）消费升级为低空飞行市场带来了更多机遇。随着人们生活水平的提高和消费观念的转变，越来越多的人开始关注并尝试低空飞行体验，这无疑为低空飞行市场注入了新的活力。

虽然低空飞行市场前景十分广阔，但是在快速发展的同时仍面临着诸多挑战，如市场竞争加剧、技术标准制定与统一、安全监管加强等。因此，企业需要不断创新和提升自身实力，以适应市场的变化和满足用户的需求，从而在激烈的市场竞争中立于不败之地。

（三）竞争格局

目前，低空飞行市场正展现出多元化且充满活力的竞争格局。在这个市场中，不同的企业依据其独特的技术实力、创新的产品线以及广泛的市场渠道，形成了层次分明、竞争激烈的市场生态。

在这一竞争格局中，几家颇具影响力的低空飞行企业脱颖而出，成为行业的领军者。比如，大疆以卓越的无人机技术和多样化的产品线在消费级无人机市场占据了领先地位。除此之外，大疆还积极进军行业级市场，为各行各业提供高效的解决方案。又如，亿航智能在载人飞行器领域取得了显著进展，其研发的载人飞行器凭借安全、舒适的特点，在短途出行和空中观光等领域展现了巨大的潜力。再如，极飞科技等企业在各自擅长的领域不断突破创新，推动了整个低空飞行市场的繁荣发展。这些企业通过不断投入研发、优化产品线、拓展市场渠道等举措，不断提升自身竞争力，为整个行业发展注入了强大的动力。

多元化竞争格局的形成，不仅促进了低空飞行企业之间的良性竞争，也推动了整个行业的快速发展。随着技术的不断进步和市场需求的不断增长，低空飞行市场的未来充满了无限可能。可以预见，未来将有更多具有创新能力和市场潜力的企业加入低空飞行行业，共同推动低空飞行市场繁荣与发展。

当前，低空飞行市场的竞争格局充满了活力与机遇。在这个市场中，企业间的竞争将越发激烈，同时激发出更多创新与合作，推动整个行业持续进步与发展。

（四）关键技术突破与创新

在无人机技术领域，低空飞行企业近年来取得了令人瞩目的技术突破。这些突破主要体现在无人机的续航能力、载荷能力以及稳定性等核心指标的显著提升上。通过不断研发和优化，无人机如今能够在更长时间内持续执行任务，承载更大重量的设备或物品，并且能在复杂环境下保持稳定的飞行状态。

另外，无人机技术应用领域也在持续拓宽。除了最初的航拍和勘查用途，无人机已广泛应用于农业植保、电力巡检、快递物流等多个领域。在农业领域，无人机通过高效喷洒农药和监测作物生长，极大地提升了农业生产的效率和质量；在电力巡检领域，无人机能够迅速发现电网故障，缩短停电时间，提高电力系统的稳定性；在快递物流领域，无人机因具有灵活性和高效性，为城市快递配送提供了新的解决方案。

在eVTOL技术方面，低空飞行企业积极进行探索并取得了显著进展。eVTOL技术结合垂直起降和水平飞行的特点，为 UAM 和应急救援等领域提供了全新的解决方案。通过研发具有高效能、高安全性的 eVTOL，低空飞行企业有望在未来建立更加便捷、高效的 UAM 体系。

随着 5G 和人工智能技术的快速发展，低空飞行企业也在积极将这两项技术应用于无人机领域。5G 的高速传输和低时延特性使无人机与地面控制中心之间能够实现实时通信和数据传输，从而极大地提高了飞行的安全性和效率。而人工智能技术的应用则在飞行控制、路径规划、故障预测等方面发挥着重要作用，进一步提升了无人机的智能化水平。

三、低空飞行企业面临的挑战与机遇

（一）市场竞争与压力

随着低空飞行行业的迅猛发展，越来越多的企业开始涉足该领域，从而引发了激烈的市场竞争。这一趋势不仅推动了低空飞行行业的创新和进步，也对企业提出了更高的要求。

在运营过程中，低空飞行企业面临着巨大的成本控制压力。飞机购置作为初期投资的重要一环，涉及的资金规模庞大，而后续的维护费用以及人员培训成本同样不容忽视。为了在竞争激烈的市场中立足，企业必须精细管理各项支出，寻求成本控制与业务发展的平衡点。

政策法规限制也是低空飞行企业面临的重要挑战之一。为了确保飞行安全和合规性，企业必须严格遵守相关政策法规，这无疑增加了企业的运营难度和成本。企业需要不断加强对政策法规的学习和理解，以确保在遵守规定的前提下开展业务。

面对这些挑战，低空飞行企业需要不断提升核心竞争力。一方面，企业可以通过技术创新和研发，提高飞行器的性能和安全性，从而在市场上获得更多竞争优势；另一方面，企业可以优化运营管理模式，提高服务质量和效率，以满足客户需求并降低成本。

低空飞行市场的竞争日趋激烈，企业需要不断应对各种挑战和压力。只有加强成本控制、遵守政策法规以及提升核心竞争力，企业才能在市场中取得更好的成绩并实现可持续发展。

（二）技术创新与升级需求

航空科技日新月异，低空飞行企业面临着不断升级飞行技术的紧迫需求。在这个高速发展的时代背景下，提升飞行效率和保障飞行安全成为行业的核心关注点。飞行技术的升级不仅包括对传统飞行控制系统的优化和改造，还涉及对新型航空材料的研发和应用，这些都能有效提高飞机的性能和可靠性。

智能化技术在低空飞行领域的应用正逐渐深化，为企业带来了新的发展机遇。人工智能技术的融入使得飞行操作更加精准、高效，大数据技术的应用则为飞行数据的分析和管理提供了强大的支持。通过深度学习和数据挖掘，企业能够精准分析飞行数据，识别潜在风险，提升飞行安全性。智能化技术的应用也提升了企业的运营效率，降低了成本，增强了市场竞争力。

新能源技术的蓬勃发展，为低空飞行领域注入了新的活力。电动飞机等新能源技术的应用，不仅减少了对化石燃料的依赖，降低了碳排放，还提高了飞行的环保性能。企业需要紧跟新能源技术的发展趋势，积极探索新能源技术在低空飞行中的应用，推动行业可持续发展。

低空飞行企业不仅要密切关注航空技术的最新发展，加强技术研发和创新，不断升级飞行技术，提高飞行效率和安全性；还要积极探索智能化技术和新能源技术在低空飞行中的应用，提升企

业的竞争力和市场地位。只有不断与时俱进，才能在这个快速发展的行业中立于不败之地。

（三）客户需求变化与趋势

在当今市场环境下，消费者对于低空飞行服务的需求正呈现出日趋多样化和精细化的特点。企业为了顺应这一趋势，必须深入探索并满足客户的个性化服务需求。从服务内容的定制化，到服务流程的个性化，每个环节都需要精准把握客户的差异化需求，确保提供的服务能够真正贴合客户的期望和偏好。

高效便捷性是现代消费者对于低空飞行服务的重要考量标准。随着生活节奏的加快和信息技术的飞速发展，客户对于服务效率和便捷性的要求也在不断提高。企业应当持续优化服务流程，通过引入先进的信息化管理系统、提升员工的专业素质和服务意识，以及优化航线布局和航班时刻，实现服务的高效运转和客户的快速响应。

安全性与舒适性是低空飞行服务的两大核心要素，也是客户最关注的方面。安全性不仅关系到客户的生命财产安全，也是低空飞行企业持续发展的基石。低空飞行企业必须在日常运营中加强安全管理，严格遵守相关政策法规，确保飞行活动安全可靠。舒适性则直接影响客户的飞行体验，包括机舱环境、座椅设计、餐饮服务等方面都需要精心打造，使客户产生舒适、愉悦的飞行感受。

低空飞行企业在面对消费者日益多样化的低空飞行服务需求时，应当从个性化服务、高效便捷性以及安全性与舒适性三个维度出发，不断提升服务质量和水平，以满足客户的期望和需求，赢得市场的认可和信赖。

四、低空飞行企业未来发展趋势

（一）市场规模预测与增长潜力

低空经济作为近年来蓬勃发展的新兴产业，正展现出日益扩大的市场规模和巨大的增长潜力。在政策扶持和市场需求双重驱动下，低空飞行市场前景广阔，预计将在未来几年实现显著增长。

随着技术的不断创新和升级，低空飞行涉及的领域越发广泛。无人机作为低空经济的重要组成部分，已广泛应用于航拍、农业、物流等多个领域，展现出强大的市场活力和广阔的发展空间。通用航空器在短途旅行、应急救援等领域也发挥着越来越重要的作用，市场需求不断攀升。飞行汽车作为未来交通出行的新模式，正逐渐成为低空经济的新增长点，将为行业发展注入新的动力。

市场规模扩大使低空飞行企业面临着诸多发展机遇。随着技术进步和应用场景的拓展，无人机、通用航空器和飞行汽车等低空飞行设备将在更多领域发挥作用。例如，在物流领域，无人机配送将大幅提高配送效率，降低物流成本；在旅游领域，通用航空器将提供更便捷、舒适的短途旅行体验；在交通出行领域，飞行汽车将实现城市交通的立体化和高效化，缓解交通拥堵问题。

低空飞行企业作为低空经济的重要组成部分，正迎来前所未有的发展机遇。未来，随着政策环境的进一步优化和市场需求的持续增长，低空飞行企业有望实现更快速、更稳健的发展，为低空经济的繁荣和可持续发展做出重要贡献。

（二）技术创新方向与应用前景

随着科技的不断进步，低空飞行企业正积极投身于智能化技术与新能源技术的研发与应用，力求实现飞行器安全性和效率的双重提升。在智能化技术方面，自主导航技术为飞行器提供了更加精准的定位与导航服务，使其能够在复杂环境中稳定飞行。智能感知技术的引入则大大增强了飞行器的环境感知能力，通过对周围环境的实时感知与分析，确保飞行器在飞行过程中的安全性。另外，避障技术的不断进步也显著提高了飞行器应对突发情况的能力，有效减少了飞行事故的发生。

在新能源技术方面，低空飞行企业正积极探索太阳能、氢能等清洁能源在飞行领域的应用。太阳能作为可再生能源，具有绿色环保的特点，能够有效降低飞行器的碳排放，助力实现碳中和目标。氢能则以高效、清洁的特性受到广泛关注，其在飞行器中的应用有望实现更高效、更环保的飞行方式。

随着技术的不断进步与应用领域的不断拓展，低空飞行企业正迎来更加广阔的发展前景。UAM的兴起为低空飞行企业提供了巨大的市场空间，而在物流运输、应急救援、航空测量等领域的拓展则进一步丰富了低空飞行的应用场景。这些领域的发展不仅为低空飞行企业带来了更多的商业机会，也为社会带来了巨大的经济效益和社会效益。

低空飞行企业在智能化技术与新能源技术的支持下，正逐步实现飞行器安全与效率的双提升，并不断拓展应用领域，为产业服务提供巨大的发展空间。

（三）产业链整合与协同发展

低空飞行企业要想在激烈的市场竞争中脱颖而出，完善产业链尤为关键。当前，低空飞行企业应着力提升研发与制造能力，确保产品质量和技术创新走在行业前列。另外，运营和维护环节也不容忽视，要确保飞机在使用过程中安全稳定，为客户提供优质的服务体验。通过这些举措，企业能够逐步构建完整的产业生态链，增强整体竞争力。

仅依靠单个企业的力量难以实现行业的快速发展。低空飞行企业之间需要加强协同合作，共同推动低空经济的繁荣发展。通过资源共享，低空飞行企业可以充分利用各自的优势资源，降低运营成本，提高运营效率。技术合作则有助于低空飞行企业打破技术壁垒，推动行业技术的整体进步。这种优势互补的合作模式将有力提升整个行业的水平和影响力。

政府作为行业发展的重要推手，需要发挥关键作用。政府应出台相关政策，为低空飞行企业提供有力支持。在资金方面，政府可以通过设立专项资金、提供贷款等方式，帮助企业缓解资金压力，加大研发投入。在税收方面，政府可以给予低空飞行企业税收优惠，降低企业税负，增强企业的盈利能力和发展动力。这些政策措施将有力促进低空飞行企业的技术创新和产业升级，推动行业持续健康发展。

完善产业链、加强协同合作、获得政策支持是低空飞行企业实现快速发展的关键所在。只有在这些方面取得实质性进展，低空飞行企业才能在激烈的市场竞争中立于不败之地，为低空经济的发展贡献更大的力量。

第三节　低空飞行企业的运营与管理

一、低空飞行企业的组织架构

组织是管理的中枢。一个管理者经营能否成功，主要取决于他能否合理地组织他所管理的人力和物力等资源。管理组织,是指围绕一项共同目标建立的组织机构,并对组织中的全体人员指定职位、明确职责、交流信息、协调工作,在实现目标中获取最大的效益。低空飞行企业的组织架构见图10-1。

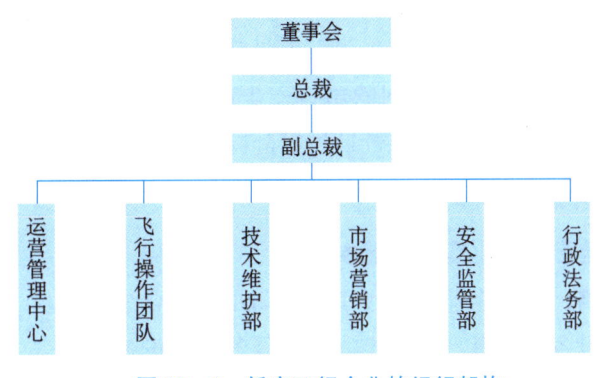

图10-1 低空飞行企业的组织架构

（一）运营管理中心

运营管理中心是低空飞行企业的重要枢纽,负责日常运营管理和协调。该部门职能包括飞行计划制订、资源调度、客户服务以及后勤保障等。通过精细化管理和高效运作,运营管理中心能够确保各项飞行任务顺利进行,提升客户满意度。

（二）飞行操作团队

飞行操作团队是低空飞行企业的核心执行力量,由经验丰富的飞行员和机组人员组成,他们负责飞行任务的执行,确保飞行安全、准时、高效。飞行操作团队经过严格的培训和选拔,具备高标准的职业素养和飞行技能。

（三）技术维护部

技术维护部负责飞行器的维修、保养和技术支持。该部门成员包括机械师、电气工程师等专业技术人员,他们具备扎实的专业知识和实践经验,确保飞行器的良好状态和性能,为飞行安全提供有力保障。

（四）市场营销部

市场营销部负责企业的市场开拓、品牌推广和客户关系管理。他们通过对市场的深入分析和研究,制定有针对性的营销策略和推广方案,提升企业知名度和市场占有率。同时,他们与客户保持密切联系,了解客户需求,为客户提供个性化的服务方案。

（五）安全监管部

安全监管部是低空飞行企业的安全守护者,负责制定和执行安全规章制度,监督飞行操作的安全性和合规性。该部门定期进行安全检查和评估,及时发现并消除潜在的安全隐患,确保飞行任务顺利完成和人员安全。

（六）行政法务部

行政法务部为低空飞行企业的日常运作提供全方位的行政和法务保障。行政人员负责低空飞行企业的日常行政管理、人力资源管理和办公环境维护等工作,确保企业内部运作高效和顺畅。法务人员则负责处理企业的法律事务，包括合同管理、知识产权保护、法律风险防范等，确保企业合法合规经营。

二、低空飞行企业的运营

运营，是运行和营业的简称。低空飞行运营，主要是指企业运用航空器进行低空飞行和低空作业的全部活动总和。具体包括低空飞行计划的制订、生产任务的确定、低空飞行与用户合同的签署、低空飞行作业的组织、低空飞行作业的效果与质量、低空飞行收益与成本核算等。

（一）低空飞行企业运营的条件

低空飞行企业要进行运营，必须具备以下条件：

（1）必须具有法人资格，所属企业是经过工商部门批准的合法企业。

（2）必须具有运营的设备和工具，即低空飞行器及其附属设备。

（3）必须具有一定的技术条件，即具有驾驶或操作低空飞行器的人员、与驾驶或操作飞行器有关的人员及相关技术资料。

（4）必须进行低空飞行和低空飞行现场作业。

（二）低空飞行运营的目的

低空飞行运营要达到两个目的：一是为社会生产和人民生活服务；二是为企业创造效益。前者是根本，后者是要求。如果没有对社会进行服务，就不能为企业创造效益。

（三）低空飞行企业运营的内容

1. 飞行服务与策划

低空飞行企业的核心在于提供优质的飞行服务，不仅要拥有先进的飞行器，还要有专业的服务团队策划和组织各种飞行活动。服务团队需要深入了解客户的需求和期望，为他们提供量身定制的飞行体验。此外，低空飞行企业还要关注市场趋势，不断创新和优化服务内容，以吸引更多客户。

2. 飞行器维护与保养

为了确保飞行的安全和稳定，低空飞行企业必须对飞行器进行定期维护和保养，包括检查飞行器的各个部件是否完好、清洗机身、更换磨损的零件等。同时，低空飞行企业还要建立完善的维护记录系统，以便追踪飞行器的使用情况和维护历史，确保飞行器的性能和安全性。

3. 飞行安全与监管

安全是低空飞行的首要考虑因素。低空飞行企业要严格遵守国家和地方的飞行安全法规，确保所有飞行活动都在合规的范围内进行。此外，低空飞行企业还要建立严格的安全管理体系，包括飞行员的安全培训、飞行器的安全检查等，以确保每一次飞行都是安全的。

4. 市场营销与推广

在竞争激烈的低空飞行市场中，市场营销和推广至关重要。低空飞行企业需要制定有效的市场营销策略，通过各种渠道宣传和推广自己的服务。包括线上平台（如社交媒体、官网等）和线下活动（如航空展、体验活动等）。同时，低空飞行企业还需要关注客户反馈，不断优化和改进自己的服务。

5. 客户服务与关系管理

优质的客户服务是低空飞行企业成功的关键。低空飞行企业需要建立专业的客户服务团队，提供全方位的售前、售中和售后服务，包括解答客户的疑问、处理客户的投诉、提供飞行建议等。同时，低空飞行企业还需要建立客户关系管理系统，维护好与客户的长期合作关系。

6. 飞行员培训与招聘

飞行员是低空飞行企业的核心人员。低空飞行企业需要建立完善的飞行员培训和招聘体系，确保所有飞行员都具备专业的技能和素质。在培训方面，低空飞行企业可以与专业的航空培训机构合作，为飞行员提供系统的理论知识和实践技能培训；在招聘方面，低空飞行企业需要制定严格的选拔标准，筛选出优秀的飞行员加入团队。

7. 航线规划与管理

对于低空飞行企业来说，航线规划与管理至关重要。低空飞行企业需要综合考虑天气、地形、交通等多种因素，合理规划航线，确保飞行的安全和效率。同时，低空飞行企业需要建立航线管理系统，实时监控航线的使用情况，及时调整和优化航线规划。

8. 财务管理与成本控制

有效的财务管理和成本控制对于低空飞行企业的健康发展至关重要。低空飞行企业需要建立完善的财务管理体系，包括预算编制、成本核算、财务分析等。同时，低空飞行企业需要关注成本控制，通过优化运营流程、提高资源利用效率等方式降低成本，提高盈利能力。

（四）低空飞行企业运营的程序

低空飞行企业运营是一项科学性、操作性很强的工作，科学合理的低空飞行企业运营程序，是保证完成任务的重要前提。

1. 任务的产生

国民经济有关部门、各基层单位根据自己的实际情况和生产任务确定是否采用专业飞行的方式完成任务。作为一般的企事业单位，要考虑三个方面的问题：第一，此次任务的时间要求。如果时间要求高，那么仅靠自己的力量无法在现有时间内完成任务。第二，经济的要求。此次飞行的运营成本是否太高，靠飞机执行任务在经济上是否合算。第三，自己的力量，包括技术力量是否能胜任此项任务。企事业单位考虑以上三个方面问题后，再决定是否采用低空飞行的方式完成生产任务。另外，在确定后，该企事业单位还要向自己的上级公司或所在地的政府提出申请。

2. 任务的申请

需要使用飞行器进行航空作业的单位或有关部门，首先，必须向自己的主管部门上报，在得到批准后，方可实施；其次，按照中国民用航空局有关申请办理使用低空飞行器的规定，向当地飞行管制部门提出飞行申请，并填写有关申请表格。申请的具体内容包括：

（1）任务的性质；
（2）航空器的类型；
（3）飞行的范围；
（4）飞行的起止时间；

（5）飞行的高度；

（6）飞行的条件。

3. 任务的确定

低空飞行企业根据客户提出的任务和要求，认真研究，确定能否安全顺利完成任务。如果能够胜任，则与客户签订合同。

4. 任务的下拨

任务确定后，低空飞行企业要根据任务的性质和要求，确定执行任务的服务团队，并向其下达任务单。服务团队根据任务单进行任务的实施。

5. 任务的实施

任务的实施，就是具体完成低空飞行生产作业任务的过程。通常，低空飞行企业每次接受的生产任务是不一样的，执行团队要根据作业流程进行实际操作。

6. 任务的检验

完成飞行任务后，低空飞行企业还要对任务的完成情况进行检验，以考核任务完成的数量和质量。由于低空飞行生产任务与性质不一样，对生产任务的检验方式不同。对于农业飞行，在实施过程中对生产的质量和数量进行检验；对于工业飞行，要根据航拍的资料进行检验等。

7. 任务的完成

经过检验合格、完成生产任务后，返回公司的飞行基地。

三、低空飞行企业管理

低空飞行企业管理主要包括两部分内容：一是机构的管理，具体包括行政机构的管理和作业现场的管理；二是项目管理，具体包括计划的管理、生产的管理、市场的管理、安全的管理、产品的管理、质量的管理和收益的管理等。

行政机构的管理，是指通用航空主管部门，对低空飞行的计划、机构、组织、人员、政策等进行宏观调控；作业现场管理，是指对低空飞行企业在实际作业区域从事的低空飞行活动进行管理。低空飞行企业的作业现场，是指低空飞行的生产人员运用航空器及设备等劳动手段，对工农业生产、人民生活等活动进行实际作业和服务的场所。低空飞行的现场管理，是低空飞行企业管理的重点。

（一）低空飞行的现场管理

低空飞行的现场管理主要包括工序管理、流程管理和环境管理。

1. 工序管理

工序管理，是指低空飞行生产人员，在低空飞行作业现场，对一个或几个劳动对象进行连续作业的生产活动。在低空飞行作业现场，每道工序就是一个管理点。工序管理是生产流程的基本单元，是生产现场的细胞，是投入产出的体现，是低空飞行作业管理的重要内容。

2. 流程管理

低空飞行作业，是指采用低空飞行的形式，完成一定的低空生产任务。它要在规定的机场、规定的范围、规定的机型和规定的作业工具条件下组织生产。根据生产活动的顺序和生产组织的要求，可以把低空飞行的基本生产过程分成不同的流程。而每个流程又可将劳动分工和专业分工划分为不同的工序。流程管理是对工序构成的生产流程进行管理，目的是加强生产过程的连续性和均衡性，减少不必要的停顿或等待时间。

3. 环境管理

环境管理是对机场、航路和生产场所等周围环境的管理。环境管理可以使生产现场建立良好的生产环境和生活秩序。环境管理具体包括现场设备管理、现场安全管理、劳动工具管理和现场劳动纪律管理等。

（二）低空飞行的安全管理

低空飞行的安全管理，是一个极其复杂的系统性工程。飞行事故及飞行隐患的出现，是人员、设备、技术和管理等诸多因素共同影响的结果。这些影响因素，有的是造成低空飞行事故的直接原因，有的间接构成对飞行安全的威胁，有的则对安全产生不利影响。这些不利因素，既有客观环境对低空飞行安全的影响，也有低空飞行企业内部管理及设备人员等方面的因素。

1. 影响低空飞行安全的因素[①]

（1）人为因素。

①机组人员的原因。安全责任感不高、操作技能不高、操作过失、判断失误、作业环境不熟悉、缺乏特殊情况的处置经验、心理素质差、反应不灵敏、身体突发疾病、精力不集中、机组人员配合不和谐等因素，都会直接影响飞行安全。

②ATC人员的原因。ATC人员是飞机安全飞行的"警察"，"警察"指挥失误同样会对航空安全产生不利影响。如所给信号的失误、语言交流的失误等。

③机务维修人员的原因。维修工作失误也是引发飞行事故的主要因素之一。

（2）作业环境因素。

航路结构的难易程度、作业现场的净空条件及低空飞行作业的复杂程度等，都直接影响飞行安全。

（3）飞机性能因素。

飞机性能因素主要是指飞机的部件质量出现问题，影响飞行安全。

（4）天气因素。

现代飞机可以进行全天候飞行。但是，恶劣的天气情况，如雷电、风切变、冰雹等，都会引起飞机机械或通信导航问题。特别是，低空飞行的飞行高度不如公共航空，更容易受到气象因素的影响。

（5）其他因素。

除上述常见的原因之外，还有一些其他因素，如人为蓄意破坏的暴力行为及鸟撞等，都会对低空飞行安全构成严重威胁。

2. 安全的控制与管理

（1）飞行规则与标准。

低空飞行必须严格遵守国家和国际的飞行规则与标准，确保飞行的安全和秩序，包括飞行高度、

---

① 耿建华. 通用航空概论[M]. 北京：航空工业出版社，2007：121 – 122.

速度、航线的设定与调整，以及飞行时的通信联络、信号识别等。飞行人员必须了解并遵守这些规则，确保飞行活动顺利进行。

（2）飞行人员培训与资质。

飞行人员的专业素质和技能水平直接关系到低空飞行的安全。因此，必须重视飞行人员的培训和资质认证工作。飞行人员需要经过系统的飞行培训，掌握飞行技术、应急处置等知识，并取得相应的飞行执照和资格认证，才能从事低空飞行活动。

（3）飞行器维护与检查。

飞行器的性能和状态对飞行安全有着至关重要的影响。因此，必须定期对飞行器进行维护和检查。包括对飞行器的发动机、机翼、起落架等关键部件的检查和维护，以及对飞行器的安全设备、通信导航设备的检查和校准，以确保其处于良好的工作状态。

（4）ATC 与导航。

低空飞行必须在 ATC 和导航系统的指导下进行，以确保飞行的安全和有序。ATC 部门负责规划和管理航线、航班、飞行高度等，避免飞行冲突和事故。导航系统则提供准确的定位和导航信息，帮助飞行人员准确到达目的地。

（5）应急响应与救援。

在低空飞行中，应急响应和救援机制是保障飞行安全的重要措施，必须建立完善的应急响应和救援体系，包括制定应急预案、建立救援队伍、配备救援设备等。在飞行过程中出现紧急情况时，能够迅速启动应急响应程序，进行有效的救援和处理。

（6）飞行安全监管与评估。

为了确保低空飞行的安全，必须加强飞行安全监管和评估工作。相关部门应定期对飞行活动进行监管和检查，确保飞行规则和标准得到严格遵守；还应建立飞行安全评估机制，对飞行活动进行定期评估和总结，及时发现问题并采取相应措施进行改进。

（7）飞行安全教育与宣传。

提高公众低空飞行的安全意识是保障飞行安全的重要前提。因此，必须加强飞行安全教育和宣传工作。通过开展安全教育活动、制作宣传简报、举办讲座等形式，向公众普及低空飞行安全知识，提高公众的安全意识和自我保护能力。

（8）飞行事故调查与处理。

在发生飞行事故时，必须迅速启动事故调查和处理程序。事故调查组应对事故进行深入调查和分析，查明事故原因和责任，并提出相应的改进措施和建议；还应对事故处理工作进行监督和指导，确保事故得到妥善处理并防止类似事故再次发生。

（三）低空飞行活动的组织与实施

1. 经营许可

2020 年 8 月 4 日，交通运输部发布《通用航空经营许可管理规定》指出，从事低空飞行经营活动，应当取得通用航空经营许可。[①] 取得通用航空经营许可的企业，应当遵守国家法律、行政法规和

[①] 交通运输部. 通用航空经营许可管理规定（CCAR - 290 - R3 号）[EB/OL]. (2020 - 08 - 26). https://www.caac.gov.cn/XXGK/XXGK/MHGZ/202008/T20200827_204256.html.

规章的规定,在批准的经营范围内依法开展经营活动。民用无人驾驶航空器经营许可证见图10-2。

图10-2 民用无人驾驶航空器经营许可证

申请取得通用航空经营许可的,应当具备下列条件:

(1) 从事经营性通用航空活动的主体应当为企业法人,企业的法定代表人为中国籍公民。

(2) 有符合《通用航空经营许可管理规定》第九条要求的民用航空器(第九条 取得通用航空经营许可,申请人应当具有满足下列要求的民用航空器:①在中华人民共和国进行登记,符合相应的适航要求。②除民航局另有规定外,用于从事载客类、载人类经营活动的民用航空器应当具有标准适航证。③与拟从事的经营性通用航空活动相适应。④从事载客类经营活动的,至少购买或者租赁2架民用航空器;从事载人类和其他类经营活动的,至少购买或者租赁1架民用航空器。

(3) 有与民用航空器相适应,经过专业训练,取得相应执照的驾驶员。

(4) 按规定投保地面第三人责任险。

(5) 法律、行政法规规定的其他条件。

通用航空企业违反《通用航空经营许可管理规定》,有下列情形之一的,依法记入民航行业严重失信行为信用记录:

(1) 拒绝接受或者拒不配合民航行政机关依法开展的监督检查的。

(2) 拒不执行民航行政机关依法作出的改正或者限期改正要求的。

(3) 从事无证无照经营的。

(4) 在申请通用航空经营许可或者接受民航行政机关检查等工作过程中,提供虚假材料、虚假证言证词的。

(5) 采取告知承诺制审批方式取得许可,但实际情况与承诺内容不符被撤销经营许可的。

(6) 侵害通用航空用户、消费者合法权益,引发重大社会影响的。

通用航空经营许可证应当载明:

(1) 许可证编号。

(2) 企业名称。

(3) 企业住所。

(4) 法定代表人。

(5) 经营范围。

(6) 颁发日期。

2. 飞行计划申请

《通用航空飞行管制条例》规定，从事通用航空飞行活动的单位、个人实施飞行前，应当向当地飞行管制部门提出飞行计划申请，按照批准权限，经批准后方可实施。

在低空飞行活动开始之前，飞行组织单位需向所在地的航空管理部门提交详细的飞行计划。飞行计划应包含以下内容：飞行任务性质、飞行航线、飞行高度、执行日期、参与飞行的航空器型号与数量、机组人员信息、应急联系方式等（见表10-2）。航空管理部门在收到申请后，审核飞行计划的合规性，并在符合相关规定的前提下，批准飞行计划。

表10-2 飞行计划

公司名称	×××××公司		
联系人	×××	联系电话	186×××××××× 029-××××××××
执行日期	20××年××月××日—××日14时00分至18时00分	任务性质	无人机飞手培训
机型及架次	×××系列无人机	机号或呼号	A0001
飞行高度	20米以下，100米视距范围内	飞行航线	
飞行规划	目视		
天气标准	无雨，无危险天气，风力≤4级，能见度≥1千米	作业范围	×××××（经纬度范围）

飞行计划申请内容：

(1) 组织该次飞行活动的单位或者个人；

(2) 飞行任务性质；

(3) 无人机类型、架数；

(4) 通信联络方法；

(5) 起飞、降落和备降机场（场地）；

(6) 预计飞行开始、结束时刻；

(7) 飞行航线、高度、速度和范围，进出空域方法；

(8) 指挥和控制频率；

(9) 导航方式，自主能力；

(10) 安装二次雷达应答机的，注明二次雷达应答机代码申请；

(11) 应急处置程序；

(12) 其他特殊保障需求。

有特殊要求的，应当提交有效任务批准文件和必要资质证明。

飞行计划申请审批权限：

使用机场飞行空域、航路、航线进行低空飞行活动，其飞行计划申请由当地飞行管制部门批准或者由当地飞行管制部门报经上级飞行管制部门批准。

低空飞行只向一个单位申报飞行计划。建有 FSS 的地区，通过 FSS 受理飞行计划。未建 FSS 的地区，依托军用和民用运输机场的，由所在机场空管部门受理飞行计划；不依托机场的，由所在地区飞行管制分区主管部门直接受理或指定相关军民用机场空管部门受理飞行计划。

飞行申请时限要求：

(1) 飞行计划申请应当在拟飞行前 1 天 15 时前提出；飞行管制部门应当在拟飞行前 1 天 21 时前做出批准或者不予批准的决定，并通知申请人。

(2) 执行紧急救护、抢险救灾、人工影响天气或者其他紧急任务的，可以提出临时飞行计划申请。临时飞行计划申请最迟应当在拟飞行 1 小时前提出；飞行管制部门应当在拟起飞时刻 15 分钟前做出批准或者不予批准的决定，并通知申请人。

(3) 在划设的临时飞行空域内实施通用航空飞行活动的，可以在申请划设临时飞行空域时一并提出 15 天以内的短期飞行计划申请，不再逐日申请；但是，每日飞行开始前和结束后，应当及时报告飞行管制部门。

(4) 使用临时航线转场飞行的，其飞行计划申请应当在拟飞行 2 天前向当地飞行管制部门提出；飞行管制部门应当在拟飞行前 1 天 18 时前做出批准或者不予批准的决定，并通知申请人，同时按照规定通报有关单位。

3. 空域使用协商

由于低空飞行涉及空域使用问题，飞行组织单位需提前与相关空域管理部门进行协商。协商内容主要包括飞行区域、飞行时间、飞行高度层的使用等。协商成功后，飞行组织单位需按照协商结果调整飞行计划，确保飞行活动的顺利进行。

低空空域按管制空域、监视空域和报告空域以及目视飞行航线进行分类。

管制空域，是指为飞行活动提供 ATC 服务、飞行情报服务、航空气象服务、航空情报服务和告警服务的空域。原则上只能划设在下列区域：①空中禁区和空中危险区；②国境地带我方一侧 10 千米范围内；③全国重点防空目标区和重点防空目标外围 5 千米区域；④终端（进近）管制区；⑤军用和民航运输机场的管制地带（担负飞行保障任务且未划设机场管制地带的军用机场，以机场跑道中心点为中心，沿跑道中心线方向，两端各 25 千米，两侧各 10 千米的区域）；⑥其他需要重点保护地区。

监视空域，是指为飞行活动提供飞行情报服务、航空气象服务、航空情报服务和告警服务的空域。管制空域和报告空域之外的空域划设为监视空域。

报告空域，是指为飞行活动提供航空气象服务和告警服务，并根据用户需求提供航空情报服务的空域。原则上只能划设在下列区域：①通用机场和临时起降点 10 千米范围内；②不依托通用机场和临时起降点，使用动力三角翼、滑翔伞、动力伞、热气球等通用航空器具，从事文化体育、旅游观光、空中广告宣传等活动的地区上空半径 5 千米范围内；③作业相对固定、时间相对集中，且对军航和民用运输航空飞行没有影响的通用航空飞行区域。报告空域不得划设在空中禁区边缘外 20 千米范围内，全国重点防空目标区和重点防空目标边缘外 10 千米范围内。

目视飞行航线是确保航空用户能够飞到预定空域，且飞行人员在目视条件下飞行的航线。按照监视空域或报告空域标准划设，在管制空域内划设目视飞行航线，必须明确进出通道。

如划设的管制空域与监视、报告空域有交叉区域，交叉区域按管制空域掌握。

4. 飞行安全检查

在飞行活动开始前，飞行组织单位应组织对参与飞行的航空器进行全面检查，包括机体结构、发动机、仪表、通信设备等的完好性和可靠性；同时，对机组人员的资质和飞行准备情况进行审查，确保机组人员具备执行飞行任务的能力和资格。

5. ATC

在低空飞行过程中，ATC 部门负责监控飞行活动的实施情况，确保飞行活动安全、有序进行。飞行组织单位应加强与 ATC 部门的沟通，及时报告飞行情况，接受 ATC 部门的指令和指挥。

6. 地面保障配合

地面保障工作对于低空飞行的顺利进行至关重要。飞行组织单位应提前与地面保障单位进行协调，确保飞行过程中所需的地面设施、设备、人员等能够得到有效保障。地面保障单位应根据飞行计划，做好机场跑道、停机坪、燃油供应、通信导航等设施设备的准备和保障工作。

7. 飞行实施操作

飞行实施阶段是低空飞行活动的核心环节。机组人员应按照飞行计划要求，准确执行飞行操作。在飞行过程中，机组人员应密切关注飞行状态，及时应对可能出现的异常情况。飞行组织单位应实时监控飞行实施情况，做好飞行记录和数据分析工作。

8. 飞行后报告提交

飞行活动结束后，飞行组织单位应及时向航空管理部门提交飞行后报告。报告内容应包括飞行实施情况、飞行效果、遇到的问题和解决方案等。由航空管理部门对飞行后报告进行审查和分析，以评估飞行活动的成功度和改进方向。

9. 应急处置措施

在低空飞行过程中，可能会出现各种突发情况，如航空器故障、气象条件恶化等。飞行组织单位应制定完善的应急处置措施，包括制定紧急降落、紧急救援等方案。同时，机组人员应具备处理突发情况的能力和素质，确保在紧急情况下能够迅速采取有效措施，保障飞行安全。

（四）低空飞行的营销管理

1. 低空飞行市场的构成

低空飞行市场主要由以下几方面构成：

（1）无人机应用。无人机是低空飞行市场的重要组成部分，广泛应用于农业植保、物流配送、城市管理、应急救援、环境监测、影视航拍等领域。随着技术的不断进步和成本的降低，无人机在民用和商业领域的应用越来越广泛。

（2）eVTOL。eVTOL 作为新兴的低空飞行载体，具有垂直起降、电动驱动等特点，适用于 UAM、城际通勤、旅游观光等场景。eVTOL 的发展受到全球关注，预计将在未来几年内实现商业化运营。

（3）通用航空。通用航空包括私人飞机、直升机等有人驾驶航空器的低空飞行活动，涉及商务出行、医疗救护、空中游览等多种服务。通用航空的发展受益于低空空域的逐步开放和相关政策的支持。

（4）低空运营服务。低空运营服务包括飞行培训、飞行计划申请、飞行监控、维护保养等。随着低空飞行活动增加，对专业运营服务的需求也在不断增长。

2. 低空飞行的营销

作为一种新兴的交通和娱乐方式，低空飞行的营销策略需要充分考虑其独特性、创新性和吸引力。低空飞行主要有以下营销策略：

（1）体验营销：利用低空飞行的独特性质，提供飞行体验服务。体验营销可以吸引寻求刺激和新鲜感的消费者，让他们亲身感受飞行的魅力。同时，这种体验可以转化为口碑传播，吸引更多人参与。

（2）定制化服务：针对不同的客户群体，提供定制化的飞行服务。例如，为商务人士提供高效的短途飞行服务，为旅游爱好者提供观光游览的飞行体验，为特殊活动（如婚礼、生日等）提供定制化的飞行服务。

（3）品牌合作：与高端品牌合作，共同推广低空飞行服务。例如，与豪华汽车品牌、高端旅游公司等进行合作，共同打造高端、时尚的低空飞行品牌形象。

（4）社交媒体营销：利用社交媒体平台，发布有关低空飞行的精彩瞬间、活动信息等，吸引粉丝关注和互动；与网红、"意见领袖"等合作，进行产品推广和口碑传播。

（5）优惠促销：定期推出优惠活动，吸引潜在客户尝试低空飞行服务。例如，推出飞行体验券、团体优惠等活动。

（6）安全保障宣传：强调低空飞行的安全保障措施，让消费者放心选择。例如，宣传飞行器的先进技术、飞行员的丰富经验等。

（7）跨界合作：与其他产业进行跨界合作，共同开发新的飞行产品和服务。例如，与电影、音乐等产业合作，打造独特的飞行娱乐体验。

（五）低空飞行的财务管理

1. 低空飞行的运营成本构成

低空飞行的运营成本，是指低空飞行企业在低空飞行或生产过程中发生的各项支出。运营成本是综合反映企业生产技术、生产组织和经营水平的重要指标。

（1）飞机维护费用。

飞机维护费用是低空飞行运营成本的重要组成部分，包括定期的检修、保养、更换零部件等费用。飞机维护费用取决于飞机的型号、使用寿命、飞行时长等因素。为确保飞行安全，这部分费用不容忽视。

（2）飞行员薪酬。

飞行员作为低空飞行的核心人员，薪酬水平直接影响运营成本。薪酬包括基本工资、飞行小时费、津贴等。随着飞行员经验的积累和市场需求的变化，薪酬水平也会相应调整。

（3）燃油消耗费用。

燃油消耗费用是低空飞行中较为显著的成本之一。燃油价格受国际市场价格波动影响，同时飞行距离、飞行高度、飞行速度等因素也会对燃油消耗量产生影响。因此，优化飞行路线和降低燃油消耗是降低运营成本的重要途径。

（4）机场起降费用。

低空飞行涉及多个机场的起降，起降费用包括降落费、停机费、地面服务费等。不同机场的收费标准不同，因此选择合适的机场进行起降是降低运营成本的关键。

（5）导航与通信费用。

在低空飞行中，导航与通信设备是确保飞行安全的重要组成部分。这部分费用包括设备购置、维护、升级等产生的费用。随着技术的不断进步，导航与通信设备的性能将更加先进，成本也会相应增加。

（6）保险费用。

为确保低空飞行安全，保险费用必不可少。保险包括航空器保险、责任险、人身意外险等。保险费用受多种因素影响，如飞机类型、飞行路线、保险公司政策等。选择合适的保险方案和保险公司是降低保险费用的关键。

（7）地面支持费用。

地面支持费用包括地面保障人员薪酬、设备维护、物资采购等。地面支持费用确保飞行前后的各项准备工作得以顺利进行。优化地面支持流程、提高设备利用率是降低地面支持费用的有效方法。

（8）法规遵守成本。

为确保低空飞行的合规性，企业需遵守相关政策和法规，包括取得飞行许可、缴纳税费、遵守环保要求等。法规遵守成本因地区、政策等因素而异。企业需要密切关注法规变化，确保合规经营，避免因违规操作而产生额外的成本。

2. 低空飞行的运营收入

低空飞行的运营收入主要来源于多个方面，这些方面可能因市场情况、飞行服务类型、客户需求以及运营策略不同而有所差异。

（1）航空客运收入。低空飞行可以提供快速的航空客运服务，如短途旅行、商务出行等。通过售票收入，航空公司可以获得直接运营收入。

（2）航空货运收入。低空飞行同样适用于货运服务，包括快递、急件运输等。货运收入主要来源于货物的运输费用。

（3）空中游览与体验飞行。低空飞行提供了独特的空中游览与体验飞行服务，让乘客能够欣赏美丽的风景和城市风貌。这类服务通常收取一定的费用，成为运营收入的一部分。

（4）航空摄影与拍摄服务。低空飞行可以提供航空摄影、电影拍摄等特殊服务。这些服务往往具有较高的附加值，能够为运营商带来额外收入。

（5）飞行培训与租赁服务。提供飞行培训课程、飞行器租赁等服务也是低空飞行的收入来源之一。通过培训学员或出租飞行器，运营商可以获得稳定的收入。

（6）航空器维修与保养。除了提供飞行服务外，运营商还可以提供航空器的维修与保养服务。这既可以增加收入来源，也可以为客户提供更全面的服务。

（7）广告与合作推广。低空飞行运营商可以与品牌商合作，在飞行器上展示广告或进行品牌推广活动。通过广告合作，运营商可以获得额外的广告收入。

3. 低空飞行的财务管理

（1）预算编制与审批。

①年度预算制定。根据低空飞行的业务特点和市场需求，制定年度财务预算，包括收入、成本、利润等关键指标。

②预算审批流程。建立规范的预算审批流程，确保预算的合理性和可行性。预算应经过多部门审查和批准，最终由决策层批准实施。

（2）成本核算与控制。

①成本核算方法。采用合适的成本核算方法，如作业成本法、标准成本法等，确保成本核算的准确性和及时性。

②成本控制措施。通过制定成本控制标准、建立成本责任制度等措施，控制成本在预算范围内，提高成本效益。

（3）资金管理与调配。

①资金筹集。根据业务需求和预算情况，制订资金筹集计划，包括自筹资金、银行贷款、合作伙伴投资等方式。

②资金调配。建立科学的资金调配机制，确保资金在各部门之间合理分配和高效利用。

（4）财务分析与预测。

①财务分析方法。采用比率分析、趋势分析、结构分析等多种财务分析方法，全面评估低空飞行的财务状况和经营成果。

②财务预测模型。建立财务预测模型，对低空飞行的未来财务状况进行预测，为决策提供支持。

（5）税务筹划与合规。

①税务筹划。合理规划税务策略，降低税收成本，提高税后利润。

②税务合规。确保低空飞行在税务方面符合相关法律法规的要求，避免税务问题引发的风险。

（6）风险管理与控制。

①风险识别与评估。定期对低空飞行的财务风险进行识别和评估，发现潜在风险。

②风险控制措施。建立风险管理制度和风险控制流程，明确各级人员在风险管理中的职责和权限。通过采取预防措施、分散风险、降低风险影响等措施，降低财务风险的发生概率和影响程度。

（7）内部控制与审计。

①内部控制。建立健全的内部控制制度，包括财务审批、会计核算、内部审计等方面的制度和流程。确保低空飞行的财务活动符合法律法规和内部规定的要求。

②内部审计。定期开展内部审计工作，对低空飞行的财务管理进行监督和评价。发现问题及时整改，提高财务管理的效率和效果。

（8）财务信息化建设。

①财务信息系统。建立适应低空飞行业务特点的财务信息系统，实现财务数据的自动化采集、处理和分析。提高财务信息的准确性和时效性。

②信息安全保障。建立健全财务信息安全保障措施，确保财务信息的安全性和完整性。采用先

进的信息加密技术、防火墙等安全设施，防范黑客攻击、数据泄露等信息安全风险。

本章小结

本章介绍了低空飞行企业的分类，分析了低空飞行企业的国内外发展现状、市场现状、竞争格局、关键技术突破与创新，探讨了低空飞行企业面临的挑战和机遇，低空飞行企业的组织架构、运营，以及低空飞行的现场管理、安全管理、营销管理、财务管理。

思考题

1. 低空飞行企业有哪些类型？
2. 低空飞行企业在国民经济中的作用有哪些？
3. 低空飞行的现场作业包括哪些内容？
4. 影响低空飞行安全的因素有哪些？如何避免这些因素的影响？
5. 简述低空飞行场景应用的市场前景。
6. 低空飞行企业的收入来源主要有哪些？

第十一章
低空飞行的管制与放松管制改革

案例导入

"打飞的"将成现实！全球超 200 家企业探索低空出行解决方案

"让汽车飞起来"的概念已经提出很久了。早在 1917 年，美国驱格伦·柯蒂斯（Glenn Curtiss）就制造出了史上第一辆"飞行汽车"Autoplane。这款产品的主体是一辆四轮汽车，尾部安装了三层机翼，头部是螺旋桨推进器。不过，这款产品并没有真正飞上天空，只是实现了短暂的飞行式跳跃。1926 年，福特公司推出了 Ford Flivver。这是一款以 T 型车为原型，带有金属骨架和木质机翼的两缸小车，只能单人乘坐。值得一提的是，这款车在 1926 年 6 月 30 日成功首飞。尝到甜头后，福特公司在 1926—1928 年，共研发了三代原型机。然而，1928 年 1 月，第三代原型机在飞往佛罗里达的试飞过程中，因发动机出现故障坠海，项目被叫停。2003 年，穆勒国际公司制造出了 Sky Car M400。这款车飞行时速可达 600 千米/小时，最大飞行高度为 8840 米，并且年产量可达 1 万辆。2014 年，斯洛伐克 AeroMobil 公司第四代飞行汽车原型 AeroMobil 3.0 正式亮相。据了解，该飞行汽车在飞行状态下可续航 700 千米，在机翼收起后，汽车模式的续航可达 875 千米。

在我国，飞行汽车成为不少企业布局未来的商业机会。吉利汽车于 2017 年底收购了美国飞行汽车公司 Terrafugia（太力）的全部业务及资产，并在成都注册成立实控人为吉利集团董事长李书福的沃飞长空科技有限公司；2019 年，吉利与戴姆勒共同参与德国城市空中出行公司 Volocopter 的 C 轮 5000 万欧元的融资。2024 年 7 月，吉利宣布旗下沃飞长空公司与华龙航空在成都签署独家战略合作协议，沃飞长空将作为华龙航空核心 eVTOL 提供商。同时，华龙航空与沃飞长空签署 100 架 AE200 意向采购协议。

小鹏汽车也于 2020 年收购了汇天科技，成立小鹏汇天并宣布正式入局飞行汽车领域；2023 年，小鹏汇天称自主研发的两辆载人飞行汽车——旅航者 X2，已正式获得由中国民用航空中南地区管理局颁发的特许飞行证。不过，该产品现阶段研发方向依然以汽车属性为主，90% 的情况下是开车，10% 的情况下是飞行。

此外，广汽集团也在2023广汽科技日上推出了一款飞行汽车——GOVE，并且完成全球现场首飞。据广汽研究院院长吴坚介绍，GOVE利用分离式机体构型，飞行舱和底盘可自由分离或组合，在动态一体中达到飞行和地面行驶、飞机和汽车两大场景和属性的充分利用。未来广汽还将推出续航时间更长、载人更多的复合翼型。

由此可以看出，飞行汽车领域的入局者越来越多。据不完全统计，目前，全球范围内已经有超过200家企业正在研发飞行汽车产品，型号超过420种，行业融资达20亿美元左右。

飞行汽车有着可观的前景。根据罗兰贝格预测，亚太地区国家将在2030年之前实施AAM服务；2040年，全球UAM的产业规模将达到1.5万亿美元；到2050年，全球范围内将有近10万辆飞行汽车用作空中出租车、机场班车和城际航空器，仅亚太地区的AAM服务收入就可达369亿美元。

随着飞行汽车赛道不断升温，全球各个国家也在推动产业运行。据了解，新加坡计划在2024年推出空中客运服务。此外，洛杉矶、大阪、墨尔本等都有望在2025年推出相应的服务。

我国也在政策层面为飞行汽车提供了支持。2021年2月，国务院印发《国家综合立体交通网规划纲要》，首次明确提出要发展低空经济。2022年3月，交通运输部、科学技术部联合印发《交通领域科技创新中长期发展规划纲要（2021—2035年)》提到，部署飞行汽车研发，突破飞行器与汽车融合、飞行与地面行驶自由切换等技术，以抢占前沿装备先机。摩根士丹利报告显示，全球飞行汽车市场规模将在2030年达到3000亿美元，2040年剧增至1.5万亿美元，中国有可能成为全球最大的低空城市交通市场。

尽管就目前行业发展来说，飞行汽车实现规模化仍有很长的路要走，但全球众多业内人士认为，其具备成为未来出行大方向的潜力。现代全球首席运营官José Muñoz认为，空中出租车或将在2025年问世。大众集团也称，到2025年，飞行汽车将成为一种常规的交通工具。清华大学车辆与运载学院教授张扬军表示，2030年前，飞行汽车主要是早期商业示范运行；2030—2050年，进入飞行汽车商业化运营时代；2050年后，迎来UAM发展时代。

资料来源：https：//www.sohu.com/a/ 735337506 _ 116062。

阅读上述案例并思考以下问题：

1. 通过飞行汽车行业发展，预测低空飞行管制的未来方向。
2. 低空飞行的放松管制对通用航空产业发展的作用是什么？

随着科技的飞速发展和人民生活水平的提高，航空领域的需求日益增加，低空飞行活动逐渐增多。低空空域是国家空域系统中的重要组成部分，是指飞行高度低于 1000 米的飞行区域。在这一领域，航空管制尤为重要，它不仅关乎飞行安全，也影响着通用航空事业的持续发展。过去，我国对低空空域的管理限制较为严格，这虽然在一定程度上限制了低空飞行活动的数量和类型，但在一定程度上确保了飞行安全。然而，随着经济的快速增长和通用航空市场的不断扩大，低空空域飞行需求急剧增长，传统的严格管理模式已经无法适应新时代的发展需求。

2000 年，军航管理部门将全国航路航线指挥权移交民航部门后，我国先后经历了三轮低空空域改革，即第一轮 2010—2014 年，第二轮 2015—2018 年，第三轮 2018—2023 年。2023 年 12 月 21 日中国民用航空局发布《国家空域基础分类方法》，拉开了新一轮空域改革的序幕，重点推进空域协同化、统一化管理。放松管制并不意味着放弃管理，而是要在确保飞行安全的前提下，为低空飞行活动提供更加灵活、多样的管理方式。通过引入先进的监视和通信技术，加强空域管理和飞行监控，可以有效提高低空飞行的安全性和效率。

第一节　管制的分类与趋势

一、管制的概念

结合相关文献，学者从不同角度对管制的概念进行了分析。如维斯卡西（Viscusi）等指出，管制是政府部门采用强制性方法或手段，对个体或组织的自由决策行为采取的限制性措施。日本学者植草益认为，管制也称为"规制"，是指社会公共机构在一定规则范围内对企业活动的限制性行为。经济学家萨缪尔森把管制定义为政府通过颁布政策法规的方式，对企业的生产、定价、销售等经营活动加以监管和控制。

通过不同学者对管制的定义讨论，可以归纳出管制应具备以下因素：①有明确的主体。管制主体通常是指政府机关或机关机构，通过法律、法规、政策等形式对被管制者加以控制。②管制的对象为各类经济主体，主要是指相关企业组织。③管制的手段多为法律法规或政策等。通过法律法规或政策等手段，对企业的决策、经营范围、违反法规等行为进行制裁，加以监督控制。

综上所述，管制是指政府主管部门为达到一定目的，运用其法定权力对经济主体的经营、生产等活动进行相应的监督、限制或约束。其宗旨是为市场运行及企业行为建立相应的规则，以弥补市场失灵，确保微观经济的有序运行，实现社会福利最大化。

二、管制的分类

在现代社会中，政府不仅仅局限于提供基本的公共服务，还包括通过各种形式的管制引导和规范经济社会的发展。根据性质、目的和实施方式，管制可以分为多个类别。

（一）经济性管制和社会性管制

从管制的性质来看，政府管制可以分为经济性管制和社会性管制。

1. 经济性管制

经济性管制，是指政府或相关监管机构对市场经济活动进行的一系列控制和管理措施，旨在维持市场秩序、保护消费者权益、促进公平竞争以及防止市场失灵。这种管制通常涉及价格管制，即政府可能会对某些关键商品和服务的价格进行控制，以防止价格过高或过低，保护消费者免受不合理的价格波动影响；产量和配额管制，即为了平衡供需关系，政府可能会对某些行业的产量进行限制，或者通过配额制度分配资源，避免过度生产和资源浪费；市场准入管制，对企业进入特定市场的资格进行审查，确保新进入者具备相应的资质和能力，从而维护市场秩序和消费者利益；质量标准和安全规定，即设定产品和服务的质量标准，强制企业遵守，以保障消费者的健康和安全，如食品安全标准、药品监管、环保要求等；反垄断和反不正当竞争，即为了防止市场垄断和不正当竞争行为，政府会制定相关法律法规，如禁止价格操纵、虚假广告等，保护市场竞争公平。经济性管制的目的是，解决市场失灵问题，保护消费者和环境，促进经济的长期稳定和可持续发展。然而，过度的管制可能会抑制市场活力和企业创新，因此，如何平衡管制与市场自由度，是政策制定者需要认真考虑的问题。

2. 社会性管制

社会性管制，是指政府或社会组织为了维护社会秩序、保障公民权益、促进社会公平正义实施的一系列规范和控制措施。这些规范和措施旨在引导个人和团体的行为，确保其符合社会法律、道德和伦理标准。社会性管制涵盖的领域较为广泛，包括但不限于公共安全、环境保护、健康卫生、教育质量、劳动权益保护等。在公共安全方面，社会性管制包括交通规则的制定和执行，以防止交通事故的发生；在环境保护方面，社会性管制可能涉及排放标准的设定和监管，以减少工业活动对自然环境的破坏；在卫生健康领域，社会性管制包括食品安全法规的制定，确保市场上销售的食品不对消费者健康构成威胁；在教育质量提升方面，社会性管制通过制定教育标准和评估体系，保障学生接受良好的教育；在劳动权益保护方面，社会性管制包括最低工资法、工作时间规定和安全工作环境的要求，以保障劳动者的合法权益不受侵害。与经济性管制不同，社会性管制突破了产业的界限，以保障消费者和劳动者的健康与安全、保护自然环境和人文环境为目的，对几乎所有的消费者购买决策和厂商雇佣决策有直接影响。

（二）保护性管制和促进性管制

根据管制的目的，政府管制可以分为保护性管制和促进性管制。

1. 保护性管制

保护性管制，是指政府或相关监管机构为确保特定行业、市场或社会活动在安全、有序的环境中进行而制定的管理措施。这种管制的目的是，防止潜在的风险和危害，保障公众的利益，以及维护市场的公平竞争。在实施保护性管制时，通常会涉及一系列法规、标准和指导原则的制定与执行，包括对产品质量的要求、服务提供的最低标准、环境保护的规定、工作场所的安全规范等。通过这些措施，保护性管制有助于预防事故的发生，减少对消费者和环境的负面影响，同时促进行业内的健康竞争。例如，在食品安全领域，保护性管制包括对食品生产、加工、包装、储存和运输过程中的各种卫生和安全标准的监管。这样的管制确保了食品在到达消费者手中之前是安全无害的，从而保护了公共健康。在金融市场中，保护性管制可能涉及对金融机构的资本要求、投资产品的透明度、交易行为的监控等，以防止金融欺诈和市场操纵，保护投资者的利益。保护性管制是一种重要的公共政策工具，通过制定、执行一系列规则和标准，确保社会的稳定运行和公民的福祉。

2. 促进性管制

促进性管制，是指政府或相关管理机构采取一系列措施和政策，激励企业或个人遵循特定的行为准则或标准。这些措施和政策不同于传统的命令与控制式的管制，它们更多是采用市场机制和经济激励引导合规行为，而不是单纯地依靠法律强制力。促进性管制的目的是在不过度限制市场自由和创新的前提下，确保公共利益得到保护，同时鼓励企业和个体在追求经济利益的同时，考虑到社会责任和环境保护。这种管制方式包括税收优惠、补贴、交易许可、市场准入优先等手段，以此来促使企业和个人做出符合社会期望的选择。例如，政府对采用清洁能源技术的企业进行税收减免，或者为那些投资于研发新技术的公司提供资金支持。这些措施不仅有助于推动技术进步和产业升级，还能减少环境污染，提高整个社会的可持续发展水平。促进性管制的优势在于能够更加灵活地适应市场变化，同时通过激励而非惩罚的措施达到预期的管制效果。这种方法有助于建立一种积极的、面向未来的管理环境，使企业和个人能够在追求自身利益的同时，为社会整体福祉做出贡献。

（三）直接管制和间接管制

根据管制实施方式不同，政府管制可以分为直接管制和间接管制。

1. 直接管制

直接管制，是指政府或权威机构对某些活动、资源或行业实行的严格控制和管理。这种控制手段往往涉及对规则和政策的制定，以及对违反这些规则的行为进行监督和惩罚。直接管制的目的是确保相关领域的稳定性、安全性以及公平性，防止滥用权力和不正当竞争，同时保护消费者和公众的利益。在直接管制体系下，政府或监管机构会设立一系列的标准和要求，对行业内的企业或个人进行规范。例如，在金融行业中，直接管制包括对银行和金融机构资本充足率的要求、风险管理规则、贷款和投资政策等。在环境保护方面，直接管制涉及排放标准、资源使用限制、野生动物保护法规等。直接管制的实施通常伴随着相应的法律支持，以确保其合法性和执行力。监管机构会对行业内的实体进行定期检查，确保它们遵守规定。如果发现违规行为，监管机构有权采取一系列措施，包括罚款、吊销许可证，甚至提起法律诉讼。

2. 间接管制

间接管制是一种调控手段，它不是直接的行政命令或强制性规定，而是通过一系列政策工具、经济激励或法律框架影响个人和企业的行为。这种管制方式通常不会直接告诉参与者必须做什么，而是创造一种环境或条件，使个人和企业在追求自身利益的过程中，自然而然地采取政策制定者所期望的行动。例如，政府不会直接限制企业的排放量，而是通过征收碳税或者提供清洁能源补贴的方式鼓励企业减少碳排放。在这种情况下，企业会出于成本考虑选择更环保的生产方式，从而间接实现环境保护目标。间接管制的优点在于，能够为市场参与者提供更多的自由度，使他们能够在规定的框架内寻找最符合自己利益的解决方案。除此之外，这种方式能促进创新，因为它鼓励人们寻找新的、更有效率的方法适应政策环境。然而，间接管制也存在其局限性，如它需要更长的时间显现效果，因为它依赖于市场参与者的响应。此外，如果设计不当，间接管制有可能导致不公平的结果，如对小型企业造成不成比例的负担。

三、管制的作用

（一）政府管制的作用

管制是政府干预经济的一种重要手段，有助于确保经济的平稳运行和社会的和谐发展。政府管制的作用体现在维护市场秩序、弥补市场失灵、保护消费者权益、维持宏观经济稳定、规范契约治理等多个方面。

1. 维护市场秩序

在自由市场经济中，虽然市场机制能够高效地配置资源，但有时会出现市场失灵，如垄断、信息不对称等情况。市场竞争是提高效率的重要驱动力，但无监管的市场可能导致不公平交易、价格操纵、欺诈等问题。政府通过设立反垄断法、市场监管等措施，确保市场的公平竞争，防止市场滥用优势地位，保护消费者和小企业的利益。

2. 弥补市场失灵

市场经济在某些领域无法自我调节至最优状态，例如，存在外部性（如环境污染）、公共品（如国防、基础科研）和信息不对称（如健康保险市场）等问题。政府通过制定相应的政策和法规，如环保标准、提供公共产品和服务、强制信息披露等，纠正这些市场失灵，确保市场活动的公平性和透明性，提高社会福利。

3. 保护消费者权益

消费者在购买商品和服务时，可能由于掌握信息不足做出不利于自己的选择。政府通过设置产品质量标准、安全规范、服务标准等，保障消费者的知情权和选择权，防止劣质产品流入市场，降低健康风险和安全风险。

4. 维持宏观经济稳定

市场经济会出现经济过热或衰退等周期性波动。政府通过财政政策和货币政策等手段进行宏观经济调控，平衡总需求与总供给，控制通货膨胀，促进就业，维持经济增长的稳定性。特别是在经济危机时期，政府的及时干预可以缓解市场恐慌，重建市场信心。

5. 规范契约治理

与法庭相比，政府管制在契约治理中具有相对优势。在缺乏明确契约的市场环境中，政府管制可以发挥与合同法相似的作用，确保交易的公平性和合法性。此外，政府管制在处理信息不对称问题上也有显著优势，能够更准确地调查和取证违约信息，并要求企业提供可比性价格和契约条款资料。

（二）低空飞行管制的作用

低空飞行管制在保障飞行安全、维护空域秩序、提高空域使用效率以及促进通用航空产业发展等方面发挥着关键作用。

1. 保障飞行安全

由于低空飞行的空间相对狭小，同时可能需要与无人机等共享空域资源，加之城市区域的低空雷达覆盖受限，实施有效的飞行管制对于避免空中碰撞和其他安全事故至关重要。

以直升机为代表的低空飞行器备受社会上层人士青睐，其优势是在低空（一般指150米以下的高度）中拥有灵活的避障特性和较快的移动速度（一般地速为300千米/时左右）。然而，直升机等低空飞行器的安全表现却令人担忧，曾发生过不少直升机失事，带来了惨烈的后果。例如，2020年1月，NBA退役球星科比·布莱恩特因直升机失事去世，惊动全球；5月20日上午，伊朗总统易卜拉欣·莱西乘坐的直升机疑似故障需要"硬着陆"，随后撞向山体，北京时间上午10时左右，伊朗官方确认直升机上的一行人全部遇难，全球舆论哗然。直升机失事往往与天气条件、机械故障、人为操作失误等多种因素有关。通过加强飞行管制、提高飞行员的技能和安全意识，可以降低这类事故的发生率。

2. 维护空域秩序

通过管制系统，可以对低空飞行器进行监控和引导，确保它们遵循既定的航线和高度，防止无序飞行引发的风险。通过对飞行器的注册、报备和飞行计划的审核，确保飞行器在合法的空域内活动，避免非法侵入和违规飞行。另外，通过管制系统还可以对飞行器的起飞、降落、巡航等各个阶段进行有序管理，维护整个空域的秩序和稳定性。

例如，2023年12月，在积石山灾区，西部战区空军为抗震救灾搭建"绿色空中走廊"，确保救灾物资和人员快速到达灾区。其实施过程为：西部战区空军第一时间启动抗震救灾应急预案，与地方应急管理部门协同工作。航管部门准确掌握救援力量用空需求，开辟6条绿色通道，统一飞行调配与管制指挥。通过科学调配空域，确保空中生命通道畅通，有效维护了空中交通秩序，使救灾飞行计划有序实施，人员物资空运空投、灾情侦察等任务顺利完成。

3. 提高空域使用效率

一是低空管制通过科学规划和管理低空空域，能够优化空域资源的配置。将空域划分为不同的飞行区域，根据飞行活动的特性和需求，合理分配空域资源。例如，在繁忙的航空枢纽附近，可以设置更严格的管制空域，以确保飞行安全；而在相对空旷的区域，则可以设置监视空域或报告空域，以支持更多的飞行活动。二是低空管制通过实时监控和管理低空空域内的飞行活动，能够有效减少飞行冲突和延误。通过预先规划飞行路线、安排飞行时间、协调飞行计划等措施，可以确保飞行活动在有序、安全的环境中进行。同时，低空管制还可以及时发现和处理飞行过程中的异常情况，避免潜在的安全隐患。三是通过简化飞行申请程序、加快审批速度、提供实时飞行信息等措施，可以缩短飞行活动的准备时间，提高飞行效率。

4. 促进通用航空产业发展

低空飞行管制通过确保飞行安全、优化空域资源、提升服务质量、推动产业发展、促进技术创新等方面的努力，为通用航空产业的快速发展提供了有力保障。如低空飞行管制通过制定和执行严格的飞行规则和程序，确保通用航空器在低空领域的飞行安全。空域管理、飞行计划审批、实时监控和冲突解决等，有效防止了飞行事故的发生，提高了整个行业的安全水平。随着管制水平的提高，有更多企业和个人愿意参与通用航空产业，推动了整个行业的繁荣。同时，低空飞行管制为通用航空器在应急救援、旅游观光、农业植保等领域的应用提供了支持，进一步拓展了通用航空的应用领域和市场空间。为了满足低空飞行管制的需求，航空制造业和相关技术提供商将不断进行技术创新。例如，研发发展更加智能、精确的飞行管理系统、导航系统和通信设备，以提高通用航空器的性能和安全性。这些技术创新不仅推动了通用航空产业的发展，也为其他行业带来了技术和经济效益。

四、管制的趋势

综合国内外及多产业的管制实践，管制既不能理解为无处不在、样样都管，也不能理解为管制缺失、什么都不管。综合欧美国家的众多实践和已有研究文献，低空飞行管制的趋势是朝着支持低空经济发展和确保空中交通安全的方向演进。

虽然我国目前的空域管理体制名义上是"国家统一管制，军民分别指挥"——由国务院、中央军委空管委统一领导，空军具体组织实施，但实质上仍然是由中央空管委在中央军委的直接领导下完成。换言之，我国空域主要由军方使用，由军方负责管理，只有航路航线地带和机场管制区域等极小部分空域由民航管理。民航要使用其他空域，必须经过军方严格的审批和监管。这种僵化的管理体制是目前我国空管系统管理服务水平低于国际平均水平的主要原因，也极大地限制了我国民航运输的发展需要。

就管理目标来说，将会以发挥低空空域效益为改革目标。不可否认，安全是我国空域管理的首要原则，尤其是在偶发的无人机侵犯公民隐私权事件被媒体炒作之后，社会公众对加强低空空域安全管理的呼声日益高涨。然而，急燥冒进不可取，因噎废食也不可取。不同时期不同环境下，法的价值侧重点会有所不同，低空空域管理体制的方向目标也有所区别。在以和平与发展为时代主题的今天，要补齐我国通用航空发展短板，需要以提高低空空域资源利用效率为主要目标，激发通用航空产业市场活力。

就管理模式来说，将会以"民航管理"为改革方向。虽然我国空域管理体制改革经历了"空军统一代管""军航领导民航管理""同一空域统一管制"三个阶段，但是"空军主导、多头管理、条块分割"的影响始终存在。低空空域与中高空空域的适用对象有很大不同，空域管理模式也应更加民用化。因此，就理想状态来说，民航将会拥有更多更大的低空空域管理权限，即实现低空空域"民航管理"。

具体来说，未来，飞行管制趋势将呈现以下特征。

1. 适应技术革新

随着无人机和其他低空飞行器技术的发展，未来的飞行管制系统需要能够适应这些新兴航空器的管理需求，包括对飞行路径的优化、空中交通的动态监控以及应急响应机制等方面的技术进步。

2. 获取更多政策支持

政府对于低空经济行业保持支持态度，并通过出台相关政策促进行业发展。例如，"十四五"规划提出建设支线机场、通用机场和货运机场，积极发展通用航空，表明未来低空飞行活动将会得到更多的政策扶持和规范引导。

3. 安全性增强

随着技术的发展和制度的完善，飞行管制的安全性将得到显著增强。未来，飞行管制系统将借助更先进的技术手段，如高精度导航、自动化监控和智能决策等，实现对飞行活动的全面监控和精准控制，有效减少人为失误和意外事件的发生。同时，飞行管制部门将制定更加严格的规章制度，确保飞行活动的安全性和规范性。

4. 高效性提升

未来，飞行管制将更加注重提高飞行效率。通过优化飞行计划和航路安排，减少不必要的航班延误和空中等待时间，提高航班正点率。同时，飞行管制部门将加强与航空公司的沟通协作，共同应对复杂天气和特殊情况下的飞行挑战，确保飞行活动高效进行。

5. 智能化发展

随着人工智能技术的不断发展，未来飞行管制将实现智能化升级。通过引入智能算法和机器学习技术，实现对飞行数据的自动化分析和处理，提高飞行管制的智能化水平。智能化飞行管制系统能够实时预测和评估飞行风险，为飞行员提供更加精准的飞行指导和建议，提高飞行安全性和效率。

第二节 低空飞行的管制及原因

一、国内外低空飞行管制历程

（一）美国低空飞行管制历程

作为航空大国，美国的低空飞行管制历程不仅体现了自身航空业的发展水平，也对全球航空管理产生了深远影响。美国低空飞行管制历程是一个复杂且不断演变的过程，涵盖了多个方面的发展和变革。

1. 早期发展（20世纪初至二战前）

20世纪初，美国的航空业刚刚起步，低空飞行管制尚未形成完整的体系。当时，美国的航空活动主要集中在军事领域，民用航空还处于起步阶段。因此，低空飞行管制主要由军方负责，管理范围主要限于军事飞行和有限的民用飞行。

2. 二战期间的变革（二战期间）

二战期间，美国航空业得到了迅速发展，低空飞行管制也迎来了重大变革。为了应对战争需要，美国政府加强了对低空飞行的管制，建立了更加完善的空中交通管理系统。这一时期，美国低空飞行管制的主要特点是强化了对军事飞行的管理和对民用飞行的限制。

3. 战后调整与开放（二战后至20世纪末）

二战结束后，随着全球航空业的快速发展和民用航空的兴起，美国低空飞行管制进入了调整与开放的新阶段。

（1）空域开放与民用化。

二战后，美国政府将大量空域划为民用空域，并逐步开放低空空域供民用航空使用。这一举措极大地促进了通用航空的发展，使私人飞机、商务飞机等航空器得以在低空空域自由飞行。同时，美国还建立了完善的通用航空管理制度和法规体系，为通用航空的发展提供了有力保障。

（2）技术进步与管制创新。

随着航空技术的不断进步，美国低空飞行管制迎来了技术创新。美国政府加大了对空中交通管理系统的投入和研发力度，推动了空中交通管理系统的现代化和智能化发展。例如，美国引入了先进的雷达技术和卫星导航技术，提高了空中交通管理的精度和效率。此外，美国还积极探索新的管制模式和方法，如基于性能的导航和自动相关监视等技术的应用，进一步提升了低空飞行管制的安全性和可靠性。

（3）市场化与私有化趋势。

进入20世纪90年代以后，美国低空飞行管制领域呈现出市场化和私有化的趋势。美国政府逐渐将部分空中交通管理职能交由私营公司承担，推动了空中交通管理的市场竞争和效率提升。同时，美国政府还鼓励民间资本进入航空领域，促进了航空产业的多元化发展。

4. 21世纪以来的新挑战与变革（21世纪初至今）

进入21世纪以来，随着全球航空业的快速发展和新兴技术的不断涌现，美国低空飞行管制也面临了新的挑战和变革。

（1）无人机技术的兴起。

近年来，无人机技术得到了快速发展和广泛应用，给低空飞行管制带来了新的挑战。美国政府加大了对无人机的监管力度，制定了一系列法规规范无人机的飞行活动。同时，美国政府还积极推动无人机技术的发展和应用，探索无人机在军事、民用等领域的广泛应用前景。

（2）智能化与自动化技术的应用。

随着人工智能、大数据等技术的不断发展，智能化和自动化技术在低空飞行管制领域得到了广泛应用。美国政府加大了对这些技术的投入和研发力度，推动了空中交通管理系统的智能化和自动化发展。这些技术的应用不仅提高了空中交通管理的效率和精度，还降低了人为因素对飞行安全的影响。

（3）航空产业的多元化发展。

随着航空产业的不断发展壮大，美国低空飞行管制呈现出多元化的发展态势。除了传统的通用航空和私人飞行外，新兴的航空旅游、空中出租车等领域也逐渐崭露头角。这些新兴领域的发展不仅为低空飞行管制带来了新的挑战和机遇，也推动了美国航空产业的多元化发展和创新升级。

美国低空飞行管制历程是一个不断发展和完善的过程。从早期的军事化管理到逐步开放民用空域、推动技术创新和市场化改革，再到应对新兴技术的挑战和推动航空产业的多元化发展，美国低空飞行管制在保障飞行安全、维护空中交通秩序方面发挥了重要作用。未来，随着技术的不断进步和航空产业的不断发展，美国低空飞行管制将继续面临新的挑战和机遇并推动全球航空管理事业的不断进步和发展。

（二）英国低空飞行管制历程

作为航空业的先行者之一，英国的低空飞行管制历程是一个复杂而精细的过程，涉及多个方面的考量和调整。这一历程不仅是对飞行安全的保障，更是对航空管理法规的不断更新和完善。在过去的几十年里，英国的低空飞行管制经历了从严格限制到逐渐放宽的转变，其背后是技术的进步、航空需求的增长以及对航空安全认识的深化。

20世纪初，随着飞机的出现，低空飞行开始成为可能。然而，由于技术的限制和出于对安全的考虑，低空飞行受到了严格的管制。随着时间的推移，尤其是二战之后，航空技术得到了飞速发展，飞机性能大幅提升，这使低空飞行的安全性得到了显著改善。此外，随着经济的发展和人们生活水平的提高，对于航空旅行的需求也在不断增长，这促使政府和航空管理机构重新审视低空飞行的管制政策。

20世纪末至21世纪初，英国开始逐步放宽对低空飞行的管制。在这一过程中，英国民航局（CAA）发挥了关键作用。CAA不仅负责制定和执行航空法规，还负责监控和评估低空飞行的安全性。为了确保低空飞行的安全，CAA引入了一系列技术和措施，包括飞行信息系统、空中交通管理系统以及飞行监控设备等。这些技术和措施的应用，极大地提高了低空飞行的安全性和效率。

除了技术层面的发展，英国低空飞行管制还涉及法规的更新和政策的调整。为了适应新的航空环境和满足日益增长的航空需求，英国政府和CAA不断修订、完善相关航空法规。这些法规的更新不仅涉及飞行的高度限制、航线规划、飞行许可等方面，还包括对飞行员资质的要求、飞行器的维护标准以及应急处理程序等。

英国的低空飞行管制还注重与国际标准接轨。通过参与国际航空组织（如国际民航组织）的活动，英国确保其低空飞行管制的政策和实践与国际最佳实践保持一致。这种国际合作不仅有助于提升英国的航空安全水平，也能促进全球航空业发展。

总之，英国低空飞行管制经历了一个不断进步和适应变化的过程。随着技术的不断发展和航空需求的持续增长，英国的低空飞行管制体系将继续演变，以保障飞行的安全性，同时促进航空业的繁荣发展。

（三）日本低空飞行管制历程

日本低空飞行管制历程是一个复杂且不断演进的过程，涉及多个阶段和关键事件。

1. 早期军事航空与管制

日本早期军事航空的发展始于明治维新后，随着日本陆海军的现代化发展，航空力量逐渐得到重视。早在军事航空的起始阶段，日本就意识到低空飞行在军事行动中的重要性，开始对低空飞行进行初步的管制。

2. 战后重建与改革

二战结束后，日本进行了广泛的战后重建工作，航空领域也进行了深刻的改革和重组。在这个阶段，日本开始引入更加现代化的低空飞行管制系统，以适应日益增长的民用航空需求。

3. 航空工业的发展

1951年，日本与美国等48个二战战胜国签订了《旧金山和约》，重新获得了主权国家地位。随后，日本航空工业得到了迅速发展，尤其是在民用通用航空和飞机制造领域。这为低空飞行管制提供了更加先进的技术和设备支持。

4. 低空飞行管制的加强与完善

随着航空工业的发展和民用航空的普及，日本对低空飞行管制进行了不断的加强和完善，包括制定更加严格的飞行规则和程序、加强飞行员的培训和考核、引入先进的飞行监控和通信技术等措施。

5. 应对无人机等新型飞行器的挑战

近年来，随着无人机等新型飞行器的普及和应用，日本低空飞行管制面临着新的挑战。为了应对这些挑战，日本加强了对无人机等新型飞行器的监管，并引入了新的飞行规则和程序。

6. 法律与政策的调整

日本政府通过修订《航空法》等相关法律法规，加强对低空飞行的法律约束和监管。例如，针对小型无人机等新型飞行器的管理问题，日本政府正在讨论修改《航空法》并制定新的管制措施。

（四）中国低空飞行管制历程

1. 筹划论证阶段（2000—2010 年）

低空空域管理改革首次列入国家空管委 2000 年工作计划，组织国内外考察，明确低空空域管理改革的总体设想和主要任务，并组织空军小范围改革试点，召开全国低空空域管理改革研讨会，统一思想认识。

2. 集中试点阶段（2010—2014 年）

2010 年，国务院、中央军委下发《关于深化我国低空空域管理改革的意见》，明确低空空域管理改革的目标任务。在全国"两区一岛"和"两大区、七小区"组织较大范围的低空空域管理改革试点，涉及全国 14 个省、自治区、直辖市，试点地区占全国空域的 33%。在试点地区共划设各类空域 254 个，其中，管制空域 122 个、监视空域 63 个、报告空域 69 个，另划设低空目视航线 12 条。

3. 综合试点阶段（2015—2018 年）

2015 年，国家空管委批准济南和重庆地区开展低空空域管理和通用航空发展综合配套改革试点。

2016 年，国家空管委批准在珠三角和海南地区开展空域精细化管理改革试点。

2017 年，中国民用航空局批准在西北地区组织通用航空低空空域监视与服务试点。

2018 年，国家空管委批准由四川省政府牵头、军民航和当地公安部门共同参与的低空空域协同管理改革试点。

4. 低空飞行服务保障体系建设阶段（2018 年至今）

2018 年，中国民用航空局发布了《低空飞行服务保障体系建设总体方案》，提出到 2022 年初步建成由全国低空飞行服务国家信息管理系统、区域低空飞行服务区域信息处理系统和飞行服务站组成的低空飞行服务保障体系，为低空飞行活动提供有效的飞行计划、航空情报、航空气象、飞行情报、告警和协助救援等服务。到 2030 年，低空飞行服务保障体系将全面覆盖低空报告、监视空域和通用机场，各项功能完备、服务产品齐全。此阶段的重点任务如下：

一是提高低空通信监视能力。要推动以北斗数据为基础，融合北斗短报文（RDSS）、广播式自动相关监视数据的低空监视信息平台建设，实现对通用航空器低空飞行的实时监视。

二是提升低空航空气象服务能力。要加强低空气象观测信息的共享与服务，建立与地方气象资源共享的交换机制，不断丰富完善低空气象信息获取渠道，促进基于互联网的低空气象服务。

三是完善飞行计划管理。飞行服务站应建立与服务范围内军民航管制部门、地方政府有关部门的工作联系，优化飞行计划管理流程。飞行活动涉及管制空域的，应按照现行规定报批飞行计划，FSS可协助通用航空用户申请。

四是建立低空飞行服务法规标准体系。要制定低空飞行服务保障系统评估管理规定，组织起草低空飞行服务系统相关行业标准，明确低空飞行服务系统技术要求和配置要求。

通过这些阶段的努力，中国低空飞行逐步从严格管制向更加灵活、高效的管理方式转变，以适应通用航空业的发展需求。

二、低空飞行管制内容

低空飞行管制主要涉及对3000米以下空域的管理，包括划分为不同类别的空域和确保飞行安全的各种规定。

低空空域通常是指垂直高度在1000米以下的飞行区域。为了促进通用航空业的发展并保证该空域的安全高效使用，中国已经进行了一系列低空空域管理改革。2013年，中国开始放松航空管制，逐步开放低空空域，并在湖北等中南地区试点开放了部分空域。这些措施旨在激发低空经济的活力，为现代产业体系的构建提供支持。

（一）低空飞行管制的要素

低空飞行管制涉及多个要素，包括空域划分、飞行申请与审批、飞行计划与航线管理、飞行监控与通信保障等。这些要素共同构成了低空飞行管制的基础框架，确保飞行活动的有序进行。

1. 空域划分

空域划分是低空飞行管制的基础。根据不同的飞行需求和安全要求，低空空域被科学合理地划分为多个管制区域。这些区域包括管制空域、监视空域和报告空域等，每个区域都有特定的飞行规则和限制。管制空域通常对飞行器的飞行高度、速度、航线等有严格要求，以确保飞行安全；监视空域对飞行器的位置和状态进行实时监视，以便及时发现和处理异常情况；报告空域要求飞行器在进入或离开该区域时向管制部门报告其飞行状态和计划。

2. 飞行申请与审批

任何低空飞行活动都需要提前向相关部门提交飞行申请，经过审批后方可实施。飞行申请的内容通常包括飞行器的型号和性能、机组人员资质、飞行计划等详细信息。审批部门会对申请内容进行严格审查，评估飞行的安全性和合规性。对于不符合要求的申请，审批部门会提出整改意见或拒绝批准。这一环节确保了飞行活动的合法性和规范性，避免了未经批准的飞行活动对空中交通造成干扰。

3. 飞行计划与航线管理

飞行计划是低空飞行活动的重要组成部分，详细规定了飞行的起止时间、航线、高度、速度等关键参数。航线管理则涉及航线的规划、调整和优化等方面，以确保飞行的安全性和经济性。在制订飞行计划时，需要充分考虑飞行器的性能特点、气象条件、空域使用情况等因素，以确保飞行顺利进行。同时，管制部门也会对飞行计划进行审批和监控，确保其符合相关法规规定。

4. 飞行监控与通信保障

飞行监控是低空飞行管制的重要手段。通过先进的监控系统和通信设备，管制部门可以实时掌握飞行器的位置和状态，及时发现和处理异常情况。监控系统通常包括雷达、卫星定位系统等设备，可以实现对飞行器的全天候、全方位监控。通信设备则确保了管制部门与飞行器之间的实时通信，方便传递指令和信息。这些措施共同构成了低空飞行管制的坚强后盾，为飞行安全提供了有力保障。

（二）低空飞行管制的安全管理

安全管理是低空飞行管制的核心内容之一。为了确保飞行安全，低空飞行管制需要从多个方面加强安全管理。

首先，建立完善的安全风险评估与管理体系。通过对飞行活动进行风险评估，识别潜在的安全隐患和风险因素，制定相应的管理措施和应急预案。这有助于提前预防和处理飞行安全问题，减少事故发生。

其次，加强飞行人员的培训和管理。飞行人员是飞行活动的直接参与者，他们的素质和能力直接关系到飞行安全。因此，要加强对飞行人员的培训和考核，提高他们的专业技能和安全意识，增强他们熟练掌握飞行技能和应对突发情况的能力。

最后，加强与其他部门的协作与配合。低空飞行管制涉及多个部门和领域，需要各方共同协作才能取得良好的效果。加强与气象、航空、公安等部门的沟通与合作，共同应对飞行安全问题，提高应对突发事件的能力。

（三）低空飞行管制的技术支持

随着科技的不断发展，低空飞行管制越来越依赖于先进的技术手段。这些技术不仅提高了管制效率，还增强了飞行的安全性。

首先，导航与定位技术在低空飞行管制中发挥着重要作用。通过 GPS、北斗导航系统等现代化导航手段，可以精准确定飞行器的位置和运动轨迹，为管制部门提供准确的飞行信息。

其次，监视与探测技术是低空飞行管制不可或缺的一环。雷达、红外线探测器等设备可以实时监视低空飞行器的动态，发现潜在的安全隐患和违规行为。这些技术的应用大大提高了管制部门对低空飞行活动的监控能力。

最后，信息化技术为低空飞行管制提供了有力支持。通过建立信息化平台，实现信息共享和资源整合，可以提高管制部门的决策效率和应急响应能力。同时，大数据、人工智能等技术的应用也为低空飞行管制的未来发展提供了广阔的空间。

三、低空飞行管制的原因

低空飞行管制，是指对在一定高度以下空域内进行的航空活动实施的限制和管理，是航空安全管理的重要组成部分。这种管制措施的实施，旨在确保航空器的安全飞行，防止空中交通事故的发生，同时保护地面人员和设施的安全。

1. 空中交通的安全问题

随着航空业的快速发展，空中交通量日益增加，低空空域变得越来越拥挤。在这样的背景下，如果不对低空飞行进行有效的管制，就可能导致航空器之间相互干扰，甚至发生空中碰撞事故。因此，通过设定特定的飞行高度和航线，以及实施严格的飞行计划审批程序，可以有效地减少航空器间的冲突风险，保障飞行安全。

2. 对地面人员和设施的保护

低空飞行的航空器，如无人机、小型飞机等，如果不受控制地飞行，就会对地面的人员、建筑、基础设施等造成威胁。例如，无人机可能与高层建筑物相撞，或者在人群密集的地区坠落，造成严重的人身伤害和财产损失。因此，通过对低空飞行的航空器进行管制，可以有效地避免这类事件发生。

3. 保护国家安全、维护国家稳定

低空空域是国家安全的重要领域，对于一些关键的国家设施和敏感区域，需要通过飞行管制防止潜在的安全威胁。例如，对政府机关、军事基地、重要工业区等，都需要通过低空飞行管制确保安全。通过对这些区域的低空飞行进行限制，可以防止敌对势力的侦察和干扰活动，保护国家的安全、维护国家稳定。

4. 环境保护

航空器的飞行活动会产生噪声污染和尾气排放，对环境和居民生活造成影响。特别是在城市和居民区附近，如果不对低空飞行进行适当的管制，就会对居民的正常生活造成干扰。因此，通过设定禁飞区、限制飞行高度和时间等措施，可以在一定程度上减少航空活动对环境的影响。

5. 航空法规和国际公约的要求

为了统一国际航空标准，国际民航组织制定了一系列关于航空安全的国际标准和建议做法。这些规定要求各成员国对本国的航空活动进行适当的管理，包括对低空飞行的管制。通过遵守这些国际规定，可以确保各国的航空活动在一个安全和谐的国际环境中进行。

四、低空飞行管制效果分析

低空飞行管制效果是一个复杂而多维度的议题，从积极的效果来看，它涉及飞行安全、空中交通秩序、国家利益保护以及低空经济发展等多个方面。

1. 提高飞行安全性

低空飞行管制的核心目标之一是确保飞行安全。通过制定和执行严格的低空飞行管制措施，可以有效地防止飞行器之间的冲突和碰撞，降低飞行事故的发生率。首先，低空飞行管制规定了飞行器的飞行高度、速度、航向等参数，确保了飞行器在规定的空域内有序飞行。其次，低空飞行管制建立了完善的通信和导航系统，使得飞行器之间可以实时交换飞行信息，提高了飞行的透明度和可预测性。最后，低空飞行管制设立了专门的监管机构和人员，负责监督和管理低空飞行活动，及时发现和处理飞行安全隐患。这些措施共同提高了低空飞行的安全性，保障了人们的生命财产安全。

2. 维护空中交通秩序

低空飞行管制不仅关注飞行安全，还注重维护空中交通秩序。随着低空经济快速发展，越来越多的飞行器涌入低空空域，如果不进行有效的管制，就会导致空中交通混乱，甚至引发严重的安全事故。低空飞行管制通过规划和管理低空空域，明确了飞行器的飞行范围和权限，避免了飞行器之间的无序竞争和冲突。同时，低空飞行管制建立了 ATC 系统，对低空飞行活动进行实时监控和管理，确保飞行器按照规定的航线和高度飞行，维护了空中交通的顺畅和安全。这些措施共同维护了空中交通秩序，促进了低空经济的健康发展。

3. 保护国家利益

低空飞行管制涉及国家利益的保护。低空空域是国家的重要战略资源之一，关系到国家的安全和发展。通过低空飞行管制，可以限制外国飞行器进入我国低空空域，保护国家的主权和领空安全。同时，低空飞行管制可以防止国内飞行器接近重要的军事、政治、经济等目标，避免泄露国家机密和敏感信息。此外，低空飞行管制还可以规范国内通用航空等产业的发展，防止低空飞行活动对国家安全造成威胁。这些措施共同保护了国家利益，维护了国家的安全和稳定。

4. 促进低空经济发展

低空经济包括通用航空、无人机、航空旅游等产业，具有广阔的市场前景和发展潜力。通过低空飞行管制，可以规范低空飞行活动，提高低空飞行的安全性和可靠性，从而吸引更多的投资者和消费者参与低空经济。同时，低空飞行管制可以为低空经济提供必要的支持和服务，如提供飞行计划审批、空域使用许可、飞行安全保障等服务，为低空经济的发展创造良好的环境。这些措施共同促进了低空经济的发展，推动了相关产业的创新和进步。

然而，低空飞行管制也面临一些挑战和困难。首先，低空空域的空管设施、航空保障能力不强，服务保障不够完善。这导致低空飞行管制的效果受到一定限制，无法满足日益增长的低空飞行需求。其次，低空飞行管制法律法规不够健全，虽然我国有一些基本的法律法规如《中华人民共和国飞行基本规则》和《通用航空飞行管制条例》，指导低空飞行活动，但这些法规对于低空空域管理使用和低空飞行活动的具体规范及实施细则缺乏详细规定。此外，部分通用航空人员航空法规观念淡薄，法规意识不强，增加了低空飞行活动的风险和不确定性，也影响了低空飞行管制的效果。再次，低空空域管理体制复杂，涉及多个部门，如军方和民航部门等，协调难度大，审批流程烦琐，效率低下。这种复杂的管理体制限制了低空飞行活动的发展，增加了管理的难度和成本。最后，低空空域内的飞行领域划分不足，存在滞后性，合理性和有效性难以保证，导致多种飞行器航行存在一定的交叉，增加了飞行过程中的安全隐患。

为了应对这些挑战和困难，需要进一步加强低空飞行管制的研究和实践，完善相关法律法规制度和技术手段，提高低空飞行管制的效率和质量。

第三节 低空飞行的放松管制改革

一、低空飞行放松管制概述

（一）放松管制

低空飞行适用于训练、伞降、空投、侦察、强击和农林等作业。放松管制（deregulation），又称"取消管制",是指放松或取消一些管制,如将有关企业进入、定价和投资等方面的管制从许可制变为申报制等。

在低空飞行领域,放松管制涉及对低空空域的开放和管理。具体来说,包括减少低空飞行的审批程序,使飞行活动更加灵活和便捷;同时,涉及对低空飞行器的管理、安全标准的制定以及与其他飞行器的协调等问题。

在我国,低空飞行的放松管制已经取得了一定的进展。例如,2010年,国务院、中央军委颁布《关于深化我国低空空域管理改革的意见》,首次将低空空域由原来的全部为管制空域划分为管制、监视、报告三类,进行分类管制,并在广州、长春、西安等地进行了改革试点。这些举措有助于推动低空经济的发展,提升通用航空的服务水平,同时也对低空飞行器的制造、运营和维护等提出了更高的要求。

(二)低空飞行放松管制的理论基础

1. 市场经济理论

低空飞行放松管制首先符合市场经济理论的核心观点,即市场在资源配置中起决定性作用。该理论强调,通过减少政府对市场的干预,可以激发市场主体的活力和创造力,进而促进经济的发展。在低空飞行领域,放松管制意味着减少政府对低空空域的行政干预,使通用航空市场更加开放,增强竞争力,从而提高资源配置的效率。针对低空飞行放松管制,我们可以从以下几个方面进一步细化市场经济理论:

(1)供需关系。在市场经济中,供需关系是决定价格和资源分配的关键因素。在低空飞行领域,放松管制将使更多通用航空企业进入市场,增加航空服务的供应。同时,随着经济的发展和人民生活水平的提高,对低空飞行的需求也将逐渐增加。供需关系的平衡将推动通用航空市场的健康发展。

(2)价格机制。价格是市场经济中资源配置的重要信号。在低空飞行领域,价格机制将通过市场竞争发挥作用。放松管制后,各航空企业将根据市场需求和自身成本制定价格,市场竞争将使价格趋于合理。同时,价格机制将激励企业提高运营效率,降低成本,从而为消费者提供更高质量的服务。

(3)竞争机制。竞争是市场经济的基本特征之一。在低空飞行领域,放松管制将使市场竞争更加激烈。各航空企业将通过提供更好的服务、更低的价格、更先进的技术等手段来争夺市场份额。竞争将促进企业的创新和发展,提高整个行业的服务水平。

(4)市场机制与政府干预。虽然市场经济强调市场机制在资源配置中的决定性作用,但政府干预是必要的。在低空飞行领域,政府可以通过制定法律法规、行业标准,加强监管等方式规范市场秩序,保障飞行安全;政府也可以通过提供政策支持、财政补贴等手段推动通用航空产业的发展。

(5)资源配置效率。市场经济理论认为,市场机制能够实现资源的优化配置。在低空飞行领域,放松管制将使得市场机制在资源配置中发挥更大的作用。通过市场竞争和价格机制的作用,资源将向效率更高的企业流动,实现资源的优化配置,提高整个通用航空产业的效率和服务水平。

通过市场机制的作用和政府的合理干预,可以推动通用航空市场的健康发展并为消费者提供更好的服务。

2. 产业发展理论

产业发展理论认为，产业的发展需要政策的支持和引导，通过制定和实施合理的产业政策，可以促进产业的健康发展。在低空飞行领域，放松管制是一种重要的产业政策，可以为通用航空产业提供更好的发展环境和条件，推动产业的升级和发展。具体来说，放松管制可以降低通用航空企业的运营成本，提高运营效率，进而增强企业的市场竞争力；还可以吸引更多资本和人才进入通用航空领域，推动产业的创新和进步。

（1）产业发展阶段与规律。

①初始阶段。在低空飞行产业发展初期，需要政府的政策支持和资金投入推动基础设施建设、人才培养和技术研发。此阶段的产业规模较小，但发展潜力巨大。

②成长阶段。随着技术的成熟和市场的扩大，低空飞行产业将逐渐进入成长阶段。此时，企业数量增加，竞争加剧，但市场规模迅速扩大，产业链逐步完善。

③成熟阶段。在成熟阶段，低空飞行产业将形成较为稳定的市场格局，企业之间的竞争趋于理性。此时，应注重提高服务质量、降低成本和推动技术创新。

④衰退与转型阶段。随着技术的进步和市场需求的变化，低空飞行产业可能面临衰退的风险。此时，需要寻求新的增长点或进行产业转型，以保持持续的发展动力。

（2）发展周期与影响因素。

①技术进步。技术创新是推动低空飞行产业发展的关键因素。新的技术突破将带动产业的快速发展，并催生新的市场需求。

②政策环境。政府的政策环境对低空飞行产业的发展具有重要影响，包括空域管理政策、航空器适航标准、飞行员培训政策等。

③市场需求。市场需求是产业发展的根本动力。随着经济的发展和人民生活水平的提高，对低空飞行的需求将逐渐增加。

④产业链协同。低空飞行产业的发展需要产业链各环节的协同配合，包括航空器制造、维修、运营、培训等多个环节。

（3）产业转移与资源配置。

随着低空飞行产业的发展，可能会出现产业转移的现象。例如，一些地区可能由于资源、技术或市场等方面的优势而成为低空飞行产业的集聚地。

资源配置也是产业发展过程中的重要问题。政府应引导资本、技术、人才等要素向低空飞行产业流动，以实现资源的优化配置。

（4）产业发展政策与建议。

制定完善的法律法规体系，为低空飞行产业的发展提供法律保障。加强空域管理，优化飞行环境，确保飞行安全。加大科技投入，推动技术创新和产业升级。加强国际合作与交流，借鉴国外先进经验和技术，提升我国低空飞行产业的国际竞争力。

产业发展理论为低空飞行放松管制提供了重要的理论支撑和指导意义。通过深入研究产业发展阶段、周期、影响因素等问题，可以制定更加科学合理的政策措施，推动低空飞行产业持续健康发展。

3. 区域经济理论

区域经济理论是研究一定区域内经济发展的客观规律及其与其他经济现象之间关系的学说。该理论认为，区域经济的发展需要合理的空间布局和有效的交通网络。低空飞行作为一种新型的交通方式，可以为区域经济的发展提供新的机遇和动力。通过放松低空飞行管制，可以加强区域间的联系和合作，推动区域经济的协调发展。

（1）区域经济发展模式。

①均衡发展模式。均衡发展模式强调区域内部各地区的经济平衡发展，通过政策引导和市场机制，实现资源的均衡配置。在低空飞行放松管制的背景下，可以推动各地区通用航空产业的发展，形成均衡发展的局面。

②非均衡发展模式。非均衡发展模式侧重于发挥区域内部某些地区的经济优势，通过"增长极"或"发展中心"的带动，促进整个区域经济的发展。在低空飞行领域，可以优先发展具有条件和潜力的地区，形成示范效应，进而带动其他地区的发展。

（2）区域产业结构优化。

在低空飞行放松管制的背景下，区域产业结构将面临新的调整和优化。一方面，通用航空产业的发展将带动相关产业链的升级和扩展，如航空器制造、维修、运营、培训等；另一方面，随着低空飞行的普及和应用，将催生新的市场需求和服务模式，推动产业结构创新和发展。

（3）区域合作与协调发展。

区域经济理论认为，区域间的合作与协调发展是实现区域经济持续健康发展的关键。在低空飞行领域，可以通过加强区域间的合作与交流，共同推动低空飞行基础设施的建设、运营和管理，提高资源的利用效率和服务水平；也可以通过区域间的政策协调和资源共享，实现优势互补和共同发展。

（4）政策与规划引导。

政府在区域经济发展中扮演着重要的角色。在低空飞行放松管制的背景下，政府可以通过制定相关的政策和规划，引导和支持低空飞行产业的发展。例如，制定空域管理政策、航空器适航标准、飞行员培训政策等，为低空飞行产业的发展提供法律保障和政策支持。同时，政府也可以通过财政补贴、税收优惠等措施，鼓励企业投资和发展低空飞行产业。

（5）可持续发展。

区域经济理论强调可持续发展的重要性。在低空飞行领域，可持续发展意味着在推动产业发展的同时，注重生态环境的保护和资源的合理利用。因此，在制定相关政策和规划时，应充分考虑生态环境和资源的承载能力，实现经济、社会和环境的协调发展。

通过深入研究区域经济发展模式、区域产业结构优化、区域合作与协调发展、政策与规划引导以及可持续发展等问题，可以制定更加科学合理的政策措施，推动低空飞行产业持续健康发展。

二、低空飞行放松管制实践层面原因

（一）市场需求驱动

1. 经济增长与消费升级

随着全球经济的持续增长和人民生活水平的提高，人们对低空飞行的需求日益增加。商业飞行、旅游观光等领域的快速发展，为低空飞行提供了广阔的市场空间。为了满足这些需求，政府必须放宽对低空飞行的管制，为市场提供更大的发展空间。

2. 无人机等新兴产业的崛起

近年来，无人机等新兴产业得到了迅猛发展。无人机在航拍、农业植保、物流配送等领域的应用越来越广泛，为低空飞行市场注入了新的活力。然而，传统的低空飞行管制模式对无人机等新兴产业的发展构成了一定的限制。因此，政府需要放松对低空飞行的管制，为无人机等新兴产业的发展创造更加宽松的环境。

（二）提升飞行效率与安全

1. 简化审批流程，降低飞行门槛

传统的低空飞行管制流程烦琐，审批时间长，给飞行活动带来了诸多不便。为了提高飞行效率，政府需要简化审批流程，降低飞行门槛。减少审批环节、缩短审批时间，可以降低飞行成本，提高飞行效率。而降低飞行门槛有助于吸引更多企业和个人参与低空飞行活动，推动市场的繁荣发展。

2. 优化空域资源配置，减少拥堵和冲突

随着低空飞行活动的不断增加，空域资源日益紧张。为了缓解空域资源紧张的问题，政府需要优化空域资源配置，减少拥堵和冲突。引入先进的空域管理技术，如空域分类管理、空域动态调整等，可以更加高效地利用空域资源，提高飞行安全性。同时，加强与其他国家和地区的空域协调及合作，也有助于实现空域资源的共享和优化配置。

3. 加强飞行服务保障体系建设

为了保障低空飞行的安全，政府需要加强飞行服务保障体系建设，包括完善飞行计划审批、气象服务、通信导航等基础设施，提高飞行服务的智能化、精准化水平。加强飞行服务保障体系建设，可以为低空飞行提供更加安全、可靠的保障，降低飞行事故率。

（三）响应科技创新与应用

1. 无人机技术的快速发展

无人机技术的快速发展为低空飞行提供了新的可能。无人机具有灵活、便捷、高效等特点，可以在复杂环境中进行作业。为了满足无人机的发展需求，政府需要放宽对低空飞行的管制，为无人机提供更加宽松的飞行环境。同时，加强无人机技术的研发和应用，也有助于推动低空飞行产业的创新和发展。

2. 新兴科技的应用

大数据、云计算、人工智能等新兴科技的应用为低空飞行监管提供了新的手段和方法。引入这些先进技术，可以提高低空飞行监管的智能化、精准化水平，降低监管成本。同时，这些技术还可以为低空飞行提供更加丰富的数据支持和服务保障，提高飞行的安全性和效率。

（四）优化民生服务

1. 提升公共服务水平

低空飞行放松管制有助于提升公共服务水平。发展无人机配送、空中医疗救援等新兴服务业

态，可以为人们提供更加便捷、高效的服务。这些服务不仅可以满足人们的个性化需求，还可以提高社会整体的运行效率。

2. 满足个性化需求

随着人们生活水平的提高，个性化需求日益旺盛。低空飞行放松管制有助于满足人们的个性化需求，如私人飞行、航空旅游等。这些服务可以让人们有更加丰富的航空体验，提高幸福感和生活品质。

（五）推动国际合作与交流

1. 拓展国际合作领域

低空飞行放松管制有助于拓展国际合作领域。通过与其他国家在低空飞行领域的合作与交流，可以引进先进技术和管理经验，促进本国低空飞行产业的发展。同时，加强国际合作可以推动全球低空飞行产业的共同发展。

2. 提升国际竞争力

在全球化背景下，低空飞行产业已成为国际竞争的重要领域。通过放松管制、优化政策环境等手段，可以提升本国低空飞行产业的国际竞争力。这将有助于吸引更多国际资本和人才进入本国市场，推动产业的快速发展。

综上所述，低空飞行放松管制在实践层面的原因主要包括市场需求驱动、提升飞行效率与安全、响应科技创新与应用、优化民生服务以及推动国际合作与交流等方面。这些原因共同推动了低空飞行放松管制改革的进程。为了充分释放低空飞行的潜力，促进相关产业的繁荣，政府需要继续深化低空飞行放松管制改革，为低空飞行提供更加宽松、安全、高效的环境。

三、低空飞行放松管制改革实践的国际经验

（一）美国低空飞行放松管制改革实践

1. 政策背景与改革历程

（1）1978年《航空放松管制法案》（Airline Deregulation Act）的签署。

1978年，美国总统卡特签署了《航空放松管制法案》，这一法案标志着美国航空业进入了一个全新的时代。该法案取消了美国联邦政府对航空业许多关键方面的控制，包括航线、票价和航空公司的市场准入等，从而引入了市场竞争机制。

（2）随后的政策调整与空域管理改革。

在《航空放松管制法案》签署后，美国政府继续对航空政策进行调整和改革。其中，最显著的是对空域管理的改革。美国政府逐步将大部分空域划为民用空域，并放宽了对私人飞机和通用航空器的使用限制。这些改革措施为低空飞行市场的繁荣发展奠定了基础。

2. 改革实践及成效

（1）无人机配送服务及安全领域应用的兴起。

随着技术的不断进步和市场的不断扩大，无人机配送服务在美国逐渐兴起。无人机配送具有速度快、成本低、灵活性高等优点，因此，在快递、外卖等领域得到了广泛应用。FAA也积极推动无

人机配送服务的发展,为相关企业提供必要的支持和指导。此外,无人机在美国公共安全领域的应用越来越广泛。例如,在森林火灾、地震等自然灾害发生时,无人机可以迅速到达现场进行侦察和救援工作。此外,无人机还可以用于搜索和救援失踪人员、监测交通状况等任务。这些应用不仅提高了公共安全的响应速度和效率,而且降低了救援人员的安全风险。

(2)通用航空市场的繁荣发展。

在《航空放松管制法案》的推动下,美国通用航空市场得到了快速发展。私人飞行、公务飞行、飞行表演和实用类航空等市场需求不断增加,推动了通用航空器的生产和销售。同时,美国政府还鼓励通用航空器在农业、环保、消防等领域的应用,进一步拓展了通用航空市场的发展空间。此外,近年来,美国一些公司开始探索空中出租车服务,这是一种利用垂直起降飞行器(如电动垂直起降飞机)在城市内部进行短途运输的新型交通方式。这种服务有望缓解城市交通拥堵,提高出行效率。尽管目前仍处于试验阶段,但空中出租车服务的概念已经引起了广泛关注。

(3)飞行效率与安全性的提升。

通过放宽对低空飞行的限制和改革空域管理,美国的飞行效率得到了显著提升。航空公司可以根据市场需求自由调整航线和航班频率,提高了运输效率。同时,由于市场竞争的引入,航空公司更加注重提高服务质量和降低成本。此外,美国政府还加强了对飞行安全的监管,确保了低空飞行的安全性。

3. 经验与启示

(1)法规与政策的明确性。

美国低空飞行放松管制的实践表明,明确的法规和政策对于市场的健康发展至关重要。只有制定了清晰明确的规则和标准,才能确保市场的公平竞争和有序运行。同时,政府还需要根据市场的变化及时调整政策,以适应市场发展的需求。

(2)技术创新的推动。

技术创新是推动低空飞行市场发展的关键。美国政府通过加大对航空技术的研发和投资力度,推动了技术创新和产业升级。这不仅提高了低空飞行的安全性和可靠性,还拓展了低空飞行的应用领域和市场空间。因此,各国政府应重视技术创新在航空领域的作用,并积极推动相关技术的研发和应用。

(3)监督与管理的平衡。

在放松管制的同时,监督和管理也至关重要。美国政府在低空飞行领域加大了对安全、环保等方面的监督和管理力度,确保了市场的健康发展和对公共利益的保护。同时,美国政府还积极与行业协会、企业等各方合作,共同推动低空飞行市场的发展。这种平衡的做法值得我们借鉴和学习。

(二)欧洲低空飞行放松管制实践

1. 政策背景

近年来,随着航空技术的快速发展和市场需求的不断增长,欧洲低空飞行放松管制实践逐渐受到重视。这一政策变革旨在提高航空运输效率、促进通用航空市场的繁荣,并推动无人机等新型航空器的发展。欧洲低空飞行放松管制的政策背景主要包括以下几个方面。

（1）市场需求增长。随着经济的发展和人们生活水平的提高，越来越多的人开始关注通用航空领域，如私人飞机、直升机等。同时，无人机等新型航空器也在物流、航拍等领域得到广泛应用。

（2）技术进步。航空技术的快速发展为低空飞行提供了更多的可能性。先进的导航、通信和监控技术使得低空飞行更加安全、高效。

（3）欧盟统一政策的推动。欧盟一直致力于推动成员国之间的合作与一体化进程，低空飞行放松管制也是其中重要的一环。通过统一政策推动，可以消除成员国之间的壁垒，促进低空飞行市场的整合与发展。

2. 改革历程

欧洲低空飞行放松管制的改革历程大致可以分为以下几个阶段。

（1）初步探索与试点阶段（20世纪90年代初期至中期）。

在初步探索与试点阶段，欧洲各国开始探索低空飞行的放松管制策略，并在部分国家开展试点项目。这些试点项目主要关注飞行审批流程的优化、飞行限制的放宽以及新监管技术的测试。

（2）政策制定与统一标准阶段（20世纪90年代末至21世纪初）。

随着试点项目的成功，欧洲各国开始共同制定统一的低空飞行管理政策和标准。这些政策和标准旨在确保飞行安全、促进市场竞争以及提升服务质量。欧盟在这一阶段开始制定关于无人机飞行的统一规则、通用航空器的操作标准等。

（3）全面推广与落实阶段（21世纪前10年）。

在政策和标准制定完成后，欧洲各国开始全面推广这些改革措施，并在全国范围落实，包括更新法律法规、加强基础设施建设、提升监管能力、优化服务流程等。各国根据实际情况逐步放宽对低空飞行的限制，为通用航空市场创造更多的发展机会。

（4）技术创新与产业升级阶段（2010年至今）。

随着低空飞行市场的逐步开放和需求的增长，欧洲各国开始加强技术创新和产业升级。引入先进的导航、通信和监控技术，以提升飞行的安全性与效率；推动无人机等新型航空器的发展；促进通用航空器的研发和生产等。

（5）跨国合作与国际交流阶段（贯穿始终）

在整个改革过程中，欧洲各国加强了跨国合作与国际交流，与其他国家和地区的监管机构进行合作，分享经验和资源；参与国际组织和论坛的讨论和制定国际标准等。这种跨国合作和国际交流有助于欧洲低空飞行市场的开放和发展，更加符合全球趋势。

3. 放松管制实践经验

欧洲在低空飞行放松管制方面积累了丰富的经验，这些经验不仅推动了欧洲通用航空市场的繁荣，也为全球其他地区的低空飞行管理提供了有益的借鉴。

（1）跨国合作与统一标准。

欧洲各国在放松低空飞行管制方面展现出了高度的跨国合作精神。通过欧盟层面的统一政策推动，各国能够消除壁垒，实现资源共享和优势互补。欧盟制定了一系列统一的飞行规则和安全标准，如无人机飞行规则、通用航空器的操作标准等。这些统一的飞行规则和安全标准有助于各国之间的协同管理和信息共享，提高了低空飞行的安全性和效率。

（2）渐进式改革。

欧洲低空飞行放松管制并不是一蹴而就的，而是采取了渐进式改革的策略。首先在部分成员国进行试点，待积累经验后再逐步推广到整个欧洲市场。这种方式有助于降低改革风险，确保改革平稳进行。

（3）政策支持与引导。

欧洲各国政府出台了一系列政策支持低空飞行市场的发展。这些政策包括提供财政补贴、减免税费、优化审批流程等，旨在降低通用航空器的运营成本，提高市场竞争力。除此之外，各国政府还积极引导社会资本进入低空飞行市场，鼓励企业参与通用航空器的研发和生产，推动整个产业链的发展。

（4）技术创新与驱动。

欧洲各国在低空飞行领域积极引入新技术，如先进的导航、通信和监控技术等，以提高飞行的安全性和效率。欧洲还通过技术创新推动了无人机等新型航空器的发展，拓展了低空飞行的应用领域，为市场带来了新的增长点。

（5）加强安全监管。

在放松管制的同时，欧洲各国通过建立健全的监管体系，加强对通用航空器和无人机的监督管理，确保飞行的安全性。欧洲各国还加强了对飞行员的培训和管理，提高了飞行员的素质和能力，进一步保障了飞行的安全性。

（6）促进产业发展与整合。

欧洲各国通过放松低空飞行管制，促进了通用航空市场的繁荣和发展。同时，欧洲各国还积极推动产业整合和升级，提高了整个产业的竞争力和服务水平。通过加强与国际社会的合作与交流，欧洲各国拓展了低空飞行市场的国际视野和合作空间，为产业的发展注入了新的活力。

（三）日本低空飞行放松管制实践

1. 政策背景与改革历程

日本作为二战的战败国，航空航天活动在战后受到严格限制。然而，随着国际形势的变化和国内经济发展的需要，日本逐渐开始放宽对低空飞行的限制。特别是在1950年朝鲜战争爆发后，美国对日政策发生转变，解除了对日本航空航天活动的禁令，为日本战后航天活动的发展奠定了基础。

日本低空飞行政策的演变主要体现在以下几个方面：

（1）航空法的制定与实施。1952年7月，日本航空法开始实施，为低空飞行活动提供了法律依据。同时，日本政府还制定了航空法实施令和航空法实施规则，以确保飞机的安全航行和航空事业的有序发展。

（2）航空组织的建立与完善。战后，日本逐步建立了完善的航空组织体系。例如，1955年设立了航空技术研究所（后改称为"航空宇宙技术研究所"），1960年设立了宇宙开发实施本部（后改组为宇宙开发事业团），这些机构为低空飞行技术的发展提供有力支持。

（3）逐步放宽限制。随着时间的推移，日本逐步放宽了对低空飞行的限制。例如，在无人机领域，日本防卫省正在探讨引进具备攻击能力的无人机，并计划在2035年前后装备使用人工智能技术的无人战机。此外，日本还加强了与其他国家在航空领域的合作与交流，共同推动低空飞行技术的发展。

2. 具体的改革措施与规划

为了促进低空飞行市场的发展，日本采取了一系列具体的改革措施与规划。

（1）加速推进无人机国产化。日本现行《防卫计划大纲》确定了加速推进无人机国产化的方针，明确提出"通过人工智能等技术革新推进装备无人化"。

（2）加强技术创新与研发。日本在无人机、通用航空器等领域加大了技术创新与研发力度，推动低空飞行技术的不断进步。

（3）拓展通用航空市场。日本通过优化服务流程、提升服务质量等措施，积极拓展通用航空市场，以满足不同客户的需求。

（4）加强与其他产业的融合发展。日本积极推动低空飞行产业与其他产业的融合发展，如旅游、物流等，以拓展低空飞行市场的应用领域。

3. 改革实践及成效

日本在低空飞行放松管制方面的改革实践取得了显著成效。

（1）无人机领域的快速发展。日本在无人机领域取得了显著进展，无人机的研发、生产和应用等方面均处于世界领先地位。例如，日本防卫省正在探讨引进具备攻击能力的无人机，并计划在2035年前后装备使用人工智能技术的无人战机。此外，日本还在无人机物流、农业等领域进行了积极探索和应用。

（2）通用航空市场的拓展。随着低空飞行限制的放宽和服务质量的提升，日本通用航空市场得到了快速发展，市场规模不断扩大。日本航空公司通过优化服务流程、提升服务质量等措施，积极开拓中国市场等国际市场，满足不同客户的需求。同时，日本还加强了与其他国家在通用航空领域的合作和交流，共同推动通用航空市场的发展。

（3）与其他产业的融合发展。低空飞行产业与其他产业的融合发展取得了积极成果，为日本经济的增长注入了新的动力。例如，在旅游领域，低空飞行为游客提供了全新的旅游体验；在物流领域，无人机等低空飞行设备为物流行业带来了更高的效率和更低的成本。此外，低空飞行产业还与农业、环保等领域进行了深度融合发展。

4. 经验与启示

日本在低空飞行放松管制方面的实践为我们提供了宝贵的经验和启示。

（1）与国际接轨的重要性。在全球化背景下，低空飞行市场也需要与国际接轨。日本通过加强与其他国家在航空领域的合作和交流，共同推动低空飞行技术的发展和应用。

（2）技术创新的投入。技术创新是推动低空飞行市场发展的关键。日本在无人机、通用航空器等领域加大了技术创新与研发力度，取得了显著成果。

（3）安全管理的重要性。低空飞行市场的快速发展带来了一些安全隐患。日本通过加强安全管理和提升社会接受度等措施，确保低空飞行市场的安全和有序发展。

（四）低空飞行放松管制国际经验对中国的启示

随着全球低空飞行市场的逐步开放和快速发展，低空飞行服务在促进经济增长、提高交通效率、优化资源配置等方面展现出了巨大的潜力。然而，在享受低空飞行带来的便利和效益的同时，我们必须正视其中存在的挑战和风险。因此，借鉴国际经验，完善我国低空飞行放松管制的法规与政策体系，加强技术创新与应用，促进国际合作与交流，提升社会接受度与安全意识，对于推动我国低空飞行市场的健康发展具有重要意义。

1. 完善法规与政策体系

在低空飞行放松管制的过程中，完善法规与政策体系是首要任务。美国、日本等国家以及欧洲等地区在低空飞行放松管制方面取得了显著成效，其成功经验对我国具有重要的启示作用。

（1）明确低空飞行的管理规定。

美国通过《航空放松管制法案》等法律法规，明确了低空飞行的管理规定，包括飞行许可、空域使用、飞行安全等方面的具体要求。这为低空飞行市场的有序发展提供了有力的法律保障。我国应借鉴国际经验，制定和完善低空飞行的管理规定，明确各方职责和权利，规范低空飞行活动，确保飞行安全。首先，要明确低空飞行的定义和范围。这有助于我们更清晰地界定哪些飞行活动属于低空飞行，从而有针对性地制定管理规定。其次，要完善飞行许可的申请条件和审批流程。我们应借鉴国际上的成功经验，简化审批流程，提高审批效率，同时确保飞行活动的安全性和规范性。再次，要制定空域使用规则。空域使用规则包括空域的划分、使用权限、使用方式等方面的内容。通过合理的空域使用规则，可以确保低空飞行活动有序进行，避免与其他飞行活动发生冲突。最后，要加强飞行安全要求。飞行安全要求包括飞行器的安全性能、飞行人员的资质要求、飞行过程中的安全措施等方面的内容。通过加强安全要求，可以确保低空飞行活动的安全性和可靠性。

（2）建立健全的监管机制

在低空飞行放松管制过程中，监管机制的建立健全至关重要。通过建立完善的监管体系，对低空飞行活动进行全方位、多角度的监管，有效保障飞行安全和市场秩序。我国应借鉴国际经验，建立健全低空飞行的监管机制，加强部门之间的协调合作，形成监管合力，确保低空飞行市场的健康发展。

2. 加强技术创新与应用

技术创新是推动低空飞行市场发展的核心动力。

（1）推动无人机、通用航空器等关键技术的研发。

无人机、通用航空器等关键技术是低空飞行市场发展的重要支撑。美国等国家以及欧洲等地区加大了研发力度，推动无人机、通用航空器等关键技术突破和创新，为低空飞行市场的发展提供了有力支持。我国应借鉴国际经验，加强无人机、通用航空器等关键技术的研发和应用，提高我国低空飞行市场的技术水平和竞争力。

（2）优化空域管理系统。

空域管理系统的优化对于提升低空飞行市场的运行效率具有重要意义。美国等国家以及欧洲等地区通过引入先进的空域管理技术和管理模式，实现了空域资源的优化配置和高效利用。我国应借鉴国际经验，优化空域管理系统，提高空域资源的利用效率和管理水平，为低空飞行市场的发展提供有力保障。

3. 促进国际合作与交流

国际合作与交流是推动低空飞行市场发展的重要途径。美国等国家以及欧洲等地区通过加强国际合作与交流，推动了低空飞行市场的快速发展。

（1）借鉴国际先进经验与技术。

通过与国际先进国家和地区的交流与合作，我们可以借鉴其在低空飞行放松管制、技术创新、空域管理等方面的成功经验和技术成果，为我国低空飞行市场的发展提供有益参考。

（2）参与国际航空领域的合作与竞争。

积极参与国际航空领域的合作与竞争，不仅可以提升我国在国际航空领域的影响力和话语权，还可以推动我国低空飞行市场的国际化发展。通过与国际先进企业和机构的合作及交流，我们可以学习其先进的管理理念和技术手段，提高我国低空飞行市场的整体水平。

4. 提升社会接受度与安全意识

提升社会接受度与安全意识是推动低空飞行市场健康发展的重要保障。美国等国家以及欧洲等地区通过加强低空飞行知识的普及与教育、提高公众对低空飞行的认识与支持等措施，有效提升了社会对低空飞行的接受度和安全意识。

（1）加强低空飞行知识的普及与教育。

通过加强低空飞行知识的普及与教育，可以提高公众对低空飞行的认识和了解程度，减少误解和疑虑。我国应加大对低空飞行知识的宣传力度，通过各种渠道向公众普及低空飞行的相关知识，提高公众对低空飞行的认识和支持。

（2）提高公众对低空飞行的认识与支持。

提高公众对低空飞行的认识和支持，可以形成良好的社会氛围和市场环境，为低空飞行市场的发展提供有力支持。我国应积极引导公众了解低空飞行的优势和潜力，鼓励和支持公众参与低空飞行活动，推动低空飞行市场的快速发展。

四、我国低空飞行放松管制改革路径

低空空域管理改革，是继2000年军航将全国航路航线移交民航指挥后，在空域管理领域启动的又一项重大改革。2000年以来，国家空管委办公室先后组织国内外调研论证、召开会议统一思想认识，并在军航空管系统组织了小规模试点。在此基础上，2010年8月，国务院、中央军委下发《关于深化我国低空空域管理改革的意见》，正式拉开了我国低空空域管理改革的大幕。截至目前，国家空管委办公室已相继在全国组织了三轮较大规模的低空空域管理改革试点，初步形成了一套新的低空空域管理模式[①]，对通用航空产业发展发挥了积极的促进作用。

第一轮改革试点，突出空域分类化管理。2010—2014年，按照《关于深化我国低空空域管理改革的意见》要求，试点在全国14个省、自治区、直辖市相关地区同时进行，占全国空域的33%，共划设管制、监视、报告三类空域254个，低空目视航线12条；在管制空域，通用航空飞行审批时间缩短为飞行前4小时，在监视空域和报告空域，飞行报备时间最短只需要提前半小时，极大地

---

① 孙卫国. 低空空域管理改革进展及展望 [EB/OL]. (2023-10-08). https://www.163.com/dy/article/IGGVKD120550304L.html.

方便了通用航空飞行，改革试点成效明显。

第二轮改革试点，突出空域精细化管理。2015—2018年，在首轮军航低空空域分类管理试点的基础上，军航和民航空管系统同时发力，在珠三角和海南地区展开空域精细化管理改革试点，重点是优化空域审批制度、动态灵活使用、建立低空空管服务保障示范、加强"低慢小"航空器安全管控等，着力解决空域管理粗放、使用效率不高等问题。2017年4月，海南省国家低空空域空管服务保障示范区项目通过验收，标志着海南成为全国首个完成低空空管服务保障体系建设的地区。通过改革试点，海南共划设三类低空空域23个，低空目视飞行航线3条，初步构建起海南的低空飞行网络；2020年12月，海南低空空域开始实行"当天申报当天起飞"管理制度，低空飞行管控服务运行体系可以为通用航空飞行提供"一站式"服务。

第三轮改革试点，突出空域协同化管理。2018年至2023年2月，试点中，四川在全国率先成立了由省政府牵头、军民航空管系统和地方公安部门共同参加的四川省低空空域协同管理委员会，成为后来其他试点增强省在空域协同管理改革试点中作用的样板和标配。将原低空空域由军民航分块管理转变为军地民三方协同管理，将低空飞行由管制指挥模式转变为目视自主飞行模式，由军地民三方共同组成的低空空域协同管理运行中心，将任务、空域、飞行计划3个申请环节简化为飞行计划报备1个环节，盘活了低空空域资源，简化了审批流程。此后，湖南、江西、安徽的低空空域管理改革试点拓展，参照四川模式，均成立了由省政府牵头组成的军地民三方低空空域协同管理机构和运行管理中心，实现了飞行计划"一站式"审批服务。湖南在试点中创造了"天地人和"的低空空域管理模式，实现了通用航空飞行"一窗受理、一网通办、全域服务"；江西打通军地民三方信息共享和互联互通渠道，为通用航空飞行提供全联通、全功能、全流程服务；安徽构建了"四个一"的支持保障体系，满足了低空空域使用多元化需求，促进了以通用航空产业为主体的低空经济发展。

从目前试点情况来看，三轮低空空域管理改革试点接续推进，各有侧重，步步深入，对在省域范围内低空空域使用管理的组织形式，空域分类划设方法，自主目视飞行规则，飞行服务保障体系建设，北斗、5G等新技术手段应用，军地民协同配合等方面进行了积极探索和实践，为下一步全国范围的低空空域管理改革摸索了路子、积累了经验，试点取得了较好的效果。

通过三轮试点，低空空域管理改革取得了积极进展，但与通用航空特别是无人机产业快速发展的形势，以及社会大众对通用航空"飞起来、热起来"的热切期盼，仍存在一定差距。按照《关于深化我国低空空域管理改革的意见》确定的改革目标，即"在低空空域管理领域建立起科学的理论体系、法规标准体系、运行管理体系和服务保障体系，逐步形成一整套既有中国特色又符合低空空域管理规律的组织模式、制度安排和运作方式，充分开发和有效利用低空空域资源"，我们应进一步解放思想，更新观念，采取更加有力的政策措施，将改革进行到底，推动低空空域管理改革走深走实。

本章小结

本章介绍管制的分类、作用与趋势，国内外低空飞行管制的历程，低空飞行管制内容，分析了低空飞行管制的原因，低空飞行放松管制改革的理论基础和实践要求，探讨了国外低空飞行放松管制经验对我国的启示。

思考题

1. 低空飞行管制的分类是什么?
2. 低空飞行管制的作用是什么?
3. 低空飞行管制效果如何?
4. 探讨低空飞行放松管制实践层面的原因。
5. 低空飞行放松管制改革实践的国际经验对我国的启示是什么?
6. 探讨我国低空飞行放松管制的改革路径。

第十二章 低空航线网络规划

案例导入

大力发展低空经济，深圳已开通无人机航线 203 条

IT 之家 2024 年 6 月 16 日消息，《深圳特区报》报道，据深圳市交通运输局统计，目前深圳已开通无人机航线 203 条，建设无人机起降点 121 个，2023 年以来载货无人机飞行超 78 万架次，飞行规模全国领先。

公开数据显示，2023 年，深圳低空经济年产值超过 900 亿元。年初，深圳出台全国首部低空经济立法《深圳经济特区低空经济产业促进条例》，其中提到了统筹推进下列低空飞行基础设施的建设：

低空飞行起降、中转、货物装卸、乘客候乘、航空器充（换）电、电池存储、飞行测试等物理基础设施；

低空飞行通信、导航、监视、气象监测等信息基础设施；

低空飞行数字化管理服务系统；

其他低空飞行基础设施。

IT 之家注意到，深圳在低空经济建设中已经走在全国前列。具体案例中，2024 年 1 月，在国内最大的黄金珠宝交易集散中心深圳水贝，无人机专线将原本 30 分钟的车程缩短至 12 分钟，把黄金珠宝等贵重物品安全送达客户手中。

2024 年 4 月 14 日，粤港澳大湾区首条跨海低空物流商业化航线在深圳启动，首架货运无人机从深圳蛇口赤湾港起飞抵达中山小榄，全程 71.7 千米，飞行时间 45 分钟，大大提高了物流配送效率。

2024 年 4 月 30 日，大湾区低空短途运输航线（深圳—珠海）正式开通，由中信海洋直升机股份有限公司运营，每日往返一趟，费用为单程 999 元/人。

资料来源：https：//www.163.com/dy/article/J4QLQTOR0511B8LM.html。

阅读上述案例并思考以下问题：

1. 规划和开通低空航线有什么作用？
2. 低空航线规划需要哪些配套设施？

"中国科学院"无人机应用与管控研究中心研发的无人机低空公共航路规划与仿真验证系统（简称"春蚕系统"），实现了无人机低空航路的智能规划与仿真验证功能。该系统构建了完整的航路全约束要素数据库，并建立了典型区域的关键约束要素数据集。目前，该成果已在京津新城、杭州、广州、上海等典型区域得到应用，并与城市物流、电力巡检、海上运输等行业深度融合，有效解决了复杂环境下无人机安全高效飞行的技术难题。

城市低空航路航线规划是 UAM 的重要组成部分，对于保障城市低空飞行器运行安全、有序和高效至关重要。欧美、韩国、新加坡等地区已明确提出适应自身发展的低空航路航线布局规划方案。FAA 批准构建 50 英里无人机空中走廊；韩国 UAM 规划方案明确指出，2025 年设立"城市空中通道专用空域"，预计 2035 年建成 100 条航路；新加坡计划 2023 年推出首条空中出租车航线。我国发布的《交通强国建设纲要》《国家综合立体交通规划纲要（2021—2050 年）》也已明确提出要加强新型载运工具研发，构建城市群内部快速空中交通网络；中国民用航空局发布《关于促进民用无人驾驶航空发展的指导意见（征求意见稿）》《城市场景轻小型无人驾驶航空器物流航线划设规范》，明确开展低空航路航线规划与构建技术研究，并发布《民用无人驾驶航空发展路线图 V1.0（征求意见稿）》，提出在 2030 年前实现空域信息数字化，进一步拓展航线网络。湖南、四川、江西、广东、深圳等地先行先试，逐步建立区域低空飞行服务体系，试点划设低空航路航线，构建低空航图。

无人机作为低空经济的主导产业，由于缺乏满足发展需求的技术体系和相适应的科技基础设施支撑，规模化无人机在紧邻复杂地理环境的低空无法做到常态化安全高效运行，其中，将低空公共航路作为安全高效运行的保障性新型基础设施，这一观念逐渐获得地方政府和空域监管部门的认可。当前无人机管理系统和云平台实际上是没有航路的，而构建航路在近些年已经为很多物流企业所实践。以低空公共航路为核心，在当前基础设施水平和高技术发展基础上，融合高精度多组合导航定位、5G 联网通信、精细气象预报等新一代技术，构建以航路为载体的低空无人机应用服务能力，升级完善固有基础设施或者新建基础设施以形成新型基础设施体系，对低空业务规模化运行十分重要。

第一节 低空航线网络规划的概念、特征、分类与意义

一、低空航线网络规划的概念

航线网络，是指某一地域内的航线按一定方式连接而成的构造系统，航线网络由机场、航线和飞机等要素构成，其中，机场和航线构成了航空运输的空间分布，决定了航空运输地面和空中保障能力，而飞机则通过航线由一个机场飞到另一个机场以实现旅客、货物、行李和邮件的空中位移。航线网络是航空公司航班计划和机组安排等运行计划的先决条件，对航空公司的运行效率和客户的服务质量有着重要的影响，是航空公司生存和发展的基础。

低空航线网络，是指在相对较低的高度范围内（通常是 3000 米以下的空域）规划和组织的一系列飞行路径和空域，用于支持低空飞行活动及其他飞行任务。低空航线网络的设计旨在优化空中

交通流，提高飞行安全，同时满足多样化的航空需求，如私人包机、应急救援、农业喷洒、航空摄影、物流配送、旅游休闲、航拍航测、气象探测、治安巡逻等。

低空航线网络规划，是指在一定区域内，针对低空空域（通常是 3000 米以下的空域）内无人机、通用航空器等飞行器的安全、高效运行，进行系统性的航路航线设计、航点布局、空域结构优化等工作。这一规划旨在通过科学合理的方法，为低空飞行器提供有序的飞行路径和空域资源分配，确保飞行安全、提高空域利用率，并支持低空经济的发展。

二、低空航线网络规划的特征

（一）高度限制

低空航线网络通常在低空空域内运行，此高度范围能够使飞行器避开高空飞行的商业航线，同时减少对居民区的噪声干扰。

（二）多样化用途

低空航线网络服务于多种航空活动，包括但不限于农业作业、环境监测、紧急医疗服务、观光旅游、飞行培训等。

（三）安全性

低空飞行面临的挑战包括地形障碍物、气象条件、空中交通密度等，因此，低空航线网络的规划需要考虑到这些因素，确保飞行安全。

（四）灵活性

与高空航线相比，低空航线网络通常具有更高的灵活性，能够根据实际需求快速调整航线和飞行计划。

（五）技术要求

低空航线网络的建设管理需要依赖先进的航空技术，如卫星导航、空中交通管理系统、实时气象信息服务等。

三、低空航线网络规划的分类

低空航线网络规划可以根据不同的维度进行分类，以下是几种常见的分类方式。

（一）按航空器技术路线分类

按航空器的设计研发技术路线，如 eVTOL 可以分为多旋翼型、倾转构型、复合翼型、"倾转涵道风扇 + 完全矢量控制型"、"隐藏式推进系统 + 无翼设计型"等技术路线，相应地需要不同的低空航线网络规划。

（二）按航路网络结构分类

按航路网络结构，低空航线网络规划可分为自由航路、扇形航路、管道航路和分层航路等概念，并将其应用到 UAM 运行场景中。

（三）按城市适应空域概念分类

针对城市空域航路情况，新加坡南洋理工大学提出了矩阵节点型航路、建筑节点型航路、道路沿线型航路三种类型的低空航路网络。

（四）按航路规划任务需求分类

按照航路规划任务需求，低空航线网络规划可分为预先航线规划和实时航线规划。预先航线规划基于先验环境信息，实时航线规划应对实时突发威胁。

（五）按航路规划算法分类

按航路规划算法，低空航线网络规划可分为传统优化算法和智能算法两大类。传统优化算法主要包括图搜索算法（如 A 算法）、空间采样算法、势场法等，智能算法包括智能优化算法和机器学习算法。

（六）按空域规划分类

按空域规划分类，低空航线网络规划可以分为管制空域、监视空域、报告空域、目视飞行航线等。

（七）按航路设计分类

航路设计可以分为基于地面交通设施的航路和不利用地面交通设施的航路，以及基于地面路网生成的航路与基于地理信息调查、无人机遥感地物快速识别和提取技术构建的航路。

这些分类反映了低空航线网络规划的多样性和复杂性，不同的分类方式适用于不同的规划场景和需求。

四、低空航线网络规划的意义

（一）低空航线网络运行存在的问题

据国际民航组织统计，我国国土面积占全球的 6.4%，而我国通用航空飞行占全球不足 1.5%，低空空域利用率低于世界平均水平。我国低空航线运行存在低空空域资源供给不足、低空飞行活动审批程序烦琐、低空空域飞行服务保障能力不高、通用机场建设严重滞后、地方政府发展通用航空思路不够清晰等问题。

一是低空空域资源供给不足。我国民航使用空域尚不到 30%，且大部分为管制空域，对通用航空开放的低空空域更是寥寥无几，没有连片成网，难以适应通用航空多点飞行、便捷高效的特点。随着通用航空和无人机逐步融入国家空域系统，迅猛增长的低空飞行需求与极其有限的低空空域间的矛盾不断加剧。

二是低空飞行活动审批程序烦琐。所有通用航空飞行活动都需要预先提出飞行计划申请，审批程序相对烦琐，至少需要经过军民航 2~3 个审批层级，涉及 5~6 个部门，效率较低。当前，我国航空医疗救援还处于萌芽状态，救援飞行力量及机队规模都很小，没有发挥应有的作用。

三是低空空域飞行服务保障能力不高。我国通用航空虽然已提出构建涵盖全国、区域、FSS 的三级低空飞行服务保障平台，但尚未形成一套科学完善的低空飞行运行体系，无法高效地为低空用户提供航空情报、航空气象、告警及协助救援服务，低空空域飞行服务保障能力相对较低。

四是通用机场建设严重滞后。目前，地方上审批权已下放至省级政府，但涉及军方的审批权并未下放，通用机场建设标准整体过严且成本过高，甚至有的通用机场每班飞机都需要有高额的航线补贴才能运行，持续性较弱。

五是地方政府发展通用航空思路不够清晰。虽然不少地方政府发展通用航空的热情很高，但因缺少相关专业领域专家、找不准发力点，导致盲目实施高投入，无法获得相应产出，通用航空脆弱的产业链需要地方找准方向加大扶持。

（二）低空航线网络规划的意义

低空航线网络规划为低空飞行器提供航行保障，包含空域航路、3D 数字地图等，满足了航路规划与验证的需求。在低空航线网络的支持下，低空飞行器可以更加准确地规划航线，避免了空中碰撞和安全隐患。同时，低空航线网络提供了实时导航和飞行控制等功能，确保了低空飞行器在低空飞行中的安全性和稳定性。低空航线网络规划在通用航空产业的发展、UAM 管理以及无人机物流配送等方面具有重要的意义。

（1）提高安全性。通过合理规划低空航线，可以确保航空器在复杂的低空空域环境中安全高效地运行，避免空中交通事故发生。

（2）促进产业发展。低空航线网络规划为各类航空活动提供必要的飞行路径和空域资源，有助于推动低空产业发展和赋能相关产业转型升级。

（3）优化资源配置。合理的低空航线网络规划可以实现低空空地时空资源的动态、灵活和高效利用，满足不同航空器的需求。

（4）支持城市管理。随着城市化进程加快，UAM 管理变得越来越重要。低空航线网络规划有助于解决城市无人机"最后一公里"物流配送问题，提高城市物流效率。

（5）适应技术发展。随着无人机技术的不断进步和智能化程度的提高，低空航线网络规划需要与时俱进，适应不同阶段的空中交通流量规模和管理需求。

（6）国际接轨。国际上，已经有许多国家建立了面向全国、信息化、公开化的目视航图体系，我国也在积极呼吁并推进目视航图的发展，以促进通用航空产业的国际交流与合作。

（7）法规与标准制定。低空航线网络规划涉及法规与标准的制定，对于规范低空飞行活动、保障飞行安全以及指导行业发展具有重要意义。

（8）环境保护。合理规划的低空航线可以在一定程度上减少对环境的影响，如减少噪声污染和对野生动植物栖息地的干扰。

总之，低空航线网络规划是实现低空飞行安全、高效、有序的关键，对促进航空产业的发展、提升城市管理水平、适应技术进步等方面具有不可忽视的作用。随着未来低空领域的逐步开放和技术的进步，低空航线网络规划将成为支持新形态航空活动的重要基础。

综上所述，低空航线网络规划是低空航空领域发展的基础，在保障飞行安全、提升运行效率、促进经济发展、推动技术创新、优化管理等方面都具有重要意义。随着技术的进步和法规的完善，低空航线网络规划将在未来的航空运输和城市发展中扮演越来越重要的角色。

第二节　低空航线网络规划的原则

低空航线网络规划是一个复杂的过程，需要考虑多种因素，包括安全性、高效性、协同性、灵活性、可扩展性、环境友好、法规和标准遵循、用户需求导向等原则。

一、安全性原则

安全性是低空航线网络规划的首要原则，规划时需要确保低空飞行不会对人员、财产和环境造成威胁。主要包括以下内容：

（1）避免高风险区域。规划航线时，应避开人口密集区、重要设施和敏感区域。
（2）设定安全间隔。低空飞行器之间应保持适当的飞行安全间隔。
（3）应急响应计划。对突发事件（如低空飞行器故障、恶劣天气等）的应急措施。

二、高效性原则

高效的航线网络可以提高低空飞行器的运输效率，减少等待时间，提高整体运营效率。主要包括以下内容：

（1）优化航线布局。根据低空飞行器的性能特点和任务需求，设计合理的航线网络结构。
（2）合理分配空域资源。根据低空飞行器的飞行高度、速度和航程，合理划分空域，避免资源浪费。
（3）动态调整能力。航线网络应具备动态调整能力，以应对实时变化的飞行条件和需求。

三、协同性原则

低空航线网络规划需要多方面的合作和协同，包括民航部门、地方政府、军方、低空飞行器运营商等。主要包括以下内容：

（1）建立跨部门合作机制，共同推进低空航线网络的规划和建设。
（2）鼓励军民融合，充分利用现有资源和基础设施。
（3）与运营商合作，了解行业需求，提供定制化的服务和支持。

四、灵活性原则

灵活性原则要求航线网络规划能够适应不同的运营场景和需求变化。主要包括以下内容：

（1）多样化的航线选择。提供多种航线选项，以适应不同的飞行任务和低空飞行器类型。
（2）快速响应变化。航线网络规划应能够快速适应天气变化、临时禁飞区设置等突发情况。

五、可扩展性原则

随着低空飞行器应用的不断扩展，航线网络规划应具备良好的可扩展性，以支持未来的增长和新技术的应用。主要包括以下内容：

(1) 预留发展空间。在规划时，考虑未来可能的扩展需求，预留足够的空域资源。
(2) 技术提升兼容。在规划时，应考虑未来技术的发展，确保新技术能够与现有系统兼容。

六、环境友好原则

低空航线网络规划应考虑对环境的影响，包括噪声污染、视觉干扰和生态影响等。主要包括以下内容：
(1) 避免在居民区、学校和其他敏感区域上空飞行。
(2) 采用低噪声设计的低空飞行器和飞行模式。
(3) 评估和监控低空飞行器飞行时对生态环境的潜在影响。

七、法规和标准遵循原则

低空航线网络规划需要遵守国家和地方的法律法规，包括空域管理、飞行规则和安全标准等。主要包括以下内容：
(1) 与民航局和其他监管机构紧密合作，确保规划方案符合法律要求。
(2) 遵循国际民航组织和其他国际标准，促进国际合作和协调。

八、用户需求导向原则

用户需求是航线网络规划的重要依据。在规划时，应充分考虑用户的实际需求，提供定制化的航线服务，并顺应城市发展趋势，设计出既平衡又灵活兼容的低空航线网络。

第三节 低空航线网络规划的内容

根据城市低空管理模式、无人机智能化程度、空中交通流量规模，UAM 发展可划分为兴起、初级、高级、成熟四个阶段，其中，航路航线划设研究也相应演变。在兴起阶段，无人机以隔离运行为主，无既定航路航线引导，在隔离空域内通过手动控制低密度试运行；在初级阶段，无人机以固化运行为主，在固化航路航线，通过手动辅助实现低密度、小流量独立运行；在高级阶段，无人机以灵活运行为主，在柔性航线网络，通过巡航自动驾驶实现中密度、中流量按需运行；在成熟阶段，无人机以自主运行为主，基于数字精密航迹，智能自主驾驶实现高密度、大流量有序运行。因此，城市低空航路航线整体呈现出"手动无序—固化有序—柔性灵活—自主精密"的演变趋势。

低空航线网络规划是一个复杂的过程，涉及多个方面的考量和技术要求。低空航线网络规划主要包括以下内容：

(1) 空域分类划设。为了有效利用低空空域资源，需要根据不同类型的飞行活动和使用需求将低空空域进行分类划设。这包括管理空域、监视空域和报告空域等，每种类型的空域都有其特定的运行规则、服务标准、准入条件和管控要求。

(2) 低空航路航线网络构建。在低空空域内，需要构建一个机动灵活、快速高效的低空航路航线网络。这需要采用基于规则的低空目视自主飞行模式，实现"点、线、面"横纵相连，满足通用航空畅飞需求。

（3）协同融合监督管理系统规划。为了适应航空活动多元化发展的需求，需要建立低空飞行诚信机制，联查严处"黑飞"等违法飞行行为，规范空防安全、公共安全和飞行安全的责任主体与责权利问题。

（4）低空空域保障网络规划。按照统一规划、分别建设、资源共享的思路，由地方政府牵头统筹规划，采用新技术如云计算、大数据、区块链、物联网、人工智能等建设通用航空基础设施，推动5G、北斗导航、广播式自动相关监视在低空通信、导航、监视领域的应用，实现通用航空飞行保障的数字化、信息化和智慧化。

（5）低空监视信息系统规划。构建以北斗定位信息为核心的低空空域监视技术服务保障体系，推动通用航空北斗飞行动态信息服务平台的建设与运营，逐步实现低空管制空域、监视空域通用航空北斗飞行动态服务。

（6）通用航空情报信息网络规划。组织开展通用航空情报资料的收集整理工作，并通过互联网平台发布，提升通用航空情报服务的便捷性和效率。同时，制定目视航图编绘规范，建立多方信息交换机制，确保航图信息的准确性和及时性。

（7）低空气象信息系统规划。丰富通用航空气象服务模块内容，提供气象基础服务产品，推动低空气象观测信息的共享与服务，加强通用机场气象信息的收集和交换，不断拓展完善低空气象信息获取渠道。

（8）便捷服务体系构建。健全低空飞行服务保障体系，构建"国家级—区域级—通用航空FSS"三级低空飞行服务保障体系。发挥FSS网络作用，加强军地协同管控机制和信息化手段应用，实现计划提交、受理、审批、服务、保障、运行的一体化。

第四节　低空航线网络规划的方法

随着无人机性能逐渐提高，UAM需求日益增长，城市低空航路航线规划研究已成为热点问题。加拿大滑铁卢大学对航路网络结构进行了初步定义与设计，提出了航路、交叉口、航路节点等概念，通过航路与交叉口的有序交替序列实现地面网络节点的联通。荷兰代尔夫特理工大学提出自由航路、扇形航路、管道航路和分层航路概念，并将其应用于UAM运行场景中。新加坡南洋理工大学提出城市适应空域概念，论述了矩阵节点型航路、建筑节点型航路、道路沿线型航路三种类型的低空航路网络，并通过容量与吞吐量指标评估航路网络性能。NASA根据UAM发展阶段，提出了以垂直起降机场为枢纽节点的辐轴式UAM网络。中国科学院地理科学与资源研究所提出了低空无人机公共航路理论体系，利用地理和遥感信息构建城镇化区域低空公共航路网络。中国航空运输协会提出了"微小航路"概念，建立了低空航路审批和运行保障机制。南航国际创新港UAM研究院针对城市无人机"最后一公里"物流配送问题，综合考虑复杂城市低空环境、无人机性能和需求分布，提出了城市无人机多级起降场点与航路航线网络协同分层规划模型，设计了空地协同运输航路航线网络，以促进低空空地时空资源动态灵活高效利用。

目前，低空航线网络规划方法主要是基于简单的拓扑结构或直接逐个添加航线，难以解决大规模网络规划问题。尤其是城市低空航路网络规划结果难以实践应用,没有从经济性与安全性角度综合分析城市的物流需求和建筑物障碍。未来,低空空域或将面对大量物流无人机的运行需求,为了避免无人机间的冲突,需要对无人机在低空空域内的运行航路进行规划,进而保障低空空中交通的安全、有序、高效运行,因此对低空交通运行瓶颈的研究显得至关重要。

一、低空区域与航线的表示方法

通过低空区域的三维空间对低空飞行器进行航线规划,对空间中的点设立三维直角坐标系。[①] 分别用 x、y 表示低空中某一点的经纬度,z 表示高程,则低空区域可以表示为集合:

$$\Omega = \{(x,y,z) \mid 0 \leq x \leq X_{max}, 0 \leq y \leq Y_{max}, 0 \leq z \leq Z_{max}\} \quad (12-1)$$

采用该集合描述低空区域,首先要选择合适的分辨率对其进行离散化,即根据给定的分辨率划分经纬度和高程,以便使低空区域离散化。规划结果的精确度和离散化的分辨率呈正相关关系,采用的分辨率越高,航线规划结果的精确度越高;反之亦然。

在低空飞行器的实际应用中,低空区域存在着地形起伏、高空建筑物、敏感空域和电磁干扰区等对飞行造成威胁的各种因素。其中,敏感空域和电子干扰区是通过对特定地物(政府机构、高压电线、机场净空等)建立缓冲区来表示,因此,在整个规划空间中,这些区域的缓冲区被当作低空飞行器的敏感空域来描述。

本书对地形是以栅格数据结构的形式存储,故低空飞行器航线也以栅格数据结构来保存。在航线规划中,两个目标点之间存在许多个单元格,对这些单元格进行赋值,首先考虑消耗最小数值规划出来的最短路径,其次分析敏感空域的实际相对位置,再次根据低空飞行器性能判断航线实际运行需求的可能性,最后对航线做进一步的优化设计。

按照低空飞行器实际运行的需要,根据研究的关注角度可以对低空飞行器航线采用以下几种描述形式:低空飞行器在低空的时空序列,航线上任意一点低空飞行器空速与航向的序列。

选取任意一种航线描述方式,都有利于低空飞行器航线规划的计算。采用矢量数据结构的形式描述飞行航线,并以空间位置点来表示低空飞行器的运动轨迹。即用直线段表示航线,在低空飞行器运行中的任一时刻,其运动状态表现为三维空间中的空间位置。在通过算法对航线进行规划时,需将航线拆分成一个个航线点,在航线点的集合 $\{S, P_1, \cdots, P_{n-1}, T\}$ 中,S 为飞行器任务起始点;$P_1, \cdots, P_{n-1}$ 为航线节点;T 为配送目标点。航线节点以其位置的经纬度和高程表示,即采用 (x_i, y_i, z_i) 确定。将低空飞行器航线表示为由空间位置点组成的航线集合有三个优点:①可根据需要规划航线点的数量以便控制航线的精度;②将整体的航线规划分解成局部规划,将最初的规划问题分解成空间距离较小、空间特征明显的子问题;③在每个局部空间只需要考虑航线满足在当前区域内低空飞行器运行需求的可能性,并通过对航线约束条件的研究判断在该区域的运行是否可行。

二、低空飞行器航线网络规划的算法

当前,常用的路径规划算法有多种类别。根据算法的发展趋势,可将其分为三类:基于图的搜索算法、基于采样的规划算法以及局部规划算法。根据算法的搜索方式不同,可将其分为两类:启

[①] 黄照强. "3S"的集成与一体化数据结构分析[J]. 地质与勘探,2001(5):53-55.

发式搜索算法和增量式搜索算法。启发式搜索算法是利用启发函数指导遍历过程，以提高搜索效率，典型的启发式算法包括 A*算法、遗传算法等；增量式搜索算法是对以前的搜索结果进行再利用以实现高效计算，极大地缩小搜索范围、减少搜索时间，常见的增量式搜索算法包括 LPA – Star（LPA*）算法、D – Star（D*）Lite 算法等。

用于低空飞行器航线规划的搜索算法有很多，但每一种算法都要确保完成以下三个任务：首先，要保证低空飞行器从任务起始点通往目标点；其次，满足低空飞行器飞行时避开所有障碍物，且避开低空的敏感区域；最后，应该尽可能地使航线搜索时间短，优化低空飞行器的航线，便于提高运输效率。常用的航线规划算法有如下几种。

（一）D*Lite 算法

D*Lite 算法是 Koenig 和 Likhachev 基于 LPA*算法提出的一种增量启发式算法，多用于移动机器人的路径规划。该算法适用于未知地图下低空空域的路径择优，基本思路是将未知环境假设为自由区域，以决策变量的最小值增量式搜索节点，以实现路径规划。① D*Lite 算法的原理即将地图的未知部分设为自由区域，通过构造路径场信息，采用反向搜索的方式从目标点增量式靠近起始点，找到全局最优路径。在搜索过程中，D*Lite 算法会将遇到的障碍物标记为障碍空间，并以当前节点为起点重新规划路径。D*Lite 算法搜索示意如图 12 – 1 所示。

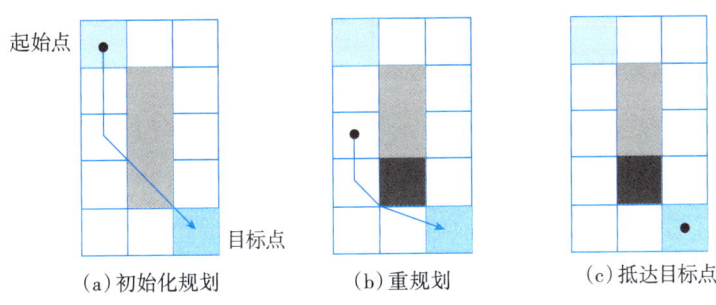

图 12 – 1　D*Lite 算法搜索示意

定义 $g(s)$ 为从目标节点到当前节点的代价值，$h(s)$ 为当前节点到起始点的启发值，通过 $g^*(s)$ 记录栅格节点的前继节点，计算公式为

$$g^*(s) = \begin{cases} 0, & \text{if } s = s_{start} \\ \min_{s \in pred(s)} (c(s', s) + g^*(s)), & \text{otherwise} \end{cases} \quad (12-2)$$

决策变量 $rhs(s)$ 记录栅格节点后继节点的 $g(s)$，计算公式为

$$rhs(s) = \begin{cases} 0, & \text{if } s = s_{start} \\ \min_{s \in Succ(s)} (c(s', s) + g^*(s')), & \text{otherwise} \end{cases} \quad (12-3)$$

通过引入 $k(s)$ 值评价栅格节点的估计价值，其中，$k(s)$ 包含 $k_1(s)$，$k_2(s)$ 两个值，且分别满足以下公式

$$k_1(s) = \min(g(s), rhs(s) + h(s_{start}, s)) \quad (12-4)$$

$$k_2(s) = \min(g(s), rhs(s)) \quad (12-5)$$

---

① 李俊,舒志兵. 基于改进 D*Lite 遗传算法路径规划研究[J]. 机床与液压,2019,47(11):39 – 42.

将决策变量 rhs(s) 和 key 值 k(s) 代入目标函数，即可得

$$h(s, s_{start}) = \begin{cases} 0, & \text{if } s = s_{start} \\ (c(s, s') + h(s' + s_{goal})), & \text{otherwise} \end{cases} \tag{12-6}$$

由于低空区域属于静态的规划环境，而 D*Lite 算法适用于动态规划，且是在未知地图上进行低空航线路径规划，当用于低空区域这种相对较大的环境时，随着计算中需要维护的栅格数大量出现，计算复杂度和计算时间随之增加，故 D*Lite 算法适用性不强。

（二）人工势场法

人工势场法的核心思路是将低空航线网络的运动空间假设为人造引力场，对象在运动中受到目标点对其产生的引力、障碍物对其产生的斥力，最后通过求合力约束目标的位移方向。① 人工势场法将势函数的负梯度表示为对象受到的引力和斥力，其人工势函数具有三个特征：一是非负且连续可微；二是在对象和障碍物之间的距离增大时，斥力势强度会随之增大；三是随着对象的靠近，目标对其的引力势强度会随之减小。目标受到的合力势场可表示为

$$C(x) = C_{att}(x) + C_{rep}(x) \tag{12-7}$$

其中，$C_{att}(x)$ 表示对象到目标点的距离，即受到引力势的强度之和；$C_{rep}(x)$ 为目标到障碍物的距离，即目标在人工势场所受的斥力势强度之和，即

$$C_{rep}(x) = \sum_{j=1}^{n} C_{rep,j}(x) \tag{12-8}$$

对象所受引力和斥力的势函数表示为

$$C_{att}(x) = \begin{cases} \dfrac{1}{2}\zeta d^2(x, T) & d(x, T) \leq d_T^* \\ d_T^* \zeta d(x, T) - \dfrac{1}{2} d_T^* \zeta & d(x, T) > d_T^* \end{cases} \tag{12-9}$$

$$C_{rep,j}(x) = \begin{cases} \dfrac{1}{2}\eta_j \left(\dfrac{1}{d_j(x)} - \dfrac{1}{Q_j^*}\right)^2 & d_j(x) \leq Q_T^* \\ 0 & d(x, T) > Q_T^* \end{cases} \tag{12-10}$$

其中，ζ 为对象所受合力的影响；x 表示节点的当前位置；T 表示目标点位置；η_j 为第 j 个障碍物对目标的斥力势大小；$d(x,T)$ 为当前节点与目标节点之间的距离；d_T^* 为当前节点向目标点靠近时它们之间的引力势作用；Q_j^* 为第 j 个障碍物对目标的最大引力势影响。研究对象受到引力 f_{att} 和斥力 $f_{rep,j}$，即可通过势函数的梯度计算得到

$$f_{att} = -\Delta U_{att}(x) = \begin{cases} \zeta(T-x) & d(x, T) \leq d_T^* \\ \dfrac{d_T^* \zeta d(T-x)}{d(x, T)} & d(x, T) > d_T^* \end{cases} \tag{12-11}$$

$$f_{rep,j} = -\Delta C_{uep}, j = \begin{cases} \dfrac{1}{2}\eta_j\left(\dfrac{1}{Q_j^*} - \dfrac{1}{d_j(x)}\right)\dfrac{1}{d_j^2(x)}\Delta d_j(x) & d_j(x) \leq Q_j^* \\ 0 & d(x, T) > Q_j^* \end{cases} \tag{12-12}$$

---

① 陈劲峰,黄卫华,章政,等. 动态环境下基于改进人工势场法的路径规划算法[J]. 组合机床与自动化加工技术,2020(12)：6-9,14.

人工势场法的优点是实时性强、结构相对简单，适用于实时避障；其缺点是计算过程中容易陷入死区，计算结果呈现局部最优或震荡现象，在障碍物密集的区域不能搜索路径。因为很难做到实时避障，所以人工势场法不适用于低空飞行器穿越较为密集的城市障碍空间区域。

（三）快速扩展随机树法

快速扩展随机树（RRT）法是一种增量式搜索算法。该算法按照 RRT 的搜索方式，通过缩减当前节点和待选取节点之间间隔的方式进行增量式遍历。[①] RRT 法概率完备，若存在可行解且有足够的计算时间，该算法就能找出最优低空航线路径；但若计算时间不足或迭代次数较少，则存在无法找到最优解的情况。RRT 法的基本原理是以随机采样的方式在已知环境中进行快速搜索，将扩展经过的位置表示为树的一部分，每个节点都有自己的子节点和父节点，规划路径通常呈现从树的根节点到某一个叶节点的形式，如图 12 - 2 所示。

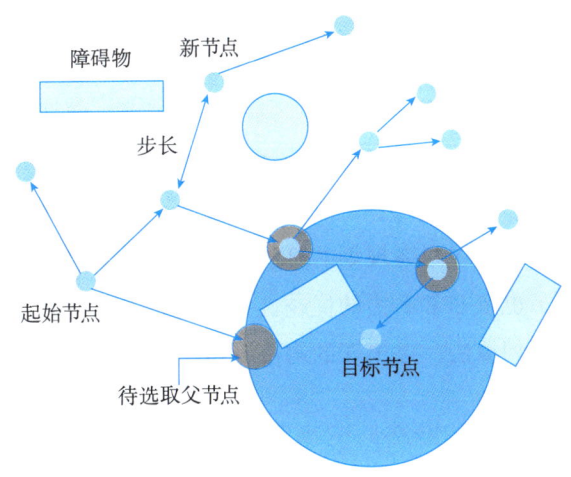

图 12 - 2　RRT 基本原理

采用 RRT 法进行低空航线网络路径规划，首先在初始化时输入完整的已知地图，将树的根节点作为起点进行存储，以便进行搜索。在确定树的根节点和环境后，进入随机采样环节。该环节的策略是，以一定概率在整个地图中随机采样，余下部分概率选取终点为采样点。在选取采样点后，需要有一种策略将采样点映射到树中，并且将映射点添加为树的新节点。这里使用的方式是，首先，搜索离采样点最近树中的节点，将其作为新节点的父节点；其次，以该父节点为基础，向采样点的方向进行扩展，将延伸后的节点作为新节点并插入树中。对父节点向采样点方向的扩展长度设置一个阈值，若父节点到采样点的间隔小于阈值，则将采样点作为新节点；若父节点到采样点的间隔大于阈值，则增加阈值长度。RRT 法的性能受到参数设置的影响，如新节点扩展的步长阈值、以终点为采样点的概率等。RRT 法在 Python 编程的搜索过程如 12 - 3 所示，规划结果如图 12 - 4 所示。

---

① EHSAN T, MOHAMMAD H F, MOHAMMAD D. Fuzzy Greedy RRT Path Planning Algorithm in a Complex Configuration Space [J]. International Journal of Control, Automation and Systems, 2018, 16(6):3026 - 3035.

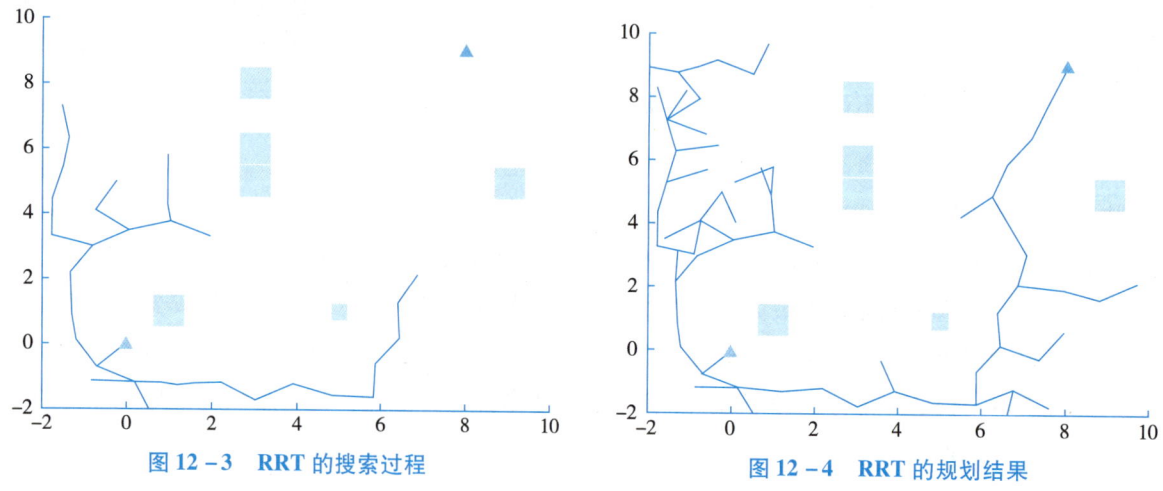

图 12-3　RRT 的搜索过程　　　　　图 12-4　RRT 的规划结果

RRT 法同时从初始点和目标点构建扩展树，然后利用采样随机点开始搜索。在每一次迭代中，以新节点作为第二棵树的搜索方向，若没有碰撞，则一直沿着该方向搜索，直到扩展失败。RRT 法虽然计算效率较高，但计算结果精准度受规划时间和迭代次数的影响，规划结果的低空航线网络路径呈现震荡现象。

综上所述，用于低空飞行器航线网络规划的算法很有多种，虽然这些算法都能在某种限定的作业环境中解决路径规划问题，也有非常不错的优越性，但是无论何种算法都存在局限性，所以研究人员要不断改进和优化路径规划算法，提出新的解决方案。①

三、多级起降场点与航路航线网络协同规划

针对城市无人机"最后一公里"物流配送问题，本书提出了多级起降场点与航路航线网络协同分层规划模型。该模型考虑了复杂城市低空环境、无人机性能和需求分布，设计了空地协同运输航路航线网络，以实现资源的动态、灵活、高效利用。

面向物流配送、空中出行、应急救援、城市治理等多元应用场景，基于空地数据信息支持与法律法规标准约束，在国家空中交通管理领导机构监督管理下，协同军民航空管部门，由地方政府部门设立城市低空管理服务机构，负责城市低空航路航线划设与管理。城市低空管理服务机构根据需求类型、需求规模与时空分布等特征，实施数字空域离散化建模、基础设施配置、航路航线划设工作，形成空地协同立体航路航线网络规划方案。从碰撞风险、通行能力、能耗噪声和居民隐私等方面综合评价航路航线规划方案，实施航路航线准入管理、动态管理、灵活使用等，并上报最终规划方案至地方政府部门、军民航空管机构及无人驾驶航空器一体化综合监管服务平台，共享航路航线情报信息。

未来，UAM 趋向于空地协同的交通运输模式，低空航路航线规划需要地面基础设施的支撑保障。垂直起降机场作为低空飞行器起飞与着陆的重要设施，选址布局结果直接影响航路航线承载能力与服务水平。结合城市空间实体布局、地面交通条件、起降机场服务能力等因素，明确起降机场

---

① 杨迪. 基于 GIS 的无人货机三维航线规划研究[D]. 广汉：中国民用航空飞行学院，2021.

规划原则、运行概念、结构特征等，提出起降枢纽、起降场、起降点三级选址方案，建立城市多级起降场点与航路航线网络协同配置模型，优化调整起降场点布局、航路航线划设与空域资源配置，形成城市低空"起降机场—航路航线"空地立体网络体系，实现低空飞行器航路航线网络的空地协同规划。

四、多目标规划模型

构建城市低空航路航线的多目标规划模型，考虑安全、效率和环保等因素，实现低空飞行器航路航线网络的精细规划。这种模型可以帮助规划者在多个目标之间取得平衡，以适应不同的运营需求和环境约束。

多目标规划法（multi objective programming approach）作为运筹学中的一个重要分支，是在线性规划的基础上，为解决多目标决策问题发展起来的一种科学管理的数学方法。[①] 多目标规划法涉及多目标函数的优化问题，同时也涉及多目标优化的决策问题。当前，多目标优化已经应用到工程、经济和物流等科学领域，当两个或更多冲突的目标之间存在取舍时，需要采取最优决策。

（1）多目标规划法简介。

"多目标规划"（又称"多目标优化""向量优化""多准则优化""帕累托优化"）是多目标决策的一个领域。如在生产汽车时，尽量减少成本、最大限度地提高舒适度，同时最大限度地降低汽车的油耗和污染物排放，就是多目标优化问题的例子，涉及多个目标。在实际问题中，可以有三个以上的目标。对于一个非平凡的多目标优化问题，没有单一的解决方案同时优化每一个目标。在这种情况下，目标函数是相互冲突的，并且存在一个（可能是无穷数）帕累托最优解。一个解决方案称为"非劣解""帕累托最优""帕累托有效"或"非劣效性"，如果没有降低其他客观值，那么没有一个目标函数在价值上可以得到改进。如果没有额外的主观偏好信息，则所有帕累托最优解都会被认为是相当好的（因为向量不能完全有序）。研究人员从不同角度对多目标优化问题进行了研究，在建立和解决这些问题时，存在着不同的解决方法和目标。其目的是寻找一组有代表性的帕累托最优解，满足不同目标时的权衡取舍，以及/或找到一个满足人类决策者主观偏好的单一解决方案。[②]

（2）多目标规划法的提出和形式。

多目标规划的概念是由美国数学家查尔斯和库柏于1961年首先提出的。[③]

多目标规划，是指含有多个目标函数的规划问题。在数学中，多目标规划法可以写成下面的形式

$$\text{Min } (f_1(x), f_2(x), \cdots, f_k(x)), \text{ s.t. } x \in X$$

其中，$k \geq 2$，是指目标函数的个数，集合 X 是一组可行的决策向量集。可行集通常由一些约束函数定义。此外，向量值目标函数通常被定义为：$f: X \to R^k, f(x) = (f_1(x), \cdots, f_k(x))^T$。

元素 $x^* \in X$ 被称为"可行的解决方案"或"可行的决定"。由可行解 x^* 得到的向量 $z^* = f(x^*) \in R^k$，称为"目标向量"或者"结果"。

[①] 杨贺菲. 基于多目标规划法的小流域综合治理效益研究[D]. 武汉：华中师范大学，2014.
[②] KHOSROW-POUR, MEHDI. Contemporary Advancements in Information Technology Development in Dynamic Environments [M]. IGI Global, 2014.
[③] 琚王凡，张晔. 线性目标规划法：一种实用的多目标优化设计方法[J]. 安徽大学学报（自然科学版），1997(1):73-78.

通常，在多目标优化中，没有一种可行的解决方案使所有目标函数同时最小化。因此，应注意帕累托最优解决方案，即在任何目标中都不能改进的解决方案，而不损害至少一个目标。

第五节 低空航线网络规划的经济分析

低空航线运输是网络型产业，航点构成网络的节点，军地及民航局共同保障网络路线的形成与正常运转，低空运营企业在由航点与军地及民航局构成的运输网络上完成低空运输生产即旅客和货物的空间位移，三者密不可分，相互依存、相互协调，共同完成低空运输生产。低空运营企业可以通过路线延长、服务节点增多、机队规模扩大、航点处理能力增强、飞行频次加密等方式，追求产出增加中的平均成本降低，亦即追求低空航线运输的网络经济性。

一、运输业的规模经济和范围经济

（一）规模经济的内涵及计量

规模经济最基本的含义是在生产过程中，随着投入的增加，即随着生产规模的扩大，单位产品的平均成本递减的现象。[①]

规模经济可以分为四个层次，即产品规模经济、工厂规模经济、企业规模经济和行业规模经济。规模经济产生的原因包括生产中的专业化、劳动分工导致变动投入生产率的提高以及固定成本的不可分割性等。

规模经济通常是以成本—产出弹性（E_C）计量的。E_C 表示产出发生1%的变化引起的生产成本的百分比变化：

$$E_C = (\Delta C/C)/(\Delta Q/Q) \tag{12-13}$$

要了解 E_C 是如何与传统的成本计量方法相联系的，将式（12-13）改写为

$$E_C = (\Delta C/C)/(\Delta Q/Q) = MC/AC \tag{12-14}$$

很明显，如果 $E_C = 1$，则边际成本与平均成本相等，此时，成本与产出按比例增加，规模经济和规模不经济也就不复存在，经济学中称为"不存在规模经济"。如果 $E_C > 1$，边际成本大于平均成本，此时，成本增加高于产出增加的比例，存在规模不经济。如果 $E_C < 1$，则边际成本小于平均成本，此时，成本增加低于产出增加的比例，存在规模经济。

（二）范围经济的内涵及计量

范围经济，是指在相同的投入下，由一个单一的企业生产联合产品比多个不同企业分别生产这些产品中每一个单一产品的产出水平要高，从而单位成本要趋于下降。

范围经济的形成可能源于投入要素与生产设备的共享利用、市场计划的协同实施，以及通过集约化管理实现的成本节约效应。如果企业的联合产出低于两个各自生产一种产品的企业所能达到的产量（分配到的投入相等），就是范围不经济，这种情况可能发生在一种产品的生产与另一

---

① 李艳华. 航空运输经济理论与实践[M]. 北京：中国民航出版社，2017：209.

种产品的生产有冲突时。

一般来说，单一产品的生产不存在范围经济，只可能存在规模经济；但在多产品或多工厂生产中，随着产品数量和品种的增加，不仅平均成本可能趋于下降，而且由一家企业生产的总成本也可能低于多家企业生产的总成本，这时既存在规模经济，也存在范围经济。规模经济和范围经济对于一个产业来说有非常重要的意义，它们直接影响着公司的有效规模、盈利能力，决定着市场结构及企业间的竞争关系等。

范围经济的程度可以通过研究企业的成本来确定。如果单个企业使用一定的投入组合生产出比两个各自独立生产的企业更多的产出，那么单个企业的成本就低于独自生产企业的成本。

要计量范围经济的程度，就要知道当两种（或更多）产品被联合生产出来，而不是各自独立生产时，节约生产成本的百分比是多少，在经济学中用下面的等式计量范围经济程度（SC）：

$$SC = \frac{C(Q_1) + C(Q_2) - C(Q_1, Q_2)}{C(Q_1, Q_2)} \tag{12-15}$$

其中，$C(Q_1)$ 表示生产 Q_1 的产出所消耗的成本，$C(Q_2)$ 表示生产 Q_2 的产出所消耗的成本，$C(Q_1, Q_2)$ 表示生产两种产出所消耗的联合成本。

在范围经济情况下，联合成本低于各自单独成本之和，因此，$SC > 0$。当范围不经济时，SC 是负数。总之，SC 的值越大，范围经济程度越高。

（三）运输业的规模经济和范围经济

根据经济学中规模经济和范围经济的界定，规模经济是指单一产品产量增加会引起平均成本降低，范围经济是指同一个企业共同生产多种产品比多个企业分别生产时的成本要低。单一产品具有规模经济，可能不具有范围经济，而具有范围经济一般可以具有规模经济，规模经济和范围经济是可分的。但低空运输业的规模经济和范围经济的概念与一般工商业的规模经济不同，主要表现在以下方面：

（1）低空运输业是一个特殊的多产品行业，规模经济往往与范围经济交织在一起。这主要是由运输产品的特殊性引起的。低空航线运输的规模和多产品具有显著的特点。从范围经济的产品多样性来看，不同飞行器、不同航线均属于不同产品，如运用直升机与无人机运送同样一批货物就属于不同的产品，营销、定价可能都会不同。因而，低空运输业规模扩大的同时必然伴随着产品种类的增加，而产品种类的增加一定以规模扩大为基础，规模经济和范围经济交织作用，难分彼此，很难有如其他制造行业可以清晰分离的规模经济和范围经济。多产品、大规模的产品生产使得低空运输业的规模经济与范围经济相互交织、相互渗透。

（2）由于低空航线运输产品和成本的特殊性，低空航线运输规模经济的刻画比其他产业更为困难。首先，低空航线运输产出是以客公里或吨公里衡量，但客公里（吨公里）并不是实际的运输产品，如产出为100客公里，既可以是5座级的飞行器飞行20公里，也可以是2座级的飞行器飞行50公里。因此，同样的产出在实际运营中的不同方式自然对应着不同的成本。另外，低空航线运输产出还存在载运率问题，如前面假设的一个5座级的飞行器飞行20公里，如果载运率是60%，那么实际产出是60客公里，空载率越高，产出越低。其次，从成本角度来看，运输成本分析中存在运输费用的不可归依性，即由于低空运输业多产品联合生产的存在，有些运输费用无法归依到某位具体旅客（或某批货物）。因此，很难简单地将低空运营公司成本的高低与企业规模直接关联。

(3) 低空运输业规模经济刻画困难，但范围经济普遍存在。根据低空航线运输有关研究，认为低空航线运输具有明显的规模经济。这种经济性经常体现在大型低空运营企业采购批量大、成本低，有更大产出分摊那些不可预见的费用。当低空航线运输产品种类逐渐增多时（不同航线、机型都是不同的产品），范围经济明显存在。

(4) 一定的范围经济又助推了网络经济。运输业的网络特性决定了其规模经济和范围经济问题的复杂性，也造成了这个极端多产品行业的规模经济和范围经济密不可分的特点。

（四）低空运输业的规模经济和范围经济体现为网络经济

目前，低空运营企业，尤其是无人机运营企业，通过扩大企业规模、机队数量等，迅速占领市场，以减少运营成本。

由于低空运输业生产与消费的同一性（经济性的衡量必须以实载率为前提）、多产品共同生产的广泛存在和网络运营的组织方式等内在技术经济特点等，不能机械地套用经济学厂商理论以单纯的成本绝对数量指标分析低空运输业经济性。低空运输业是典型的网络型产业，低空航线网络是低空运营企业开展生产活动的基本组织方式，低空运营企业要组织生产要素提高效率就必须基于网络这一空间衡量尺度，网络幅员和运输密度是分析低空运输业经济性的重要参数。因此，规模经济与范围经济转化为网络经济，并通过运输密度经济和网络幅员经济体现。

由上述分析的运输业尤其是低空运输业的特点可知，在表现形式上，规模经济与范围经济转化为网络经济，并通过运输密度经济和网络幅员经济表现，如图12-5所示。

规模经济与范围经济的划分	运输密度经济与网络幅员经济的划分	运输业网络经济的具体表现	
规模经济	运输密度经济	线路密度经济	特定产品的线路密度经济
			多产品的线路密度经济
		航线节点（枢纽）处理能力经济	
		载运工具载运能力经济	
		车（船、机）队规模经济	
范围经济	网络幅员经济	路线延长	运输距离经济
		服务节点增多	由于幅员扩大带来的多产品经济

图12-5　规模经济、运输密度经济、范围经济和网络幅员经济之间的关系

资料来源：陈卫．航空运输业演化研究［D］．北京：北京交通大学，2012．

二、低空航线网络规划的经济分析

由于低空运输企业的多产品特点，低空运输企业很难从企业整体运营层面实现规模经济（虽然机队规模层面能相对明晰地体现规模经济性）；同时，由于低空运输企业较强的范围经济，且实践中范围经济和规模经济交织，把经济学的规模经济和范围经济问题通过网络经济体现出来并进行

研究。

（一）网络经济的内涵及计量

1. 网络的概念

一般认为，网络是由节点及节点之间的线路相互连接而成的网状结构系统。没有节点或节点之间没有线路连接，网络就无从产生。同时，网络节点之间通过线路进行实物、信息等的传输，也离不开一定的载运工具。网络的经济意义在于通过一定的载运工具将具有经济价值的实物或信息资源在不同的节点之间通过线路进行传输，以实现互通有无，解决现实世界资源稀缺性问题。

2. 运输网络的四个维度

交通网是人与物质空间流动的重要依托，一般由基本的点和线构成。测度与评价一个国家或地区网络状态的指标可以归为通达性指标、适应性指标、覆盖度指标和网络可靠性指标四类。由于低空航线运输是典型的网络经济性产业，这四个指标可以实际应用于低空运输业网络状态的测度中。

（1）运输网络通达性。

运输网络的通达性包括以下几点：

①运输网络连通度。运输网络连通度考虑多种运输方式，其表达式为

$$C = \sum_{i=1}^{m} \frac{L_i / \xi_i}{\sqrt{SN}} \tag{12-16}$$

其中，L_i 表示第 i 种运输方式的通车里程，ξ_i 表示第 i 种运输方式的变形系数，S 表示区域面积，N 表示区域内的节点数。

②运输网络可达性。可达性可以反映某一经济中心在运输网络中的地位，也可以反映某一经济中心和其他经济中心之间联系的便捷程度。

③运输网路的连续性。若不同的运输方式不能连续，会对运输费用、运输时间、运输质量等产生不利影响。

（2）运输网络适应性。

运输网络适应性包括以下指标：

①线路效率指标。运输路线的效率表达式为

$$E = \frac{d \sum_{k=1}^{k} Q_k}{\sum_{k=1}^{k} d_k Q_k} \tag{12-17}$$

其中，Q_k 表示该起讫点之间线路上的交通量，d_k 表示该起讫点之间线路的行程时间（或距离），d 表示该起讫点线路上航路线路的行程时间（或距离）。

②运输网络适应性指标。

运输适应性指标就是运输网络规划所能达到的运输能力对国土、人口和经济适应状况的指标，通过适应系数和适应度指标表示。适应系数反映运输网络对于区域面积、人口与运输需求的适应状况，适应度表示运输供给能力适应需求的程度。

$$\alpha = \frac{L}{\sqrt[3]{SPQ}} \tag{12-18}$$

$$\beta = C/Q$$

其中，L 表示运输网络总长度，单位为千米；P 表示区域人口数量，单位为 10^4 人；S 表示区域面积，单位为平方千米；Q 表示运输量，单位为 10^4 吨；C 表示运输能力，单位为 10^4 吨。

③负荷均匀性。该指标本属于公路网中的特有指标，这里进行扩展用来度量整个运输网络的均匀特性。

$$\eta = \sqrt{\frac{1}{n}\sum_{i=1}^{n}(V_i/C_i - V/C)} \tag{12-19}$$

其中，V_i 表示第 i 条道路上的交通量，C_i 表示第 i 条道路的设计容量，V/C 表示饱和度。

（3）运输网络覆盖度。

运输网络覆盖度包括以下两点：

①路网密度。路网密度反映了交通运输网络包括铁路、公路、航空建设的总体规模与水平。用公式可表示为

$$HD = K \cdot PD^{\alpha} \cdot PG^{\beta} \tag{12-20}$$

其中，HD 为路网密度，单位为千米/100 平方千米；PD 为人口密度，单位为人/平方千米；PG 为人均国内生产总值，单位为元；K、α、β 为参数。

②分维数指标，分维数等级维数和长度维数可以精确地刻画运输网络的覆盖形态。

（4）运输网络可靠性。

运输网络的可靠性分析，是通过分析系统中两条道路由拥挤导致同行受阻或中断的失效率间可能各自独立和互相影响的关系实现的。

3. 网络经济的内涵

所谓网络经济，是指随着网络节点及其互联线路增多而使生产、经营或服务产出加速增长、消费者便利性提高、消费量快速增加，从而使边际收益递增、平均成本逐渐下降（边际成本递减）的现象。

因此，无论低空航线运输还是民航、铁路运输，其网络经济都要考察随着产出的增加，平均成本逐渐下降的现象。

（二）低空运输企业网络经济及其体现形式

低空运输企业网络是由航线编织而成的，而航线是由起讫点、航路与飞行器构成的连接两个或两个以上地点的空中交通运输线路。

低空航线运输业网络经济，是指当运输网络在幅员上保持不变（以航线长度和服务节点数衡量），或者运输密度保持不变时，运输产出扩大引起平均成本不断下降的现象。低空航线运输业产出，是指低空运输的真实产出，即基于实载情况下完成的客货位移。

低空运输企业网络经济还表现在航线网络对潜在需求的吸引能力，进而转化为真实低空运输需求上。一方面是当航线网络幅员不变时，航线网络对客货重新组织与分配，提高飞行器载运率，从而降低客货运输成本，以此增加对旅客、货物位移的吸引力。另一方面是来源于幅员增加带来的通达性增加。当新的航路节点接入已有航线网络时，会增加网络所有使用者联通的机会，网络通达性的提高使网络规模以几何级数扩大，会为运输网络带来新的运输需求，同时提高运输网络新节点加入的吸引力，从而产生新的运输需求。需求增长同样通过提高载运率和使用大运量机型带来成本的

节约。

低空运输企业的资源整合能力及网络经济效益最大化实现程度,决定了其能否以更低成本服务相应市场、取得市场力量、获取竞争优势。低空运输企业的航线网络不同,获得网络经济的能力不同。

(三) 低空运输企业的密度经济

密度经济是指在运输网络幅员不变的条件下,某些密度范围内运输产出随网络密度增加而引起平均成本下降的特性。飞行密度和飞行器载量增加,产出规模会扩大;但是,在一定密度范围内增加飞行密度和飞行器载量并不会引起固定成本显著变化,因此,会表现为随网络密度增加,平均成本下降。

比如,通过提高飞行器利用率和载运率增加飞行密度和载量,直接生产人员与费用不随产量变化而显著变化,从而导致平均成本下降。

低空运输企业的密度经济表现在以下方面:

(1) 线路通过密度经济。假设某低空运输企业使用3架固定架数的飞行器执行物流配送任务,每架飞行器都可达到合意的载运率。在一定时间内,随着飞行频率的提高,公司的固定成本将逐渐摊薄,平均成本曲线向下倾斜。这种因运输频率提高而引起的平均成本下降情况被称为"线路通过密度经济"。

(2) 通用航空机场的通过能力经济。所谓通用航空机场的通过能力经济,是指通用航空机场对飞机起降频繁程度及数量的接纳能力提高,从而使运输企业增加飞行数量受到的制约减少,由此导致的平均成本逐渐下降的现象。随着机场通过能力提高,运输企业可以更多地安排飞行起降,扩大运输规模。

(3) 运载工具的运载能力经济。不同的航段(航行城市)和不同的流量要求低空运输企业拥有不同的机型,因而具有不同的载运能力。飞机载运能力的经济性表现在以下两个方面:①在一个合意的载运率下,大型飞机的每座成本明显低于小型飞机,原因在于飞机每座成本的高低在很大程度上取决于飞机的先进程度,所以,新型、多座位的飞机每座成本要低于技术落后的旧飞机每座成本;②在飞机频率不变的条件下,飞机载运率提高,会引起平均成本下降。

(4) 机队的规模经济。机队的规模经济无可争议。例如,当低空运输企业拥有的通用航空飞机或无人机数量增加时,因零部件的库存增加及维修、飞机调配更加合理等原因,每架飞机的平均利用率会显著提高,从而使客货运输以较快的速度增加,产生"乘数效应",使运输量迅速增长,平均成本进一步下降。当企业规模扩大时,已有的管理能力、营销系统等也会因此共享而产生成本节约,使平均成本趋于下降。

(四) 低空运输企业的幅员经济

幅员经济是指在网络运输密度不变条件下,某些幅员范围内运输产出随网络幅员扩大,平均成本下降的特性。即随着网络连接点和航线长度增加,产出规模会扩大,但是在一定幅员范围内增加网络连接点和航线长度并不会引起固定成本显著变化,因此,会表现为随网络幅员扩大,平均成本下降。

1. 运输距离经济

低空运输企业的运输距离经济是指随着距离延长,平均运输成本不断降低(递远递减)的现象。在网络运输密度不变的条件下,低空航线运输产出随着网络幅员扩大、运输距离延长而平均成本下降是低空运输企业所追求的幅员经济之一。

2. 由幅员扩大带来的多产品经济

如果我们把低空运输企业在不同航线上提供的运输服务看作不同的产品,那么低空运输企业一般都是多产品的供给者。当一个企业在多个航线上提供运输服务时,将表现出明显的多产品经济,即随着航线增加,每一航线上的运输量也会相应增加,而其总成本比分别成立多个低空运输企业经营这些航线更低。

以上对低空运输网络经济以及低空运输业规模经济和范围经济的论述以这样一个假设为前提:提高飞行密度、扩大航线网络覆盖面必须在一个公司内部实现。事实上,当公司的扩张受到某种阻力(如反垄断法的限制)时,低空运输企业可以通过交叉参股等合作方式,直接或间接地结成联盟实现这一目标。

(五) 航线网络的结构与经济性

1. 航线网络的结构

参照民航航线网络结构,低空航线网络中航线之间的连接方式分为点对点式(见图12-6)、中枢辐射式(见图12-7)和蛛网式(见图12-8)几种类型。

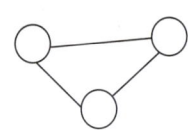

图12-6 点对点式航线网络

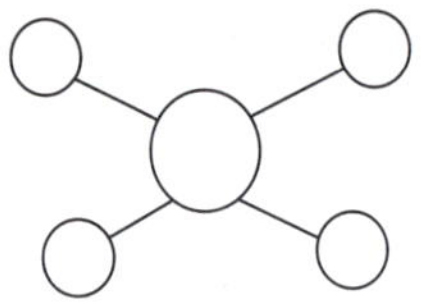

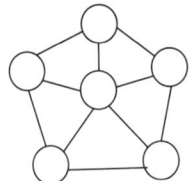

图12-7 中枢辐射式航线网络

图12-8 蛛网式航线网络

点对点式航线网络,是指在通用航空或无人机运输中,客货实现直达运输。点对点式航线网络可使客货直达目的地,提供最短的飞行时间,易于排班,降低飞行运行的组织难度。

中枢辐射式航线网络是全球航空经营发展的大趋势。近20年来,世界上大多数航空发达国家先后进行了中枢辐射式航线网络的建设,逐步实现了由以点对点式为主的航线布局向中枢辐射式航线网络布局的转变。中枢辐射式航线网络是区别于点对点式航线网络的一种航线布局模式,具体是指客货流量较小的航点之间不直接通用航空,而是分别把客货集中转送到枢纽中心航点(或通用航空机场),通过枢纽航点进行衔接、中转,实现相互间的空中联结。中枢辐射式航线网络要求枢纽中心航点具有辐射周边的航线网络,干线飞行密度大、机型优,到达飞机优先降落,中转、衔接手续简化等。建立中枢辐射式航线网络,有利于提高航线运输公司飞机的利用率、提高中枢航点的营运效率和经营效益,对于激发区域经济活力有着不可低估的作用。

蛛网式航线网络是指一种分布具有蛛网形态的航线网络模式。在这种航线网络结构中,通常包含一个或多个中心节点机场及若干个由机场和航线组成的外环,这些外环上的机场节点通过纵轴航线与中心节点机场相连接。低空航线网络运输基于保守稳健的航线确定和政策的灵活调整、大量的中短途直达航线和多种航线连接的中转、Bus式的准点运输。Bus式,是指低空航线运输具有像巴士一样的高频率、班次平均分布的特点。Bus式是保障蛛网式航线网络顺利运行的必要条件。高频率的航班利用的是一种密度经济的概念。

2. 航线网络的经济性

对于低空客货运输需求方来说，网络越大对单个运输个体越有利。网络大一般体现在两个方面：一是网络中有更多的节点；二是节点之间拥有更多的连线。更多的节点以及节点之间的连线意味着网络的通达性更好。因此，对于单个运输个体来说是有利的。

从低空运营的角度来看，随着规模的扩大，在网络规模中寻找一个点，当超过这个点的时候，从网络中获取的新增收入将小于网络扩张的成本支出。也就是说，在超过这个点以后，对于低空运输企业来说是不经济的。而对于运输个体来说，网络有一个点，可以获得通达性和运输单价的最佳组合。

如果一个低空运输企业建立的航线网络覆盖面广、连接节点多，那么这种网络经济性会十分明显。当航线网络从空间上超越单个运输企业的有效经营范围时，在更大的市场范围内，或者说在多个区域性市场之间，每一低空运输企业网络中心之间相互联系将形成更加庞大的网络。由于网络节点之间的互联互通，进一步提高了低空运输的便捷性，从需求和供给两个方面促进了市场容量的迅速扩大，使整个产业的总成本得到节约，这就是航空运输产业的网络经济性。

虽然可以将低空运输密度经济定义为，当航线幅员不变时，网络中低空运输产出扩大带来的平均成本不断下降的现象；将低空运输业的幅员经济定义为，在网络上运输密度保持不变的条件下，与运输幅员成比例扩大的运输总产出引起平均成本不断下降的现象，但需要指出的是，正如运输业中的规模经济与范围经济很难区分一样，低空运输业中的运输密度经济和网络幅员经济在运营过程中往往共同发挥作用，难以明确区分开。这是因为，不同于铁路、公路等其他运输方式，低空运输业中客货流在航线网络中中转、联程普遍存在，通过航线网络，低空运输企业可以很容易地对需求进行组合、调整，实现载运率的提高和更经济机型的使用，进而扩大机队规模，充分利用规模经济和范围经济。

航线网络中低空运输的密度或幅员扩大，会使低空运输企业通过对需求重新组织、合并同方向的运量提高机队的载运率。基于网络各组成航线的通达性，通过将不同航线的运输需求 O-D 流进行重新组织，如通过枢纽节点的中转，将各节点间分散的运输需求按方向进行合并，低空运输企业可以将需求集中到对应航线上，从而提高相应航线飞行的载运率，或通过使用不同吨位机型节约成本。同时，通过枢纽节点的中转功能，使网络中各航线飞行承载不同流向的客货，这实际上是突破了低空飞行器运力固定投放的局限性，可以理解为一个低空飞行器运力同时投放了多条航线市场，也有利于提高飞行器的载运率。因而，低空运输追求运输网络的经济性，其实是在寻找降低成本的路径。

本章小结

本章分析了低空航线网络规划的概念、特征、分类与意义，从不同角度提出了低空航线网络规划的原则；介绍了低空航线网络规划的内容、方法；在分析运输业规模经济、范围经济、网络经济内涵与特征的基础上，探讨了低空航线网络规划的通达性、适应性、覆盖度、可靠性以及密度经济、幅员经济、航线网络结构与经济性的关系。

思考题

1. 简述低空航线网络规划的原则、作用与分类。
2. 简述低空航线网络规划的内容。
3. 低空航线网络规划的方法有哪些?
4. 简述低空运输规模经济、运输密度经济、范围经济和网络幅员经济之间的关系。

第十三章

低空经济发展的探索实践

> **案例导入**

《城市低空经济"链接力"指数报告（2024）》发布，北京、深圳领跑全国

2024年5月27日，每日经济新闻·城市进化论与火石创造联合发布《城市低空经济"链接力"指数报告（2024）》（以下简称《报告》），并公布低空经济"链接力"指数30城评价结果。

一、北京、深圳领跑，上海、广州、西安、南京、成都亮眼

根据《报告》，城市低空经济"链接力"指数指标体系包括企业聚集度、资本活跃度、创新聚集度和环境友好度4个一级指标，以及企业数量（含上市企业、专精特新"小巨人"企业）、融资热度、融资规模、发明专利、通用航空机场、产业园区等二级指标。

在低空经济"链接力"指数30城榜单中，北京、深圳领跑全国，低空经济"链接力"指数分别为83.49、77.28。北京在企业聚集度、资本活跃度和创新聚集度指标上领跑全国，而深圳在环境友好度指标上居全国第一。

上海、广州、西安、南京、成都居第二梯队。从分项指标来看，企业聚集度方面，广州、西安表现优异；在资本活跃度方面，上海、广州仅次于北京、深圳；在创新聚集度方面，南京、西安和广州表现较好；在环境友好度方面，上海、南京和成都表现亮眼。

二、三大榜单齐发，差异化布局成为新趋势

除城市低空经济"链接力"指数外，《报告》还发布了城市低空经济上、中、下游"链接力"指数，以评价城市在低空经济不同产业环节的聚集度与影响力。

低空经济产业链上游主要是研发设计与原材料，是低空经济产业发展的基础性支撑，也是体现产业链竞争力的重要环节。在低空经济上游"链接力"指数30城中，北京、深圳稳居第一梯队，"链接力"指数分别为81.51、62.06。上海、西安、南京、广州、成都、无锡、苏州、武汉跻身

前十。

低空经济产业链中游主要侧重于零部件制造与集成，涉及多个核心环节，是低空经济产业链聚集度与制造实力的重要体现。《报告》显示，北京、深圳在低空经济产业链中游继续领跑，低空经济中游"链接力"指数分别达到82.55、78.31。同时，上海、广州、成都、南京、西安、武汉、杭州和天津跻身前十。

低空经济产业链下游主要是应用与服务，侧重于应用环节，体现低空经济产业在市场化领域的发展水平和竞争力。北京、深圳继续作为头雁领跑，低空经济下游"链接力"指数分别为80.02、77.39。广州、成都、上海、南京、西安、杭州、武汉、济南8座城市在低空经济产业链下游也表现亮眼。

资料来源：每日经济新闻，https：//baijiahao.baidu.com/s? id=1800203457700771312&wfr=spider&for=pc。

阅读上述案例并思考：根据"链接力"指数，二、三线城市如何差异化发展低空经济？

第十三章 低空经济发展的探索实践

低空经济作为全球前瞻布局的产业，拥有万亿级广阔市场空间和远大发展前景，已成为推动经济社会创新发展的新引擎。综观全球，低空经济发展至今先后经历了早期应用探索阶段、规范化发展阶段和普及应用阶段。[①] 从全球低空经济区域发展格局来看，美国在通用航空领域领先全球，奠定了其低空经济的先发优势。而我国在无人机领域暂时领先。目前，各国低空经济仍处于积极探索阶段，整体均以国家顶层设计、地方政府牵头引导、市场主体开展实际建设为主要形式。[②]

第一节 国外低空经济的探索实践

国外低空经济的发展情况体现了技术创新与法规适应的融合进程，尤其以美国和欧洲国家为代表。

一、美国低空经济领域的实践探索

（一）美国低空经济行业的发展历程

美国作为全球 UAM 领域最领先的国家，是全球最大的通用航空消费国和飞机制造国，通用航空器保有量约占全球一半，通用飞机制造也占据主导地位。目前，美国已经制定了以无人驾驶航空器为核心的 AAM 愿景和 AAM 发展战略，并提出了美国在该领域保持领先地位的建议。受益于成熟的通用航空基础，美国低空经济大致经历了起步、快速发展、调整转型和稳步增长四个阶段。

通用航空是低空经济的基础和重要组成部分，美国低空经济的发展是伴随着通用航空的发展起步的，其历程可以概括为以下几个关键阶段。

1. 起步阶段（20 世纪初至 1950 年）

美国的低空经济起源于 20 世纪初。当时，飞行主要被视为一种娱乐活动，私人飞机和飞行员数量相对较少，因此，通用航空主要服务于私人飞行和少量商业飞行。随着技术的不断进步和政策的逐步放宽，飞机性能得到显著提升，低空飞行活动逐渐增多，低空经济开始展现出巨大的发展潜力。特别是，在第二次世界大战期间，美国的航空工业得到了迅速发展，为低空经济的后续发展奠定了坚实的基础。但此时，低空经济尚未形成规模。

2. 快速发展阶段（1950 年至 20 世纪 80 年代）

第二次世界大战后，美国经济进入"黄金时代"，国民生产总值大幅增长，人民生活水平提高，为通用航空的发展创造了条件。美国将大部分空域划归民用，为通用航空的发展提供了广阔空间。1958 年，《联邦航空法》的颁布和 FAA 的成立，进一步推动了通用航空业的规范化和快速发展。同时，大量飞行员涌入通用航空产业，加上产业政策支持和空域放开，推动了美国通用航空产业的稳定增长。自此，美国低空经济进入快速发展阶段。其间，美国政府对低空经济给予了大力支持，通

[①] 中投顾问.全球低空经济主要国家发展现状特点及趋势［EB/OL］.（2024-04-22）.https://www.sohu.com/a/773457752_255580.

[②] 全景网.低空经济元年已至万亿市场拉开时代帷幕［EB/OL］.（2024-01-24）.https://baijiahao.baidu.com/s?id=1788973292740191796.

过制定一系列政策、法规，为低空经济创造了良好的发展环境。

首先，美国政府在空域管理方面进行了重大改革，逐步放开了低空空域的使用限制。这使通用航空器能够在更加广阔的空域内自由飞行，为低空经济的发展提供了有力支持。

其次，美国政府积极推动通用航空器的研发和生产。许多知名航空器制造商，如波音、洛克希德·马丁等，都在这一时期开始涉足通用航空领域，推出了多款具有竞争力的航空器。这些航空器的出现不仅丰富了低空经济的市场供给，也推动了低空经济技术的不断创新。[①]

3. 调整转型阶段（20世纪80年代至90年代）

进入20世纪80年代后，美国低空经济开始面临一系列挑战。由于经济衰退、油价上涨以及航空安全问题频发，通用航空产业陷入了低迷状态。市场需求急剧下降，许多航空公司陷入困境，航空器数量也大幅减少。尽管如此，美国低空经济却并没有完全停滞不前，一些新兴的技术和领域开始崭露头角。例如，无人机技术在这一时期得到了快速发展，并逐渐从军事领域扩展到民用领域；eVTOL技术虽然尚处于研发和测试阶段，但其潜在的市场前景和应用价值已经引起了业界的广泛关注；一些企业开始探索低空数据服务的商业模式和应用场景……这些新兴技术和领域的发展不仅为低空经济带来了新的增长点和创新点，也为行业的未来发展提供了新的思路和方向。

4. 稳步增长阶段（20世纪90年代至今）

1994年，美国低空经济开始逐步走出低迷，进入稳步增长阶段。这一时期，美国政府采取了一系列政策措施，加强对低空经济的支持和引导。得益于完善的基础设施、个性化的民用通用航空需求、积极的军民合作投资、顶层设计与政策支持，以及eVTOL市场的活跃投融资，美国在低空经济领域表现出显著的领导地位和创新能力。此外，NASA也在AAM体系建设方面进行了主要的探索研究。美国低空经济迎来了新的发展高潮。

2022年，美国出台《AAM领导与协调法案》，以国家战略推进低空经济发展。美国航空产业协会预测，到2035年，AAM将达1150亿美元规模，相当于传统商业航空运输的30%。

（二）美国低空经济的发展模式

美国低空经济在发展过程中主要表现为业务多元化、技术创新、智能化管理以及产业链的综合发展。这些特点共同推动了美国低空经济的繁荣，并为其他国家提供了可借鉴的经验。

1. 技术创新引领

技术创新是美国低空经济发展的核心动力。美国在低空经济领域拥有强大的研发实力，不断推动无人机、eVTOL等新型航空器的技术创新。在无人机领域，美国企业积极研发具有自主飞行、智能避障、高精度定位等功能的无人机，广泛应用于航拍、物流、农业监测等领域。同时，加速推进eVTOL技术的研发工作，如美国公司Joby Aviation和Lilium Aviation设计的飞行器采用了创新的分布式电推进系统，降低运营成本，为未来城市交通提供新的解决方案。[②] 这些技术突破不仅提高了航空器的性能，降低了运营成本，还拓展了低空经济的应用场景，提升了低空经济的竞争力，推动

---

① 中邮证券. 2024年低空经济专题:美国拥有成熟的通用航空产业,政策支持和电动化趋势下我国通用航空发展逢良机[EB/OL]. (2024-04-25). https://www.vzkoo.com/read/2024042548f345fb861a35863350c67f.html.

② 银创智库. 低空经济:eVTOL 5大技术路线及动力能源未来变革方向一览![EB/OL]. (2024-04-11). https://xueqiu.com/9615908983/285635101.

了航空复合材料、电池技术、航空电子等相关产业的协同发展。①

亚马逊拓展无人机配送计划

亚马逊近日发布消息称，其无人机配送计划正在快速创新，以高速安全地向更多客户运送更多产品，Prime Air 无人机已经在 60 分钟或更短的时间内向客户交付了数千件物品。亚马逊将在美国、意大利和英国的更多城市推出更快、更安静的无人机，进入该计划发展的下一阶段。

在得克萨斯州大学城的基地中，亚马逊无人机送货旅程从履行任务开始。物品在等待顾客购买时被储存在无人机设施的货架上。当订单进来时，员工从货架上选取顾客购买的商品并将其带到包装站，该包装站包括用于无人机送货的专用材料。无人机投递箱的底部有定制的缓冲技术，称为"蹦床"，在投递过程中保护物品。

在货物包装好后，员工将货物从履行阶段转移到交付阶段。接下来，快递员工拿起包裹，将其带到飞行台。此外，员工还会带新电池，为无人机的起飞做准备。一旦被认为可以安全飞行，员工就会把电池和包裹装入无人机，然后按照详细的协议将其控制在 400 英尺高的空中。无人机会以每小时 65 英里的最高速度起飞，在 60 分钟或更短的时间内完成送货。包裹被投递后，无人机飞回配送中心。

Prime Air 副总裁 David Carbon 表示："目前的小型无人机配送中心能够在 1 小时内以最小的复杂性挑选、包装和交付产品给客户。公司与当日达网络的整合将能够为更多客户提供超快速的交付，并将选择范围扩大 10 倍。"

资料来源：https：//www.spb.gov.cn/gjyzj/c200007/202404/d0f458f74a664e048e1e029fdc50c960.shtml。

2. 军民融合推动

军民融合是美国低空经济发展的重要推动力量。美国军方在低空经济领域拥有先进的技术和丰富的资源，通过军民融合的方式，将这些技术和资源应用于民用领域，推动了低空经济的快速发展。

例如，美国空军发起的"敏捷至上"（Agility Prime）项目就是军民合作的典型案例。该项目旨在研究 eVTOL 技术在军事任务中的应用可行性，通过与民营企业合作，共同推动 eVTOL 技术的研发和应用。这种军民融合的发展模式不仅提高了技术的研发效率，也促进了军民双方的互利共赢。

美国空军"敏捷至上"项目飞行器方案分析

2020 年 2 月，美国空军启动了名为"敏捷至上"的演示验证项目，探索航空业新兴的 eVTOL 技术在特种作战、救援搜索、短距离运输等军事任务中应用的可行性，推动商用技术向军事领域转化。

---

① 腾讯研究院. 全球低空经济发展：年度十大进展回顾及展望［EB/OL］.（2024-01-18）. https://new.qq.com/rain/a/20240118A07S0X00.

eVTOL 是当前商用航空领域的前沿领地，具有能量效率高、运营及维护成本低、噪声小等显著优势，在 UAM 等短距离运输应用场景下具有巨大的发展潜力，已经吸引了全球商用市场的广泛关注，获得了巨额资金投入。同时，这一新型飞行器的特征完美契合特种作战、救援搜索、短距离运输等军事任务提出的隐蔽、机动、灵活、低成本、高可靠性、简易环境起降能力等需求。在商用技术发展与军事任务需求的双重推动下，美国空军迅速做出反应，启动了"敏捷至上"项目。

在"敏捷至上"项目中，美国空军将飞行器研发流程及其相关融资行为均释放至工业界，转而主导测试工作，将政府资源和商业资本、技术高效融合。此前，美国空军研究实验室公开了混合电推进固定翼飞行器概念，此次"敏捷至上"项目延续了对电动飞机技术的关注，将美国空军相关研究范围从大型固定翼飞机扩展至中小型 eVTOL，结合多年以来美国空军持续发展的多电飞机技术，体现了其多方位推进航空武器装备电气化的发展思路。

2020 年 2 月，"敏捷至上"项目启动后，美国空军积极推动项目发展，开展了为期 5 天的专题线上活动，在项目初始方案基础上进一步拓宽了空军 eVTOL 飞行器的应用场景范围，并快速推进企业参与进程、授出合同。

资料来源：https：//new.qq.com/rain/a/20200721A0OLA000。

3. 政策环境支持

政策环境是美国低空经济发展的重要保障。美国政府通过制定一系列政策和法规，为低空经济发展提供了有力支持。

首先，通过开放更多低空空域使用限制，为低空经济的发展提供广阔的市场空间和发展机遇。例如，美国早在 20 世纪 60 年代就开放了 3000 米以下的空域，低空空域管理基本趋向民用化管理，使 eVTOL 和直升机等可以在无限制空域自由飞行。依据美国国会通过的《2018 年 FAA 再授权法案》，FAA 开发了"低空授权和通知能力"（Low Altitude Authorization and Notification Capability，LAANC）系统，允许无人机运营商在无须事先申请的情况下，在指定的低空空域飞行，实现了空域授权和审批流程的自动化，提高了飞行的安全性和合规性。

案 例

FAA 部署 LAANC 计划：实现无人机空域授权和审批自动化

近年来，美国政府和 FAA 不断加大对无人机的监管力度，在 2017 年裁定了某些禁飞区，授权美国军方击落太靠近军事基地的无人机。虽然这两项措施并非不合理，但表明无人机监管是比较棘手的事情。目前，美国地区的法律对企业的无人机商用并不友好，由于经常需要通过禁飞区（如机场周边），而整个审批流程非常缓慢，而且需要获得 FAA 的书面许可之后才能安排无人机起飞，整个过程可能需要数周时间。

而现在好消息传来，FAA 已经推出了 LAANC。LAANC 的目标是实现空域授权和审批流程的自动化，使公司能够更快地部署使用无人机。

根据报道，项目将空域划分为大型"块状"网络分布，无人机公司可以选择空间中需要访问的某些"块"。援引外媒 Fast Company 报道，FAA 会通过各种无人机管理应用实现这一目标。该计划覆盖全美地区，目前已经在美国中南部和西北部地区开展部署，包括加利福尼亚州、内华达州和亚利桑那州在内的美国西南部地区将于2018年6月21日部署该计划。

资料来源：https：//baijiahao. baidu. com/s？id＝1601403193406801949&wfr＝spider&for＝pc。

其次，美国政府还积极推动低空经济的创新和发展。例如，美国交通运输部发布了《UAM综合计划》，推动eVTOL技术在城市交通中的应用，并为此制定了一系列政策和标准。同时，美国政府设立了多个创新中心和研究机构，支持低空经济领域的技术研发和应用。此外，美国政府还提供了税收优惠、资金扶持等政策支持，鼓励企业加大在低空经济领域的投入和研发力度。

4. 市场多元化拓展

市场多元化拓展是美国低空经济发展的重要方向。随着技术的进步和市场的成熟，低空经济的应用场景不断拓展，涵盖了公务飞行、个人飞行、教学飞行、航空喷洒、航空观察等多个领域，显示了业务的多样性。

首先，低空经济在物流领域的应用越来越广泛。无人机配送、eVTOL货运等新型物流方式正在逐渐改变传统的物流模式，提高了物流效率和服务质量。

其次，低空经济在旅游、娱乐等领域的应用在不断增多。例如，空中旅游、飞行体验等新兴旅游方式受到越来越多人的青睐。这些多元化的市场需求为低空经济的发展提供了广阔的市场空间和发展机遇。

与此同时，美国低空经济行业已延伸出完整的产业链，包括研发、制造、运营服务等多个环节，形成了综合性的经济形态。

案 例

又一家商业"旅游"公司成立：计划用高空氢气球送人上平流层

商业航天初创企业Space Perspective在当地时间2020年6月18日宣布成立，公司计划使用由高空气球和密封舱构成的"海王星飞船"将乘客和科研载荷送至平流层。首次不载人试飞计划于2021年在美国佛罗里达州肯尼迪航天中心进行。

"海王星飞船"由一名飞行员驾驶，可搭载多达8名乘客开展6小时高空之旅，靠大约200米高的高空氢气球提供动力。

不同于火箭飞速冲向太空，载有乘客和科研载荷的密封舱缓慢上升2小时后到达约30千米的高度，比100千米高的卡门线低得多。

"海王星飞船"会在这一高度盘旋2小时，随后用2小时降落。类似于SpaceX龙飞船返回舱的回收方式，Space Perspective计划降落后的"海王星飞船"由回收船从海上打捞上来。

密封舱可重复使用，Space Perspective创始人兼联合首席执行官Jane Poynter、Taber MacCallum都希望一个密封舱能完成1000次飞行，"海王星飞船"每年飞100次，但每次任务都需要一个新气球。

"海王星飞船"配备了酒吧、盥洗室以及供游客观赏风景的大窗户。盛行风决定了它的飞行方向随季节变化，冬季向东飞越大西洋，夏季向西飞越墨西哥湾，飞行受FAA商业航天办公室监管。

初生的Space Perspective仍有很多问题需要解决。Jane Poynter说，目前，还没有决定在哪里生产"海王星飞船"，甚至没有决定公司总部设在哪里；而且由于无法控制"海王星飞船"的飞行方向,"海王星飞船"只能依靠风向决定归宿。

并且,Space Perspective 需要从海里打捞密封舱。这家初创企业表示,自己一直在与 SpaceX 龙飞船返回舱海上打捞人员沟通,希望找出实现这一目标的最佳途径。

最关键的是,Space Perspective 要保证"海王星飞船"的飞行安全。Taber MacCallum 说,如果气球出现泄漏或故障,备用降落伞能使密封舱安全降落。"海王星飞船"将配备生命支持系统和压力控制系统。尽管"海王星飞船"大部分情况下由地面人员控制飞行,但是在出现问题时,"海王星飞船"上的飞行员可以为乘客提供帮助。

资料来源:https://baijiahao.baidu.com/s?id=1669931365982142644&wfr=spider&for=pc。

二、欧洲低空经济发展的成功经验和实践探索

(一)欧洲低空经济行业的发展历程

20 世纪 80 年代,欧洲低空经济开始起步。当时,欧洲国家开始意识到低空经济的潜力,并对低空空域进行初步开放,为低空经济的发展奠定了基础。在过去的几十年里,欧洲低空经济得到了迅速发展,主要体现在通用航空、无人机和 UAM 等领域。欧洲低空经济的发展历程可以概括为以下几个关键阶段。

1. 起步阶段(20 世纪 80 年代)

20 世纪 80 年代初,欧洲各国开始关注低空空域管理问题,提出了一些初步的设想和方案。德国在 1985 年制定了《德国航空法》,成为欧洲乃至全球范围内低空经济法规建设的重要里程碑。该法律为低空空域开始逐步向民用开放和使用提供了法律根基,为低空经济的发展奠定了基础。此外,英国、法国等国家也相继出台了一些空域管理政策,为低空经济的发展创造了条件。同时,一些欧洲国家也开始进行低空飞行的试验和研究,探索低空飞行的可行性和安全性,为后续的法规建设和产业发展提供了重要的参考和依据。

2. 合作探索阶段(20 世纪 90 年代至 21 世纪初)

进入 20 世纪 90 年代,通用航空市场不断扩大,欧洲各国对低空空域管理的需求越来越迫切。在这个时期,欧洲各国开始加强合作,共同研究低空空域管理的方法和技术。例如,1994 年,欧洲民航会议成立专门工作组,研究低空空域管理问题,体现了区域合作的深化。2004 年,欧洲提出了欧洲单一天空空管研究项目(SESAR),致力于开发新一代空中交通管理系统,提高空域运行效率和安全性。

与此同时,欧洲国家之间加强了政策协调和法规建设,例如,共同制定了低空飞行的标准和规范,建立了低空飞行管理机构,加强了低空飞行的监管。2004 年,欧洲民航会议发布了《低空空域设计指南》,为欧洲各国制定低空空域管理政策提供了指导。2007 年,欧洲航空安全局发布了无人机运营规章草案,为无人机在欧洲的商业化运营提供了法律依据。这些措施都为低空经济的规范化发展提供了重要支持。

3. 规范化发展阶段(2010 年至 2020 年)

进入 21 世纪后,欧洲低空经济实现了快速发展,尤其是无人机技术和 UAM 逐渐成为研究与发展的热点,同时,随着相关政策和规范的出台,低空经济发展得到了进一步的推动和规范。

一方面，无人机技术的兴起为欧洲低空经济带来了新的发展机遇。无人机因为具有灵活、高效和低成本等特点，迅速成为低空经济的重要力量。欧洲国家开始积极投资研发无人机技术，并在航拍、农业监测、环境保护等领域进行了广泛应用。在这一阶段，欧洲各国加强了无人机技术的研发和应用。例如，建立了无人机研发中心和测试基地，加强了无人机技术的研发和创新。同时，欧洲国家还制定了无人机飞行管理规定和标准，加强了对无人机飞行的监管。2016年，欧洲发布了《无人机运行规章》(*EU Drone Regulation*)，为无人机在欧洲的商业化运营提供了更加明确的法律依据。该规章明确了无人机的分类、注册、操作要求等，为无人机行业的健康发展提供了保障。2019年，欧洲民航会议发布了《低空空域战略》，提出了一系列具体的措施和目标，以促进欧洲低空经济的可持续发展。此外，欧洲各国也在积极推进低空空域管理改革，例如，荷兰、德国等国家已经实施了一定程度的低空空域开放政策。这些措施为无人机技术的快速发展和广泛应用提供了重要支持。

另一方面，随着eVTOL的研发推进，UAM成为欧洲低空经济的新焦点。欧洲多家eVTOL制造商完成了全尺寸飞机的首次飞行测试，展示了技术的成熟度和商业化潜力。一些欧洲国家开始积极探索UAM的运营模式、基础设施建设等。例如，通过建立UAM管理机构和管理制度，加强UAM的监管。此外，欧洲各国政府还出台了一系列政策支持UAM的发展。例如，通过提供资金支持、税收优惠等措施鼓励企业投资研发和生产eVTOL。同时，欧洲国家加强了与航空制造、信息技术、新能源等产业的融合，推动了低空经济的多元化发展。

4. 普及应用阶段（2020年至今）

近年来，低空经济在全球范围内受到了更多重视，eVTOL技术发展和试验飞行成功表明了低空经济的商业化潜力。此外，低空经济也被视为推动经济增长的新引擎，与数字经济等新兴经济形态一道，被赋予打造新的万亿级支柱产业的重任。

欧洲低空经济的发展历经了从起步到不断探索、创新与规范的过程。在这个过程中，欧洲各国不断加强合作，共同应对低空空域管理的挑战。未来，随着无人机、UAM等新兴领域的持续深入发展，欧洲低空经济将迎来更加广阔的发展前景。

案 例

欧洲空中交通管理系统如何打造"数字天空"

2019年9月，欧洲"数字天空"发展战略正式确立。欧洲"数字天空"发展战略的重点是希望通过使用最新的数字技术改造欧洲航空基础设施，满足未来空中交通运行安全和效率需求，同时最大限度减少航空运行对环境的影响。为实施该战略，欧盟委员会在技术创新层面提出了SESAR 3项目，沿用SESAR项目的"定义—研发—部署"三阶段实施架构，并将其分为9个技术研究领域：互联和自动化的ATM、空地一体化和自主飞行、按需容量和动态空域、U-space和UAM、虚拟化和网络安全数据共享、多式联运和旅客体验、航空绿色协议、航空人工智能、民用/军用互操作性和协调性。

在经历了探索性研究、工业研究与验证、超大规模演示后，SESAR形成了一系列成熟的解决方案。

目前，欧洲已确定交付部署的 SESAR 解决方案分为高效率的机场运营、先进的空中交通服务、优化的空中交通管理网络、航空基础设施升级四大场景领域，涉及空管系统、机载设备、航企运控、机场运行指挥等方面。

在高效率的机场运营方面，未来的欧洲空中交通管理系统将把机场作为节点完全集成到空管网络中。该运行场景的目标是扩大跑道容量，优化场面交通管理、机场安全网络和机场运行管理，包括总体机场管理、远程塔台、跑道吞吐能力提升以及针对管制员和飞行员的机场安全警报等。

在先进的空中交通服务方面，未来的欧洲空中交通管理系统将以开发自动化工具为基础，支持管制员日常工作。自动化系统技术是未来民航发展的趋势，涉及加强进场和离场管理、增强空中和地面安全网以及基于航迹和性能的自由航行等。越来越多的数字连接可以提高服务的虚拟化程度，从而为空中交通管理服务提供更多选择。

在优化的空中交通管理网络方面，未来的欧洲空中交通管理网络将以充分的稳定性和弹性应对各类情况（如气象、突发事件）的发生。改进的动态协作机制需要为所有空中交通管理参与方提供参考信息，并由大家共同执行一项实时更新且信息一致的飞行任务。优化的空中交通管理网络服务需要实现高级动态容量平衡、优化空域用户运行等功能，并通过完全集成的网络运营计划（NOP）、机场运营计划（AOPs）、全系统信息管理（SWIM）优化空中交通管理网络。对上述 3 个关键特征的改进将围绕先进、集成和合理化的航空基础设施进行，这需要提升航空器与地面系统之间的集成性能并预留接口。

资料来源：https://www.thepaper.cn/newsDetail_forward_23919711。

（二）欧洲低空经济的发展模式

欧洲低空经济的发展体现了以技术创新为驱动、以政策法规为保障、以产业融合为方向、以市场需求为导向的综合性发展模式。这种发展模式不仅推动了欧洲低空经济的快速发展，也为全球低空经济的发展提供了重要的借鉴和参考。

1. 技术创新驱动

技术创新是欧洲低空经济发展的核心动力。航空技术的不断进步，尤其是无人机技术和 eVTOL 的研发，为低空经济提供了更多可能性。这些技术的应用不仅提高了低空飞行的安全性和效率，也推动了低空经济在农业、环保、物流、旅游等多个领域的广泛应用。

欧洲各国政府和企业纷纷投入大量资源用于低空技术的研发与创新，建立了多个研发中心和测试基地，以推动低空技术的快速发展。同时，欧洲还加强了与其他国家和地区的合作与交流，共同推动低空技术的创新和发展。如欧洲民航会议成立了专门工作组，这种跨国合作有助于分享经验、统一标准，促进了整个欧洲低空经济的协调发展。

2. 政策法规保障

政策法规是欧洲低空经济发展的重要保障。欧洲各国政府出台了一系列政策法规规范低空经济的发展，保障低空飞行的安全和有序。这些政策法规涵盖了低空飞行的标准、规范、监管等方面，为低空经济的发展提供了法律基础。例如，欧洲国家建立了低空飞行管理机构和管理制度，加强了低空飞行的监管。同时，欧洲国家还加强了无人机飞行的监管，制定了无人机飞行管理规定和标准，确保无人机飞行的安全和有序。

3. 产业融合方向

产业融合是欧洲低空经济发展的重要方向。低空经济不仅是通用航空产业的延伸，还涉及制造、机场、保障服务等多个产业。这种融合不仅体现在技术层面，也体现在产业链和商业模式等方面。例如，低空经济与航空制造、信息技术、新能源等产业融合，可以推动低空经济的创新发展；同时，低空经济在智慧城市、智能交通等领域的应用，可以推动相关产业的发展和升级。这种多产业融合的发展模式使得低空经济成为一个辐射带动效应强、产业链较长的综合经济形态。

4. 市场需求导向

市场需求是欧洲低空经济发展的重要导向。欧洲各国政府和企业密切关注市场需求的变化，及时调整低空经济的发展方向和策略。这种以市场需求为导向的发展模式，使欧洲低空经济能够更好地满足市场需求，实现可持续发展。例如，随着 UAM 的发展，欧洲各国政府和企业开始积极探索 UAM 的运营模式、基础设施建设等，以满足市场需求。同时，随着环保意识的提高，欧洲各国政府和企业积极推动低空经济在环保领域的应用，如利用无人机进行环境监测和治理等。

三、国外低空经济领域实践经验总结

美国和欧洲在低空经济领域的实践经验虽各具特色，但都体现了低空空域管理的重要性、技术创新的推动作用以及政策支持与产业融合的必要性。

首先，美国在低空经济领域的发展经验主要体现在其开放的低空空域管理和鼓励创新的政策环境上。FAA 通过实施一系列法规和指南，为无人机等低空飞行器的商业化运营提供了法律依据。此外，美国的低空经济还得益于其在航空航天技术研发方面的强大实力，例如无人机交通管理系统的试点项目和 eVTOL 的研发进展。这些技术和项目不仅推动了低空经济的发展，也为其他国家提供了可借鉴的经验。

其次，欧洲在低空经济领域的发展经验更加侧重于合作探索和规范化发展。欧洲民航会议作为区域性的国际组织，在低空空域管理方面发挥了重要作用。它通过成立专门工作组，促进了成员国之间在低空空域管理方法和技术研究方面的合作。此外，欧洲也在无人机技术和 UAM 领域取得了显著进展，如多家 eVTOL 制造商完成了全尺寸飞机的首次飞行测试。这些成果不仅展示了技术的成熟度和商业化潜力，也为欧洲低空经济的规范化发展奠定了基础。

这些经验做法共同描绘了一幅低空经济在先进国家中逐步开放、规范和创新的发展图景。

第二节 中国试点省份低空经济的探索实践

2010 年以来，中国为推动低空经济发展先后颁布了一系列政策法规。2021 年 2 月，中国首次将"低空经济"概念写入国家规划，"低空经济"正式进入公众视野；2021 年 2 月，中共中央、国务院印发《国家综合立体交通网规划纲要》，首次提出发展低空经济；2023 年 12 月，中央经济工作会议将低空经济提升至战略性新兴产业的高度，全国工业和信息化工作会议提出打造低空经济等新的增长点；2024 年，《政府工作报告》指出，"积极打造生物制造、商业航天、低空经济等新增

长引擎"。

2023年以来，全国已有26个省份发布了"低空经济"相关政策，18个省份将低空经济写入《政府工作报告》。根据粤港澳大湾区数字经济研究院发布的低空经济白皮书，到2025年，低空经济对中国国民经济的综合贡献值将达3万亿~5万亿元。

近年来，以通用航空为主体的低空经济稳步发展，成果丰硕。湖南、江西、安徽、四川、海南开展了试点，UAM、AAM、eVTOL等新的应用场景陆续拓展、航空器与各类产业的融合加快推进。根据中国民航局发布的《2022年民航行业发展统计公报》数据，截至2022年底，全国传统通用航空企业661家，在册航空器3186架，在册通用机场399个。无人机通用航空企业15130家，全行业注册95.8万架，无人机数量比2021年增长15.1%；无人机累计飞行时长为2067万小时，同比增长23.85%。有行业发展报告预测，至2030年，中国通用航空市场规模总和将达到1.4万亿元，低空经济将成为强国富民的有力支撑。

低空经济作为战略性新兴产业，得到了国家层面的高度重视和政策支持。湖南、江西、安徽、四川、海南作为低空空域管理改革的试点省份，各自在发展策略和实践探索上取得了显著成果。

一、中国五个试点省份低空经济发展策略和实践探索

（一）湖南：打造低空经济产业链，强化自主研发创新能力

湖南作为首个全域低空空域管理改革试点省份，构建了全域低空空域协同运行管理的技术和制度保障体系。其低空经济发展策略聚焦构建完整的通用航空产业链，包括飞行器研发制造、低空飞行基础设施建设运营以及飞行服务保障等，加快推动通用航空产业向低空经济的转型提升。此外，湖南还注重低空经济与地方特色产业的融合，比如，无人机技术在农业领域的创新应用。具体表现在以下几个方面。

1. 政策引领，明确发展方向

湖南省政府高度重视低空经济的发展，通过制定和实施一系列政策文件，明确了低空经济的发展方向和目标。例如，湖南出台了《关于支持通用航空产业发展的若干意见》等文件，提出了加快通用航空产业发展、推动低空经济转型升级等具体措施，为低空经济的发展提供了政策保障。

2. 全域改革，打造"湖南模式"

湖南是全国第一个全域低空空域管理改革试点省份，其探索的全域低空空域管理改革"湖南模式"为全国提供了有益的经验。该模式主要包括低空空域划设、低空协调运行系统、低空飞行监视系统等12项改革成果，实现了飞行申报审批"一窗受理、一网通办、全域服务"，为低空经济的加速发展提供了先发条件。

3. 构建低空基础设施体系，提供基础条件

一方面，湖南加强通用机场建设，有具备通用航空功能运输机场10个，建成通用机场17个，并在全省规划布局了约7000个直升机起降点，实现了"全省飞、随地飞"。另一方面，湖南建设了覆盖全省域的低空空域监视通信网络，为低空飞行安全保障提供了有力支持。

4. 推动产业转型升级，构建完整产业链

湖南通过招引在无人驾驶航空器、eVTOL及未来飞行汽车等领域具有核心竞争力的企业，构建

了一个集研发、制造、试飞、审定、运营和服务于一体的低空经济产业链；同时，积极支持通用航空领域龙头企业、高校院所突破关键核心技术，逐步解决低空飞行器整机、关键航材和核心零部件供应严重依赖进口的问题。

5. 强化自主研发创新能力，提升产业竞争力

湖南坚持创新驱动发展战略，通过加强产学研合作、引进高端人才等方式，不断提升自主研发创新能力。例如，湖南在无人化、电动化、智能化等关键技术领域取得了重要突破，成功打造了一批低成本、高效率、高安全的低空装备产品，有效扩大了"湖南造"的市场占有率。

6. 拓展低空应用场景，释放市场潜力

湖南积极探索低空经济在各个领域的应用场景，如"低空＋物流配送""低空＋UAM""低空＋应急救援"等。通过拓展应用场景，湖南不仅有效提升了低空经济的市场渗透能力和服务保障能力，还为低空经济的持续发展注入了新的活力。

（二）江西：发挥航空产业基础优势，支撑乡村经济发展

江西通用航空产业基础较好，2022年，仅南昌无人机拥有量就超过10万架。江西在低空经济发展过程中，建立了集科研、制造、运营、审定、试飞、服务于一体的航空产业链条，打造了以南昌、景德镇为核心区，九江、吉安、赣州等地为协同区的"双轮驱动、多点支撑"的产业空间发展格局。目前，在航空制造规模方面，江西居全国前列。此外，江西还将低空经济相关产业初步和乡村经济有机结合，通过低空经济支撑乡村经济发展。具体表现在以下几个方面。

1. 政策引领，明确发展目标

江西省政府积极响应国家关于低空经济发展的号召，通过制定和实施一系列政策文件，明确了低空经济的发展目标。其中，《江西省低空经济发展规划》等文件为江西低空经济的发展提供了明确指导，包括壮大低空制造产业、提升科技创新能力、拓展低空应用场景、完善低空产业配套环境等方面。2024年，江西省发改委起草了《江西省关于促进低空经济高质量发展的意见（征求意见稿）》，公开征求意见。该征求意见稿提到，拟组建省级低空经济发展集团，设立产业发展基金，领投一批高科技、高成长、高附加值的低空经济项目，引导更多社会资本投向低空经济产业。

2. 精准招商，引进核心企业

江西在低空经济发展过程中，积极引进eVTOL、无人机、固定翼、飞艇等航空器整机及核心零部件研发制造企业，持续引培航材、检验检测、飞行服务、教育培训等生态链企业。通过精准招商，江西成功吸引了一批具有核心竞争力的企业入驻，为低空经济的发展提供了有力支撑。

3. 综合支持，鼓励企业做大做强

江西在空间保障、场地建设、设备购置、人才引进等方面对新落户企业予以综合支持，企业享受《关于进一步加强招商引资促进产业发展的若干意见》等文件明确的有关优惠政策；同时，鼓励企业增资扩产，引进成套自动化、智能化设备和总装生产线，对购买全新设备投入达到一定金额的，按照设备投入的百分比予以补贴。这些措施有效激发了企业的积极性，推动了低空经济的快速发展。

4. 科技创新，提升产业竞争力

江西注重科技创新在低空经济发展中的引领作用。通过加强与高校、科研院所的合作，推动低空经济领域的科技创新和成果转化。同时，为积极引进和培养科技人才，江西实施了"赣鄱英才计划"，并支持企业与高校合作进行定制化人才培养，以满足行业对专业人才的需求，同时引入国内外专业研究机构及战略性人才，加强低空经济领域的人才供给。

5. 拓展应用，释放市场潜力

江西在低空经济领域积极拓展应用场景，推动低空经济在农业、林业、环保、消防等领域的深度融合，通过支持无人机在农林植保、森林消防、环境监测等方面的应用，有效提升了低空经济的市场渗透能力和服务保障能力；通过建设低空经济示范区、试验区等，探索低空经济在更多领域的应用模式和发展路径。赣州建设了全国首个集生产制造、试飞检测、展示体验于一体的低空经济产业园，为江西低空经济发展提供了产业优势。

6. 完善配套，优化发展环境

江西注重完善低空经济产业配套环境，加强基础设施建设，通过建设通用机场、完善空管设施等举措，为低空经济的发展提供了有力的支撑；同时，加强与其他地区和国家的合作与交流，推动低空经济的国际化发展。

（三）安徽：完善低空产业配套环境，打造多元化应用场景

安徽的低空经济发展策略着重于智能制造、产业升级，强调了全产业链创能和应用场景的创新。其中，多个城市在无人机物流、UAM 等领域进行了积极探索，并且通过政策支持吸引了一批无人机固定翼、发动机制造、复合材料、发动机维修等低空经济相关企业落户发展。2023 年，安徽低空经济规模突破 400 亿元，形成以合肥、芜湖为双核，安庆、六安、宣城等多点支撑的产业格局，构建了覆盖通用飞机、无人机、eVTOL 整机制造、发动机、航电系统、部件材料、运营服务的产业链条。具体表现在以下几个方面。

1. 统筹规划和政策引领

安徽制定了加快培育发展低空经济的实施方案和若干措施，明确了发展目标、总体要求、基本原则和主要任务。以习近平新时代中国特色社会主义思想为指导，全面贯彻落实党的二十大精神，积极抢抓低空空域改革、技术创新和规模应用发展机遇。

2. 加强基础设施建设

安徽统筹共建低空智联基础设施，加快推动通用机场、无人机起降设施等地面保障设施网及低空航路航线网的建成落地；同时，构建低空航路航线网，推进合理划设适飞空域，保障低空飞行器有序安全飞行。

3. 推进技术创新和融合发展

安徽积极开展 DFR、自由飞行模式等低空航路航线智能化研究，探索低空空域融合飞行管理机制。此外，安徽还加快推动低空飞行器从隔离运行向融合运行演进，实现低空空域的高效使用。

4. 打造核心城市和产业集群

安徽将打造合肥、芜湖两个低空经济核心城市，并发挥六安、滁州、马鞍山等市低空制造业配

套优势，彰显安庆、宣城等市低空服务业特色，力争到 2027 年，低空经济规模和创新能力达到全国领先水平。

5. 拓展应用场景和市场空间

安徽积极探索低空经济在通用航空制造、物流、旅游、农业等多个行业领域的应用场景，推动低空经济向更广泛的领域拓展。例如，芜湖航空产业园开通了 2 条航空物流无人机配送航线，进一步探索无人机新应用场景。

（四）四川：聚焦工业型无人机，建立全产业链

工业无人机产业是低空经济重要的细分赛道。在工业无人机赛道，四川已深耕 10 余年，不仅拥有民用无人驾驶航空试验基地（试验区）、国家通用航空产业综合示范区等，在低空空域开放中取得重要突破，还依托航空航天工业基础，打造了以工业级无人机为重点发展的产业链，匹配了覆盖全产业链的对口政策，拓展了广域巡护、应急通信、气象服务、货运物流等应用场景。截至 2022 年，作为"工业无人机第一城"的成都，已聚集工业无人机产业链上下游企业 100 余户，实现营收 41 亿元。近年来，成都工业无人机产业规模保持年均 20% 以上的增速，大型无人机规模位居全国第一，工业无人机产业综合竞争力排名全国前三。具体表现在以下几个方面。

1. 政策引领与先行试点

自 2017 年 12 月获批成为全国首个开展低空空域协同管理试点省份以来，四川持续深化改革，紧盯空域运行模式，实现了"想飞就能飞"的目标，推出了一系列政策文件，明确了低空经济的发展方向，为低空经济的蓬勃发展提供了政策保障。

2. 空域拓展与基础设施建设

随着第三批低空协同管理空域正式启用，协同管理空域面积从 6600 平方千米扩大到 7800 平方千米，新增了飞行通道和无人机专用试飞空域；加强了低空飞行网络建设，形成了环成都和贯通川南、川北的低空飞行网络。

3. 产业集群效应

凭借雄厚的航空产业基础，四川早已形成涵盖航空研发制造、飞行控制系统、任务载荷、应用软硬件、配套运营服务的完整低空经济产业链。此外，四川还在金堂、北川、自贡等地建立了通用航空产业园区，吸引了大量投资，形成了产业集群效应。

四川省经济和信息化厅数据显示，2023 年，四川低空经济制造业规模达 200 亿元，形成了以成都、自贡、绵阳等为代表的产业集聚地，拥有无人机整机及零部件企业 200 余家，其中，整机企业 20 余家。

4. 创新驱动与人才培养

四川鼓励企业、高校、科研机构在低空经济领域进行技术创新，推动产学研合作，通过设立公共试飞场所和研发基地，发挥科研龙头带动作用，摊薄全社会创新成本，加快科研成果产业化步伐。

此外，四川还通过高校、科研院所及企业的合作，建立低空经济人才培养机制。例如，电子科技大学航空航天学院承办的"四川省首届低空经济人才培养论坛暨第四届四川省大学生未来飞行器

挑战赛启动会"，旨在促进教育教学深化改革，提升人才自主培养和原始创新能力。绵阳飞行职业学院与地方政府、行业协会及企业紧密联动，形成"政校行企"四方联动合作机制，为低空经济产业的快速发展提供坚实的人才支撑与智力保障。

5. 市场拓展与品牌建设

四川不断拓展低空经济的应用场景，推动直升机观光、商务飞行、私人飞行等业态成熟；加强品牌建设，提升低空经济的知名度和影响力。

（五）海南：发展低空经济，助力国际旅游岛建设

作为我国唯一的热带海岛省份，海南因地制宜，凭借良好的基础设施和优越的飞行环境，在全国率先建设完成首个覆盖省级区域的低空空域空管服务保障示范区和首个军民航双认证的通用航空 FSS，填补了国家空白，实现了海南低空管控有序。同时，海南利用独特的地理优势，将低空经济与海岛旅游相结合，开发了一系列低空旅游产品。截至 2023 年，海南在空中游览及跳伞飞行领域均位列全国之首，游览飞行时长累计高达 1.37 万小时，占全国游览飞行时长的 45.9%；接待游客达 36.48 万人次，占比达到 61.1%。跳伞飞行时长达 0.42 万小时；服务旅客量为 4.53 万人次，占全国总量的 39.6%。同时，海南还积极探索 eVTOL 的商业化运营路径。具体表现在以下几个方面。

1. 政策引领与规划先行

海南积极响应国家关于低空经济发展的号召，制定了一系列政策措施，明确了低空经济的发展方向和目标。例如，发布了《海南省低空经济发展规划》等文件，为低空经济的发展提供了详细的规划和指导。

2. 低空空域改革与管理创新

海南通过优化空域资源配置，简化飞行审批流程，推动低空经济活动的便利化和高效化。

3. 基础设施建设与完善

海南加强通用机场建设，提升机场的通用航空能力和服务水平；同时，建设低空飞行服务保障体系，包括低空 FSS、FSS 运行系统、低空监视网络等，为低空飞行提供全方位的服务保障。

4. 产业培育与融合发展

海南一方面依托海南自贸港的政策优势，积极引进和培育低空经济相关产业，包括无人机制造、通用航空运营、低空旅游等；另一方面推动低空经济与旅游、物流、农业等产业的融合发展，拓展低空经济的应用场景和市场空间。

5. 创新驱动与人才培养

海南鼓励和支持企业进行技术创新和产品研发，提升低空经济的科技含量和附加值；加强人才培养和引进，为低空经济的发展提供智力支持。

二、中国五个试点省份低空经济发展经验总结

湖南、江西、安徽、四川、海南作为国内低空空域管理改革的试点省份，低空经济领域的实践探索体现了中国低空经济的整体发展趋势，即在保证安全的前提下，通过政策支持和市场驱动，推动低空经济的多元化和产业化发展。这些做法和经验对于其他省份发展低空经济具有重要的借鉴

意义。

第一，政策引领与规划先行。这五个试点省份积极响应国家关于低空经济发展的号召，制定并发布了低空经济发展规划、实施方案等政策文件，明确了低空经济的发展目标、总体要求和主要任务。这些政策文件为低空经济的快速发展提供了有力的政策保障。

第二，低空空域改革与管理创新。湖南、海南等省份通过优化空域资源配置、简化飞行审批流程等措施，推动了低空经济活动的便利化和高效化。这些改革举措为低空经济的发展提供了重要的空域保障。

第三，基础设施建设与完善。这五个省份通过加强与低空经济相关的基础设施建设，包括通用机场、FSS、低空监视网络等，为低空飞行提供了全方位的服务保障。这些基础设施的完善为低空经济的发展奠定了坚实的基础。

第四，产业培育与融合发展。低空经济涵盖了从航空器研发制造到低空飞行基础设施建设运营，再到飞行服务保障等多个环节。这种全产业链的发展模式促进了各个相关产业的协同发展，形成了一个复合型的产业体系。这五个试点省份均依托自身优势，积极引进和培育低空经济相关产业，包括无人机制造、通用航空运营、低空旅游等；同时，推动低空经济与旅游、物流、农业等产业的融合发展，拓展了低空经济的应用场景和市场空间。

第五，创新驱动与人才培养。这五个试点省份注重技术创新和人才培养，鼓励和支持企业进行技术创新与产品研发，提升低空经济的科技含量和附加值；同时，加强人才培养和引进，为低空经济的发展提供智力支持。

第六，生态营造与品牌建设。安徽、四川等省份通过连续举办低空经济发展大会等活动，打造低空领域高端智库交流、新产品展示、新场景发布平台，促进了低空经济的交流与合作；同时，加强品牌建设，提升了低空经济的知名度和影响力。

第七，先行示范区打造。湖南等省份通过打造先行示范区，集中资源支持低空经济的发展。这些示范区在创新政策、优化环境、推动产业集聚等方面发挥了重要作用，为低空经济的快速发展提供了有力支撑。

第三节 国内外低空经济发展的比较分析

低空经济是通用航空产业在低空领域经济形态的具体表现，以低空空域为主要空间，以航空载运与作业装备为主要工具，以各类低空飞行活动为主要形式。它与通用航空的主体内容基本一致，与地面经济活动紧密联系，尤其在无人机制造、智慧技术创新和运输物流服务等相关产业联动发展方面表现出巨大的发展潜力。低空经济的发展大致可分为两个阶段：第一个阶段是在以有人驾驶飞行器为主的传统通用航空产业基础上延伸的低空经济；第二个阶段是在以无人机、eVTOL、UAM 为代表的"新通用航空"基础上发展起来的低空经济。低空经济的上半场看欧美国家，下半场看中国。[①] 总体来说，在传统通用航空发展阶段，美欧国家优势明显，但在新型通用航空发展阶段，特

---

① 金伟. 把握低空经济发展三"航道"[J]. 中国发展观察，2024(4)：41－45.

别是无人机领域我国优势更为突出。

一、传统通用航空发展阶段

美国是全球通用航空最发达的国家之一，其通用航空起步较早，现已发展到相当规模。中国通用航空产业虽发展空间巨大，但当前规模较小。

（一）飞机保有量

美国是传统通用航空最发达的国家，据通用航空制造商协会（GAMA）数据，2022年，全球通用航空器保有量约45.4万架；美国、加拿大、法国、巴西、德国、英国、澳大利亚等国家通用航空器存量合计约36万架，约占全球的80%，其中，美国通用航空飞机总量20.95万架，占全球近一半，显示了其在通用航空领域的庞大规模和成熟度。截至2022年底，我国通用航空飞行器保有量为3186架，可见我国通用航空产业还有很大的发展空间。

（二）飞行作业时间

美国每年的通用航空飞行时间约为2500万小时，其中，70%为载人运输飞行，远高于其他国家。这一数字反映了美国通用航空活动的高频率和广泛应用。2019年，中国通用航空作业时间首次突破100万小时。根据《2022—2023中国通用航空发展报告》，2022年，中国通用航空共计飞行121.9万小时；截至2023年底，中国通用航空飞行135.7万小时，同比增长11.3%，显示出中国通用航空业的蓬勃发展。

（三）基础设施

基础设施是支撑低空飞行的基石，也是确保低空经济安全、高效率和高效益发展的技术基础。美国是世界上通用航空机场数量最多的国家，截至2022年末，美国拥有机场19507个，其中，公共机场5175个，私人机场14332个。美国公共机场大部分为州政府和地方政府所有，很多机场是二战后由军方转移给地方政府作为公共机场的，在5175个公共机场中，有4000多个为通用航空机场（没有定期航班或者年旅客吞吐量少于2500人次的供公共使用机场），这些机场对公众开放，不用申请就可以使用。[1] 美国有3000多个县，几乎每个县都拥有自己的通用航空机场，同时配备了较为完善的空管设施。不仅如此，美国还有一套成熟的通用航空运行配套体系，就安全高效、低成本化、规范化的通用航空飞行向全世界做出了典型的示范。庞大的机场网络为美国通用航空活动提供了极大的便利。2019年，新兴经济体中通用航空的"一哥"巴西，拥有4093个通用机场；而欧洲有通用机场3924个。[2]

根据中国民用航空局"通用机场信息管理系统"，2023年末，中国共有通用机场449个，不仅总量较少，而且地域分布不均衡。北部和西部的黑龙江、内蒙古、新疆等区域地广人稀，适合开展通用航空作业，通用航空机场总量约占全国一半[3]，人均通用机场数量远高于全国平均水平；而经

---

[1] 中邮证券.2024年低空经济专题：美国拥有成熟的通航产业,政策支持和电动化趋势下我国通航发展逢良机[EB/OL].(2024-04-25).https://www.vzkoo.com/read/2024042548f345fb861a35863350c67f.html.

[2] 千际投行.2022年通用航空行业研究报告[EB/OL].(2022-02-25).http://www.21jingji.com/article/20220225/herald/8958d4d4e1786f6fc74e3545b8d575d9.html.

[3] 朱茜.从中外通用航空对比看我国通用航空的前景[EB/OL].(2017-05-19).https://xw.qianzhan.com/analyst/detail/220/170519-62d80f48.html.

济相对发达、低空消费潜力较大的北京、上海、江苏、浙江等地人均通用机场数量处于中等水平[①]，西南、西北等地通用航空机场总数则较少。由于发展历史的原因，我国目前仍然大量使用民航机场作为通用航空飞机，尤其是公务机的起降机场，专门服务通用航空作业的小型机场（在我国通用航空领域划分为Ⅳ类直线/直升机机场）十分匮乏。

与通用航空机场不足相伴随的是，机场服务公司（固定基地运营商）的缺乏。在美国各类通用航空企业中，机场服务公司是数量最多、最基本的企业类型，美国共有3750家通用航空后勤服务站以及数量众多的开放式空域，为通用航空飞行提供了广阔的空间和专业化的后勤保障服务。反观我国，目前的主要服务内容为基本托管服务。

（四）飞行员数量

自1970年以来，FAA认证的飞行员数量一直维持在60万人左右。截至2019年，FAA认证的现役飞行员共计664565人，其中，通用航空飞行员约38万人，这些飞行员是美国通用航空产业持续发展的基础。[②] 此外，英国、澳大利亚、加拿大、新加坡等都在世界上飞行员比例最多的国家（每500人有1个飞行员）行列中。

2022年，中国民航驾驶员有效执照总数共8.1万本，数量上约为美国的1/8。由于每年经过培训并符合要求的飞行员数量有限，中国通用航空领域的人才储备问题较为严重，特别是飞行员的培养和供给不足。截至2023年末，中国通用及小型运输航空从业飞行员有3980人。

（五）业务结构

美国的通用航空飞行市场以私人消费性飞行、公务、商务及旅游观光类飞行为主，总飞行时间占比达到65%左右。教学飞行也是其重要组成部分。由此可以看出，美国通用航空产业下游以消费型应用为主，形成了以消费带动产业发展的良性循环。

相比之下，中国的通用航空飞行市场主要集中在工农业和社会公共服务领域，占总额的80%以上，而公务飞行和私人飞行只占18%左右的份额。[③]

二、新型通用航空发展阶段

2020年以来，全球通用航空市场增长强劲。来自GAMA的数据显示，传统通用航空市场虽然保持稳步发展，但增长速度有所放缓；而以无人机、eVTOL、UAM为代表的"新通用航空"市场增长迅猛，各项指标均实现了两位数的增长，亮点纷呈。[④]

（一）无人机领域

通用航空是低空经济的主体产业，无人机是低空经济的主导产业。近年来，全球无人机市场快

[①] 张新生,郑琼洁. 发展低空消费新业态的现实困境与实践进路[J/OL]. 南京邮电大学学报（社会科学版）,2024(3):1-14,[2024-06-11]. https://doi.org/10.14132/j.cnki.nysk.20240506.001.

[②] 飞行邦. 中美通用航空产业发展情况对比[EB/OL].（2024-04-10）. https://www.163.com/dy/article/IVDKCRIH05503O4L.html.

[③] 中邮证券.2024年低空经济专题:美国拥有成熟的通用航空产业,政策支持和电动化趋势下我国通用航空发展逢良机[EB/OL].（2024-04-25）. https://www.vzkoo.com/read/2024042548f345fb861a35863350c67f.html.

[④] 思瀚产业研究院. 全球低空经济发展行至何处？探索中成长,年轻模样再出发[EB/OL].（2024-06-06）. https://baijiahao.baidu.com/s?id=1801079511893398389&wfr=spider&for=pc.

速增长，无人机投资规模由2013年的1.21亿美元增长至2022年的48.06亿美元。美国通用航空产业每年可创造1500亿美元以上的产值，但以有人机为主。[①]

截至2022年，美国无人机在册数量为86.6万架；英国无人机在册数量为18.12万架；俄罗斯无人机在册数量为5.6万架；中国无人机全行业注册95.8万架，累计飞行时长达2067万小时，并且这些数据在2023年持续增长。

目前，中国在无人机领域，特别是民用无人机市场，展现出强大的市场潜力。在技术发展和应用需求的双轮驱动下，无人机产业重点正在从无人机生产制造向无人机应用的专业化服务发展。截至2022年底，全国的无人机运营企业达到1.5万家，年产值已达1170亿元。这些无人机企业主要集中在深圳、广州、重庆、北京等一线城市和地区，其中，深圳和广州的无人机企业数量最多，占比超过一半。我国在无人机领域世界领先，大疆无人机一度占据美国75%以上的无人机市场，使我国在低空作业类应用场景中实现"弯道超车"。经预测，到2035年，中国无人机产业可形成年产值达万亿量级的经济规模。

无人机产业运营不仅颠覆了传统交通方式，还在农林植保、遥感探测、低空运输、公共安全等领域发挥了重要作用，形成完整的无人机产业链条。比如，在农业植保领域，国内有20万~30万架植保无人机，每架植保无人机一天可以完成300~450亩的工作量，有的能达到五六百亩，是传统人力的20~30倍，大大减少了农民的工作量，提升了工作效率。在物流配送中，我国单日快递量已超1亿件。不断增长的快递业务量使传统的投递方式难以满足需求。目前，京东、顺丰、美团等企业加大力度研发大型物流无人机，构建航空物流网络。[②] 与此同时，更多无人机企业在景区旅游、城市短途示范性线路等方面探索多样的商业化路径。随着大疆、亿航、极飞等一批无人机领军企业成长发展，我国的无人机产业形成了完整的供应链，具备了发展低空经济的独特优势。

（二）UAM

UAM作为解决城市拥堵问题的重要方式，在提高出行效率以及推动航空技术创新等方面展现出巨大的潜力。在这一背景下，eVTOL技术开始受到关注。

美欧等国家正采取多种举措加快发展UAM，推动城市交通发生"空中革命"，并抢占市场先机。具体表现在以下几个方面：一是先后出台战略和政策文件，确立发展UAM的战略地位。2023年5月，FAA发布《UAM运行概念2.0》白皮书，提出了UAM体系的架构设计、运行概念、管理政策、发展路径等。NASA提出了多项计划帮助UAM参与者步入该行业。英国交通部于2021—2022年密集发布《UAM空域整合关键因素》《让我们飞翔穿过城市》等文件，引导国内形成合力，关注和发展UAM。二是建立并完善适航管理体系，为UAM产品及运营提供管理依据。FAA 2022年改变了对eVTOL航空器的适航认证路径，将原本采用的针对小型飞机的23号文件替换为针对有动力升力航空器的21.17（b）文件。欧洲航空安全局于2019年7月发布世界首份垂直起降飞行器适航条例《垂直起降飞行器特殊条款适航条例》，又于2022年3月发布世界首份垂直起降航空器机场设计指南《垂直起降航空器机场技术设计规范》。美国Joby、德国Volocopter直升机、英国Vertical

---

[①] NBAA. Business Aviation Fact Book [EB/OL]. (2018-10-25) [2021-07-18]. https://nbaa.org/wp-content/uploads/2018/01/business-aviation-fact-book.pdf.

[②] 李和英. 低空经济发展迅猛有望成为经济增长新引擎[N]. 中国商报, 2023-08-25(5).

Aerospace 等头部 eVTOL 航空器企业预计 2025 年前后完成产品在本国的适航认证，随后投入商业运营。三是开展试点运行，欧洲航空安全局正在组织开展多个试点项目，计划 3~5 年实现 UAM 商业化。相较于欧洲，美国 UAM 试点运行较缓慢，但形成了洛杉矶城市出行实验室、长滩经济组织等地方性政企联合组织，推动 UAM 在当地试点运行。[1]

基于运行和技术成熟度考虑，我国的 UAM 发展可以分起始阶段、中间阶段和成熟阶段，每个阶段的特征如图 13-1 所示。

起始阶段	中间阶段	成熟阶段
UAM航空器与运输航空的航空器在相互隔离的空域内运行； 运输航空的航空器按照现有仪表或目视飞行规则运行	UAM有人驾驶航空器与运输航空器在融合空域内运行； UAM有人和无人驾驶航空器在相互隔离的空域内运行； 无人驾驶航空器之间采取相互融合的方式运行； UAM有人驾驶航空器与运输航空器融合运行； 无人驾驶航空器采取相互融合的方式运行	UAM航空器与运输航空的航空器在融合空域内运行； UAM有人和无人驾驶航空器在相互融合的空域内运行； 无人驾驶航空器之间采取相互融合的方式运行； 通过UAM与传统运输航空器的融合，可以形成更加便捷高效的城市交通运输体系，也有望成为未来城市发展的重要方向

图 13-1　我国 UAM 发展阶段及特征

资料来源：杭旭，江涛，范红东，等. 我国 UAM 体系框架构想[J]. 民航管理，2023 (8)：20-25.

eVTOL 作为全新增量产品，将成为低空经济的重要载体之一。国外 eVTOL 发展以欧美国家为代表，美国、德国、英国等布局较为领先，包括美国的 Joby、Archer、Wisk 和德国的 lilium 等企业，都在积极推进适航认证和商业化运营。中国 eVTOL 产品丰富，目前正处于研发验证到应用的转型期，在运营方面降本潜力巨大，商业化应用领域广阔，订单和政策支持落地进展迅速。根据国新办数据，2023 年，中国低空经济规模超过 5000 亿元，预估到 2030 年突破 2 万亿元。根据罗兰贝格测算，至 2025 年，全球将有 3000 架"飞行汽车"用作空中出租车、机场班车和城际航班服务；到 2050 年，这一数量将达到 98000 架。目前，我国已取得中国民航型号合格证的无人机产品有 5 款，亿航 EH216-S 载人无人驾驶航空器系统获得全球首张型号合格证（TC 证），成为 eVTOL 行业唯一获得 TC、PC、AC 三证的产品，标志着安全有保障的载人无人机技术已日趋成熟。我国无人机年产量 300 余万架，消费级无人机占据全球 70% 以上的市场份额，工业级占一半以上，已形成完善的电动无人机供应链体系及轻小型多旋翼、中大型垂直起降、大型固定翼等无人机产业链布局。eVTOL 研制单位有 30 余家，无人机应用服务、低空智联网等服务提供商开始涌现。同时，我国拥有强大的 5G、北斗、动力电池、数字经济等技术和产业基础[2]，将带来通用航空技术与产品的革命性发展。

---

[1] 王翔宇. 关于加快我国 UAM 发展的思考与建议[J]. 大飞机，2023(8):38-40.
[2] 金伟. 把握低空经济发展三"航道"[J]. 中国发展观察，2024(4):41-45.

案 例

eVTOL 企业"八仙过海"掘金空中出行市场

未来城市出行会是什么样的?科幻电影《银翼杀手1982》中展现了关于飞行汽车的美好想象,在拥堵的地面交通之外,搭乘安全、环保、舒适的"空中的士",快速到达目的地。

eVTOL 从最初的概念逐渐走进现实,离不开具有创新精神和技术实力的企业在技术路线、应用场景、市场路径等方面的探索实践,接下来我们着重盘点当前国内 eVTOL 领域的翘楚企业。

eVTOL 的探路人:亿航智能 vs 峰飞航空

国内 eVTOL 的发展离不开前赴后继怀揣着"空中出行梦"的科创企业,亿航智能就是绕不过去的"探路人"。

2014 年,清华理工生胡华智在广州世界大观的废弃车库创立亿航智能,仅用了不到两年时间就带着全球第一款无人驾驶载人航空器 EH184 亮相 2016 年 1 月的美国拉斯维加斯消费电子展(CES),奠定了亿航智能在全球 UAM 行业中的领先地位。2019 年底,亿航智能正式在美国纳斯达克上市,成为无人机第一股。亿航智能也是 eVTOL 适航领证的"第一人",在 2023 年底获得中国民用航空局颁发的标准适航证,这是全球首张无人驾驶 eVTOL 航空器合格认证,为中国及全球创新型 eVTOL 的适航认证树立了重要标杆。

除了亿航智能之外,峰飞航空也是国内最早进入 eVTOL 赛道的科技企业之一,其产品采用复合翼型架构,能够像直升机一样用旋翼垂直飞行,在空中完成飞行模式转换后采用尾推动力和机翼升力向前飞行,能如固定翼飞机一样长距离高效巡航。

车企"飞车梦":小鹏汇天 vs 沃飞长空

在低空经济的推进下,越来越多的车企开始研究和开发飞行汽车,如小鹏汽车。2020 年,小鹏汽车组建小鹏汇天,正式进入 eVTOL 领域。从技术路线来看,小鹏汇天选择了陆空两栖派,相比于 eVTOL 更加类似可载人无人机,外观上更加偏向于汽车,而其底层技术也选择了倾转旋翼。其自主研发的旅航者 X2 续航时间可达 30 分钟,设计飞行高度为 1000 米以下,最大飞行时速为 130 千米,可满足城市内短途出行需求。

同样承载着车企"飞车梦"的还有 eVTOL 企业沃飞长空。2017 年,吉利收购美国飞行汽车公司 Terrafugia(太力),在成都成立沃飞长空。沃飞长空在 eVTOL 研发上也选择了倾转旋翼的技术路线。其自主研发的 AE200eVTOL 以 eVTOL 技术为基础,使用了"八轴内四倾转"的适航构型,显著提升了其在危险飞行条件和单引擎失效情况下的安全性。AE200 标准座舱可搭载 1 名驾驶员和 4 名乘客,最大航程为 200~300 千米。

来自"总师摇篮"的后起之秀:华羽先翔

华羽先翔于 2022 年 1 月成立。华羽先翔为国内唯一一家由航空专业院校孵化的 eVTOL 企业,由陕西西工大科技园有限公司与西北工业大学航空学院"智能飞行器综合设计团队"共同组建。

华羽先翔的技术路线是采用全倾转旋翼,被认为是当前 eVTOL 行业门槛最高、最复杂的技术,能够实现更快的飞行速度、更远的航程、更高的安全性和更低的成本。

资料来源:https://www.jiemian.com/article/10929642.html。

(三) 数字化融合

低空经济产业与其他产业最大的不同在于，其具有天然的数字化特征。一是在低空飞行活动中，运营环境、通用航空飞机、飞行规则、管理模式需要通过数字化管理方式实现；二是在通用航空飞机制造中，市场需求多样化、智能化水平和技术路径多样化之间的交流反馈需要通过数字化管理方式实现；三是在低空飞行市场应用中，低空飞行运营企业的服务产品供给与市场需求之间需要通过数字化管理方式实现。[①] 数字化技术与传统通用航空的融合，为低空经济的发展提供了新的动力和可能性。

FAA 与 NASA 牵头同产业方深度合作，研发迭代出多项子系统（LANNC 系统、国际空域系统等），提供智能、高效、融合的低空管理服务。

欧洲早在 2004 年就提出 SESAR 项目，致力于开发新一代空中交通管理系统。2017 年，SESAR 联合执行体首次提出"欧洲数字天空运行"概念。目前，欧洲已确定交付部署的 SESAR 解决方案分为高效率的机场运营、先进的空中交通服务、优化的空中交通管理网络、航空基础设施升级四大场景领域，涉及空管系统、机载设备、航企运控、机场运行指挥等方面。

当前，以 5G 和低轨卫星网络等为代表的信息技术发展突飞猛进，为构建低空网络基础环境提供了技术支撑。截至 2021 年 7 月，中国已开通 5G 基站 96.1 万个，覆盖全国所有地级以上城市。我国正处于从非独立组网（NSA）向独立组网（SA）过渡阶段，但现阶段的 5G 网络仍无法很好地支持低空无人机应用。在低轨卫星通信网络系统建设方面，美国马斯克星链互联网计划已进入卫星发射布局与运用实践阶段，中国已在 2020 年正式申请 12992 颗宽带通信卫星轨道和无线频道使用计划。通过低轨卫星通信网络建设，形成多域异构网络融合，构建天空地海一体化低空信息网络基础环境，可为无人机在发射升空、入网、执行任务、网络管理与安全管理、离网、降落回收全过程提供实体网络支持。

低空智联网作为融合运用网络化、数字化和智能化技术构建的新型智能化数字网络体系，基于已有网络、面向低空业务的实体服务，是低空交通发展重要的智能基础设施。目前，粤港澳大湾区数字经济研究院正在抓紧建设智能融合低空系统（SILAS），构建低空基建"服务网""航路网""空联网""设施网"，实现低空空域资源"可计算"，提升飞行安全裕度，支撑"异构、高频次、大容量"的无人机低空飞行活动，对低空空域和飞行活动进行精细化管理。同时，我国建成的民用无人驾驶航空器综合管理平台（UOM）已上线运行，实现了空域划设、适飞空域信息查询、飞行活动申请等服务，基本形成了一体化综合监管服务能力。

(四) 基础设施

低空经济涉及一套复杂的赋能生态，具体包括起降基础设施、信息基础设施、金融服务、教育培训等众多层面。其中，起降基础设施与信息基础设施保障体系通常是各国政府主体参与建设的核心产业链环节之一。低空经济阶段，基础设施建设的重点转向适应无人机和 UAM 的需要，如无人机起降点和 UAM 网络。

美欧国家大力支持垂直机场、氢能机场、U-SPACE、无人机交通管理等新型基础设施建设和

---

① 劳铖强，宋晓东. 粤港澳大湾区低空经济产业生态的构建路径研究[J]. 特区实践与理论, 2024(2): 20-25.

服务商发展。法国巴黎机场集团推出全球首个空中出租车商业项目，建造了 5 个垂直起降机场供乘客搭乘空中出租车。英国 ATC 通过模拟 eVTOL 的活动路线，探索 eVTOL 与现有航线同时运营的方法。

在我国，近年来，通用机场数量不断增多，地面服务保障设施持续完善，在低空智能融合物理基础设施方面取得了进展。截至 2023 年底，全国在册通用机场数量有 449 个，其中，已取证机场 106 个、备案机场 343 个，是 2015 年的 7.5 倍。固定运营基地、FSS、专业维修站、直升机起降点、无人机起降点等基础设施数量逐年增多，已建成 FSS32 个，为 26 个省份提供联网服务。航油服务实现通用机场全覆盖，"国家级—区域级—通用航空 FSS"三级低空飞行服务保障体系建设初见成效。

综上所述，欧美国家通用航空起步较早，在传统通用航空发展阶段具有显著优势。不论从飞行器数量还是飞行小时数上都处于较低水平来看，我国通用航空产业发展仅处于初级阶段。从体量上看，我国通用航空飞行时间较少，规模上有上升潜力。从业务结构来看，我国通用航空运营项目以执照培训为主，而真正营利性较强的消费应用领域还没有充分开发，有较大发展空间。

从早期的无人机航拍、无人机作业，到现在已开始常态化运营的无人机物流快递，再到正成为行业"热搜"的 eVTOL，以无人机、eVTOL、飞行汽车、UAM 为代表的"新通用航空"成为中国低空经济发展的最大亮点，是中国呈现给全球低空经济的一张"中国名片"，可以说，在这一新兴领域中国已走在了世界前列。

本章小结

本章介绍了美国和欧洲低空经济的发展历程、发展模式，分析了欧美典型经验对我国的启示；分析了湖南、江西、安徽、四川和海南等国内五个试点省份发展低空经济的策略和实践探索，总结了经验和启示，并对国内外低空经济发展现状与发展阶段进行了比较分析。

思考题

1. 试分析美国低空经济发展历程中的哪些关键因素促成了其在该领域的领先地位，并谈谈这些因素对中国低空经济发展有何启示。

2. 欧洲国家在低空经济领域有哪些值得中国借鉴的经验做法？

3. 面对低空经济发展过程中的挑战，中国应如何制定和实施相应的对策，以确保低空经济的健康和可持续发展？

后 记

随着全球经济的快速发展和科技的不断进步，低空经济作为一个新兴领域，正逐渐成为推动经济增长的新引擎和新质生产力的典型代表。本教材的编写，旨在为读者提供一个全面、系统的低空经济知识框架，帮助学生和专业人士更好地理解、把握这一领域的发展趋势与机遇。

为此，江西飞行学院组建了由曹佛宝博士任主编，肖永平、王珏、陈世伟任副主编和16位教学科研骨干组成的《低空经济概论》教材编写团队。具体分工如下：第一章曹佛宝、陈世伟，第二章黄淑贞、胡颖、曹佛宝，第三章胡凤娇、胡颖、曹佛宝，第四章贺雨昕、何风琴、曹佛宝，第五章肖芳文、何风琴、曹佛宝，第六章何风琴、曹佛宝，第七章张东军、黄小平、何翔，第八章卢意、曹佛宝，第九章黄小平、张东军、曹佛宝，第十章刘京锋、李晓华、王珏、曹佛宝，第十一章李好好、周南，第十二章许家雄、曹佛宝，第十三章李泽宇、肖永平。

在本教材编写过程中，我们深刻体会到了低空经济的复杂性和多维性。它不仅涉及经济学、管理学、理学和工学等多学科知识，而且涉及航空、通信、能源和工程等多个行业，还与政策、法规、环境等多个领域紧密相关。因此，我们在教材编写过程中力求涵盖低空经济的各个方面，从基础理论到实践应用，从技术发展到市场分析，力求做到全面而深入。

在本教材内容编排上，我们首先介绍了低空经济的发展背景、基本概念和研究对象，产业构成和宏观环境等基础知识；其次从市场层面分析了低空经济的市场需求、市场供给与供求平衡；再次从产业层面分析了低空经济的外部性、产业属性与投融资、低空飞行企业的运营与管理；最后从实践层面分析了低空经济的管制与放松管制改革、低空航线规划和发展实践。

在本教材编写过程中，我们也面临着诸多挑战。首先，认知和知识储备不足。尽管多年来我们一直致力于推动低空经济与临空经济背景下的经管类学科建设，但低空经济作为新兴交叉学科，许多方面超出了我们的知识边界。为此，团队花了大量时间阅读文献，梳理学科知识体系。其次，资料收集和整理问题。由于低空经济是一个快速发展的领域，相关的资料和数据更新迅速，我们需要不断地跟踪最新的研究成果和行业动态才能满足本教材内容的时效性。最后，如何将复杂的技术问题和市场分析以通俗易懂的方式呈现给读者。这需要我们在语言表达和内容组织上做大量的工作。

尽管面临诸多挑战，但我们始终坚持以读者为中心，力求使本教材既具有学术性，又具有实用性。我们希望读者通过学习本教材，掌握低空经济的基本知识，培养批判性思维和创新能力，为未来的职业生涯打下坚实的基础。

最后，特别感谢中国经济出版社的编辑彭欣，帮助协调教材统稿、出版流程和审查书稿质量，她的辛勤工作和无私奉献使本教材得以顺利完成。

由于编者水平有限，加之时间仓促，本教材难免有不足之处。但《低空经济概论》的编写是一个持续的过程，我们期待读者提出批评和建议，并与读者一起，不断探索和完善这一领域的知识体系。我们相信，随着低空经济的不断发展，本教材将会成为越来越多人了解和研究低空经济的重要工具。